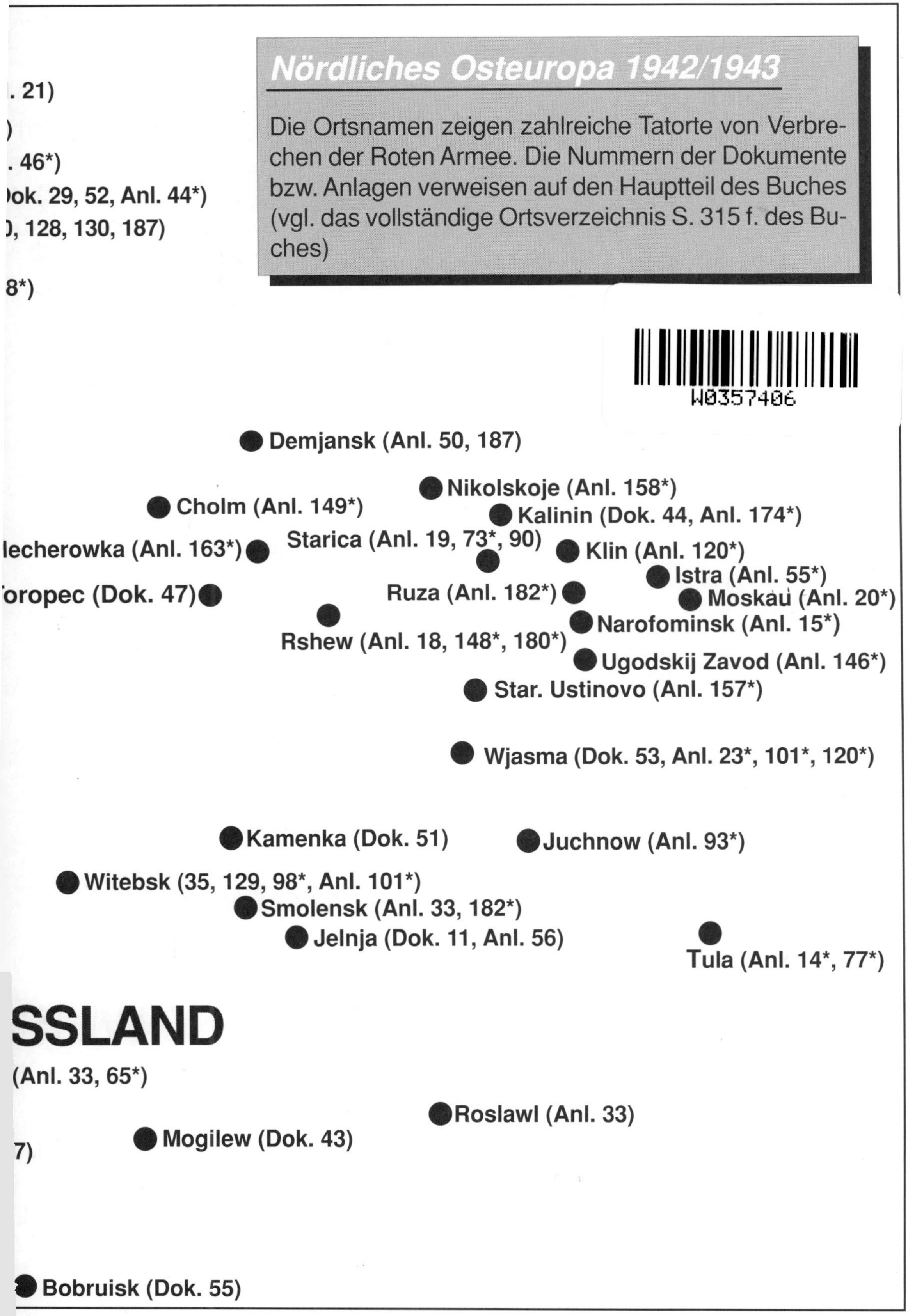

Nördliches Osteuropa 1942/1943

Die Ortsnamen zeigen zahlreiche Tatorte von Verbrechen der Roten Armee. Die Nummern der Dokumente bzw. Anlagen verweisen auf den Hauptteil des Buches (vgl. das vollständige Ortsverzeichnis S. 315 f. des Buches)

Pour le Mérite

Franz W. Seidler

Kriegsgreuel der Roten Armee

Verbrechen an der Wehrmacht
Band II: 1942/43

Mit einer Stellungnahme des Autors zu Zeitgeist und Political correctness

Pour le Mérite

Titelfoto: Deutscher Soldat, der am 20.7.1941 bei Ivanowzy den Russen in die Hände fiel.
Er wurde gefesselt und ermordet

Bildbearbeitungshinweis des Verlages:
Dieses Titelfoto wurde im Bereich des Hintergrundes (Gras) formatfüllend ergänzt.
Das unbearbeitete Originalbild ist auf S. 97 dieses Buches abgebildet.

Alle Fotos und abgebildeten Textdokumente dieses Bandes
stammen aus dem Bundesarchiv / Militärarchiv Freiburg

Die Deutsche Bibliothek – CIP-Einheitsaufnahme

Kriegsgreuel der Roten Armee / Franz W. Seidler
Verbrechen an der Wehrmacht Band II: 1942/43. – Selent :
Pour le Mérite, 2000
ISBN 3-932381-05-X

ISBN 3-932381-05-X

Pour le Mérite – Verlag für Militärgeschichte
Postfach 52, D-24236 Selent

Eigendruck
Gedruckt in Österreich

Vorwort

„Weh dem, der nicht lügt"
Bemerkungen zum Zeitgeist

„Wer die Zeitgeschichte erforscht, trägt seine Haut zu Markte. Urplötzlich werden von dem vermeintlich selbstvergessen arbeitenden Historiker Eigenschaften verlangt, die man eher bei den Angehörigen waghalsiger Berufe voraussetzt, etwa bei Seiltänzern, Stierkämpfern oder dem Begleitschutz für Geldtransporte. Zeitgeschichtsforschung in korrekt wissenschaftlichem Sinn verlangt bei uns Mut, Unbeirrbarkeit, kategorische Wahrheitsliebe und die Entschlossenheit, sich durch keine Forderung des politisch Zutunlichen korrumpieren zu lassen."

Hellmut Diwald

Politisierung der Geschichte

In dem folgenden, sehr persönlich gehaltenen Vorwort möchte ich von Schwierigkeiten berichten, denen ein Historiker begegnet, der – der Wahrheit verpflichtet – die Geschichte des Zweiten Weltkriegs (1939–1945) aufgrund von Quellenstudien und Zeitzeugenaussagen anders darstellt, als das Linkskartell, bestehend aus den meisten Medien und den linken gesellschaftlichen Gruppierungen unseres Landes, es will. Dessen Vertreter arbeiten nach einem Motto, das Winston Churchill als britischer Premierminister bis 1945 praktizierte: „Die Wahrheit ist ein so kostbares Gut, daß man sie mit einem Schutzwall von Lügen umgeben muß." Wer den

Lügenwall durchlöchert, um zur Wahrheit zu kommen, kann in diesen Kreisen nicht mit Wohlwollen rechnen.

Auch nicht der Wissenschaftler. Zwar garantiert das Grundgesetz in Artikel 5 Absatz 3 die Freiheit von Forschung und Lehre, wonach alle Hochschullehrer – der freiheitlich-demokratischen Grundordnung durch Eid verpflichtet – forschen dürfen, worüber sie wollen, und schreiben dürfen, was sie wollen, solange sie die Strafgesetze der Bundesrepublik Deutschland beachten. So besagt es die Verfassungstheorie.

In der Praxis bewegt sich ein Historiker, der seinem Gewissen folgt, auf des Messers Schneide, selbst wenn er nichts anderes berichtet als das, was er, auf Fakten aufbauend, als die Wahrheit erkennt. Weil historische Abläufe und Begründungen jedoch unterschiedlich interpretiert werden können, wird die Wahrheit zu einer Frage der Macht.

Historische Forschungsergebnisse können sich dem juristischen Prüfstand nicht entziehen. In jedem demokratischen Staat haben Einzelpersonen und Gruppierungen, die sich durch zeitgeschichtliche Aussagen betroffen fühlen, das Recht, diese von den Gerichten nachprüfen zu lassen. Das verursacht Probleme, weil die Rechtswissenschaft nach anderen Kriterien arbeitet als die Geschichtswissenschaft. Grundsätzlich ist jedoch nichts dagegen einzuwenden, daß handwerkliche Fehler von Historikern ebenso geahndet werden wie Kunstfehler von Ärzten. Aus Furcht vor rechtlichen Auseinandersetzungen schreckt mancher Historiker davor zurück, seine Erkenntnisse und Einschätzungen deutlich zu artikulieren, vor allem wenn die gegnerische Seite mit hohen Streitwertansätzen droht. Welcher Historiker ohne die Rückendeckung von Sponsoren ist schon in der Lage, einen Prozeß durch alle Instanzen durchzustehen, bis er möglicherweise in letzter Instanz über einen Gegner siegt, bei dem Geld keine Rolle spielt.

Trotz ihrer verbrieften Unabhängigkeit stehen auch Gerichte unter einem Meinungsdruck.

Unabhängig davon haben die Medien drei Möglichkeiten, Forschungsergebnisse, die nicht auf ihrer Linie liegen, zu bekämpfen.

Zum einen können sie Publikationen ignorieren, die ihnen nicht passen. Die Verbreitung von Büchern hängt ja wesentlich von den Rezensionen ab, die darüber angefertigt werden. Wenn Fernsehen, Rundfunk, Tageszeitungen und Magazine die Existenz einer Publikation verschweigen, wird sie bestenfalls in einigen Fachbibliotheken eingestellt. Wissenschaftler und Künstler brauchen jedoch nicht nur die Anerkennung ihrer Kollegen, sondern auch die der Öffentlichkeit.

Zweitens können unliebsamen Forschungsergebnissen Produkte der Zweckforschung gegenübergestellt werden. Es gibt genügend käufliche Historiker. Für eine gut dotierte Planstelle in einem privaten oder halbstaatlichen Forschungsinstitut oder für ein luxuriös bemessenes Honorar ist mancher bereit, die Forschungergebnisse zu produzieren, die erwartet werden. Ein solcher Historikertyp unterscheidet sich nur wenig von den bezahlten Demoskopen, die mit undurchsichtigen Statistiken die Ergebnisse erbringen, die der Auftraggeber haben will. Wenige Leser wissen, daß es in Deutschland ein ausgeprägtes „Zitierkartell" gibt. In bestimmten wissenschaftlichen Kreisen ignoriert man Äußerungen, die nicht ins Konzept passen, und belegt seine Aussagen nur mit den Publikationen von Kollegen, die auf der gleichen Linie liegen. Damit man sich mit kontroversen Stimmen nicht auseinanderzusetzen braucht, behandelt man diese so, als gäbe es sie nicht.

Die dritte Möglichkeit, eine unliebsame wissenschaftliche Publikation niederzumachen, ist, sie politisch zu bekämpfen. Am einfachsten ist es, sie als „umstritten", „rechtslastig", „faschistoid", „rechtsextrem", „nazistisch" oder „rechtsextremistisch" zu bezeichnen. Hierzu gehören die sogenannten „Revisionisten", die die Darstellung der deutschen Geschichte in den Schulbüchern und den Medien für falsch halten. Wenn sie geliebte Mythen zerstören oder an dem von den Medien vertretenen Geschichtsbild des Dritten Reiches Kritik üben, nennt man sie auch „Schreibtischtäter", weil zu den Deutschen dieses Täterprofil anscheinend am besten paßt. Das Signal zum Angriff auf solche Störenfriede wird im allgemeinen von einem linken Organ gegeben, z.B. „taz" oder „Stern" oder „Junge Welt". Ihm folgen die anderen Medien mit wachsendem Getöse, meistens mit den gleichen falschen und diskriminierenden Formulierungen wie das Vorbild. Dann wagen Gegenstimmen nicht mehr das Wort zu ergreifen. Die Argumente, so dumm sie auch sein mögen, werden mit geringen Variationen immer wieder neu aufgetischt. Der Trendsetter bestimmt den Ton und gibt den Einsatz.

Wenn das alles nicht ausreicht, um einen Autor zum Schweigen zu bringen, greifen die hinter den linken Medien stehenden Parteien ein. Abgeordnete des linken Flügels der SPD, von Bündnis 90/Die Grünen oder der PDS bedrängen die Regierungen der Länder oder die Bundesregierung in parlamentarischen Anfragen, sich von dem „umstrittenen Autor" zu distanzieren. Gelegentlich gelingt es sogar, ihn aus seinem Amt zu drängen oder in den Verfassungsschutzbericht zu bringen. Manchmal schaffen sie es, daß sich Kollegen von ihm abwenden oder er den Mobbing-Verfahren ausgesetzt wird, über die jede Institution verfügt. Mit der Finanzierung weiterer Forschungsprojekte durch Drittmittel kann ein derartig Stigmatisierter nicht mehr rechnen. Er ist – angleutsch formuliert – „out".

Politische Kampagnen gegen unliebsame Autoren sind nichts Neues. Was mußte Hannah Arendt nicht alles ausstehen, nachdem sie 1963 in den USA ihr Buch über die Banalität des Bösen veröffentlicht hatte! Wie wurde Ernst Nolte in Deutschland verfemt, als er meinte, die Verbrechen Stalins seien Vorläufer der Untaten Hitlers gewesen! Und der Engländer David Irving darf nicht einmal nach Deutschland einreisen, EU hin, EU her. „Das Schwarzbuch des Kommunismus" von Stephan Courtois u.a. war für die Linksgläubigen ebenso ein Ärgernis wie für die Soldatenfeinde das Buch „Der geplante Tod“ von James Bacque. Aber es bringt nichts, ausländische Autoren in Deutschland mit Schmutz zu bewerfen. Wer dagegen als Deutscher das Los der in Polen ermordeten Volksdeutschen, das Wüten der Roten Armee am Ende des Zweiten Weltkriegs oder die Leiden der 13 Millionen Heimatvertriebenen 1945–1947 darlegt, muß sich vorsehen.

Historikern, die im Sinne des Doyens der deutschen Geschichtswissenschaft, Leopold von Ranke, nur berichten, wie sich historische Geschehnisse entwickeln und abspielen, wird bei uns vorgeworfen, sie seien „revisionistisch“ oder „objektivistisch“, vor allem wenn sie die deutsche Geschichte des 20. Jahrhunderts darlegen. Beide Ausdrücke, die als Schimpfwörter gebraucht werden, haben im Grunde eine positive Bedeutung. Revisionist ist, wer entsprechend dem lateinischen Wortsinn „noch einmal hinschaut“, d.h. es nicht beim ersten Blick bewenden läßt, und objektiv zu sein ist eine historische Tugend. Aber solche etymologischen Selbstverständlichkeiten zählen heute nicht. Auch der „Populist“, der dem Volk aufs Maul schaut und dessen Bedürfnisse politisch vertritt, ist ein schlechter Mensch. In der Geschichtswissenschaft muß sich der Autor spätestens im Nachwort zum zeitgeistgemäßen Geschichtsbild bekennen, sonst kann er nicht mit Gnade rechnen. Grob formuliert heißt das, er muß eingestehen, daß die Deutschen Hitlers willige Helfershelfer waren und dafür Schimpf und Schande verdienen.

Anfeindungen und Abrechnungen

Ich habe in den letzten 25 Jahren mehr als ein Dutzend Bücher geschrieben, die nicht auf der Linie der dogmatisch verfochtenen *Political correctness* liegen. Alle waren handwerklich sauber und wissenschaftlich unanfechtbar, weil sie sich auf unwiderlegbare Quellen stützten und in ihren Aussagen nachprüfbar waren. Aber sie verfolgten nicht die politische Tendenz, die erwartet wurde. In einigen Fällen paßten bereits die Themen meiner Studien nicht in den *Mainstream* des Zeitgeistes.

Das Buch „Frauen zu den Waffen? Marketenderinnen, Helferinnen, Soldatinnen“ (1. Auflage 1978, 2. Auflage 1998), in dem ich die Rolle der Frauen in den Streitkräften der Industriestaaten Revue passieren ließ, machte deutlich, daß die Verwendung von Frauen als Soldatinnen vor allem in den Kampftruppen vielfältige Probleme aufwirft, die der Einsatzbereitschaft und der Widerstandskraft der Truppe abträglich sind. Dieses Ergebnis lag nicht auf der Linie der Regierungen, die Frauen als Soldatinnen beschäftigen, und war nicht im Sinne der feministischen Emanzipationsbewegung, die den Frauen den gleichen Zugang zu den militärischen Verwendungen verschaffen will, wie sie die Männer haben. Einige „LeserInnen“, die über die Rolle der Frauen im Dritten Reich ihre vorgefaßten Meinungen hatten, schmerzte es, lernen zu müssen, daß die Aufstellung des deutschen Wehrmachthelferinnenkorps im Zweiten Weltkrieg nach amerikanischen, britischen und sowjetischen Vorbildern erfolgte. Das hinderte sie jedoch nicht, die Wehrmachthelferinnen weiter als „Flintenweiber" zu verdammen und die Frauen in den alliierten Streitkräften „o.k." zu finden. Die F.D.P. und die deutschen Liberalen machte ich mir zum Feind, weil ich die Zulassung von Frauen in die Bundeswehr generell und zu einzelnen Waffengattungen im besonderen ablehnte, bevor das Grundgesetz geändert würde. Aus den hunderten Besprechungen, die das Buch wegen seiner Aktualität erhielt, sei eine tendenziöse herausgegriffen. Der „Verein für Friedenspädagogik e.V." schrieb: „Zugespitzt heißt das: frau lernt tagsüber als Marineinfanterist Töten auf Befehl, duscht dann (auch im Manöver ist den US-Soldatinnen heißes Wasser garantiert!), frischt ihr (Pflicht-)Make-up auf und sucht abends den Mann fürs Leben. So oder ähnlich werden die Bilder der derzeitigen Soldatinnen, wenn man alle Mosaiksteinchen zusammensetzt, die Seidler bietet. Auch die Photos von fast ausnahmslos lächelnden Soldatinnen, Wehrmachthelferinnen, Bundeswehrärztinnen, weiblichen Hilfscorpsangehörigen, mit denen das Buch illustriert ist, erzeugen ein idyllisches Bild."

Das Buch „Blitzmädchen" (1. Auflage 1979, 2. Auflage 1997) schilderte die Verwendung von Mädchen und Frauen im Dritten Reich als Maiden des Reichsarbeitsdienstes, als Notdienstverpflichtete in der Rüstungsindustrie, als Wehrmacht- und SS-Helferinnen und im Widerstand gegen die Rote Armee. Daß aus den Rückerinnerungen vieler Frauen an die damalige Zeit nicht nur der Mißbrauch des weiblichen Geschlechts deutlich wurde, sondern von den Zeitzeuginnen das Gemeinschaftsleben, die Kameradschaft und der Glauben an nationale Ideale als positive Erlebnisse wiedergegeben wurden, paßte nicht in das Klischee der pauschalen Verdammung aller Maßnahmen des Hitlerreiches. Wer sich damals nur eine Stunde lang wohlfühlte, war eo ipso ein Nazi. Auch daß auf dem Umschlag der 2. Auflage statt der „besiegten Flintenweiber" eine fesche Luftwaffenhelferin mit dem damaligen Werberuf „Hilf siegen!" abgebildet war, stieß auf Kritik.

Die Bücher „Fritz Todt. Baumeister des Dritten Reiches" (1. Auflage 1986, Ullstein-Taschenbuch 33095 1988, 2. Auflage 2000) und „Die Organisation Todt. Bauen für Staat und Wehrmacht" (1. Auflage 1987, 2. Auflage 1998) berichteten über den kriegswichtigsten nichtmilitärischen Verband im Dienste der Wehrmacht. Die „Organisation Todt" (OT) war die einzige Organisation des Dritten Reiches neben der Hitlerjugend, die den Namen einer Person trug. Hitler verlieh ihn 1938, als die OT zum Schutz gegen einen französischen Angriff gegenüber der Maginotlinie von Basel bis Aachen die Bunkerwerke des Westwalls baute. Während des Krieges reparierte die OT in den besetzten Gebieten die zerstörte Infrastruktur. Tausende Kilometer Straßen, die noch heute benutzt werden, entstanden in Norwegen, in Rußland und auf dem Balkan. Der Atlantikwall sollte die „Festung Europa" vor der alliierten Invasion schützen. Zum Schutz der U-Boote entstanden in den Heimathäfen bombensichere Werften. Für Hitler baute die OT 16 verbunkerte Führerhauptquartiere in Deutschland und in den besetzten Gebieten. Als der Krieg zu Ende ging, waren weitere drei im Bau, unter ihnen eine riesige Stollenanlage im Eulengebirge.[1] Noch in den letzten Kriegswochen plante die OT Bunker für die Alpenfestung.[2] In sechs Jahren verbaute die OT 16,5 Millionen Kubikmeter Stahlbeton. Mit dieser Menge könnte man sechs Cheopspyramiden, wie sie die Ägypter in 70 Jahren bei Gizeh im Nildelta bauten, aus reinem Beton erstellen. Am Ende des Zweiten Weltkriegs schrieb die Counter-Intelligence Sub-Division des SHAEF (Supreme Headquarters Allied Expeditionary Force): „In wenig mehr als fünf Jahren hat die Organisation Todt das eindrucksvollste Bauprogramm seit der römischen Zeit durchgeführt. Standardisierung und Rationalisierung auf dem Bausektor stiegen in einem bisher nicht erreichten Maß.“

Wer nach der Auswertung aller verfügbaren Quellen zu dem Ergebnis kommt, daß dieses Urteil der damaligen Kriegsgegner richtig war, muß sich in Deutschland „Objektivismus“ vorhalten lassen. Einem solchen Historiker fehle die „politische Perspektive“, denn einem „Nazi-Verband“ wie der OT kann man ebensowenig Anerkennung zollen wie dem „Hitler-Satrapen“ Dr.-Ing. Fritz Todt, selbst wenn dieser die Ingenieurkunst perfektionierte, das rationelle Bauen förderte und den Gedanken des Landschaftsschutzes in den Tiefbau einführte. Ob ich wirklich der Meinung sei, daß die „Grünen“ ihr Umweltprogramm von einem Nazi abgeschrieben hätten, wurde ich gefragt.

1989 erschien mein Buch „Deutscher Volkssturm. Das letzte Aufgebot 1944/45“. Neben der Tragödie der Männer, die zur Verteidigung des untergehenden Dritten Reiches aufgerufen wurden, zeigte die Publikation auch, warum sich der Deutsche Volkssturm ohne ausreichende völkerrechtliche Absicherung als Kombattantenorganisation mit letzter Verzweiflung gegen die Rote Armee stemmte. Zwei Millionen Menschen konnten über die Ostsee evakuiert werden und ebensoviele in letzter Minute vor dem Ansturm der russischen Soldateska aus ihren Wohnstätten fliehen, weil einzelne Frontabschnitte unter entsetzlichen Opfern von abgekämpften Wehrmachtverbänden und schlecht ausgerüsteten Volkssturmmännern gehalten wurden. Daß der Deutsche Volkssturm im Westen militärisch ohne Bedeutung war, belegte einmal mehr, wie deutlich der Bevölkerung die Gefahr aus dem Osten vor Augen stand. Wer sich nicht rechtzeitig in Sicherheit brachte, erlebte Schreckliches.

Was war an meinen Ausführungen ungehörig? Zum einen wurde deutlich, daß sich die Westalliierten mit einem Regime eingelassen hatten, für das Kriegsverbrechen und Verbrechen gegen die Menschlichkeit zum Alltag gehörten. Für die Sol-

---

[1] Das Buch „Die Führerhauptquartiere im Zweiten Weltkrieg“ erscheint im Frühjahr 2000 im Herbig-Verlag München.

[2] Das Buch „Geheime Pläne der Alpenfestung 1945“ erscheint im Frühjahr 2000 im Pour le Mérite-Verlag Selent.

daten der Roten Armee waren die Deutschen Freiwild. Zum anderen schilderte ich, daß die Opferbereitschaft für Frauen und Kinder damals zu den selbstverständlichen Tugenden des deutschen Mannes gehörte. Ein Rezensent fand es ungehörig, daß ich das Wort „Führer" für Hitler nicht in Anführungszeichen schrieb und daß antiquierte Begriffe wie „Vaterland", „Ehre" und „Treue" zu oft auftauchten.

Meine Ausführungen in dem Buch „Die Militärgerichtsbarkeit der deutschen Wehrmacht 1939–1945" (1. Auflage 1991, 2. Auflage 1999) verärgerten zeitgeistkonforme Leser, weil ich nach Auswertung der Urteile der deutschen Kriegsgerichte nachweisen konnte, daß die Mehrzahl der „richterlichen Militärjustizbeamten" – das war ihre offizielle Bezeichnung – keine blutrünstigen Nazis waren, sondern in großer Unabhängigkeit Urteile fällten, die sowohl der Disziplin in der Truppe dienten, als auch den verurteilten Soldaten Chancen zur Bewährung boten. Der landläufige Ausdruck „Blutrichter" tauchte in dem Buch ebensowenig auf wie das unverzichtbare Adjektiv „verbrecherisch" zur Charakterisierung der Militärjustiz im Dritten Reich.

In dem Buch „Fahnenflucht. Der Soldat zwischen Eid und Gewissen", das 1993 herauskam, nahm ich klar Stellung gegen die beginnende Heroisierung der Deserteure der Wehrmacht. Damals entstanden die ersten Denkmäler für die neuen Helden. Aufgrund der kriegsgerichtlichen Urteile gegen Fahnenflüchtige konnte ich zeigen, daß nicht einmal jeder zehnte der 13.500 Soldaten, die bis zum Juni 1944 nach § 69 des Militärstrafgesetzbuches bzw. § 4 der Kriegssonderstrafrechtsverordnung zum Tode, zu Zuchthaus oder zu Gefängnis verurteilt wurden, aus politischen Gründen desertiert war. Die meisten ließen ihre Kameraden im Stich, weil sie mit einer Bestrafung wegen anderer Delikte rechnen mußten, weil sie in Frauengeschichten verwickelt waren, weil sie sich schlecht behandelt fühlten oder weil sie aus verschiedenen Gründen einfach nach Hause wollten. Viele von ihnen begingen nach der Fahnenflucht weitere Verbrechen, um unentdeckt zu bleiben. Wenn die Deserteure zum Feind überliefen, waren vielfach die eigenen Kameraden die ersten Opfer ihrer Tat, weil sie deren Stellungen, Bunker und Schützengräben verrieten. Im Ergebnis zeigte sich, daß mit den Deserteuren der Wehrmacht eigentlich kein Staat zu machen war.

Trotzdem bemühten sich die SPD, Bündnis 90/Die Grünen und die PDS um die pauschale Rehabilitierung aller deutschen Kriegsdienstverweigerer und Deserteure während des Zweiten Weltkriegs. Am 29.11.1995 konnte ich dem Rechtsausschuß des Deutschen Bundestages als Gutachter der CDU/CSU-Fraktion meine Bedenken gegen dieses Vorhaben darlegen. Sie wurden zum Ärger der anderen Fraktionen bei der Formulierung der Resolution, die am 15.5.1997 vom Plenum des Deutschen Bundestages beschlossen wurde, wenigstens teilweise berücksichtigt. Auf die Grundsatzfrage, ob ein Parlament nach den Prinzipien der Gewaltenteilung Gerichtsurteile einfach kassieren könne, ging bei den drei Lesungen über das

„Gesetz zur Rehabilitierung, Entschädigung und Versorgung für Deserteure, Kriegsdienstverweigerer und Wehrkraftzersetzer unter der nationalsozialistischen Gewaltherrschaft und zur Änderung anderer Gesetze“ kein Abgeordneter ein.

In einigen Rundfunksendungen und Fernsehauftritten machte ich die Öffentlichkeit mit meiner ablehnenden Haltung gegen die Rehabilitierung aller Deserteure der Wehrmacht, gegen eine finanzielle Entschädigung für die Betroffenen und gegen Denkmäler für Fahnenflüchtige vertraut. Die dauernd wiederholte Behauptung, daß 30.000 deutsche Deserteure hingerichtet worden seien, konnte ich anhand der Dokumente meines Buches widerlegen. Mit Empörung nahm man zur Kenntnis, daß in der Roten Armee etwa 158.000 Deserteure, meist im Angesicht der Truppe, exekutiert und rund 400.000 in Strafbataillone eingewiesen worden waren. Wer die Rote Armee mit dieser Feststellung so diskriminierte wie ich, war für die Linken nicht mehr tragbar. Mir war klar, sie würden in Zukunft jede Gelegenheit wahrnehmen, mir am Zeug zu flicken.

Als ich 1995 das Buch „Die Kollaboration 1939–1945“ (2. Auflage 1999) veröffentlichte, setzte die erwartete politische Agitation gegen mich ein. Den Anfang machten die antifaschistische Berliner „taz“ und der „Deutschlandfunk“ in Köln. In einem ganzseitigen Artikel und einem längeren Feature zog Klaus Theweleit, Altachtundsechziger und Verfasser des wirren Buches „Männerphantasien“, über mich her. Er empfand es als Ungeheuerlichkeit, daß ich aufzuzeigen wagte, wie verbreitet die Kollaboration mit dem Deutschen Reich in den besetzten Gebieten und im neutralen Ausland während des Zweiten Weltkriegs war, und nannte die Veröffentlichung „unverfroren faschistisch“. Anhand von 177 prominenten Kollaborateuren hatte ich den Nachweis geführt, daß sich Intellektuelle, Schriftsteller, Offiziere, Wissenschaftler, Geistliche und Politiker in großer Zahl mit der nationalsozialistischen Ideologie, mit dem Europabild des Dritten Reiches oder mit der von Deutschland geführten Verteidigung des Abendlandes gegen den atheistischen Kommunismus solidarisierten. Mehr als eine Million Ausländer zog die deutsche Uniform an, um an der Seite der Wehrmacht gegen die Rote Armee zu kämpfen. Für die linken Medien und Parteien waren das Vorgänge, die nicht ans Licht der Öffentlichkeit gehörten, weil das die Legende vom kollektiven Widerstand gegen den Faschismus störte. Der Münchener Politikwissenschaftler Kurt Sontheimer stellte in einer Rezension des Buches unter der Überschrift „Eine Weißwäsche für Hitlers Helfer“ in der „Abendzeitung“ vom 24.5.1996 die decouvrierenden Fragen: „Was treibt Franz W. Seidler um, daß er diesem Thema so viel Arbeit widmet? Will er, auf dem Umweg über die Kollaboration, Nazi-Deutschland in besserem Licht erscheinen lassen?“ Der Kabarettist Dieter Hildebrandt nahm sich des Buches in der Fernsehsendung „Scheibenwischer“ vom 13.4.1996 an: Es sei ein Produkt aus dem „Neonazi-Nest“ der Bundeswehruniversität, um das sich der Verfassungsschutz kümmern sollte, ein „Idiotikum“. Bei mir könnten die Studenten lernen, daß

STANDPUNKT

Pauschale Verurteilung verunglimpft einzelne

Die Wehrmachtsausstellung hinterläßt methodische Zweifel

von Franz W. Seidler

FRANZ W. SEIDLER Der 64jährige lehrt als Professor für Neuere Geschichte an der Universität der Bundeswehr München und ist Autor zahlreicher Publikationen über den Zweiten Weltkrieg, zuletzt einer Monografie über die Kollaboration in den besetzten Gebieten

Die Ausstellung „Vernichtungskrieg. Verbrechen der Wehrmacht 1941 bis 1944" läßt wichtige wissenschaftliche Kriterien außer acht.

Statt differenziert zu argumentieren, bricht sie den Stab über „die Wehrmacht". Die Wehrmacht war kein homogener Block. Bis 1945 gehörten 18 Millionen Soldaten dazu. Die drei Wehrmachtteile waren aus Funktions- und Einsatzgründen vertikal in Großverbände, Verbände und Einheiten gegliedert, die von etwa 3000 Generälen und Hunderttausenden Offizieren mit abgestufter Kommandogewalt befehligt wurden. Die SS- und Polizeiverbände gehörten nicht dazu. Wer kriminelles Verhalten von Angehörigen einiger Einheiten des Heeres aufdeckt, hat nicht das Recht, ein Urteil über das Heer als Ganzes oder gar über die Wehrmacht zu fällen.

Die Wissenschaft verlangt, daß alle Aussagen überprüfbar sind. Quellen und Fundstellen müssen angegeben werden. Fotos, die aus den Taschen gefangener oder toter Soldaten stammen, sind von geringer historischer Beweiskraft, wenn nicht deutlich wird, wer sie wann und wo gemacht hat. Bei etwa 90 Prozent der Fotos fehlen exakte Angaben. Aussagen von Kriegsgefangenen vor russischen Tribunalen sind besonders kritisch zu werten. Gestanden nicht sieben deutsche Soldaten vor einem sowjetischen Gericht, daß sie an der Ermordung von 12000 polnischen Offizieren bei Katyn beteiligt waren? Dafür wurden sie öffentlich gehenkt.

Eine wissenschaftliche Ausstellung muß das präsentierte Objekt in den historischen Ablauf einordnen. Sie darf Aktion und Reaktion, Ursache und Folge nicht verwechseln. Der Partisanenkrieg ging nicht von den Deutschen aus. Es war Stalin, der ihn sechs Tage nach dem deutschen Angriff auf die Sowjetunion auslöste. Auch die Verstöße gegen die humane Kriegsführung gingen von der sowjetischen Seite aus. Wo findet der Zuschauer die Weisungen des Zentralkomitees der KPdSU oder des Oberkommandos der Roten Armee, die die Brutalisierung forcierten, zum Beispiel den „Fackelmännererlaß" vom 17.11.1941, der das Niederbrennen aller Siedlungen befahl, in denen sich deutsche Truppen befanden? Es fehlen in der Ausstellung die Fotos der Leichen bestialisch getöteter deutscher Soldaten. Die Wehrmachtuntersuchungsstelle hat sie gesammelt.

Für die deutschen Soldaten stellte sich die Frage, wie man sich verhält, wenn Kinder als Kundschafter und Melder für die Partisanen ertappt werden, wenn Frauen, die sich als Küchenhelferinnen das Vertrauen der Besatzungstruppen erworben haben, Informationen weitergeben und Sabotage betreiben; und wenn Männer tagsüber als Landarbeiter tätig sind und nachts Anschläge verüben.

Wäre die Ausstellung wissenschaftlich, müßte sie über die völkerrechtlichen Bestimmungen der Haager Landkriegsordnung (HLKO) von 1907 und der Genfer Konvention von 1929 Auskunft geben. Partisanen, die die Vorschriften des Artikel 1 der HLKO nicht erfüllten, waren irregulär Kriegführende. Wenn sie keinen verantwortlichen Führer hatten, kein bestimmtes, aus der Ferne erkennbares Abzeichen trugen, die Waffen nicht dauernd offen führten und die Gesetze und Gebräuche des Kriegs mißachteten, verloren sie ihren Anspruch, als Kombattanten behandelt zu werden. Waren alle Hinrichtungen wirklich mit dem Völkerrecht unvereinbar? Wissenschaftlichkeit verlangt, daß der Besucher über das Instrument der Repressalie aufgeklärt wird, von dem alle Kriegführenden Gebrauch machten und mit dem manche als Zivilistenmorde vorgestellten Geiselerschießungen erklärt werden können.

Wieweit die völkerrechtswidrigen Befehle, die eigens für den Barbarossafeldzug erlassen wurden, in der Truppe umgesetzt wurden, ist in der militärhistorischen Forschung umstritten. An der Front erwiesen sie sich häufig als kontraproduktiv, zum Beispiel die Aussetzung der Kriegsgerichtsbarkeit. Die Aufteilung der Zuständigkeiten zwischen SS und Heer (Weisung 48 vom 18. August 1942) bei der Partisanenbekämpfung ist ein viel zu wichtiges Dokument, als daß man es übergehen kann. Vor allem darf man die Verbrechen der SS- und Polizeiverbände nicht mit denen von Wehrmachtssoldaten vermischen.

Foto: W. Heider-Sawall/Focus-Magazin

die Wehrmacht eine Horde „schlechter Friseure“ gewesen sei, weil sie niemandem ein Haar gekrümmt habe, und daß die Konzentrationslager von Stalin erfunden wurden. Wenn das so weitergehe, empörte sich Hildebrandt, werde es eines Tages heißen, daß „Hitler so genial [war], daß er von einem schwulen jüdischen Sozialdemokraten ermordet worden ist, und das war der Untergang des Abendlandes“. Überschäumend intelligentes Kabarett eines überzeugten Linken!

Auch der Deutsche Bundestag wurde als Forum der Kritik eingeschaltet. MdB Gernot Erler, SPD-Abgeordneter aus Freiburg im Breisgau, stellte an die Bundesregierung folgende Frage:

> „Welche dienstrechtlichen Konsequenzen wird die Bundesregierung aus der Veröffentlichung des Buches ‚Die Kollaboration von 1939–1945‘ durch Franz W. Seidler, Professor für Neuere Geschichte an der Universität der Bundeswehr in München, ziehen, in dem behauptet wird, der Einmarsch der Wehrmacht in fremde Länder sei dort jubelnd begrüßt worden, und zwar deshalb, weil Deutschland in den besetzten Ländern als Bollwerk gegen den Bolschewismus galt und jemand, dem der Schutz des Abendlandes und der westeuropäischen Kultur ein Herzensanliegen gewesen sei, in dieser Situation mit der einzigen Macht kooperieren mußte, die der Ausbreitung der ‚roten Pest‘ Einhalt gebieten konnte?“

Die Parlamentarische Staatssekretärin im Bundesministerium der Verteidigung, Michaela Geiger, antwortete ihm am 7.4.1996:

> „Ich vermag dem Text des Buches ‚Die Kollaboration 1939–1945‘ von Professor Seidler nicht zu entnehmen, daß darin der Nationalsozialismus verteidigt wird. ... Vorliegend handelt es sich um eine Veröffentlichung im Rahmen der vom Grundgesetz (Artikel 5 Abs. 3) garantierten Freiheit von Wissenschaft, Forschung und Lehre, die für die Professoren der Universitäten der Bundeswehr wie für die Professoren aller Universitäten der Bundesrepublik Deutschland gilt. Die vielfältige Kollaboration mit dem Deutschen Reich im Zweiten Weltkrieg ist eine historische Tatsache. So unverständlich das nach dem heutigen Wissen über den verbrecherischen Charakter des Dritten Reiches ist, kann es der Geschichtswissenschaft nicht verwehrt werden, die Handlungsweise der beteiligten Personen nachzuvollziehen, ihre Motive und die Auswirkungen ihres Tuns darzustellen. Für dienstliche Maßnahmen gegen Prof. Seidler besteht daher keine Veranlassung.“

Vom 25.2.1997 bis 6.4.1997 fand im Münchener Rathaus die vom privaten „Institut für Sozialforschung“ in Hamburg organisierte Ausstellung „Vernichtungskrieg. Verbrechen der Wehrmacht 1941 bis 1944“ statt. Während sie in Karlsruhe unter dem Schutz der Präsidentin des Bundesverfassungsgerichts Jutta Limbach (SPD)

AUFTRAG: MORD

- **Diktator Josef Stalin** heizte den Haß gegen Deutsche an.
- **Der Sowjetdichter** Ilja Ehrenburg verbreitete Mordaufrufe.

OPFER der Roten Armee: bestialisch umgebrachte Luftwaffensoldaten im ukrainischen Tarnopol

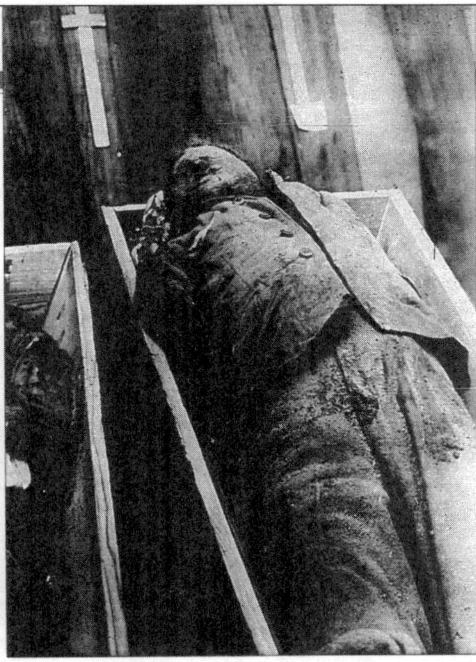

GEFOLTERT: Die Hände auf den Rücken gefesselt, litten Soldaten der Deutschen Wehrmacht Todesqualen

KRIEGSVERBRECHEN

„Töte die Deutschen"

Mord und Folter: Ein Historiker dokumentiert die Greuel der Roten Armee an der Wehrmacht

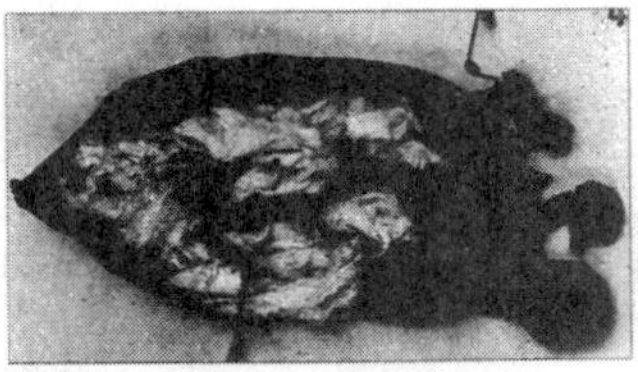

GRAUSAM: abgezogene Fußhaut

Der Befehl ließ keinen Zweifel: „Es werden keine Gefangenen gemacht, alle Deutschen werden erschlagen. Keiner darf am Leben bleiben."

Was der politische Kommissar des Schützenregiments 406 der Roten Armee am 17. Januar 1942 vor dem Angriff anordnete, setzten seine Soldaten in die Tat um. Das schreckliche Geheiß entstammte nicht der unmenschlichen Verirrung eines einzelnen sowjetischen Politruks. Diese Anordnung war Ausdruck des Hasses, mit dem Stalins Truppen im Zweiten Weltkrieg kämpften. Die daraus folgenden Taten stellte der Münchner Historiker Franz W. Seidler in seiner jetzt erschienenen Dokumentation „Verbrechen an der Wehrmacht" zusammen.

„Ich habe lange gezögert, dieses greuliche Buch herauszugeben", gesteht Seidler. „Das Material der Wehrmacht-Untersuchungsstelle, von dem die Ausarbeitung nicht einmal ein Hundertstel erfaßt, ist ein Panoptikum menschlicher Grausamkeit."

Rotarmisten erschossen deutsche Soldaten im selbstgeschaufelten Grab, stachen Verwundeten die Augen aus. Anderen Kriegsgefangenen riß man im Verhör Fingernägel und Zunge heraus. Beim Verhör verbrühte Hände, tödliche Bajonettstiche in den Rücken gefangener, gefesselter Wehrmachtssoldaten, sogar Kannibalismus – alle Schändlichkeiten einer haßerfüllten Soldateska, bezeugt und belegt.

Den Anstoß zum Buch gab die von Skandalen begleitete Ausstellung „Verbrechen der Wehrmacht 1941 bis 1945". Die Wanderschau kam wegen ihres unseriösen, wenig fundierten Umgangs mit Quellen, Texten und Bilddokumenten ins Gerede.

Seidler: „Es ist die Aufgabe des Historikers, auf der Suche nach der Wahrheit ohne Rücksicht auf Opportunitätserwägungen verschüttetes und un- ▶

DAS BUCH erscheint im Pour le Mérite Verlag für 58 Mark

DER AUTOR Franz W. Seidler, 64, Geschichtsprofessor in München

Fotos: Pour le Mérite Velag (3), Saporetti, W. Heider-Sawall/FOCUS-Magazin

VÖLKERRECHT mißachtet: Sogar Wagen des Roten Kreuzes boten Verwundeten keinen Schutz

ÜBER 100 EINSCHÜSSE der Roten Armee: Der Fahrer und ein Verletzter starben im Kugelhagel

terdrücktes Beweismaterial vorzulegen, das für das Geschichtsbild der nächsten Generation wichtig sein könnte."

Der Historiker stützt seine Recherchen auf Originalakten der Berliner „Wehrmacht-Untersuchungsstelle für Verletzungen des Völkerrechts" (WUSt). Dort arbeiteten bis 1945 erfahrene Strafrichter, Gerichtsmediziner und Gutachter. Amtsgerichte waren vom Reichsjustizministerium zur Mitarbeit verpflichtet. Alle Protokolle unterschrieben vernehmende Richter, Protokollführer und vereidigte Zeugen.

Das läßt Verfälschungen, textlichen Irreführungen oder willkürlichen Behauptungen keinen Raum. Orts- und Zeitangaben stimmen. Die Bilder schossen nicht irgendwelche Hobbyfotografen, sondern kommen aus amtlichen Archiven. Die Schriftstücke präsentiert der Autor ohne Auslassungen und Kürzungen. Sämtliche Unterlagen können im Freiburger Militärarchiv eingesehen werden, ebenso die Namen von Zeugen, Untersuchungsrichtern und Gutachtern. „Überprüfbarkeit ist ein Grunderfordernis historischer Dokumentation", erklärt Seidler.

„Das Material ist absolut zuverlässig, dafür kann ich bürgen", versichert der Chicagoer Harvard-Absolvent Alfred de Zayas. Der Völkerrechtsprofessor und Historiker hatte in Gesprächen mit ehemaligen Wehrmachtsrichtern und Zeugen die Authentizität der Unterlagen geprüft.

Allerdings wundert sich de Zayas: „Es ist mir unbegreiflich, was sich heute in Deutschland abspielt – daß man nur eine Seite beleuchtet und zeigt und die andere Seite geradezu ausblendet. Schon von daher ist diese Dokumentation notwendig und zu begrüßen."

Einseitigkeit ist Autor Seidlers Sache nicht: „Die Sowjetsoldaten kämpften für die Verbreitung des Marxismus-Leninismus, starben für Stalin und die Zukunft des Proletariats. Die deutschen Soldaten kämpften – den Thesen des Reichspropagandaministers Goebbels getreu – für die Rettung des Abendlandes vor dem Bolschewismus, fielen für Führer, Volk und Vaterland."

Ob Haager Landkriegsordnung oder Genfer Konvention – „das Völkerrecht wurde von beiden Seiten gebrochen". Hitlers „Kommissarbefehl" vom 6. Juni 1941 gab der Truppe vor, politische Leiter der Roten Armee nach Gefangennahme „grundsätzlich sofort mit der Waffe zu erledigen". Der „Barbarossa-Befehl" schützte deutsche Soldaten nach Straftaten an russischen Zivilisten vor Strafverfolgung. Für viele Wehrmachtsoffiziere eine schändliche Order; Feldmarschall Fedor von Bock fand den Befehl „untragbar und mit der Manneszucht nicht vereinbar".

Der Gegner revanchierte sich mit Tiraden etwa des sowjetischen Schriftstellers Ilja Ehrenburg. Von Stalin offiziell beauftragt, „Haß, Haß und nochmals Haß" zu erzeugen, hetzte er: „Deutsche sind keine Menschen. Deutsche sind zweibeinige Tiere, abscheuliche Geschöpfe, Bestien. Wir sagen nicht mehr ‚Guten Morgen' oder ‚Gute Nacht'. Wir sagen am Morgen: ‚Töte den Deutschen' und in der Nacht: ‚Töte den Deutschen'."

Seine Mordaufrufe gipfelten in regelrechten Anleitungen: „Töte den Deutschen, wo du ihn antriffst. Spreng ihn mit der Granate, stich das Bajonett in ihn, die Mistgabel, spalte ihn mit dem Beil, setze ihn auf den Pfahl, zerschneide ihn mit dem Messer, aber töte!" Literarisches Bekenntnis des „Poeten": „Für uns gibt es nichts Lustigeres als deutsche Leichen." ■

HEINER EMDE

stand, wurde sie in München von Oberbürgermeister Christian Ude (SPD) protegiert. Die Münchener Universität mußte das Auditorium maximum für die Eröffnungsfeier zur Verfügung stellen. Die „Süddeutsche Zeitung“ jubelte: „Der letzte Mythos der Nazi-Epoche gerät ins Wanken“. In dieser aufgeheizten Atmosphäre gab mir das Wochenmagazin „Focus“ die Gelegenheit, die Schwächen der Ausstellung aufzuzeigen. Der Artikel „Pauschale Verurteilung verunglimpft einzelne“ war die erste wissenschaftliche Stellungnahme gegen die Monstrosität, 18 Millionen Soldaten pauschal zu verunglimpfen. Sie blieb leider lange Zeit die einzige.

Um zu verdeutlichen, wie übel den deutschen Soldaten auf dem Boden der Sowjetunion mitgespielt wurde, gab ich im Dezember 1997 im Pour le Mérite-Verlag Selent das Buch „Verbrechen an der Wehrmacht. Kriegsgreuel der Roten Armee 1941/42“ heraus. Es enthielt Auszüge aus den Akten der „Wehrmacht-Untersuchungsstelle“ im Oberkommando der Wehrmacht, die zeigten, wie sehr die Rote Armee bei der Behandlung von deutschen Gefangenen und Verwundeten im Zweiten Weltkrieg das Völkerrecht vergewaltigte. Es waren die Haßtiraden und Mordaufrufe in der Politpropaganda der Sowjets, die den Boden für die Grausamkeiten bereiteten, die deutschen Soldaten angetan wurden. Im Unterschied zu den sowjetischen Streitkräften gab es bei der Wehrmacht keine Aufrufe zu Haß, Mord und Vergewaltigung.

Obwohl das Sowjetsystem bereits seit sieben Jahren tot war, empfanden viele Exkommunisten und Anhänger des realen Sozialismus die Darstellung von Greueln der Roten Armee, die Europa bis zur Elbe „vom Faschismus befreit“ hatte, als eine Beschmutzung ihrer Ideale. Sie glaubten an den Mythos des Großen Vaterländischen Krieges, wie ihn die sowjetische Regierung in ihrem Machtbereich gepflegt hatte.

Das zweite Ärgernis bestand darin, daß der Buchtitel „Verbrechen an der Wehrmacht. Kriegsgreuel der Roten Armee 1941/42“ als Antwort auf die Reemtsma-Ausstellung „Vernichtungskrieg. Verbrechen der Wehrmacht 1941 bis 1944“ interpretiert wurde. „Focus“ und „Welt am Sonntag“ stellten das Buch vor. Die anderen Medien schwiegen. Was konnte man gegen eine reine Quellendokumentation vorbringen? Nichts? Doch! Im Gegenargumentieren sind die intellektuellen Linken bravourös.

Drei Beispiele:

1. Ein Mitarbeiter des Militärarchivs in Freiburg, der wegen der Ablehnung der Reemtsma-Ausstellung durch die Freiburger CDU die Partei verlassen hatte, stellte in der Antifa-Zeitung „Blick nach rechts“ die Quellen unter einen gewissen „Ideologieverdacht“. Eigentlich konnte er sich an Ort und Stelle kundig machen, daß die Juristen der Wehrmacht-Untersuchungsstelle nach wissenschaftlichen und forensischen Kriterien arbeiteten und nur Fotos verwendeten, bei denen Ort und Zeitpunkt der Aufnahme feststanden, und nur Zeugenaussagen gelten ließen, die unter Eid abgegeben wurden.

„Verbrechen an der Wehrmacht“

Von JOCHEN KUMMER

Seit 1995 wird im In- und Ausland über eine umstrittene Dokumentation diskutiert: die Wanderausstellung „Vernichtungskrieg. Verbrechen der Wehrmacht 1941 bis 1944“.

Sie wird von einem privaten Hamburger „Institut für Sozialforschung“, das der Reemtsma-Erbe Jan Philipp Reemtsma leitet, in mehreren Städten Deutschlands und Österreichs gezeigt: Am heutigen Sonntag ist letzter Ausstellungstag in Dresden. Es folgen als nächste Austellungsorte Salzburg, Aachen und Kassel.

Die Wucht der Bilder dieser Ausstellung erschüttert die Besucher, aber ihre Aussage ist als Verallgemeinerung kritisch zu bewerten. Denn die Dokumentation stellt die Wehrmacht weithin als verbrecherische Organisation dar.

Der ehemalige SPD-Bundeskanzler Helmut Schmidt, Jahrgang 1918 und 1941/42 in einer Panzerdivision an der Ostfront, übte kürzlich Kritik: „Wir haben in den vergangenen Jahren anhand einer Wanderausstellung erlebt, wie einige die Millionen deutscher Soldaten des Zweiten Weltkrieges mit den Verbrechern in braunen, schwarzen und feldgrauen Uniformen in einen Topf geworfen haben. Dergleichen linksextreme Meinungen sind nicht verboten, sie sind gleichwohl gefährlich.“

Auch die wissenschaftliche Methode der Dokumentation wurde in Zweifel gezogen und in vielen Fällen widerlegt – bis hin zum Nachweis von Verfälschungen.

Dennoch erfuhr die Ausstellung eine besondere Aufwertung: Die Präsidentin des Bundesverfassungsgerichts, Jutta Limbach (SPD), hielt in Karlsruhe die Eröffnungsrede. In München übernahm SPD-Oberbürgermeister Christian Ude die Schirmherrschaft. In Frankfurt am Main wurde mit der Paulskirche, der Wiege der deutschen Demokratie, eine ehrwürdige Stätte zur Verfügung gestellt.

Nun setzt ein Historiker der Ausstellung eine Dokumentation entgegen – wider den Zeitgeist. Er gab seinem Band den Titel: „Verbrechen **an der** Wehrmacht“. Im Untertitel spezifiziert er: „Kriegsgreuel der Roten Armee 1941/42“ (Verlag für Militärgeschichte Pour le Mérite, 24236 Selent, 383 S., 58 Mark).

„Dieses Buch ist eine Antwort auf die Ausstellung.“ Mit diesem Satz leitet Professor Dr. Franz W. Seidler, Jahrgang 1933 und seit 1973 an der Hochschule der Bundeswehr München mit dem Lehrgebiet Neuere Geschichte tätig, seine Dokumentation ein.

Seidler erhebt wissenschaftlichen Anspruch: „Diese Dokumentation sowjetischer Kriegsgreuel läßt im Unterschied zur Anti-Wehrmachtsausstellung keinen Raum für Verfälschungen, textliche Irreführungen und willkürliche Behauptungen.

- Alle Vorfälle sind belegt.
- Die Orts- und Zeitangaben sind zweifelsfrei.
- Die näheren Umstände der grausamen Ereignisse werden durch Zeugenaussagen gestützt.
- Die Bilder sind keine Privatfotos, sondern juristisches und medizinisches Beweismaterial.
- Es wurden keine Eingriffe in die Schriftstücke vorgenommen.
- Zu den meisten Dokumenten gibt es zusätzliches Beweismaterial, das von Wissenschaftlern eingesehen werden kann.
- Der Wortlaut der Texte kann im Bundesarchiv / Militärarchiv Freiburg unter der Signatur RW 2 / v. 147 – v. 152 nachgeprüft werden.“

Seidler dokumentiert 305 Fälle, zum großen Teil mit Bildern, ergänzt mit Faksimiles.

Das Buch konstatiert, daß sich im Zweiten Weltkrieg alle Kriegsführenden Verstöße gegen die Verwundeten-Konvention von 1929 zuschulden kommen ließen. Seidler will die Wehrmacht keineswegs reinwaschen. Er bestreitet nicht, daß Wehrmachtsangehörige Verbrechen begingen. Andererseits seien aber Wehrmachtssoldaten, die seit dem Angriff auf Rußland am 22. Juni 1941 in die Hände der Roten Armee fielen, meist der Willkür ausgeliefert gewesen.

Berüchtigt war eine typisch russische Foltermethode mit der Bezeichnung „roter Handschuh“. Hand (oder Fuß) eines Gefangenen wurde bei lebendigem Leib in kochendes Wasser gehalten. Dann wurde die Haut wie ein Handschuh abgezogen.

WELT am SONNTAG schildert aus der Dokumentation drei Fälle von Verbrechen an der Wehrmacht.

Zwei der etwa 160 in einem Lazarett Ermordeten

Deutscher Krankenwagen mit etwa 100 Einschüssen

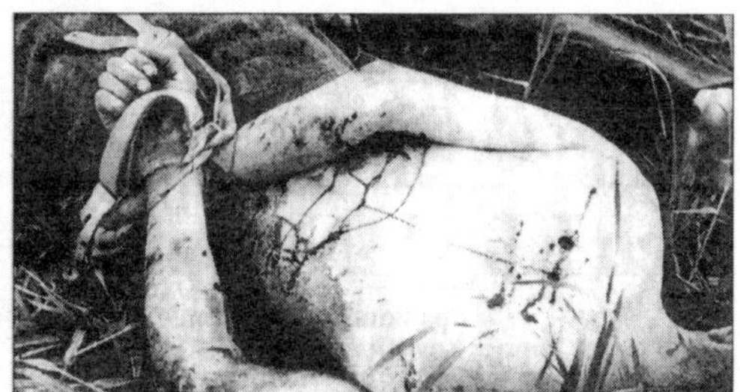

Durch Bajonettstiche ermordet

Erfroren

Feodosia

Ein besonders schwerer Verstoß der Russen gegen die Genfer Konvention war am 29. Dezember 1941 die Behandlung der Wehrmacht-Soldaten, die in den deutschen Lazaretten in Feodosia an der Schwarzmeer-Küste verwundet lagen.

Feodosia war in deutscher Hand, wurde aber vorübergehend von den Russen zurückerobert. Sie trafen im deutschen Hauptlazarett auf durchweg Schwerverwundete. Als die deutschen Truppen kurz darauf Feodosia wieder einnahmen, war ein Leutnant Döring anwesend. Wie er die als Verwundete zurückgelassenen Kameraden nun vorfand, schilderte er in einer eidlichen Vernehmung vom 31. Januar 1942:

„Die Leichen sind alle, zum Teil grauenhaft, verstümmelt. Bei einigen ist der Kopf zu einer unförmigen Masse mit stumpfen Gegenständen, wahrscheinlich Kolbenhieben, zerschlagen. Einigen sind die Ohren abgeschnitten, anderen die Nase, einigen, denen der Mund aufsteht, ist die Zunge herausgerissen oder herausgeschnitten. Einigen sind die Hände abgehackt, die Augen ausgestochen ...

Unmittelbar neben dem Lazarett, und zwar rechts vom Haupteingang, befindet sich eine Mauernische, die nach oben zu offen ist. In dieser liegen die Leichen einer Anzahl deutscher Soldaten, zum Teil nackt, zum Teil mit einem Hemd bekleidet . . . Einigen von ihnen sind Hände und Füße mit Verbandsstoff gefesselt, anderen sind die Hände durch eine über den Leib hinweggebundene Fessel an den Körper festgebunden worden. Die Leichen befinden sich unter einer Eisschicht. Offensichtlich sind die Verwundeten lebend dort hingelegt, dann mit Wasser übergossen worden. Der Tod ist dann durch Erfrieren eingetreten."

Der Vorgang in Feodosias wurde unter dem Aktenzeichen AL 23/42 und RHL 13/42 mit mehreren Zeugenvernehmungen durch das Gericht des Armee-Oberkommandos AOK 11 ermittelt.

Erschossen

Stary

Sanitätsunteroffizier Alfred Fromm (Krankenkraftwagen-Zug 2/292), Jahrgang 1915, befand sich am 25. Juni 1941 nachmittags um zwei Uhr mit einem Krankenwagen auf der Fahrt zum Hauptverbandplatz nach Kleszczele. Er wollte dort einen durch Oberschenkelschuß verwundeten Mann vom II./Infanterie-Regiment versorgen lassen.

Sein Fahrzeug trug das Zeichen des Roten Kreuzes. Als er etwa zwei Kilometer von dem Ort Stary entfernt war, bekam sein Wagen plötzlich von vorn aus einem Kornfeld lebhaftes Infanterie- und Pakfeuer (Pak = Panzerabwehrkanone). Sein Beifahrer und er selbst sprangen in den Graben in Deckung und versuchten, zum Schutze ihres Krankenwagens und des Verwundeten, die Russen durch Erwiderung des Feuers zurückzudrängen. Durch die große Übermacht der Russen waren die beiden Sanitäter gezwungen, sich in das Dorf Stary zurückzuziehen. Von dort aus griff ein Bataillon zum Schutz des Sanitätswagens ein, so daß die Russen nach zweistündigem Feuerkampf zersprengt wurden.

Unteroffizier Fromm kehrte zu seinem Wagen zurück. Dieser zeigte ungefähr 100 Einschüsse, besonders viele in dem weißen Feld des Roten Kreuzes. Der mit einem Oberschenkelsteckschuß im Krankenwagen liegende Soldat hatte, über den ganzen Körper verteilt, zehn neue Einschüsse und außerdem eine große Fleischwunde an der rechten Halsseite erhalten. Fromm konnte sich nicht erklären, ob sie durch Gewehrschuß oder Bajonett verursacht worden war. Der Verwundete war durch die neuen Schüsse so schwer getroffen, daß er kurze Zeit darauf starb. Die Russen hatten aus dem Krankenwagen Benzin und Decken entwendet.

Das Rote Kreuz wurde im Zweiten Weltkrieg mißbraucht und mißachtet. Die sowjetische Führung ignorierte, als der Krieg begann, das Zeichen des Roten Kreuzes. Es zog Schüsse der Rotarmisten zuweilen auf sich wie ein Fadenkreuz.

Gefesselt

Ivanowzy

Am 20. Juli 1941 bewegte sich die 3. Kompanie Pi(onier) 125 unter Leutnant Kolbe Richtung Ivanowzy. Sie wurde von Russen eingekreist, konnte sich aber vom Feind lösen. Beim Rückzug mußten einige Kameraden zurückgelassen werden, darunter Kolbe.

Am nächsten Tag wurde Ivanowzy von den Deutschen zurückerobert. Dort fand man Kolbe und fünf seiner Leute tot. Sie waren mit ihren Koppeln, Hosenträgern und Brotbeutel-Riemen gefesselt und durch Bajonettstiche in den Rücken ermordet worden. Kein Deutscher hatte dort überlebt.

In Jaagupi in Estland dagegen überlebte ein Unteroffizier Zaborowski (2. Artillerieregiment 291) am 29. Juli 1941 einen Angriff. Er war durch Knieschuß schwer verletzt. Vor ihm lag ein deutscher Infanterist, dem beide Beine abgeschossen waren.

Zaborowski sah 30 bis 40 Russen. Er schilderte später: „Meiner Meinung nach waren es alles Frauen. Sie hatten Uniformen an und trugen auch Gewehre mit Bajonetten ... Bevor sie an mich herangekommen waren, hatte ich meine Hand in mein Blut getaucht und damit mein Gesicht beschmiert, denn ich wollte mich tot stellen ... Zunächst kamen mehrere dieser weiblichen Soldaten an mich heran, versetzten mir Kolbenstöße in die Magengegend und Fußtritte mit ihren Stiefeln ins Gesicht. Auch meine Finger versuchten sie rückwärts überzubiegen ... Dann wurden meine Taschen durchsucht, wobei sie mich auch herumdrehten. Sie nahmen mir mein Soldbuch weg, in dem sich 60,- RM befanden ... Ich konnte beobachten, daß sie an den ... Infanteristen herantraten, der noch lebte und schrie und jammerte. Zunächst erhielt er einen Stich mit dem Bajonett in den Hals ... Dann sah ich, daß eines von den Soldatenweibern ein gebogenes Messer etwa in Höhe seines Brustbeines ansetzte und ihm mit einem Schnitt den Leib aufschlitzte ... Er gab nur, als er den Stich in den Hals bekam, einen röchelnden Laut von sich und war danach still."

Welt am Sonntag, 1. März 1998

2. In der Zeitschrift des Bundeswehrverbandes „Die Bundeswehr“ 11/1998 schrieb der Vorsitzende der Molinari-Stiftung eine von Wissenschaftlichkeit unbeleckte Rezension, in der er das Buch mit dem zeitgeistkonformen Satz zu Fall bringen wollte: „Es wäre schon erwähnenswert gewesen, daß die Wehrmacht als Organisation mit eingebunden wurde, um einen Genozid an den Juden zu vollenden.“
3. Ein Hamburger Kollege behauptete in der an und für sich seriösen Publikation „Das historisch-politische Buch“ unverfroren, daß die Ergebnisse der Wehrmachtuntersuchungsstelle „vorwiegend für Zwecke der deutschen Kriegspropaganda erhoben“ worden seien. Damit sei die ganze Geschichte eigentlich wertlos. Sein persönlicher Angriff gegen den Autor gipfelte in dem Satz: „So dokumentiert der Band letztlich vor allem eines: wohin ein deutscher Geschichtsprofessor cum ira et studio geraten kann.“ Ich vermute, er meinte die rechte Ecke.

Die Verbreitung des Buches in drei Auflagen binnen eines halben Jahres konnte weder durch Verschweigen noch durch solch obskure Argumente aufgehalten werden. Das war mehr als ärgerlich für die, die die Anti-Wehrmachtausstellung der Herren Reemtsma und Heer zur Kriminalisierung der Soldaten des Dritten Reiches guthießen.

In den darauffolgenden Wochen warteten linke Medien und Politiker auf eine Gelegenheit, mich niederzumachen. Als ich am 28.2.1998 auf Einladung der Burschenschaft „AFV! Rugia Karlsbad“ an der Technischen Universität Dresden einen Vortrag hielt, war es soweit. Das Thema des Vortrags lautete „Die Wehrmacht im Partisanenkrieg des Ostens – militärische und völkerrechtliche Darlegungen“. Meine Ausführungen waren offensichtlich so ausgewogen und unangreifbar, daß man nichts dagegen vorbringen konnte. Auch in der Diskussion gab es keinen falschen Ton. Also kritisierte man die Zuhörerschaft. Im Publikum soll es nämlich den einen oder anderen „Rechtsextremisten“ gegeben haben. Diese fragwürdige Behauptung genügte den lauernden linken Fanatikern.

Das Kesseltreiben konnte beginnen. Zum Halali blies das Wochenmagazin „Stern“. Am 2.3.1998 wurde von der Redaktion die folgende Vorabmeldung zur sofortigen Veröffentlichung freigegeben:

> „Neuer Nazi-Skandal um die Bundeswehr. Franz W. Seidler, Professor für Geschichte an der Bundeswehrhochschule München, hat vor Neonazis und rechten Burschenschaftern in Dresden einen Vortrag über ‚Die Wehrmacht im Partisanenkrieg des Ostens‘ gehalten. Wie das Hamburger Magazin ‚Stern‘ in seiner neuen, am Donnerstag erscheinenden Ausgabe berichtet, trat der Historiker am vergangenen Wochenende auf einem von Rechtsextremisten organisierten ‚Winterkolleg‘ der Burschenschaft ‚AFV! Rugia Karlsbad‘ und der rechtsextremen ‚Freien Deutschen Sommerakademie‘ auf. Thema der Veranstaltung im Hörsaal der Technischen Universität Dresden, bei der ‚Stern‘-Re-

porter anwesend waren: ‚Erkenntnisse der Militärgeschichte'. Professor Seidler, der seit längerem gegen die Wehrmachtausstellung polemisiert, die derzeit in Dresden zu sehen ist, berichtete über angebliche Kriegsgreuel der Roten Armee an deutschen Soldaten."

Da in den vorhergehenden Wochen die Bundeswehr wegen einiger scheinbar rechtsextremistischer Vorfälle im öffentlichen Rampenlicht gestanden hatte, griffen die Medien die „Stern"-Nachricht begierig auf. Die meisten Fernsehsender und fast alle Rundfunkstationen berichteten am Abend des 3.3.1998 von der Ungeheuerlichkeit, daß ein Geschichtsprofessor der Bundeswehruniversität vor Burschenschaftern – die sowieso Rechte sind – einen Vortrag über ein Thema hielt, über das man weder sprechen noch schreiben darf. Die Zeitungen stürzten sich in den Ausgaben vom 4.3.1998 auf das gefundene Fressen, das ihnen der „Stern" vorgekaut hatte. Die Zeitungsüberschriften lauteten zum Beispiel: „Wirbel um Bundeswehr-Professor", „Neuer Nazi-Skandal in den deutschen Streitkräften", „Nazi-Skandal in München", „Rechtes Treffen in einem Hörsaal der TU Dresden", „Militärhistoriker sprach vor Rechtsradikalen", „Einzeltäter Seidler und die Freiheit der Wissenschaft", „Skandal um Münchener Hochschule der Bundeswehr", „Bundeswehr-Uni: Skandal um Professor", „Professor der Münchener Bundeswehrhochschule sprach vor Neonazis", „Neonazi-Vortrag: Opfer oder Täter?" Der avisierte „Stern"-Artikel war zu diesem Zeitpunkt noch gar nicht erschienen. Die Medien konnten ausschließlich auf die Vorabmeldung des „Stern" zurückgreifen.

Unerwartet schäbig verhielten sich angesichts der Attacken diejenigen, von denen ich die meiste Unterstützung erwartet hatte: der Präsident der Universität der Bundeswehr München und einige Kollegen. Im Morgenmagazin von ARD und ZDF stellte sich Dr. Hans Georg Lößl, vormals evangelischer Pfarrer und Direktor einer Volkshochschule, jetzt Präsident der Bundeswehruniversität, am 4.3.1998 einem Interview, ohne den Text des „Stern"-Artikels zu kennen. Gegenüber der „Abendzeitung" drohte er mir „beamten- und hochschulrechtliche Sanktionen" an und bekräftigte seine Absicht, meine „gesamte Lehr- und Forschungstätigkeit mit in die Prüfung" einzubeziehen. Ohne ein Wort über die Freiheit von Forschung und Lehre zu verlieren, tönte er: „Es kann nicht toleriert werden, wenn jemand in verfassungsfeindlichen Kreisen als Vertreter einer demokratischen Institution auftritt."

Als der „Stern"-Artikel „Braune Kameraden" am 5.3.1998 in großer Aufmachung erschien, wurde deutlich, daß es sich um einen bloßen Bluff zur Schädigung des Ansehens der Bundeswehr handelte. Ich erfuhr, daß ich seit der Veröffentlichung des Buches „Verbrechen an der Wehrmacht. Kriegsgreuel der Roten Armee 1941/42" ein „Star der rechten Szene" sei und eine „revanchistische Gesinnung" hätte, an der sich nicht einmal die CDU/CSU-Fraktion gestört habe, als sie mich als Gutachter nach Bonn holte, um gegen die Rehabilitierung der Wehrmachtdeserteure zu argumentieren. Mir wurde zur Last gelegt, daß ich gegen die Anti-Wehr-

Neonazis demonstrieren in Dresden gegen die Wehrmachtsausstellung

Illustration zum „Stern"-Artikel „Braune Kameraden". Stern 11/98

macht-Ausstellung der Herren Reemtsma und Heer „polemisiert" hätte und daß ich bei Magazinen und Zeitungen, die der „Stern" nicht mochte, z.B. „Focus" und „Welt am Sonntag", Autor sei. Im Grunde stand nichts Aufregendes oder Neues in dem „Stern"-Artikel.

Das hinderte meinen Kollegen Prof. Dr. Klaus Weidenmann nicht, seine kuriose Auffassung von Wissenschaftlichkeit in einem Leserbrief an den „Stern" so zu formulieren: „Es ist bitter, wenn ein Historiker an einer Universität der Bundeswehr unter dem Privileg der Freiheit von Lehre und Forschung Bücher nicht über ‚Verbrechen der Wehrmacht', sondern über ‚Verbrechen an der Wehrmacht' verfaßt und seltsame Vorträge vor seltsamen Auditorien hält." Kann man sich als Hochschullehrer noch lächerlicher machen? Ich hätte mich geschämt, einem gut bekannten Kollegen der gleichen Universität meine abweichende Meinung durch einen Leserbrief kundzutun statt mit ihm selbst zu sprechen. Es ging weiter: Der Dekan der Fakultät für Sozialwissenschaften, Prof. Dr. Walter Dehmel, forderte die Fakultätsmitglieder in einem Rundschreiben auf, meine für den 13.3.1998 angekündigte Abschiedsvorlesung zu boykottieren. Die Vizepräsidentin der Universität, Prof. Heidrun Friedel-Howe, agitierte im Fachbereich Betriebswirtschaft gegen mich. Drei weitere Kollegen distanzierten sich „schärfstens" von mir, weil ihnen der Präsident der Universität mitgeteilt habe, ich hätte gewußt, daß „in Dresden im Publikum zahlreiche Rechtsextremisten anwesend sein würden". Das war eine Falschinfor-

Hemmungsloser Gesinnungsterror

STERN Nr. 11/1998 **»Braune Kameraden«** Ein Bundeswehrprofessor, ein Ex-General und ein CDU-Politiker redeten vor Neonazis und rechtsextremen Burschenschaften in Dresden.

Bevor Sie mit diesem Hetzartikel unbescholtene Leute zu diffamieren versuchen und dazu das Wort »rechtsextrem« elfmal gebrauchen, sollten Sie erst einmal definieren, was Sie damit überhaupt meinen. Dem Artikel kann ich nur entnehmen, daß damit Leute bezeichnet werden, die nicht jede über Nazizeit und Zweiten Weltkrieg verbreitete Lüge glauben wollen und denen das Wohl des deutschen Volkes näherzuliegen scheint als die Rolle des ewigen Büßers.

EBERHARD KOENIG
Baiern-Weidach

Das Phamphlet »Braune Kameraden« ist symptomatisch für das verwahrloste geistig-moralische Klima in Deutschland: Jeder, der sich nicht bedingungslos dem Diktat der zeitgeistkonformen political and historical correctness beziehungsweise der staatlich sanktionierten Geschichtsschreibung unterordnet, wird mit immer hemmungsloserem Gesinnungsterror überzogen.

THOMAS S. FISCHER
München

Leserbriefe aus „Stern" 14/98

mation. Ein Vertreter des MAD hatte mir einen Tag vor meiner Abreise lediglich gesagt, daß die Gefahr bestünde, daß ein Reporter der Wochenzeitung „Junge Freiheit" über die Veranstaltung berichten werde, und mir – quasi zur Bekräftigung – Kopien der Auszüge aus meinem Buch „Verbrechen an der Wehrmacht" überreicht, die dort in drei aufeinanderfolgenden Nummern abgedruckt worden waren. Welcher Hochschullehrer hätte sich von einer solchen „Warnung" ins Bockshorn jagen lassen? Die Freiheit zu entscheiden, wo und vor wem ich rede, und die Pflicht, Zusagen einzuhalten, galten mir mehr.

Gott sei Dank bekam ich Rückendeckung von vielen Seiten. Ein Oberstleutnant der Bundeswehr faxte bereits am 3.3.1998, unmittelbar nach den ersten Nachrichten an den Bayerischen Rundfunk und an das ZDF: „Eben höre ich, daß ich ein Neo-Nazi bin, weil ich in Dresden den Vortrag von Prof. Seidler gehört habe. Das ist eine Ungeheuerlichkeit! ... Ich habe nicht einen Neo-Nazi gesehen. ... 30 Jahre habe ich als Offizier der Bundeswehr diesen Staat vertreten und mich dafür anpöbeln lassen. Jetzt reicht's!" Das „Friedens-Komitee 2000" in Starnberg forderte die Abonnenten des Pressespiegels über Rund-Fax/Rund-E-Post auf, auf den „besonders infamen Antifa-Artikel ‚Braune Kameraden' mit einer Flut von Leser- und Protestbriefen" zu reagieren. In den Ausgaben 13/98 und 14/98 druckte der „Stern" einige wenige ab. Die „Welt am Sonntag" erklärte ihren Lesern, wie schnell man als Konservativer zum „willigen braunen Helfer" gemacht werden kann, wenn man

„politisch unkorrekte Thesen“ vertritt oder vor „verdächtigen Burschenschaftern“ spricht. Wie die große Zahl von abgedruckten Leserbriefen im deutschen Blätterwald zeigte, solidarisierten sich mehr Menschen mit mir, als ich erwarten konnte. Besonders viele Fürsprecher fand ich in der „Frankfurter Allgemeinen Zeitung“ und in der „Passauer Neuen Presse“.

Von meiner Alma mater und ihrem Präsidenten Dr. Lößl im Stich gelassen, gab ich den Medien über die Presseagentur dpa meine Stellungnahme zum „Stern“-Artikel bekannt. Die „Frankfurter Allgemeine Zeitung“ druckte sie unter der Überschrift „Seidler weist Vorwürfe zurück“ am ausführlichsten ab. Ein kleiner Ausschnitt sei zitiert:

> „Den Stern-Artikel bezeichnete Seidler als ‚Beispiel von üblem Tendenzjournalismus‘. Spöttisch bemerkte er, durch die Veröffentlichung der gefälschten Hitler-Tagebücher habe das Magazin seine Seriosität bereits unter Beweis gestellt. Einer der beiden Autoren des gegen ihn gerichteten Artikels, Gernot Modery, der unter Pseudonym geschrieben habe, sei Mitglied der SPD und der Jusos und ‚Mitarbeiter von verfassungsfeindlichen Publikationen wie ‚Junge Welt‘ und ‚Der Rechte Rand‘.‘ Seidler meinte, um seine Person gehe es nur vordergründig. Die dahinterstehende Absicht sei die Diffamierung der Bundeswehr.“

In einem Interview antwortete ich auf die Frage „Welche Konsequenzen sollten Ihrer Meinung nach aus dem angeblichen Bundeswehr-Skandal, den Sie einen ‚Stern‘-Skandal nennen, gezogen werden?“ folgendes:

> „Mein Vortrag vor der burschenschaftlichen Verbindung in Dresden war für die Kreise, die der Bundeswehr Schaden zufügen wollen, ein willkommener Anlaß, die laufende Kampagne anzuheizen. Wenn ein Professor der Bundeswehr vor angeblich rechten Burschenschaftern und Neonazis auftritt, reicht das für einen weiteren Rundumschlag mit der Nazikeule. Die Freiheit der Lehre und Forschung, die Art. 5 Abs. 3 garantiert, bleibt dabei ebenso unberücksichtigt wie der unpolitische Ablauf von Referat und Diskussion bei der Veranstaltung in Dresden. Es ging den Urhebern des Skandals mehr um die Diffamierung der Bundeswehr als um meine Person – obwohl ich mich mit meinen Publikationen in gewissen Kreisen seit längerem unbeliebt gemacht habe. Einige meiner Forschungsergebnisse passen nicht in das vorherrschende Weltbild der *Political correctness*. Der Fall hat jedoch noch einen grundsätzlichen, äußerst gefährlichen Aspekt: Wenn es wichtiger ist, vor welchem Publikum jemand spricht, als worüber er spricht, bahnt sich eine neue Form der politischen Zensur an: Jeder Redner kann abgehalten werden, Vorträge zu halten, indem ihm gesagt wird, es seien Leute im Auditorium, die nicht auf dem Boden des Grundgesetzes stehen. Jeder Redner kann dann zur Strecke ge-

> bracht werden, indem man ein paar Verfassungsfeinde ins Publikum schmuggelt. Diesem neuartigen Zensurdiktat werde ich mich im Interesse der Freiheit von Forschung und Lehre auch in Zukunft nicht beugen. Die Professoren an den deutschen Hochschulen sollten den ‚Stern-Skandal' zum Anlaß nehmen, sich im Interesse ihrer Unabhängigkeit gegen diese neue Maßnahme zur Durchsetzung der *Political correctness* entschieden zur Wehr zu setzen."

Die Arbeitsgemeinschaft „Stimme der Mehrheit" unter dem Dach des Bundes der Selbständigen (BDS), deren Mitglied ich bin, griff den Präsidenten der Universität der Bundeswehr München in einem offenen Brief, der auch an die Bundesministerien ging, wegen seiner Äußerungen an. Er enthält folgende deutliche Aussagen:

> „Die Mitglieder der Arbeitsgemeinschaft finden es ungehörig, daß Sie sich nicht mit Ihrer ganzen Autorität vor den Historiker gestellt haben, sondern ihm statt dessen in aller Öffentlichkeit mit beamten- und hochschulrechtlichen Sanktionen drohten und den Text seines wissenschaftlichen Vortrags an der TU Dresden zur Überprüfung einfordern. Es grenzt an Gesinnungsschnüffelei, wenn Sie die Untersuchung der gesamten Lehr- und Forschungstätigkeit von Professor Seidler in Aussicht stellen. ... Die rund 100 Mitglieder der BDS-Arbeitsgemeinschaft werden es nicht zulassen, daß sich Professor Franz W. Seidler derartig ungerechtfertigter und diffamierender Angriffe erwehren muß."

Unter diesen Umständen fiel mir der Abschied von der Universität der Bundeswehr leicht, als ich am 31.3.1998 die Altersgrenze erreichte. Meine Abschiedsvorlesung über das Thema „Wahrheit und Unwahrheit in der Geschichte. Fälschungen, Lügen, Legenden" fand vor einem großen Publikum in einem überfüllten Hörsaal statt. Die Laudationes von Prof. Dr. Paul Roth, Prof. Dr. Christiane Busch-Lüty und Prof. Dr. Sigrid Rotering-Steinberg nahm ich ebenso dankbar entgegen wie die Ansprache des Studentenvertreters. Daß nach den hochschulinternen Anschuldigungen einige eingeladene Kollegen bei der Veranstaltung und dem anschließenden Empfang fehlten, störte mich nicht. Was mich ärgerte, war die von der Universitätsleitung lancierte Bemerkung im „Stern" 13/1998:

> „Vergangene Woche hielt Seidler seine Abschiedsvorlesung an der Hochschule – vor fast leeren Rängen. Die meisten seiner Professoren-Kollegen waren ferngeblieben. Wenn ein langjähriger Kollege emeritiert werde, sei dies ‚wohl nicht üblich', so Uni-Präsident Hans Georg Lößl, ‚aber in diesem Fall einfach angebracht'."

Welch hämische und unwahre Auslassung! Dr. Lößl, der erst 1998 Honorarprofessor der J. P. Universität Pécs in Ungarn wurde, war es auch, der anordnete, daß nach meiner Entpflichtung keine Schreibarbeiten an der Universität mehr für mich angefertigt werden dürften, obwohl ich deutlich machte, daß jeden Monat Dutzende von Anfragen zu beantworten seien, die an den dann vakanten Lehrstuhl gerichtet werden würden.

Meine Professur „Neuere Geschichte, besonders Sozial- und Militärgeschichte" wurde nicht wieder besetzt. Es gab keine Stellenausschreibung und kein Berufungsverfahren. Alle Versuche, die Professur von den Stellenstreichungen, die die Universität in eigener Vollmacht festlegte, auszunehmen, scheiterten. Das Ergebnis war widersinnig: Während Frauenforschung und Kinderpsychologie gepflegt werden, wurde das Fach Militärgeschichte aus der Bundeswehruniversität eliminiert. Brauchen es die studierenden Offiziere vielleicht nicht mehr, oder sollte es ihnen vorenthalten werden? Seit 1998 gibt es nur noch eine einzige Universität in Deutschland mit einem Lehrstuhl für Militärgeschichte, nämlich die Universität Potsdam mit einer Stiftungsprofessur.

Im Unterschied zur Bundeswehruniversität behandelte das Bundesministerium der Verteidigung die „Causa Seidler" in allen Phasen mustergültig und meisterhaft. Der Präsident der Universität hätte nichts anderes zu tun brauchen, als seine Stellungnahmen mit denen des Verteidigungsministeriums zu koordinieren. Während Dr. Lößl in den Medien seine mich diffamierenden Kommentare abgab, erklärte der Sprecher des Ministeriums kurz und knapp, Seidler unterliege als Hochschullehrer der Freiheit von Forschung und Lehre. Professoren an Bundeswehrhochschulen würden nicht gegängelt und bekämen auch keinen Maulkorb. Wann und wo Seidler Vorträge halte, sei seine Entscheidung.

Auch die Angriffe von Abgeordneten des Deutschen Bundestages gegen mich wurden von den Staatsekretären Dr. Peter Wichert und Dr. Klaus Rose elegant abgewehrt. Der SPD-Abgeordnete Gernot Erler, Freiburg, wollte in seiner schriftlichen Anfrage z.B. wissen, ob mein Buch „Verbrechen an der Wehrmacht. Kriegsgreuel der Roten Armee 1941/42" das Ansehen der Bundesrepublik Deutschland im Ausland gefährde. Die Antwort (Bundestagsdrucksache 13/10415) lautete: „Nein. Im Rahmen der Forschung bleibt es Prof. Dr. Franz W. Seidler unbenommen, welchen Themen er sich zu Zwecken der Forschung zuwendet. Für die dabei durch ihn publizierten Ergebnisse, die er im Rahmen der Fachwissenschaft zu vertreten hat, trägt er allein die Verantwortung." Die Abgeordneten Annelie Buntenbach, Angelika Beer, Antje Hermenau, Winfried Nachtwei, Christian Sterzing und die Fraktion Bündnis 90/Die Grünen richteten im Deutschen Bundestag am 27.4.1998 eine Kleine Anfrage an die Bundesregierung über meine Lehrtätigkeit an der Bundeswehruniversität München. Die Drucksache 13/10485 trug die Überschrift „Positionen eines Lehrenden an der Bundeswehrhochschule München und der Revisionismus". Nach einer längeren Einführung, in der meine Verstöße gegen die landläufige Interpretation der Geschichte des Zweiten Weltkriegs aufgezählt wurden, stellten die Petenten insgesamt neun Fragen an die Bundesregierung. Sie wollten unter anderem wissen, wie die Bundesregierung meine Anwesenheit bei der Burschenschaft in Dresden bewerte, ob mein Auftritt dort mit dem „demokratischen Bildungsauftrag" der Bundeswehruniversität vereinbar sei, ob meine Veröffentlichungen „eine Nähe zum Rechtsextremismus erkennen" ließen, welche Lehrveranstaltungen ich seit 1992 an der Bundeswehruniversität gehalten hätte, wie die Bundesregierung und die Leitung der Universität auf die öffentliche Kritik an mir reagiert hätten, wie es um die Qualität von Forschung und Lehre an den Bundeswehrhochschulen bestellt sei usw. Außerdem sollte die Bundesregierung Stellung nehmen zu einigen Zitaten aus meinen Publikationen. Die Bundesregierung ging den Fragestellern nicht auf den Leim. Die Antworten waren klatschende Ohrfeigen: „Die Teilnahme an der Veranstaltung [in Dresden] ist dem Beamten nicht vorzuwerfen. Aus der Referententätigkeit und den vorliegenden Informationen zum Inhalt des Vortrages kann nicht auf einen politisch-rechtsextremistischen Hintergrund des Beamten geschlossen werden." „Weder die veranstaltende studentische Vereinigung noch das Programm ließen Rückschlüsse auf Rechtsextremismus zu." „Die auszugsweise wiedergegebenen und weder auf ihre Richtigkeit noch auf ihren Kontext überprüfbaren Äußerungen von Prof. Dr. Franz W. Seidler lassen keine strafrechtliche Relevanz erkennen. Unter dieser Voraussetzung ist es nicht Aufgabe der Bundesregierung, Aussagen aus wissenschaftlichen Publikationen oder Vorträgen von Professor Dr. Seidler inhaltlich zu kommentieren oder dazu Stellung zu nehmen. Für den Inhalt seiner Publikationen und seiner Vorträge trägt der Verfasser die alleinige Verantwortung." (Drucksache 13/10485 vom 27.4.1998) Die Antifa-Zeitung „Junge Welt" stellte am 18.6.1998 resignierend fest: „Der inzwischen emeritierte Professor der Bundeswehrhochschule Franz W. Seidler ist in den Augen der Bundesregierung nicht rechtsextrem."

Trotz des eindeutigen Votums der Leitung des Ministeriums begann der Führungsstab des Heeres, mir Steine in den Weg zu legen, als ich im Oktober 1998 in Norddeutschland bei der „Gesellschaft für Wehr- und Sicherheitspolitik e.V." Vorträge über die Wehrmacht im Partisanenkrieg hielt. Er erhob am 21.9.1998 „erhebliche Bedenken gegen eine Teilnahme von Soldaten in Uniform" an Veranstaltungen mit mir, weil „die Bundeswehr in eine öffentliche Diskussion verwickelt werden könnte, aus der ggf. erhebliche Nachteile erwachsen würden". Also kamen die Soldaten in großer Zahl in Zivil, um die Person kennenzulernen, um die es, wie der Erlaß ausführte, „in der Vergangenheit öffentliche Diskussionen und parlamentarische Anfragen gegeben" hatte.

Offensichtlich wurde der „Gesellschaft für Wehr- und Sicherheitspolitik e.V." (GfW) von der Bundesregierung gedroht, ihr die Bundeszuschüsse zu streichen, die sie jährlich in Höhe von 400.000 DM bekam, wenn weiterhin solche Personen wie ich zu inopportunen Themen eingeladen würden. Deshalb beschloß die Bundesversammlung der GfW im Frühjahr 1999, in den nächsten zwölf Monaten keine Veranstaltungen zur Militärgeschichte und zur Traditionspflege durchzuführen. Im Beschluß heißt es: „Die Auseinandersetzungen in den letzten Monaten um die sogenannte Wehrmachtausstellung lassen befürchten, daß solche Veranstaltungen aus den Fugen geraten können und damit ein negatives Echo für die Öffentlichkeitsarbeit der gesamten GfW das Ergebnis sein könnte.“ Die Landesvorsitzenden bekamen das Recht zu prüfen, „ob der Referent sachlich und persönlich entsprechend allgemein zugänglicher Kriterien hierfür geeignet ist“. Dazu, daß ich bei der „Gesellschaft für Wehr- und Sicherheitspolitik“ Persona non grata wurde, trug die Hetze in den linken Gazetten bei. „On Guard. Antifaschistische Informationen für Hannover und Umgebung“ stempelte mich zu einem „in rechten Kreisen heißbegehrten“ Redner. Eine raffinierte Formulierung! Obwohl ich auf keiner Veranstaltung von verfassungsschutzmäßig rechten Kreisen zugezählten Organisationen sprach, trug ich das Stigma, dort heiß begehrt zu sein. Als auch „Der Rechte Rand“ Anfang 1999 bekanntgab, daß ich mit meinem Buch „Verbrechen an der Wehrmacht. Kriegsgreuel der Roten Armee 1941/42“ „bei Neofaschisten als schärfste Waffe gegen die Wehrmachtausstellung“ gelte, war der Rufmord perfekt.

Wie ohnmächtig man als Einzelner gegenüber gewaltbereiten Demonstranten ist, will ich an einem Beispiel schildern. Als die Fotoausstellung „Vernichtungskrieg. Verbrechen der Wehrmacht 1941 bis 1944“ in Aachen gezeigt wurde, luden mich die Deutsche Burschenschaft und die Burschenschaftliche Gemeinschaft zu einer Vortrags- und Diskussionsveranstaltung ein. Die Mitdiskutanten Dr. Manfred Messerschmidt und Dr. Wolfram Wette, langjährige Mitarbeiter des Militärgeschichtlichen Forschungsamtes der Bundeswehr und entscheidende Mitinitiatoren der Ausstellung, sagten ab. Als ich am 18.4.1998 am Veranstaltungsort erschien, versperrten mir etwa 50 teilweise vermummte Leute mit Drohrufen den Zugang. Der Leiter der Veranstaltung, der mich begleitete, wandte sich an die Polizei, die mit einem Einsatzwagen in der Nähe stand, und bat, den Weg freizumachen. Der Einsatzleiter erklärte sich dazu außerstande. Er habe vom Polizeipräsidenten den Auftrag bekommen, keine Gewalt anzuwenden, sondern die Situation zu deeskalieren. Jedes Eingreifen der Polizei würde jedoch zu Gewalttätigkeiten führen. Ergebnis: Die Zuhörer waren drinnen, der Referent draußen. Ende der Veranstaltung? Im Polizeibericht des nächsten Tages hieß es: „Unter den Personen vor dem Lokal befanden sich auch überregional angereiste und teilweise schwarz vermummte Personen. Die Zugänge zu dem Lokal wurden durch diese Personen blockiert. ... Ersuchen der Polizei, den Zutritt des Gebäudes zu ermöglichen, wurden strikt abgelehnt. ... In Nebenstraßen wurden Fahrzeuge dieser Personen kontrolliert und dabei eine Schreckschußpistole, diverse Schlagwerkzeuge und ein Funkgerät sichergestellt.“ Der „Antifa-Rundbrief“ vom 20.4.1998 triumphierte über den Sieg unter der Schlagzeile „Nazi-Burschenschafter abgeschmiert“. Ich fand mich dort so wieder: „Mit Prof. Dr. Seidler wurde ein Mann eingeladen, der zu einer Galionsfigur der Neofaschisten in ihrem Haß gegen die Ausstellung über die Wehrmachtverbrechen wurde. ... Sein Buch ‚Verbrechen an der Wehrmacht' ist der Renner bei allen Neonazigruppen. Prof. Seidler wurde schon vor seinem skandalträchtigen Auftreten in Dresden eingeladen, auf einer Veranstaltung der Bischöflichen Akademie im Rahmenprogramm der Ausstellung in Aachen zu sprechen. Die Veranstalter der Ausstellung [Reemtsma und Heer] lehnten dies einhellig ab. Seidler wurde ausgeladen." Wer am Rahmenprogramm teilnehmen kann, entscheiden Heer und Genossen. Was Wunder, daß bei der politischen Vergangenheit Heers dort sogar Gruppierungen zu Wort kamen, die vom Verfassungsschutz als linksradikal eingestuft wurden.

Im November 1998 veröffentlichte die „Niedersächsische Landeszentrale für politische Bildung" in Hannover als Arbeitsmaterial zu der am Ort stattfindenden Ausstellung „Vernichtungskrieg. Verbrechen der Wehrmacht 1941 bis 1944" eine Broschüre, in der ein Foto aus dem Buch „Verbrechen an der Wehrmacht. Kriegsgreuel der Roten Armee 1941/42" abgedruckt war und in der auf die Ermordung deutscher Kriegsgefangener „in einer selbst für russische Verhältnisse bestialischen Art" hingewiesen wurde. Das rief die ideologischen Fanatiker des Landes auf den Plan. Sie monierten, das seien „rassenideologische Aussagen, die im Grunde der nationalsozialistischen Logik entspringen". Der Zorn richtete sich gegen den Leiter des Referats für Zeitgeschichte Uwe Dempwolff, der für die Publikation verantwortlich war. Er wurde seiner Aufgaben im Zusammenhang mit der Ausstellung entbunden, weil er „ein nicht völlig klares Verhältnis zur Neuen Rechten" habe. Die grüne Landtagsabgeordnete Brigitte Litfin verlangte, daß der Leiter der Landeszentrale, Wolfgang Scheel (CDU), in den vorgezogenen Ruhestand gehen müsse, weil er seine Aufsichtspflicht vernachlässigt habe. Da wäre wieder ein lukrativer Posten neu zu besetzen gewesen, natürlich mit einem Grünen!

Mein nächstes Buch, „Die Wehrmacht im Partisanenkrieg. Militärische und völkerrechtliche Darlegungen zur Kriegführung im Osten", erschien im Dezember 1998 im Pour le Mérite-Verlag. Wie in den Lehrveranstaltungen an der Universität der Bundeswehr München und in den zahlreichen Vorträgen in der Öffentlichkeit, für die ich das Thema aufgearbeitet hatte, zeigte ich den völkerrechtswidrigen Charakter des Partisanenkriegs auf, den Stalin unmittelbar nach dem deutschen Angriff auf die Sowjetunion am 29.6.1941 befohlen hatte. Seinem Aufruf zum Morden folgten die Partisanen hemmungslos: „Töte den Deutschen, wo du ihn antriffst. Schlag ihn auf der Straße, im Haus, spreng ihn mit der Granate, stich das Bajonett in ihn, die Mistgabel, spalte ihn mit dem Beil, setze ihn auf den Pfahl, zerschneide ihn mit dem Messer, schlag ihn, wie du kannst, aber töte!" Die Kriegführung eskalierte auf beiden Seiten. Mit Heimtücke und Greueln versuchte man den Feind hinter der Front zu vernichten. Die größten Opfer brachte die Zivilbevölkerung. Gegen sie richteten sich die Repressalien der Besatzungsmacht und die Gegenmaßnahmen der Partisanen. Beide Seiten buhlten um ihre Mitarbeit. Beide Seiten nahmen Männer, Frauen und Kinder als Geiseln, erschossen Sühnegefangene bzw. Kollaborateure und zündeten Dörfer an. Die wirkliche Zahl der zivilen Opfer des Partisanenkriegs wurde nie bekanntgegeben. Es bleibt offen, ob mehr Russen von ihren Landsleuten umgebracht wurden oder von den Deutschen. Die Erfolge der sowjetischen Partisanen waren jedoch bedeutend, auch wenn nicht, wie behauptet, 300.000 deutsche Soldaten „vernichtet" wurden.

Mit diesem Buch wurde die Behauptung des Reemtsma-Instituts widerlegt, daß nur die Deutschen nach dem „heimtückischen Überfall" auf die „friedliebende Sowjetunion" zwischen 1941 und 1944 einen ideologischen Vernichtungskrieg auf russischem Boden geführt hätten. Die Glorifizierung der Partisanen als Freiheitskämpfer fiel in sich zusammen. Wie zu erwarten, nahmen sich nur wenige Rezensenten des Buches an. Lieber nichts sagen, als etwas Positives. Die „Frankfurter Allgemeine Zeitung", immerhin, hob auf die rechtlichen Konditionen des Partisanenkriegs und auf die deutschen Reaktionen ab. In der „Deutschen Militärzeitschrift" lag der Akzent auf dem Verhalten der Truppe im Kampf.

Wehrmachttraditionen in der Bundeswehr

Aus der Traditionsdebatte der Bundeswehr schlossen mich die Politiker und weisungsgebundenen Militärs in Bonn aus naheliegenden Gründen aus. Widerspruch gegen die offizielle Linie war unerwünscht. Die Verteidigungsminister Volker Rühe (CDU) und Rudolf Scharping (SPD) dekretierten unter dem Beifall der Politiker, daß es zwischen der Wehrmacht und der Bundeswehr keine Zusammenhänge gebe, ausgenommen vielleicht die Männer des 20. Juli 1944. Die Bundeswehr habe genügend eigene Traditionen. Der Generalinspekteur der Bundeswehr, Generalleutnant Hartmut Bagger, setzte mit seiner Beurteilung noch eins drauf, als er vor Kommandeuren äußerte, die Traditionspflege zur Wehrmacht müsse man „in die Spülmaschine werfen". Vergessen die politisch Korrekten wie er, daß es Offiziere der Wehrmacht waren, die die Bundeswehr gegründet und aufgebaut hatten? Wer hat wohl das Wirtschaftswunder in den ersten Jahren der Bundesrepublik Deutschland zuwege gebracht? Wer waren eigentlich die Ausbilder der heutigen Bundeswehrgenerale? Wenn schon dem Credo der Ausstellungsmacher „Vernichtungskrieg. Verbrechen der Wehrmacht 1941 bis 1944" nachgeplappert wird, sollte man die Logik nicht vergessen: Was Verbrecher geschaffen haben, kann eigentlich nur verbrecherisch sein. Wer aus der Schule von Verbrechern kommt, kann kein Gutmensch sein. Leistungen aus der Hand von Verbrechern gehören abgeschöpft. Wenn Deutschland das Werk von Verbrechern ist, dann muß es verschwinden.

In der Traditionsdebatte, die in der Bundeswehr nur so weit geführt wurde, wie es für die Bestätigung der Prämissen erforderlich war, wurden alle Argumente zugunsten der Wehrmachttradition beiseitegewischt. Man tat so, als sei die Wehrmacht nicht nur ein Nullum, sondern der Feind der Bundeswehr. In allen Dienststellen der Bundeswehr begann der verordnete Bildersturm. Kasernen, die an Wehrmachtoffiziere wie den General der Gebirgstruppe Eduard Dietl erinnerten, wurden umbenannt. Verteidigungsminister Scharping brachte statt dessen den Namen „Winston Churchill-Kaserne" ins Spiel. Die Traditionsräume wurden „entrümpelt". Aus den Bibliotheken verschwanden alle „anrüchigen" Bücher über die Wehrmacht. Ungehörige Graffiti von Wehrpflichtigen wurden übermalt. Traditionelle Feiern zum Gedenken an Wehrmachtsiege wie der „Kreta-Tag" bei den Fallschirmjägern wurden verboten. Selbst den Ritterkreuzträgern entzog Scharping die bisher übliche Unterstützung bei ihren Zusammenkünften, Feiern und Kranzniederlegungen. Alles, was an die Wehrmacht oder das Dritte Reich erinnerte, hatte zu verschwinden. Während konservative Blätter wie die „Junge Freiheit" aus den Kasernen und Dienststellen verbannt wurden, erhielt die „taz" von der Bundeswehr Annoncen zur Werbung Längerdienender zugespielt. Daß dieses Blatt mit öffentlichen Mitteln für Dienststellen der Bundeswehr im Abonnement bezogen wurde, störte niemanden. Über den Erfolg der Werbemaßnahmen hat man nie etwas gehört.

Unter diesen Prämissen konnte es gefährlich werden, wenn die Studenten der Universität der Bundeswehr zu viel von Militärgeschichte erfuhren. In den Vorlesungen über den Ersten und Zweiten Weltkrieg, über Reichswehr und Wehrmacht könnten sie eventuell merken, daß die verordnete pauschale Verdammung der Wehrmacht, wie sie in der deutschen Öffentlichkeit und in der Bundeswehr gepflegt wird, unwissenschaftlich ist. Es könnte herauskommen, daß die Wehrmacht bei den ehemaligen Feinden hoch geachtet wird. Wie soll man sich sonst erklären, daß sich bei den Veteranentreffen Deutsche und Engländer, Franzosen und Amerikaner freundschaftlich in den Armen liegen? Die militärgeschichtliche Literatur des Auslandes ist voll des Lobes über die Wehrmacht im Kampf und als Besatzungsmacht. Deshalb kam die Streichung der einschlägigen Professur an der Universität der Bundeswehr München zum 1.4.1998 den Bestrebungen des Bundesministers um eine Purgierung der Bundeswehr zupaß.

Die Verteufelung der Wehrmacht in unserem Land entspricht den Forderungen der politischen Korrektheit. Die Gutmenschen unserer Tage wollen alles, was an das Dritte Reich erinnert, eliminieren und verdammen. Bauwerke, die damals entstanden, gehören eigentlich gesprengt. Gemälde und Skulpturen aus den Jahren 1933 bis 1945 fallen unter ein unausgesprochenes Ausstellungsverbot. Die Literatur des Dritten Reiches wird als Machwerk der NS-Propaganda abgetan. Die Hitlerzeit darf nichts anderes produziert haben als Verbrechen, Vernichtung, Chaos, Verfolgung, Raub und Mord. Alle Deutschen haben sich als „Hitlers willige Vollstrecker" zu fühlen.

Auch die nationalstaatlichen Traditionen, die an das Deutsche Kaiserreich erinnern, gelten als anrüchig. In den Geschichtsbüchern sollte die Zeit ab 1871 so weit wie möglich zurückgedrängt werden. Denn mit dem „Griff nach der Weltmacht“ habe das Deutsche Reich 1914 den Ersten Weltkrieg ausgelöst, an dem es nach den Formulierungen des Versailler Vertrags die „Alleinschuld“ trage. Was dieses Diktat sonst bewirkte, wird am besten verschwiegen. Wer zu sagen wagt, daß dort die Ursprünge Hitlers und des Zweiten Weltkriegs lagen, wird mit der Faschismuskeule erledigt.

Kein deutscher Kulturphilosoph hat in den letzten 20 Jahren öffentlich darauf hingewiesen, daß die Tradition das Einmaleins der Kultur ist (Hendrik de Man, belgischer Kulturphilosoph, 1885–1953). Niemand zitierte Konrad Lorenz, der das „Abreißen der Tradition“ zu den acht Todsünden der zivilisierten Menschheit zählte. Im Unterschied zu allen Nationen der Welt wurde bei uns die totale Traditionsleugnung zu einer Selbstverständlichkeit der *Political correctness*, deren Wurzel an der amerikanischen Ostküste liegt.

Auch auf die Folgen unterlassener Traditionspflege machte in Deutschland kaum jemand aufmerksam. Eine Generation reicht im allgemeinen aus, um das Traditionsbewußtsein eines Volkes zum Erlöschen zu bringen, wenn staatliche Edikte untersagen, mit Achtung und Ehrerbietung der Vergangenheit zu gedenken. Dieser Versuch wird gegenwärtig in Deutschland im allgemeinen und in der Bundeswehr im besonderen unternommen.

Die herrschenden gesellschaftlichen Kräfte unterstützen den Prozeß: „Soldaten sind Mörder“, und die militärischen Tugenden sind „Sekundärtugenden, mit denen man auch ein KZ leiten kann“. Auf der anderen Seite weiß jeder, der in einer Führungsposition steht, daß Zuverlässigkeit, Ordnungsliebe, Pflichterfüllung, Pünktlichkeit und Fleiß zu den Voraussetzungen erfolgreicher Arbeit gehören. Jeder militärische Führer darf von seinen Soldaten Tapferkeit, Gehorsam, Ehrbewußtsein, Kameradschaft und Fürsorge erwarten. Die zur Friedenssicherung und Friedenserhaltung eingesetzten deutschen Soldaten lernen in der Praxis, was diese Werte im Alltag bedeuten.

Je gefährlicher die Aufgaben der deutschen Soldaten Out of area werden, desto mehr werden die drei Säulen der militärischen Tradition an Bedeutung gewinnen:

- Die sozio-emotionale Traditionskomponente, die die Zusammengehörigkeit und das Wir-Gefühl, auch Gruppenkohäsion genannt, stärkt;
- die politisch-strukturelle Traditionskomponente, die die Regeln für den politischen Auftrag und den militärischen Dienst – auch im Kampf – enthält;
- die beruflich-professionelle Traditionskomponente, die die militärischen Arbeitstechniken, d. h. Strategie und Taktik einer Armee, bestimmt.

Rückgriffe auf das, was in der Wehrmacht galt, sind in der Bundeswehr zwar gang und gäbe, sie dürfen aber nicht auf ihren Ursprung zurückgeführt werden:

Anti-Wehrmacht-Ausstellung

Vortragsverbot für Bundeswehr-Professor Franz Seidler

In dem Bemühen, alles niederzuhalten, was nicht politisch korrekt ist und damit der Karriere des Ministers schaden könnte, verliert das Bundesverteidigungsministerium jedes Maß. Durch die „Südwest Presse" wurde bekannt, daß das Ministerium eine in Tübingen geplant gewesene Vortragsveranstaltung des Verteidigungsbezirkskommandos 54 mit dem Professor an der Münchener Universität der Bundeswehr, Franz W. Seidler, verboten hat.

Seidler, der als profunder Kenner der Militärgeschichte gilt, sollte auf Einladung eben dieses Verteidigungsbezirkskommandos über den Partisanenkrieg und die Anti-Wehrmacht-Ausstellung des Kommunisten Heer und des Linksliberalen Reemtsma referieren.

Der Kommandeur des Verteidigungsbezirkskommandos 54, Oberst Horst Henner von Hopffgarten, hatte in der Einladung aus seiner Ablehnung der Anti-Wehrmacht-Ausstellung keinen Hehl gemacht. Er bezeichnete sie korrekt als ein Unternehmen, mit dem Heer und Reemtsma „die strukturelle Kriminalität der Wehrmacht beweisen" wollte und die Geschichte deutscher Soldaten zu politischen Zwecken mißbrauchen. Den Tatsachen gemäß erwähnte er auch, daß diese Ausstellung in der Fachdiskussion von Historikern der Unwissenschaftlichkeit und der Halbwahrheiten überführt worden sei.

Nun dürfen zwar hohe Bundeswehroffiziere durch ihre Anwesenheit der Eröffnung der Propagandaausstellung Glanz verleihen; es dürfen auch an der Hamburger Bundeswehrhochschule Professoren und Dozenten lehren, die durch ihre demonstrative Zusammenarbeit mit Linksextremen beweisen, daß sie ihnen nicht fern stehen, doch ist es offenbar für das Rühe-Ministerium unerträglich, wenn sich ein ausgewiesener Wissenschaftler wie Prof. Dr. Seidler auf einer Veranstaltung, die von einer Dienststelle der Bundeswehr mit durchgeführt wird, kritisch mit der Ausstellung beschäftigt. So desavouiert das Bundesverteidigungsministerium einen Wissenschaftler, der an der Universität der Bundeswehr Neuere Geschichte lehrt. Volker Rühe hat sich um die Verteidigung der Soldaten der Wehrmacht herumgedrückt. Deshalb stört ein Wissenschaftler wie Seidler.

Der Sprecher des Verteidigungsministeriums erklärte, der Kdr des VBK, Oberst von Hopffgarten, sei mit seiner geplanten Veranstaltung *„von politischen Vorgaben des Bundesverteidigungsministers Rühe abgewichen"*. Daher wurde der Vortrag verboten.

aus: Ostpreußenblatt, 10. 1. 98
(gekürzt)

„Kameraden" 1–2/1998

Menschenführung, Truppengliederung, Bereitschaft zum Einsatz des Lebens, Pflichterfüllung usw. Wer die lange Kontinuität dieser Werte leugnet, tut dem Soldatenberuf und der Wehrpflicht keinen Gefallen. Er macht den Soldaten zum Outsider der Gesellschaft und die Kriegsdienstverweigerung zur Norm.

Meine schriftlichen Darlegungen zu diesem Thema, die ich unmittelbar an den Bundesminister der Verteidigung, MdB Volker Rühe, richtete, wurden keiner Antwort gewürdigt. Zwar besagt die „Gemeinsame Geschäftsordnung der Bundesministerien", daß Briefe innerhalb eines Monats beantwortet werden müssen, aber diese Vorschrift lag im Ministerbüro offensichtlich dort, wo meine Schreiben landeten: im Papierkorb.

Das „Militärgeschichtliche Forschungsamt" (MGFA), das in der Traditionsdebatte eine unheilvolle Rolle spielte, hatte mir schon vorher seine Abneigung kundgetan. Der Journalist Rüdiger Proske machte in der ersten seiner drei Streitschriften, „Wider den Mißbrauch der Geschichte deutscher Soldaten zu politischen Zwecken", deutlich, wes Geistes Kind die Mehrheit der Wissenschaftler dort war. Er sprach von der „Roten Zelle". In mehreren Veröffentlichungen, die das MGFA, eine Einrichtung mit mehreren Dutzend Historikern, herausbrachte, wurden meine Publikationen mehr oder weniger ignoriert. Dort entstandene Aufsätze über Themen, die ich ebenfalls behandelt hatte, brachten nicht einmal einen Hinweis auf meine Schriften. Um so ausführlicher wurde auf Publikationen verwiesen, die die Ansichten der Autoren teilten, besonders häufig die des Vaters der „Roten Zelle", Manfred Messerschmidt, und seiner Genossen. Während sich ausländische Historiker mit meinen Forschungsergebnissen auseinandersetzten, nahm – es ist zum Lachen – ein Institut des Bundesministeriums der Verteidigung die Schriften eines Professors aus dem gleichen Geschäftsbereich einfach nicht zur Kenntnis. Solch ein politisch motiviertes parteiisches Verhalten von Wissenschaftlern kennt man im Ausland nicht.

Während die Angehörigen der „Roten Zelle" im Begleitprogramm der Heer-Show „Vernichtungskrieg. Verbrechen der Wehrmacht 1941 bis 1944" an den Ausstellungsorten regelmäßig zu Wort kamen, traf mich der Bann der Organisatoren. Dort, wo ich von Einzelveranstaltern des Begleitprogramms ohne das Plazet von Herrn Heer eingeladen worden war, wurde ich wieder ausgeladen. Ich hätte ja in das einvernehmliche Lob der Ausstellung einen Mißton gebracht, wenn ich ein gutes Wort über die Wehrmacht gesagt hätte.

Anfang November 1999 wurde die Ausstellung ganz plötzlich abgesetzt. Die Detailkritik einiger ausländischer Historiker offenbarte, daß mit falschen Bildern gearbeitet worden war. Opfer des sowjetischen NKWD wurden als Opfer der Wehrmacht ausgegeben. Zwischen Wehrmacht und SS wurde nicht unterschieden. Untaten verbündeter Truppen wurden der Wehrmacht untergeschoben. Jetzt meldeten sich plötzlich viele etablierte Historiker zu Wort, die bisher mucksmäuschenstill gewesen waren. Ich hatte keine Unterstützung von ihnen bekommen, als mir der Medienwind ins Gesicht blies. Aber nachdem die Schludrigkeiten der Bilder und Texte offenkundig waren, wußten sie schon seit langem, daß die Ausstellung faul war. Von denen, die die Ausstellung befürwortet, gefördert und gepriesen hatten, kam kein Wort des Bedauerns. Keiner von denen, die öffentliche Mittel eingesetzt hatten, um die Show in ihren Mauern zu präsentieren, dachte an Rückforderungen. Die Reaktionen der Hymnensinger und Lobhudler reichten von sprachlosem Achselzucken bis zur rechthaberischen Behauptung, daß die Tendenz der Ausstellung richtig gewesen sei. Wegen ein „paar Bildern mit fehlerhaften Unterschriften" hätte man sie ruhig weiterlaufen lassen können.

Bevor die Heer-Show wie geplant in die USA gehen würde – der Termin 3.12.1999 für New York wurde abgesagt – und an den Orten gezeigt werden sollte, die seit langem um sie Schlange standen, wollte das Institut für Sozialforschung die Bilder und Texte der Ausstellungswände überarbeiten. Dazu wurde eine „unabhängige Wissenschaftlerkommission" zusammengestellt. Wer die Namen liest, weiß, was das Ergebnis sein wird: eine verbesserte Auflage der Wehrmachthetze. Obwohl die Grundthese, daß die Wehrmacht an allen Verbrechen aktiv und als Gesamtorganisation beteiligt gewesen sei, widerlegt ist und die „saubere Wehrmacht", die es zu beschmutzen galt, ebensowenig existiert hat wie die „sauberen" Feinde, wird die Ausstellung nicht zu Ende sein. Weiteren tausenden Schulkindern wird in Deutschland demonstriert werden, daß ihre Großväter brutale Mörder waren. Den Schaden, den die Show in den USA anrichten wird, kann nur der ermessen, der die dortige Agitation gegen Deutschland zugunsten der Entschädigung von Zwangsarbeitern während des Zweiten Weltkriegs und die Milliardenforderungen an uns verfolgt hat.

Angesichts dieses Sachverhalts hält sich mein Triumph, als einer der ersten zum Sturz der Ausstellung in der bisherigen Form beigetragen zu haben, in engen Grenzen. Befriedigt nehme ich lediglich den Glaubwürdigkeitsverlust zur Kenntnis, den die Linken, d.h. die Sozialisten, Linksfaschisten, Marxisten, Maoisten, Chaoten usw. erlitten haben. Was zur Stützung ihrer Position gedacht war, erwies sich als böser Bumerang.

München, im Dezember 1999 — Prof. Dr. Franz W. Seidler

Zur Edition

Mit dem vorliegenden Band wird die Edition über die Völkerrechtsverstöße der Roten Armee gegen die Wehrmacht im Zweiten Weltkrieg fortgesetzt. Der 1. Band „Verbrechen an der Wehrmacht. Kriegsgreuel der Roten Armee 1941/42" erschien 1997 im gleichen Verlag. Er dokumentierte die sowjetischen Kriegsverbrechen in den ersten Monaten des Ostfeldzugs.

Der Inhalt dieses Buches ist wiederum den Akten der „Wehrmacht-Untersuchungsstelle für Verletzungen des Völkerrechts" entnommen, die im Bundesarchiv/Militärarchiv in Freiburg archiviert sind. Diese Institution wurde am 4. September 1939 bei der Wehrmachtrechtsabteilung im Oberkommando der Wehrmacht eingerichtet, um „die von den gegnerischen Militär- und Zivilpersonen gegen deutsche Wehrmachtangehörige begangenen Verstöße gegen das Völkerrecht festzustellen und zugleich die vom Auslande gegen die deutsche Wehrmacht in dieser Hinsicht erhobenen Anschuldigungen aufzuklären". Für diese Aufgabe wurden erfahrene Juristen herangezogen, von denen die meisten bereits früher, z.B. im Ersten Weltkrieg, mit entsprechenden Untersuchungen zu tun hatten. Sie benötigten die Befähigung zum Richteramt. Als im Juni 1941 die ersten Meldungen über Verstümmelungen an deutschen Soldaten von der Ostfront in Berlin eintrafen, gründete die Wehrmachtrechtsabteilung das „Sonderkommando des OKW zur Aufdeckung bolschewistischer Greueltaten und völkerrechtswidriger Handlungen". Dessen Leiter war Prof. Dr. Gerhard Buhtz, der vor seiner Einberufung Gerichtsmediziner an der Universität Breslau gewesen war. Er wurde 1944 ein Opfer der Partisanen. Sie nahmen Rache für die kriminellen Handlungen, die er der Roten Armee und ihnen nachgewiesen hatte.

Die Arbeit des Sonderkommandos verlief wie die der Wehrmacht-Untersuchungsstelle nach wissenschaftlichen und forensischen Kriterien. Bei allen Vorfällen, die als Verstöße gegen die Genfer Kriegsgefangenenkonvention und die Genfer Verwundetenkonvention, beide aus dem Jahre 1929, gemeldet wurden, wurden an Ort und Stelle Fotoaufnahmen von den Opfern gemacht und Zeugen angehört. Häufig waren es die überlebenden Kameraden der Toten, manchmal auch Angehörige der Zivilbevölkerung, die die Greueltaten beobachtet hatten, einige Male sogar Soldaten der Roten Armee, die an den Untaten beteiligt waren. Die Leichen wurden nach pathologischen Gesichtspunkten begutachtet. Die Bilder der Opfer wurden mit Ort und Datum versehen. Die Zeugenaussagen mußten eidesstattlich beglaubigt werden. Erst dann wurden die Unterlagen registriert und in die Akten der Wehrmacht-Untersuchungsstelle aufgenommen. Es gab dort keine obskuren Beweisstücke ohne Orts- und Datumsangabe.

In Amtshilfe für die Wehrmacht-Untersuchungsstelle arbeiteten die Sanitätsoffiziere und Heeresrichter der im Osten eingesetzten Divisionen. Der Heeressanitätsinspekteur gab den Militärärzten „Hinweise für Befundbeschreibungen“ an die Hand, damit Fehldeutungen bei der Leichenschau vermieden wurden. Die Divisionsrichter übernahmen die Vernehmung der Zeugen. Die gesammelten Unterlagen wurden der Wehrmacht-Untersuchungsstelle zur Archivierung zugeleitet.

Im Laufe des Krieges entstanden 226 Ordner mit rund 8.000 dokumentierten Fällen von alliierten Völkerrechtsverletzungen.

In der vorliegenden Publikation werden zwei dieser Ordner ausgewertet. Sie sind im Bundesarchiv / Militärarchiv mit den Signaturen RW 2 / v. 153 und RW 2 / v. 154 versehen. Der eine Band trägt den Originaltitel „Kriegsverbrechen der russischen Wehrmacht Band 3“ und wurde im September 1942 abgeschlossen, der andere heißt „Kriegsverbrechen der russischen Wehrmacht Band 4“ und wurde im Februar 1943 fertiggestellt.

Der Band 3 vom September 1942 gliedert sich in fünf Abschnitte. Sie werden in dieser Edition mit den Buchstaben A bis E bezeichnet: A.: Einleitung, B.: Russische Meldungen und Aussagen (13 Dokumente), C.: Ermordung, Verwundung und Mißhandlung Kriegsgefangener und wehrloser Verwundeter (36 Dokumente), D.: Verletzungen des Roten Kreuzes (6 Dokumente), E.: Kannibalismus (5 Dokumente). Im Original sind die Dokumentationen zu den einzelnen Abschnitten kommentarlos aneinandergereiht. In dieser Quellenedition werden sie, um die Gliederung deutlich zu machen, numeriert und mit den Zwischenüberschriften „Dokument 1“, „Dokument 2“ usw. versehen. Am Inhalt wurde nichts verändert.

Band 4 vom Februar 1943 enthält eine Einleitung und drei Kapitel mit Anlagen. Die drei Kapitel mit den Gliederungsbuchstaben A. bis C. enthalten Kurzbeschreibungen von sowjetischen Greueln. Sie wurden in der Wehrmacht-Untersuchungsstelle angefertigt. Am Ende der Texte wurde jeweils auf die Anlagen verwiesen, in denen sich das einschlägige Beweismaterial befand. In dieser Edition werden die Einleitung und die Kapitel A. bis C. vollständig und die Anlagen in Auswahl wiedergegeben. Die von der Wehrmacht-Untersuchungsstelle vorgenommene Numerierung der Anlagen wurde aus Gründen der Authentizität beibehalten; wegen der vom Herausgeber getroffenen Auswahl der Beispiele ist sie jedoch nicht mehr fortlaufend.

Alle Dokumente und alle von der Wehrmacht-Untersuchungsstelle stammenden redaktionellen Texte sind in der Originalschreibweise belassen worden. Korrekturen offensichtlicher Schreibfehler werden wie üblich durch eckige Klammern [ ] gekennzeichnet.

Die Familiennamen der Opfer wurden aus Gründen der Pietät mit dem Anfangsbuchstaben abgekürzt. Die vollständigen Namen sind im Bundesarchiv / Militärarchiv für jedermann einsehbar. Die Richter, Zeugen, Gutachter etc. werden dagegen mit vollem Namen aufgeführt.

Oberkommando der Wehrmacht (WR) Wehrmacht-Untersuchungsstelle für Verletzungen des Völkerrechts

Kriegsverbrechen der russischen Wehrmacht Band 3.

A. Einleitung

Berlin, im September 1942.

Die Wehrmacht-Untersuchungsstelle legt hiermit als dritten Band ihrer Niederschriften über „Kriegsverbrechen der russischen Wehrmacht" weitere dokumentarische Beweise für die dem Völkerrecht und der Menschlichkeit widersprechende Kriegführung der sowjetischen Wehrmacht vor. Die beigefügten Protokolle, Meldungen und Berichte stellen wiederum nur einen Bruchteil des umfangreichen Gesamtmaterials dar, das von allen Teilen der Front und aus zahlreichen Lazaretten bei der Wehrmacht-Untersuchungsstelle seit Abschluß des 2. Bandes eingegangen ist.

Entgegen den von sowjetischer Seite in neutralen Staaten verbreiteten Angaben, wonach die russische Regierung die Bestimmungen des Völkerrechts gegenüber den Feindmächten durchaus beachte und insbesondere auch deutschen Kriegsgefangenen die Wohltaten des Völkerrechts zugute kommen lasse, erbringen die hier angeschlossenen neuen Dokumente in Übereinstimmung mit den in den beiden ersten Bänden vorgelegten Urkunden den Beweis einer unablässigen, nicht im geringsten Maße abklingenden Folge brutalster Vergewaltigungen des Völkerrechts. Die Methoden und die Systematik des russischen Vorgehens sind vom Beginn des Feldzuges gegen Rußland an bis in den September 1942 hinein die gleichen geblieben.

In der Einleitung zum zweiten Bande war zum Beweise für diese Tatsachen unter anderem auch auf die in die Hand der deutschen Truppen gefallenen Befehle russischer Stäbe Bezug genommen worden (vgl. Einleitung Seite 3 bis 8 des Bandes 2) [„Verbrechen an der Wehrmacht. Kriegsgreuel der Roten Armee 1941/42", S. 66-70]. Beweise gleicher Art aus russischer Quelle, nämlich in erbeuteten Akten russischer Kommandostellen aufgefundene Meldungen, und ferner Aussagen russischer Kriegsgefangener sind in den Anlagen Seite 1 bis 32 [S. 43–70 dieses Buches] diesem neuen Bande des Dokumentenwerkes vorangestellt. Sie bestätigen und erhärten die Feststellungen, die in den Anlagen in Gestalt eidlicher Vernehmungen von deutschen Zeugen und Sachverständigen sowie deutscher militärischer Meldungen und Berichte niedergelegt worden sind.

Als Ergänzung und Beleg zu dem in dem 1. Bande der Niederschrift auf Seite 34 bis 36 [„Verbrechen an der Wehrmacht. Kriegsgreuel der Roten Armee 1941/42", Fall 030] behandelten russischen Massenmord an 130 deutschen Kriegsgefangenen, der am 30. Juni 1941 an der Straße Klewan-Broniki bei Rowno begangen worden ist, werden 15 Lichtbilder von Opfern dieses Mordwerkes auf Seite 33 bis 40 wiedergegeben [S. 71–82 dieses Buches].

B. Russische Meldungen und Aussagen

Übersetzung. **Reihe B**

Chef des Stabes der 160. Sch. Div.

Dokument 1

Bericht über Spähtruppunternehmen Nr. 26 K 8.00 Uhr 4.2.42 Rgts.-Stab 636.
Sch.Regt. Ssokolje Plota.
Karte 1 : 100.000

In der Nacht vom 3./4.2. wurde durch einen Spähtrupp von 60 Mann ein nächtlicher Überraschungsangriff auf die Häuser 1 km südlich des Dorfes Besjedino durchgeführt. Als Ergebnis wurden 2 Unterstände vernichtet, in denen sich etwa 25 Soldaten befanden (mit Granaten beworfen und verbrannt). Durch Granaten gesprengt wurde eine Pak mit Bedienung. Gefangengenommen wurde ein schwerverwundeter Soldat, der unterwegs wegen seiner schweren Verletzung mit dem Bajonett durch den Älteren Sergeanten Kabulow erstochen wurde.

Der Feind beschoß mit Granatwerfern unsere Gruppe im Dorf Dudarewka und schoß mit Komp.-Granatwerfern von der Höhe zwischen Dudarewka und den einzelnen Häusern. Erbeutet wurde 1 s.M.G., 1 Leuchtpistole, 4 Gewehre und 1 Fernglas. Verluste auf unserer Seite: 6 Verwundete. Der Feigling – der Rotarmist Morosow – wurde beim Versuch, während des Angriffs zurückzulaufen, durch den Leutnant Antonenko schwer verletzt.

Wir treiben die Erkundung weiter vor in Richtung Besjedino-Matwejewka.

Der Chef des Stabes des 636. Sch.Rgt.
Major Ssuschinski

Der 2. Gehilfe des Chef[s] des Stabes
Unterpolitruk Dutschkow.

2 Ausfertigungen.
1. Au[s]f.
2. " Stab 160 S.D. zu den Akten.
Abgesandt 10.30 Uhr 4.2.42.

Für die Richtigkeit der Übersetzung:
gez. Dr. Freymann
Oberleutnant.

Dokument 1

Серия "В".

НАЧАЛЬНИКУ ШТАБА 160 СП.

Разведсводка № 26 к 3.00 4.II-42 года штабполк 636 с.Сокольья Плота.
Карта 100.000-41г.

1.Ночью с [illegible] на 4.II.42 года группой разведки в количестве 60 чел, совершен ночной налет на домики, что один километр южнее д.Беседино. В результате налета уничтожено 2 ДЗОТ"а, в которых находилось около 15 солдат/забросаны гранатами и сожжены/. Подорвано гранатами одно противотанковое орудие с расчетом. Захвачен в плен тяжело раненый солдат, которого по дороге в виду тяжелого ранения приколол штыком Ст.Сержант Кабулов.

Противник вел минометный огонь по нашей группе с д.Дударевки и ротным минометом обстреливал с высоты между Дударевкой и отдельными домиками.
Захвачено трофей: 1 станковый пулемет, ракетница, 4 винтовки и бинокль.
Потери с нашей стороны: 6 раненых. xxxxxx Трус-красноармеец Морозов в атаке xxxxx при попытке бежать назад мл.лейтенантом Антоненко. -тяжело ранен.

Разведку продолжаю в направлении Беседино-Матвеевка.

Отп.в 2-х экз. Начальник штаба 636 СП
экз.№1-штадиву 160 майор- /Сушинский/.
экз.№2-в дело.
Отп.в 10.30 м.
4.II.42г.
Пом.[illegible] ч м [illegible]-политрук /Дучков/.

И 862.42 - 3219 42

Russischer Bericht über ein Spähtruppunternehmen

Dokument 2

Langwasser, den 2o.7.42

V e r n e h m u n g s n i e d e r s c h r i f t .

Vorgeführt erscheint der sowjetruss. Kgf.

J u r t s c h e n k o Juri, Erk.Nr. 117775, 15.11.1915 in Bogrowski, Bezirk Losowkki Kreis Charkow, verh., Zivilberuf Volksschullehrer, zuletzt wohnhaft im Gebiet von Woroschilowgrad, Grube Lotikow, als Sergeant beim 393. Inf. Division, 7o4 Inf.Regt 1. Bataillon

und gibt auf Befragen und Vorhalt folgendes an:

" Bei der Schlacht um Charkow wurde ich am 27.5.42 als Angehöriger der 6.russ. Armee gefangen genommen. Ich war beim 1. Batl. des 7o4. Inf. Regt. tätig und beim Bataillonsstab als Schreiber eingeteilt. Ich war 3 mal Zeuge bei der Vernehmung von deutschen Kriegsgefangenen Einmal wurden 12 deutsche Soldaten zur Vernehmung vorgeführt und nach dem Verhör 7 davon dem Regt.Stab überwiesen, während die 5 anderen, die alle schwer verwundet waren, von meinem Chef dem Hauptmann B u r s k i j Viktor Ivanowitsch mit einem Revolver am 1o.2.42 erschossen wurden. Dies geschah hinter dem Krankenhaus im Dorf Tschernoglasowska, Bezirk Sachnowschanski, Kreis Charkow. Die Leichen wurden von uns nicht begraben und blieben im Schnee liegen.
Der Hauptmann Burskij stammt aus dem Gebiet von Kiew, ist 1914 geboren und wurde in der Schlacht bei Charkow verwundet. Die Verletzung erfolgte durch eine eigene Handgranate, die er unter einen deutschen Panzerwagen warf, wodurch das rechte Auge getroffen wurde, sodass es verloren sein dürfte. Burskij wurde Mitte April 1942 verwundet und zurückgebracht.
Mein Kamerad S u j e w Nikolai war mit mir im Lager Broskurow und kam mit mir nicht mehr nach Przemysl."

V.g.u.u.

Kbrenf

Als Dolmetscher:
H. Solm
Sdf.G.

Bestätigt:
Kiep
Oberleutnant

U 884. 42

Vernehmung eines russischen Kriegsgefangenen

Dokument 3

Месторасположение

22го Января 1942 г.

Я, Василий Кизилов, родился 1913 году в деревня Кочегоровка, Курская область.

Боец из 406го стрелкового полка, 1го батальона, 2я рота, 3ий взвод подтверждаю, что наш командир взвода младший лейтенант Колесниченко 17го января 1942 г. в село Шахово, где наш взвод находился при обсуждении предстоящее наступление 18го января на Лески сказал следующее:

„Полковой комиссар приказал: теперь в плену не брать, все немцы уничтожать, никто не должен оставатся в живых!"

подпис.: В. Кизилов

Ich, Wassilij K i s i l o w, geboren 1913, aus dem Dorf Kotschegorowka im Gebiet Kursk, Angehöriger des Schtz.-Rgt. 4o6, I. Batl., 2. Komp., 3. Zug, sage hiermit aus, daß der Zugführer, Unterleutnant Kolesnitschenko, am 17.1.42 in Schachowo in der Unterkunft des Zuges bei einer Besprechung vor dem Angriff am 18.1. auf Leski folgendes sagte:

"Der Rgt.-Kommissar hat befohlen: Es werden keine Gefangenen gemacht, alle Deutschen werden erschl[illegible]en. Keiner darf am Leben bleiben."

Russische Aussage

Dokument 4

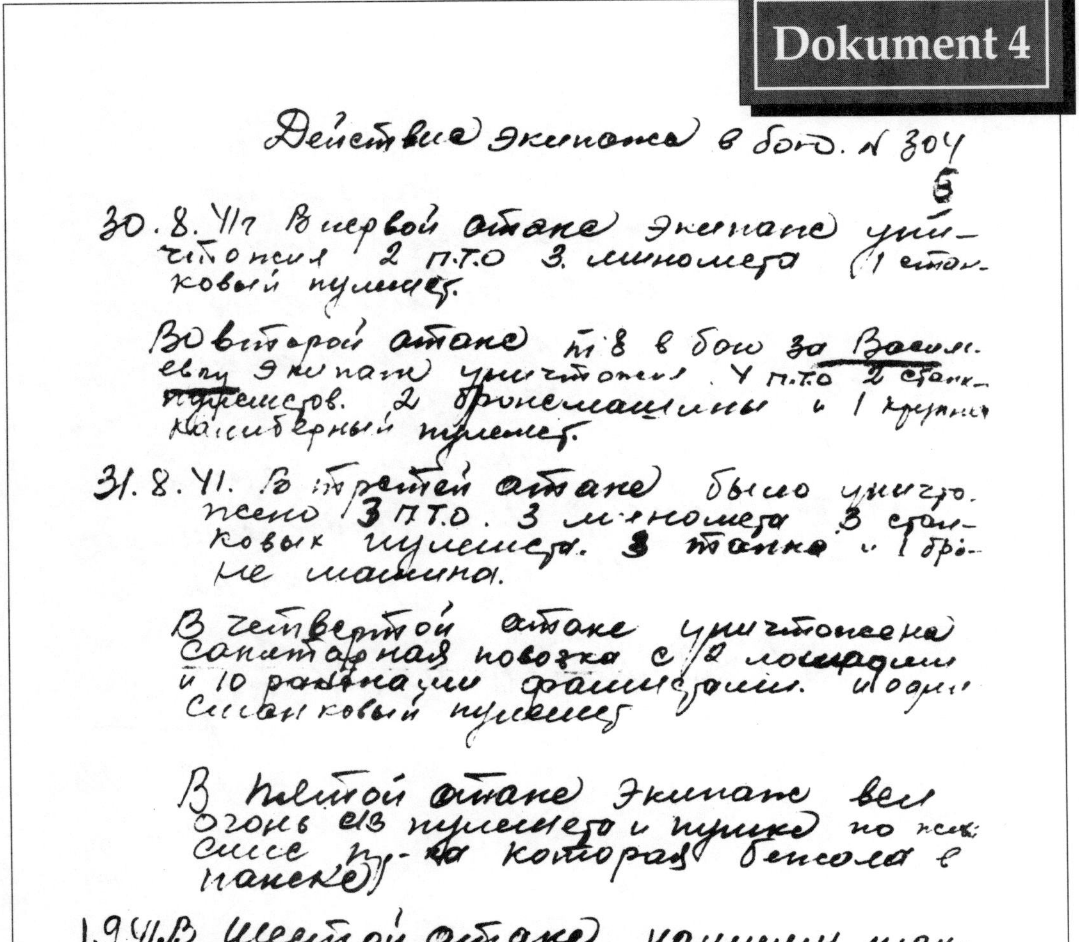

Действия экипажа в бою. № 304

5

30.8.41г В первой атаке экипаж уничтожил 2 П.Т.О 3. миномета (1 станковый пулемет.

Во второй атаке т.8 в бою за Васильеву экипаж уничтожил 4 П.Т.О 2 станк. пулеметов. 2 бронемашины и 1 крупнокалиберный пулемет.

31.8.41. В третьей атаке было уничтожено 3 П.Т.О. 3 миномета 3 станковых пулемета. 3 танка и 1 бронемашина.

В четвертой атаке уничтожена санитарная повозка с 2 лошадьми и 10 ранеными фашистами. и один станковый пулемет

В пятой атаке экипаж вел огонь из пулемета и пушки по исчислению из-за которая бензола в панике)

1.9.41.В шестой атаке машину танку заклинило прямым снарядом башню, но это не отразилось на ведение меткого огня

Машину приходилось поворачивать на цель с помощью бортовых сцеплений искусно мех водитель Пресняков. В шестой атаке было уничтожено 2 машины с боеприпасами

1096.41

Russische Meldung (Übersetzung siehe S. 53f.)

Dokument 4

Каторые шли в след за танком
т-ка за все время боя эки-
паж работал отлично горел
желанием бились уничтожить
фашистских гадов.
В данное время экипаж занят
востановлением своей боевой машины
которое имеет 29 прямых попадан.

К-р танка мл лейтенант [illegible]

5 9 41 г

1096.41

Dokument 4

Итоги боев 30·31·8·1941. 9

1. Жигалс Булатов 30. 9 [illegible] ПТП.

Истомин [illegible] 4 шт. [illegible], 2 шт. [illegible]

Рыженков [illegible]

2. Жигалс Ефремова [illegible], [illegible]

Казачев. [illegible]

30.8 3 шт. миномётов, убили офицера.

3 пушки ПТ. 4 шт. ст. [illegible] 15 [illegible]

[illegible]

Булат: 3 [illegible] 4 ПТО, 1 [illegible]

[illegible] 6 [illegible]

11 38 [illegible] и повоз-

ки 15 чел. [illegible], 1 офицера.

Жигалам [illegible]

30.8 1 ПТО, [illegible]

[illegible] ст. пулем[illegible] 1 ст. пулем[illegible]

[illegible] 1 ПТО

Dokument 4

Действие роты в бою с 30.8 по 2.9.41г.

30.8.41г. В первом бою за Броницу
Рота уничтожила 5 противотан.
пушек. 5 минометов. 8 станковых
пулеметов.

Вторая атака. бой за д. Васильки
подавлено противотанковых пушек
26 штуки. Легковых машин 4 шт.
минометов 4 шт. Броневики 3 шт.
Станк. пулеметов 10 шт. Трофейн.
машин. 6 шт. Мотоциклов 12 шт.
Велосипедов 30 шт.

31.9.41г. В атаке за д. Буда ротой
уничтожено большое количество
пехоты. уничтожено 6 п.т.о
минометов 7 шт. танков 9 шт.
Крупнокалибер. пулеметов 6 шт.
Станк. пул. 20 шт.

Dokument 4

1.9.41г. уничтожено в бою за
д. Буда Бронемашин 4 шт
станковых пулеметов 10 шт и
большое количество пехоты.
убито 7 офицеров

2.9.41г. уничтожено 5 транспортных
машин с боеприпасами.
2 пушки 76. мм. стан.
пул. 5 шт.

Нач. Штаба [illegible] Гордей Гордеев

Dokument 4

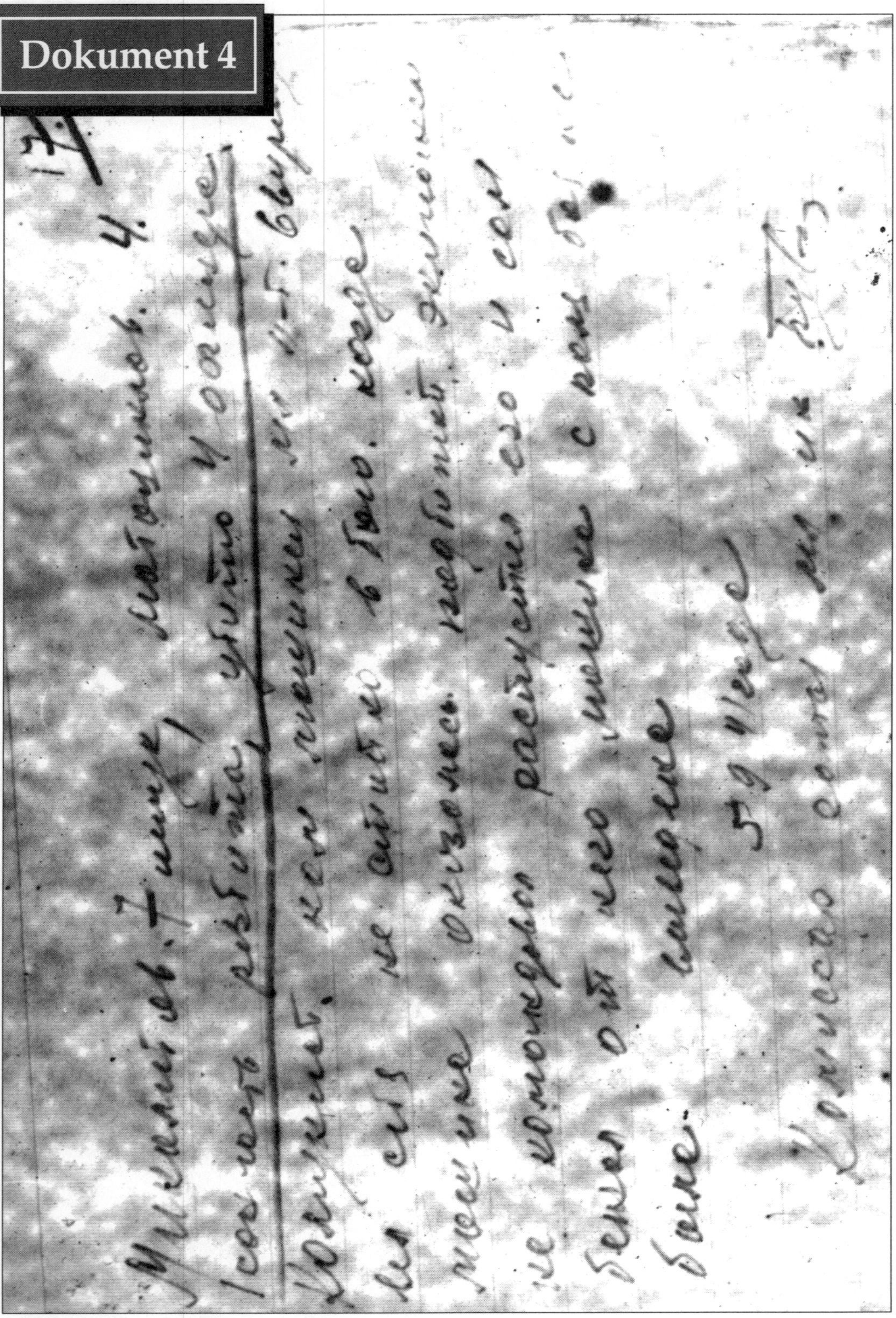
17.
Миколаев. 7 июня, Матюшков. 4.
1 сот часть разбита, убито и окружено
Командир. как машина ...
мы его не отпустили в бою. когда
машина оказалась подбитой. экипаж
не командир растерялся его и сам
бежал от него машина с ...
более ...
5 д ...
Комиссар ...

Handlungen der Besatzung im Kampf Nr. 304.

Dokument 4

30.8.41. Beim ersten Angriff der Besatzung wurden 2 P.T.O.,+) 3 Minenwerfer, 1 schweres M.G. vernichtet.

Beim zweiten Angriff, d.h. beim Kampf um Wassilewka, vernichtete die Besatzung 4 P.T.O., 2 schwere M.G., 2 Panzerwagen und 1 großkalibriges M.G.

31.8.41. Beim dritten Angriff wurden vernichtet: 3 P.T.O., 3 Minenwerfer, 3 schwere M.G., 3 Panzerwagen und ein Panzerfahrzeug.

Beim vierten Angriff wurde ein Sanitätsfahrzeug mit 2 Pferden und 10 verwundeten Faschisten sowie ein schweres M.G. vernichtet.

Beim fünften Angriff richtete die Besatzung das Feuer aus M.G. und einem Geschütz auf die Infanterie des Gegners, die panikartig die Flucht ergriffen hatte.

1.9.41. Beim sechsten Angriff erhielt der Turm unseres Panzers drei Treffer, wodurch aber die Führung unseres gut liegenden Feuers in keiner Weise beeinflußt wurde. Die Maschine mußte daraufhin mit Hilfe des Seitenantriebs gewendet werden, wobei die Kunst des mech. Führers Pressniakow hier ganz besonders zur Geltung kam.

Während des 6. Angriffs wurden vernichtet 2 Maschinen mit Munition, die dem Panzer des Gegners folgte [sic]. Während der ganzen Dauer des Kampfes wirkte die Besatzung vorzüglich vom heißen Wunsch beseelt, recht viel von den faschistischen Reptilien zu vernichten.

Der Kommandeur des Panzers. (Unterschrift)

Unterleutn. Jefremow.

Ergebnisse der Kämpfe vom 30./31.8. und 1.9.41.

Besatzung Bulanow 30. 9 Stück P.T.P. (?) Istomin, Grischtschenko 4 Stück motor., 2 Stück Zug ... Rjabenko, Gress.

Besatzung Jefremow, Prossniakow, Schelitschenko, Kosakow, Urmin, verwundet.

30.8. 3 Stück Minenwerfer, einen Offizier getötet, 3 Geschütze P.T., 4 Stück schwere M.G., 15 Mann Verwundete erschossen.

Buda: 3 Minenwerfer, 4 P.T.O., 1 K.K.M.G., 6 leichte M.G. 3 große Maschinenapotheke und ein Fahrzeug mit 15 Mann Deutschen, 1 Offizier.

Besatzung Ussatschew.

30.8. 1 P.T.O., einige Hand- und schwere M.G., 1 schweres MG und 1 PTO.

Kampfhandlungen der Kompanie vom 30.8. bis 2.9.41

30.8.41. Im ersten Kampf um Brenzewka vernichtete die Kompanie 5 Panzerabwehrgeschütze, 5 Minenwerfer, 8 schwere M.G.

Zweiter Angriff. Beim Kampf um das Dorf Wassilewka wurden 26 Stück Panzerabwehrgeschütze, 4 St. leichte Maschinen, 4 St. Minenwerfer, 3 St. Panzerspähwa-

---

+) P.T.O. = Panzerabwehrgeschütz. [Anm. des Originaldokuments]

gen, 10 St. schwere M.G., Flak 6 St. sowie 12 St. Krafträder und 30 St. Fahrräder niedergerungen.

31.8./9?/41. Im Kampfe um das Dorf Buda wurden von der Kompanie vernichtet: eine große Anzahl Infanteristen, 6 P.T.O., 7 Minenwerfer, 9 Panzer, 6 großkalibrige Maschinengewehre und 20 schwere Maschinengewehre.

1.9.41.Im Kampfe um das Dorf Buda wurden vernichtet: 4 Panzerspähwagen, 10 schwere M.G., eine große Anzahl Infanteristen und 7 Offiziere wurden getötet.

2.9.41. Es wurden vernichtet: 5 Pak (Transportmaschinen) mit Munition, 2 Geschütze 76 mm und 5 schwere M.G.

Kommandeur der 1. Kompanie Hauptmann Gadiejew.

7 Stück Minenwerfer, 4 St. Krafträder, 1 Sanitätsabteilung zerschlagen, 4 Offiziere getötet.

Der Kommunist, Kommandeur der Maschine, Unterpolitruk Swiridow, führte sich im Kampfe nicht standhaft auf. Als die Maschine angeschossen wurde, hatte er nicht den Befehl über die Besatzung, die sich auflöste, und er ergriff selbst die Flucht. Die Maschine wurde auf dem Kampffelde nicht außer Gefecht gesetzt.

5.9.41

Der Kommissar der Kompanie Unter-Politruk Bulanow.

Dokument 5

Oberkommando der Wehrmacht Wehrmacht-Untersuchungsstelle für Verletzungen des Völkerrechts

Fürstenwalde/Spree, den 20.3.1942

Gegenwärtig:
Kriegsgerichtsrat Dr. Schöne als Untersuchungsführer
Feldw. Rudolf Schulze als Protokollführer besonders verpflichtet.

In der völkerrechtlichen Untersuchungssache Rußland wurde der Wolgadeutsche Heinrich Meisinger im Reservelazarett 101, Fürstenwalde, Spree, aufgesucht.

Er wurde über seine Wahrheitspflicht als Zeuge unter Hinweis auf die Bedeutung des Eides besonders belehrt und erklärte:

Zur Person: Ich heiße Heinrich Meisinger, bin 22 Jahre alt, Wolgadeutscher.

Zur Sache: Ich bin Wolgadeutscher, in Rosenheim bei Markstadt geboren, und habe zuletzt in Zürich, ebenfalls bei Markstadt, gelebt. Mein Vater war dort Arzt. Im Dezember 1939 bin ich zum russischen Militär eingezogen worden und seitdem nicht wieder nach Hause gekommen. Ich bin im Juni 1941 als Fahrer beim Stab der 154. russischen Inf.Div. ins Feld gezogen. Als wir Anfang August 1941 mit dem Stab in einem Dorf bei Shlobin nordwestlich von Gomel lagen, wurden eines Vormittags 23 gefangene deutsche Soldaten gebracht. Einer von ihnen war schwer verwundet und wurde auf eine Bahre gelegt. Die 22 anderen Soldaten sind im Laufe des Vormittags einzeln sowohl vom Div. Kommissar wie vom Div. Kommandeur vernommen worden. Bei den Vernehmungen selbst bin ich nicht zugegen gewesen. In der Mittagszeit mußten sich alle 22 Mann in einer Reihe aufstellen. Vorher hatten 5 Gefangene eine Grube ausheben müssen. Nunmehr trat der Batl. Kommissar an die deutschen Gefangenen heran und fragte sie, ob sie die deutschen Stellungen verraten wollten. Sämtliche 22 Mann antworteten zugleich „Nein!" Daraufhin mußte jeder einzeln an die Grube herantreten, und der Batl. Kommissar, der ein Jude war, erschoß ihn durch Genickschuß. Ich habe das aus einer Entfernung von etwa 30 m mit angesehen. Der verwundete deutsche Soldat ist weggebracht worden. Was aus ihm geworden ist, weiß ich nicht.

Einige Tage später wurden ein junger und ein alter deutscher Soldat ebenfalls als Gefangene vorgeführt. Ich habe noch mit ihnen sprechen können, weiß aber nicht, wie sie hießen und welchem Truppenteil sie angehörten. Auch diese 2 Deutschen sind vernommen worden. Am nächsten Tage sind sie beiseitegeführt und von einem Feldwebel erschossen worden.

v.g.u. gez. Meisinger, Heinrich

Der Zeuge leistete den Zeugeneid. gez. Dr. Schöne gez. Schulze

Dokument 6

Gericht **O.U., den 24.1.1942**
der Feldkommandantur (V) 813
R. H. L. 5/42

Gegenwärtig:
Kriegsgerichtsrat Dr. Klee als Richter,
Sonderführer Hirschfeld als Dolmetscher,
Uffz. Hoffmann als Protokollführer.

Es erschien auf Ladung Leutnant Woldemar v. Granz, Kosakenschwadron 102 zu Mogilew.

Da dieser die deutsche Sprache nicht beherrscht, sondern nur russisch spricht, und sich in deutscher Sprache nicht verständigen kann, wurde als Dolmetscher der Sonderführer Hirschfeld von der Feldkommandantur (V) 813 zugezogen. Dieser leistete, nachdem er zur Person erklärt hatte: Ich heiße Oskar Hirschfeld, bin 40 Jahre alt, evangl. luth. Religion und nicht verwandt und nicht verschwägert mit Ltn. Woldemar v. Granz, den Dolmetschereid vorschriftsmäßig ab. Hierauf wurde unter Zuziehung des Dolmetschers Hirschfeld Ltn. Woldemar v. Granz als Zeuge nach Hinweis auf die Bedeutung und Heiligkeit des Eides, wie folgt vernommen:

Z.P.: Ich heiße Woldemar v. Granz, bin 22 Jahre alt, röm.-kath. Religion.

Z.S.: Ich bin bei meiner Großmutter mütterlicherseits, die den Familiennamen Gustawina trägt und in der Nähe von Kiew wohnt, aufgewachsen, da ich meine Eltern früh verloren habe. Wie mir meine Großmutter erzählt hat, sollen meine Eltern bei einer deutschen Gesandtschaft in Kiew und zwar offenbar in der Kanzlei gearbeitet haben. Etwa Anfang 1921 sollen sie in ein Konzentrationslager gebracht sein. Von meinen Eltern selbst habe ich in der Folgezeit keinerlei Nachricht erhalten. Es besteht die Möglichkeit, daß sie später nach Deutschland abgeschoben worden sind, da sie deutschstämmig sind. Diese Vermutung gründet sich lediglich auf eine Mitteilung des Sonderführers Kuhr von der Kosakenschwadron 102, der mir erzählt hat, daß er in einem Konzentrationslager in der Nähe von Kiew war und später nach Deutschland abgeschoben worden sei. Das Konzentrationslager soll 3 km von Kiew entfernt gewesen sein. Der Name desselben ist mir nicht bekannt. Ich besuchte die höhere Schule und wurde im Anschluß an meine Schulentlassung mit 18 Jahren auf die Dauer von 6 Monaten zu einer Artl.-Einheit in Kiew einberufen. Ich wurde alsdann in die Artl.-Schule in Kiew überführt, wo ich weitere 5 Monate war. Ich kam sodann mit meiner Einheit, die nach Tomsk überführt wurde, dorthin. Dort war ich 2 Jahre und 5 Monate und wurde zum Leutnant befördert. Ich kam sodann nach Gorki, wo ich bis zum 23.8.1941 verblieb. Am 23.8.1941 wurde ich von Gorki nach Noginsk in Marsch gesetzt. Dort wurden die Marschbataillone eingeteilt, die an die Front gingen. Ich erhielt das Kommando über ein Marschbataillon. Vor meiner Ankunft in Noginsk war ich in Moskau. Ich kam mit dem Marsch-Bataillon über Briansk nach Swjatoje. Dort wurden wir ausgeladen und kamen nach Nowgorod-Siwerskij. Dort wurden die Marsch-Bataillone auf die Regimenter verteilt. Ich wurde zum Adjutanten eines Batl.-Kommandeurs des 800. Inf.Regt. ernannt. Später wurde ich Kompanieführer. Bei Prokopowka geriet ich dann in deutsche Kriegsgefangenschaft. Ich hatte mich, als die Kompanie bereits in Auflösung begriffen war, in einem Wald versteckt und habe mich der herankommenden deutschen Truppe als Kriegsgefangener ergeben.

Ich habe die ersten Kriegsgefangenen-Transporte Ende Juni 41, es kann am 28. oder 29. Juni gewesen sein, in Arsamass in der Nähe von Gorki gesehen. Die Transporte der deutschen Kriegsgefangenen fuhren damals nur vorbei. Bei dieser Gelegenheit habe ich keine Wahrnehmungen in der Frage schlechter Behandlung deutscher Offiziere oder sonst unwürdiger Behandlung der Mannschaften gemacht. In dieser Hinsicht bin ich offenbar mißverstanden worden, als ich über die Frage der Behandlung deutscher Kriegsgefangener in Rußland in U 1278/41 vernommen worden bin. Meine ersten Wahrnehmungen über schlechte Behandlung deutscher Kriegsgefangener setzten erst am 21. August 1941 ein und zwar bei der Station Gorki II. Ich sah einen Zug von etwa 20 Waggons, der dort mit deutschen Kriegsgefangenen hielt. Die deutschen Kriegsgefangenen mußten den Zug verlassen und wurden um den Zug herum geführt. Die deutschen Kriegsgefangenen gaben zu verstehen, daß sie Hunger hätten und etwas essen wollten. Einer von den politischen Leitern, der zufällig neben mir in dem Bahnhofsgebäude stand, äußerte auf russisch[]: „Warum soll Euch noch Essen gegeben werden, Ihr krepiert ja doch". Bei dieser Gelegenheit sah ich noch, wie ein deutscher Kriegsgefangener, ein Offz., ein Notizbuch aus der Tasche gezogen hatte. Ein russ. Soldat wollte ihm dieses Notizbuch wegnehmen. Da der deutsche Offz. sich weigerte, das Notizbuch herauszugeben, schlug der russ. Soldat den deutschen Offz. mit dem Kolben nieder. Nachher trat der russ. Soldat den deutschen kriegsgefangenen Offz., als dieser am Boden lag, mit Füßen. Der deutsche kriegsgefangene Offz. ist später in den Wagen wieder gebracht worden. Er ist jedenfalls nicht aufgestanden. Näheres vermag ich nicht anzugeben, insbesondere nicht, ob der deutsche kriegsgefangene Offz. so schwer von dem russ. Soldaten verletzt worden ist, daß er gar nicht in der Lage war, sich vom Boden zu erheben. Der russ. Soldat hatte dem deutschen kriegsgefangenen Offz. mit dem Kolben mehrere Schläge auf den Rücken und den Nacken gegeben. Es handelte sich um heftige Schläge. Ich habe den Vorgang, wenn ich mich näher besinne, dahin in Erinnerung, daß der deutsche kriegsgefangene Offz. in die Höhe gehoben wurde und bei dem Transport in den Waggon wohl gegangen ist, aber gestützt werden mußte.

Mir ist ferner noch folgender Fall in Erinnerung: Es hatte am Bahnhof der Station Gorki II eine Frau einem deutschen Kriegsgefangenen ein Stück Brot zugeworfen. Die Frau wurde sofort verhaftet. Ein russ. Soldat nahm dem deutschen Kriegsgefangenen das von der Frau erhaltene Stück Brot weg und schlug mit seinem Gewehrkolben den deutschen Kriegsgefangenen über den Rücken. Er hat ihm hierbei einen Schlag versetzt. Der deutsche Kriegsgefangene ist hierbei nicht zusammengebrochen. Es handelte sich aber um einen heftigen Schlag.

Ich sah ferner, daß hinter dem Bahnhofsgebäude in einem Kessel eine Suppe zubereitet wurde, die den deutschen Kriegsgefangenen gereicht werden sollte. Ob diese Suppe später den deutschen Kriegsgefangenen gereicht wurde, weiß ich nicht mehr, da ich an dieser Stelle nicht mehr längere Zeit verblieben bin, sondern nach der Stadt gegangen war. Die Suppe bestand aus Wasser, etwas Kartoffeln und etwas grasartigem Gemüse, vielleicht waren es Nesseln oder Sauerampfer. Russische Soldaten, die diese Suppe zubereiteten, erklärten, sie würden solche Suppe ihren Hunden nicht geben.

Mir erzählte damals ein russischer Offizier, der diesen Transportzug begleitete, am Bahnhof der Station Gorki II noch, daß zwei Tage vorher zwei deutsche kriegsgefangene Offiziere während des Transportes erschossen worden seien, weil sie Hitler-Bilder versteckt gehabt hätten.

Mir erzählte damals auf dem Bahnhof der Station Gorki II noch eine russ. Ärztin, die den Transportzug der Kriegsgefangenen begleitete u. die vorübergehend ausgestiegen war, daß allein in einem Wagen 70 verwundete deutsche Kriegsgefangene seien, während der Wagen nur 28 Normalplätze vorsehe, und daß sie keinerlei Hilfe den verwundeten deutschen Kriegsgefangenen gewähren könne. Wenn sie an den einzelnen Stationen Medikamente oder Verbandsstoffe erfordere, werde sie überall abgewiesen mit dem Hinweis, daß die deutschen verwundeten Kriegsgefangenen krepieren könnten. Am 21.8.1941 habe ich sonst keine weiteren Wahrnehmungen in Ansehung der Behandlung deutscher Kriegsgefangener in Rußland gemacht, auch nicht durch Mitteilungen von anderer Seite vernommen.

Daß kriegsgefangene deutsche Soldaten die Waggons nicht verlassen durften, habe ich selbst nicht wahrgenommen. In dieser Hinsicht erinnere ich mich nur an eine Mitteilung, die mir von einer Grenzwache Ende Juni 1941 auf der Fahrt von Arsamass nach Gorki gemacht wurde. Damals wurde mir von der Grenzwache erzählt, daß deutsche kriegsgefangene Flieger auf dem Transport keinesfalls die Waggons hätten verlassen dürfen. Es soll dies eine Vorsichtsmaßnahme gewesen sein, auch sollten diese nicht vom Publikum gesehen werden. Daß aber diese kriegsgefangenen deutschen Flieger sonst schlecht behandelt worden seien, davon hat die Grenzwache mir damals nichts erzählt.

Ich mußte mich auf der Durchreise von Gorki nach Noginsk in Moskau im Kreml melden. Als ich nach der Meldung den Kreml verließ, sah ich einen Kraftwagen, dem zwei NKWD-Offiziere entstiegen. Aus diesem Wagen kam auch ein deutscher Offizier mit verbundenem Kopf. Ob es sich um einen Stabsoffizier im Majorsrang handelte, weiß ich nicht. Ich stand in einer Entfernung von etwa 30 Schritt und hörte wie ein russ. Offizier, ob es der Adjutant des Kreml-Kdt. war, weiß ich nicht, mit dem deutschen Offizier durch einen Dolmetscher verhandelte. Hierbei hörte ich, wie der russ. Offizier durch einen Dolmetscher dem deutschen Offz. auf deutsch mitteilte, daß Stalin persönlich ihn sprechen wolle. Der deutsche Offizier erwiderte, er wolle ihn (Stalin) aber nicht sehen. Ich habe diese Worte bestimmt auf deutsch verstanden. Es standen etwa im ganzen 7 russische Offiziere mit mir zusammen, die eben den Kreml zu verlassen im Begriff waren. Es wurde uns von dem russ. Offizier, der die Ausweise am Ausgang zum Kreml revidierte, gesagt, wir sollten weitergehen. Um diese Zeit habe ich, da ich befehlsgemäß weitergegangen war, nichts mehr von dem weiteren Verlauf dieses Vorganges erlebt. Ich habe insbesondere um diese Zeit auch nicht mehr wahrgenommen, daß der deutsche Offizier in den Wagen zurückgebracht und weggefahren ist. Am Abend war ich wieder im Kreml. Es fand dort eine Art Abschiedsfeier statt. Ich saß hierbei neben einem Politruk. Hierbei kam ich im Gespräch auf den deutschen Offz. zu sprechen, der am Vormittag mit verbundenem Kopf zum Kreml gebracht worden sei. Hierbei erzählte mir der Politruk, daß der deutsche Offz. mit dem verbundenen Kopf am Vormittag mit dem Wagen wieder weggebracht worden sei und daß er entweder schon erschossen sei oder am nächsten Tage erschossen würde. Bei dieser Gelegenheit erzählte mir der Politruk noch von Zuständen in einem Kriegsgefangenenlager bei Moskau. Die Kriegsgefangenen bekämen dort am Tage nur eine Mahlzeit und zwar eine Suppe ohne Fleisch und 250 g Brot. Für jeglichen Versuch deutscher Kriegsgefangener, sich zu unterhalten mit russ. Soldaten oder Wachmannschaften, würden sie erschossen. Auch war bei den Erzählungen des Politruk mir gegenüber davon die Rede, daß ein Lazarett dieses Kriegsgefangenenlagers bei Moskau aufgehoben worden sei, und daß auf meine Frage, wo die zu behandelnden verwundeten Kriegsgefangenen in diesem Falle verblieben seien, der Politruk mir eröffnet habe, daß man die im Lazarett befindlichen deutschen Kriegsgefangenen einfach erschossen habe. Der Politruk vertraute mir bei dieser Gelegenheit noch an, daß, wenn späterhin Nachfragen über das Erschießen gestellt würden, diese Maßnahme damit gerechtfertigt würde, daß die Kriegsgefangenen einen Fluchtversuch gemacht hätten. Der Politruk erzählte weiter, daß er jetzt, da im Lager 12.000 Kriegsgefangene hinzugekommen seien, genug Arbeiter für Kanalbauten hätte. Die Kriegsgefangenen würden weiter in Sibirien zu Bauten von Flugplätzen benutzt. Als ich den Politruk auf das Bedenken hinwies, daß doch Flugplätze geheim zu halten seien, so daß die Verwendung deutscher Kriegsgefangener für den Bau solcher Plätze nicht zweckmäßig sei, deutete der Politruk an, daß alle diese Kriegsgefangenen ja doch nicht am Leben bleiben würden. Auch sprach der Politruk damals davon, daß alle Offiziere der deutschen Kriegsgefangenen erschossen würden, während die Soldaten nach Sibirien zu verschiedenen Arbeiten verschickt würden. Dies ist im wesentlichen der Inhalt der Mitteilungen, die mir damals im Kreml der Politruk gemacht hat.

Später kam ich an die Front. Das Nächste, was ich in der Frage der Behandlung deutscher Kriegsgefangener erlebte, war folgendes: „Es war ein Fahrer mit zwei weiteren Soldaten, m.E. war ein Uffz. dabei, aus Versehen in die russ. Front hineingefahren. Diese wurden gefangengenommen und zum Stabe der Armee geschickt. Der Wagen war ein Lastwagen. In ihm befand sich Verbandszeug. Die Bewachungsmannschaften, die die Gefangenen zum Armeestab bringen sollten, erzählten nach einer Rückkehr von etwa drei Stunden, die Gefangenen seien bei einem Fluchtversuch erschossen worden. Nach einigen Tagen erzählten die Begleitmannschaften, sie hätten die Gefangenen nicht erschossen, sondern sie hätten sie mit dem Bajonett erstochen. Bei den Äußerungen der Begleitmannschaften kam auch zum Ausdruck, daß die Gefangenen gar nicht zum Armeestab gebracht worden seien, sondern schon vorher beseitigt worden seien.

Für die folgende Zeit kann ich bis 9.9.1941 Wesentliches nicht angeben. Am 9.9.1941, während ich Adjutant bei einem Inf.-Batl. des 800. Regts. war, kam ein Befehl ans Batl., daß bei dem heutigen Angriff keine Gefangenen gemacht werden sollten und daß verwundete deutsche Offiziere durch den Kommissar des Regiments erschossen würden. Es sollte damals Prokopowka eingenommen werden. Der Angriff ist aber mißlungen. Auf einer Versammlung der Offiziere und Kommissare hat damals der Regts.-Kommissar selbst erzählt, daß er zwei verwundete deutsche Offiziere erschossen habe. Ein Komp.-Kommissar zeigte auch ein eisernes Kreuz, das er einem verwundeten deutschen Offizier abgenommen haben will. Dieses übergab er dem Regts.-Kommissar. Hierfür hat der Komp.-Kommissar später den Lenin-Orden erhalten.

Am 13.9.1941 kam ich in Gefangenschaft.

Sonst kann ich Wesentliches nicht angeben. Im allgemeinen bestand aber die Tendenz, deutsche Offiziere überhaupt nicht gefangenzunehmen, sondern sie zu erschießen, ohne daß dies durch ausdrückliche Befehle jeweils bekanntgegeben worden wäre.

vorgel.: verdolmetscht: genehmigt: unterschrieben: gez. Woldemar von Granz

Der Zeuge leistete den Zeugeneid vorschriftsmäßig ab.

als Dolmetscher: gez. Oskar Hirschfeld, Sonderführer. gez. Klee gez. Hoffmann.

Dokument 7

Мазеев Николай 16
БАССР Дуванский р-он Митрофановск с/с.
Я свидетель поимки немецких
военнопленных осенью 1941 года
в деревне Вравой тульской области
здавшиеся добровольно немецких сол
дат в плен русским допросил полит
рук и затем расстреляли из 13 человек
двоих оставили в живых остальных
расстреляли. раненых 8 человек всех при
стреляли прямо на подводе в первую
очередь сняли с них одежду и забрали
личны вещи. Наблюдал сам некото
рые случаи сажали в холодные
амбары а затем тоже следовали
допрос, а после допроса уводили
неизвестно куда. После прорыва группы
Белова когда были окружены немецки
ми войсками лично самому наблюдать
не приходилось пленных но считаю так
что которых имали тех всех расстрели
вали оставили немогу сказать
как кормили одно то что сами
сидели голодные едва
могли кормить, так как ели
наши солдаты. 6-7-42 [signature]

U 521/42

Russische Zeugenaussage

Aus dem Russischen.

Dokument 7

Masel, Nikolaj.
B.A.S.S.R. Duwansker Bezirk Mitrofanowsk.

Ich war Zeuge der Gefangennahme deutscher Kriegsgefangener, deutscher Soldaten, die sich im Herbst 1941 im Dorfe Rshawej, Gebiet Tula, den Russen freiwillig ergaben. Sie wurden von einem Politruk vernommen und sodann erschossen. Von 13 Mann blieben am Leben zwei. Die übrigen wurden erschossen. Verwundete 8 Mann wurden einfach gleich auf dem Fuhrwerk niedergeschossen. An erster Stelle nahm man ihnen Kleider und alle persönlichen Sachen ab. Ich beobachtete auch einige Fälle der Unterbringung in kalten Speichern. Sie wurden sodann verhört und nach dem Verhör unbekannt wohin abgeführt. Nach dem Durchbruch der Gruppe Bielow, als sie von deutschen Truppen umzingelt wurde, konnte ich selbst die Gefangenen nicht beobachten, hörte aber, daß man alle, die man erwischte, auch erschossen hatte. Über die Verpflegung kann ich nichts aussagen, vielleicht nur, daß ich selbst halbhungrig dasaß, es war ihnen daher wohl kaum möglich, sie nur so zu füttern wie die eigenen Soldaten.

6.7.42 gez. Masel

Aus einem russischen Kauderwelsch.

Dokument 8

Dessjatnikow, Wassily Rodionowitsch, Gebiet Rostow,
Kalinin-Bezirk, Baschkowskoje.

Ich diente beim Bataillon bei der Verbindung und mußte im August 1941 Dienst tun im Stabe der Armee. Man brachte einen Motorradfahrer mit verbundenen Augen und nach hinten gebundenen Händen. Er bat um Wasser, man gab ihm aber keines und führte ihn in einen Stall.

Am 20. Oktober lieferte man 12 Mann in Woroschilowgrad ein. Sie baten, ihnen etwas zum Essen zu geben, man gab ihnen aber kein Essen und beförderte sie weiter, wohin aber, weiß ich nicht. Zwei wurden erschossen, weil sie nicht aussagen wollten.

Und im Januar ereignete sich so ein Fall. Einer wurde entkleidet und in der Nacht bei starkem Frost aufgestellt, wobei man von ihm forderte, auszusagen. Er tat das aber nicht und da töteten sie ihn. Das geschah in der Stadt Jilze (muß wohl richtig heißen „Jeletz“ – Anm. d. Übers.)

Hierzu Dessjatnikow Wassily R.
6.7.42

Dokument 8

19
Десятников Василий
Родионович Ростовской
Области Каменского
Района Башковского
С/С

Я служил при баталионе
связи и пришлос дижурити
в штаби Армий в августи мес
1941 гда привили матаишкмоёа
завязаны глаза и назад руки
связаны трасил вады ани
нидали и павили чоарий

типерь 20 актября привизли
12 чиловек варашилоградц
ани папрасили кушать
им нидали и павизли дальше
Смач акуда низвесно

зата что ад-вайх растриляли
мипризнавалис

А в январе был случай такой
Аднав раздели и паставили
начу на марази и гарять
признавайся а он ни признался
ани ива дасилка эта было
в гаради иныце) Жсипу Десятников
6/2 42 П 521/42 Василий Р

Russische Zeugenaussage

Gen. Kdo. XII. A.K. **K.Gef.St., den 16. April 1942**
I c

Dokument 9

Betr.: Behandlung deutscher Kriegsgefangener.

Zu dem Betreff gibt der am ...... eingebrachte Kommissar des russ. Schtz.-Rgt ... der ... Schtz.Div. folgendes an:

Zur Person: Ich heiße ......, wurde am ...... geboren. Im Zivilberuf bin ich Lehrer. Mein Vater war Großbauer, besaß 2 Häuser und hatte etwa 60 ha. Land. Er wurde im Jahre 1937 nach der Enteignung seines Grundstücks nach Sibirien verbannt. Meine Mutter wurde gleichfalls verbannt. Von meinem Vater weiß ich, daß er tot ist. Auf welche Weise er ums Leben gekommen ist, ist mir nicht bekannt. Meine Schwester teilte mir dies mit, die Nachricht von der NKWD. über den Tod meines Vaters erhalten hatte. Nach der Verbannung meiner Eltern begab ich mich 1937 nach Rostow, um etwaigen Nachstellungen durch die NKWD. zu entgehen. In Rostow arbeitete ich in einer Metallwarenfabrik als Arbeiter. In den Abendstunden vervollkommnete ich meine Schulbildung durch den Besuch einer Abendschule. Von 1938 bis zu meiner Einberufung im Nov. 1939 war ich Lehrer an einer Abendschule. Mit der Übertragung dieser Stelle als Lehrer mußte ich zugleich Kandidat der Partei werden. Im März 1939 wurde ich in die kommunistische Partei aufgenommen. Geheiratet habe ich 1939. Meine Frau und mein 3-jähriger Sohn wohnen seit meiner Einberufung in Mieschtschodinskaja.

Am 15.11.1939 wurde ich in die Rote Armee einberufen nach Smolensk zur dortigen Artl.-Schule. In Smolensk war ich über 1 Jahr als Soldat und Sergeant. Im Febr. 1941 wurde ich zum Leutnant befördert. Meine Beförderung zum Oberleutnant erfolgte im Juni 1941. Im Nov. 1941 erfolgte meine Versetzung zu dem neuaufgestellten Schtz.Rgt. ... in Raminsk bei Moskau. Meine Versetzung nach dort erfolgte als Oberleutnant. Da aber keine Politruks in dem neuaufgestellten Rgt. vorhanden waren, wurde ich [von] dem Div. Kssr. zum Politruk der ...... ernannt. Eine militärpolitische Schule, die grundsätzlich von Politruks und Kommissaren besucht werden muß, habe ich nicht besucht. Kp.-Politruk war ich bis Jan. 1942, dann wurde ich zum älteren Politruk befördert und zum Pol-Kssr. des I. Btl. ernannt. Im Febr. 1942 wurde der Rgt.-Kssr. Pertschenkow verwundet, und ich wurde von dem Div.-Kssr. Senjuchow zu seinem Nachfolger bestimmt unter Beibehaltung meines Dienstgrades als Oberpolitruk.

Zur Sache: Maßgeblich für die Behandlung deutscher Kriegsgefangener in der Roten Armee ist der Befehl von Stalin vom November 1941, nachdem alle Kriegsgefangenen, die bis zuletzt kämpfen, oder die noch mit Waffen angetroffen werden, zu erschießen sind und nur Überläufer als Gefangene nach hinten abgeschoben werden.

Wenn von der Truppe einzelne Gefangene eingebracht werden, so werden diese dem Rgt.-Stab und je nach Wichtigkeit der Aussagen, die sie machen, auch dem Div.- oder Armee-Stab zugeführt. Beim Rgt.-Stab erfolgt die Vernehmung der Gefangenen gemeinsam durch den Kommandeur und den Kommissar unter Mitwirkung eines Dolmetschers. Die Vernehmungen bei der Division werden von der besonderen Abteilung der NKWD. in Gegenwart des Div. Kdr. durchgeführt. Bei der Armee nimmt die Vernehmung die besondere Abteilung der NKWD. allein vor.

Bei der Gefangenenvernehmung im Rgt.-Stab sind anwesend: Der Rgt.-Kdr., der Rgt.Kssr., 1 Dolm., 1 weiterer Offz. und 4 Soldaten. Im allgemeinen sagen die Gefangenen nicht freiwillig aus, um aber eine Aussage von ihnen zu bekommen, werden sie durch Verprügeln zur Aussage gezwungen. Zu diesem Zweck müssen sie sich auf die Erde legen und zwar mit dem Gesicht nach unten. Dann werden sie von je einem der anwesenden Soldaten am Kopf und an den Füßen festgehalten und bekommen mit etwa einem armdicken Knüppel 5–10 Schläge über Gesäß und Rücken. Die ersten Schläge sind noch verhältnismäßig leicht. Ist der Gefangene danach noch nicht bereit auszusagen, so werden die Schläge etwa 5–10 Minuten in verstärktem Maße fortgesetzt. Zwischendurch wird er noch einige Male befragt. Aufgehört wird erst mit dem Prügeln, bis der Gefangene bewußtlos oder tot ist. Hat der auf diese Weise behandelte Gefangene eine Aussage gemacht, die nicht von besonderer Bedeutung ist, so wird er, falls er nicht schon bei der Vernehmung totgeschlagen wurde, erschossen. Den Befehl hierzu gibt der Rgt.-Kdr. an den mit anwesenden Offz., der ihn an seine Leute weitergibt. Handelt es sich um einen Gefangenen, der eine wichtige Aussage macht, so wird bei der Mißhandlung Rücksicht darauf genommen, daß er vernehmungs- und transportfähig bleibt. Er wird dann an den Div.-Stab weitergeleitet.

Vermerk: .... wurde befragt, ob er von weiteren Mißhandlungen und Grausamkeiten, die an deutschen Gefangenen vorgenommen würden, wüßte. Er verneinte diese Frage. Nachdem ihm vorgehalten wurde, daß wir schon tote deutsche Soldaten gesehen haben, denen die Nase und Ohren abgeschnitten und die Fingernägel z. Teil herausgerissen waren, machte er folgende Angaben:

Die oben angeführte Vernehmung beim Rgt.-Stab kenne ich aus eigener Erfahrung. Es ist die sogenannte „schwere Vernehmung". Außerdem hat mir der Major Kiantschenko, der im Armee-Stab der 19. u. 33. Armee tätig war und im Febr. Rgt.-Kdr. des Schtz.Rgt. ... wurde, von der allerschwersten Vernehmung erzählt, die nur von der NKWD. bei der Armee vorgenommen wird. Kiantschenko war mit den Angehörigen der NKWD. gut bekannt. Ob er selbst früher der NKWD. angehört hat, oder ob er einer Vernehmung bei der NKWD. beigewohnt hat, kann ich nicht sagen; denn ich habe ihn danach nicht gefragt. Kiantschenko also sagte mir, daß die Gefangenen bei der Vernehmung von der NKWD. mit Gummiknüppeln geschlagen werden und daß dabei auch die Ohren abgeschlagen werden, da auch Schläge ins Gesicht erfolgen. Außerdem werden ihnen dort die Fingernägel herausgerissen. Eine weitere Methode ist das Abschlagen der Fingerspitzen mit scharfen Messern. Um die Wirkung zu erhöhen, wird die Fingerspitze nicht mit einem Schlag abgetrennt, sondern allmählich mit mehreren Schlägen. Fußtritte gegen alle übrigen Körperteile erhalten die Gefangenen dort ebenfalls.

Die Gefangenenvernehmung bei der Div. unterscheidet sich von der beim Rgt. nur dadurch, daß die Gefangenen die Oberkleider ausziehen müssen und mit geflochtenen Lederriemen geschlagen werden. Zur Vernehmung bei der Armee werden die Gefangenen nackt ausgezogen. Offz. u. Mannschaften werden gleich behandelt.

Die obenstehenden Angaben habe ich freiwillig gemacht. Sie entsprechen der Wahrheit, und ich bin bereit, sie unter Eid zu wiederholen.

Auf russisch vorgelesen, genehmigt, unterschrieben
gez. Unterschrift als Dolmetscher gez. Unterschrift
gez. Unterschrift Feldpol.Sekr.Gr. G.F.P. 570 gez. Unterschrift Hauptmann

Dokument 10

Gericht des Gen.Kdo. LI. A.K. Standort, am 27.III.1942
AL/80/42

Über Veranlassung der Abteilung I c wird der Oberlt. Iwan Schewanow der Roten Armee vorgeführt, um über eine angebliche Mißhandlung von deutschen Soldaten Angaben zu machen.

Gegenwärtig:
KGR. Dr. Suppan als Richter,
Sonderführer K. von Neidhard als Dolmetscher,
Gefr. Malits als Schriftführer.

Der Vorgeführte wird nach Wahrheitserinnerung mit Hilfe des Sonderführers von Neidhard vernommen und gibt an:

Zur Person: Ich heiße Iwan Schewanow, bin 22 Jahre alt, in Glinsk, Provinz Poltawa geboren, seit März 1939 zum Heeresdienste eingezogen, Oberlt. und Batl. Kommandeur des III. / Schtz.Rgt. 1129 (337 I.D.); vor der Beförderung zum Lt. wurde ich Jungkommunist und später wurde mir nahegelegt, mich als Anwärter für die Partei anzumelden.

Zur Sache: Am 24.3.1942 bin ich in der Nähe von Andrejewka, etwa 50 km südöstl. Charkow zu den deutschen Truppen übergelaufen, weil ich den Krieg für sinn- und aussichtslos halte und mit meiner Regierung unzufrieden bin.

Zwischen 14. und 17.3.1942 wurden in Glasunowka 4 deutsche Soldaten und zwar ein Uffz., zwei Gefreite und ein Mann ohne Chargengrad verwundet in Gefangenschaft eingebracht. Sie wurden dabei von russ. Soldaten ihrer Wertsachen beraubt und mit Kolbenhieben auf Kopf und Rücken geschlagen. Ich wollte den schwerverwundeten Uffz. auf einen Schlitten nach Aseijewka zum Regt.Stand zurückbringen. Ein Kommissar der polit. Abteilung der Division verbot mir dies und befahl, daß seine drei Kameraden ihn zurückschleppen. Ich sah dabei, daß die begleitenden russ. Soldaten diese Gruppen mit Kolbenhieben vortrieben. Mehrere Soldaten haben mir dann erzählt, daß der jüdische Major Aschkinadze, damals Chef des Stabes des Regt. 1129, jetzt Kommandeur der [sic] Schtz.Regt. 1131, der deutsch spricht, mit den deutschen Soldaten gesprochen hat und den schwerverwundeten Uffz. dann erschießen ließ.

Etwa 2 Tage später beim Angriff von Glasunowka auf Melowaja fielen zwei fußverwundete deutsche Soldaten in unsere Gefangenschaft. Der Regt. Kommissar Kondratiew (kein Jude) ließ ihnen Schuhe und Mäntel ausziehen und sie in meiner Gegenwart erschießen.

Mein Kamerad Oblt. Schoftiak führt den Schützenzug, der der Sonderabteilung der Division zugeteilt ist, zu der die Gefangenen eingebracht werden. Er erzählte mir, daß alle Offiziere und alle Schwerverwundeten deutscher und finnischer Nation erschossen werden. Polen, Rumänen und Tschechen sollen bevorzugt behandelt werden.

v. g. u. Zeuge bleibt unvereidigt.

gez. Iwan Schewanow gez. v. Neidhardt, Sdf. gez. Dr. Suppan gez. Malits

Dokument 11

Gruppe G.F.P. 570 **O.U., den 26.5.1942**
Sonderkommando Ko rück
Tgb.Nr. 274/42

Verhandelt.

Nochmals vorgeführt erscheint der Russe Lew Kleschnikow und erklärt:

„Ich muß nunmehr zugeben, daß das mir vorgelegte grüne Merkbuch mein Eigentum ist, und daß die darin enthaltenen Eintragungen von mir stammen. Die Eintragungen sind der Wahrheit gemäß abgefaßt.

Am 27. Februar 1942 hatte ich vom Stab in Gortop den Auftrag bekommen, in Jelnja auszuspähen. Mit mir ging noch ein etwa 20–22 Jahre alter Viktor Jeschtschinski (früher in Jelnja wohnhaft gewesen) und ein ehem. Rotarmist mit Vornamen Wanuschka. Letzterer war etwa 27 bis 30 Jahre alt. Am Ortsrande von Schewjeljewa stand ein russ. Polizeiposten. Wir schlichen uns durch Sträucher an ihn heran, rissen ihn zu Boden und nahmen ihn ein Stück mit. Nach etwa einem km Weg wurde er von Jeschtschinski erschossen.

Der Sohn des Judin wurde von uns dreien festgenommen. Warum, weiß ich nicht. Angaben über ihn hat Jersch beim Stab gemacht. Er wurde auch nach dorthin gebracht und dort erschossen.

Die Eintragung „wichtige Nachrichten" bedeutete, daß von einem Flugzeug aus Zeitungen und anderes abgeworfen wurden.

Unter „Zunge holen" habe ich bei der Eintragung gemeint, daß ich eine Person aus der Umgebung herbeiholen wollte, die Nachrichten milit. Art geben sollte.

Der Troß der Deutschen wurde von einer anderen Abteilung erbeutet. Die deutschen Begleitmannschaften sind angeblich davongelaufen. Der Troß bestand aus 7 bis 10 Schlitten. Wo er von uns gefaßt wurde, weiß ich nicht. Die Beutesachen wurden zum Stab nach Gortop gebracht. Ich nahm dort auch einige Sachen an mich.

Wo die 6 Deutschen gefangen genommen worden sind, weiß ich nicht. Sie wurden uns mit Zivilfuhrwerken zugeführt unter Begleitung von Partisanen. Ihre Vernehmung erfolgte beim Stab. Nach dorthin hatten wir keinen Zutritt. Ich kann deshalb auch nicht sagen, wie sie dort behandelt worden sind. Sie wurden dann nachts in einem Haus untergebracht. Am anderen Tage wurden sie von der Wache nach dem in der Nähe befindlichen Wald geführt. Unterwegs wurden sie mit Knüppeln, anderen Gegenständen und mit Fäusten geschlagen. Die Begleitmannschaft bestand aus etwa 10 Mann. Kurz vor der Richtstätte stürzten wir uns dann auf die Gefangenen und erstachen sie. Vorher wurden sie in einer Reihe aufgestellt und dann einzeln aus dieser herausgestoßen. Mit dem Bajonett erhielten sie dann einen Stich in den Rücken. Dann stürzten sich mehrere über den Niedergestochenen und stachen auf ihn weiter mit Seitenwaffen ein. Die Leichen wurden dann nach jeder Tötung beiseite geworfen, und der Nächste wurde vorgenommen. Die Gefangenen wurden nur mit Hemd und Unterhose und bar[f]uß zur Richtstätte, die etwa 500 m ablag, hingetrieben. Ich selbst habe auch mehrmals zugestochen. Die Namen und die Dienstgrade der Gefangenen sind mir nicht bekannt. Über weitere Tötungen deutscher Soldaten ist mir nichts bekannt.

Nach meiner Ansicht war der Kusmenkow bei der Ermordung der deutschen Soldaten dabei."

v.g.u. gez. Unterschrift
Geschlossen: gez. Czinczel Feldpolizeisekretär als Schreiber:
gez. Brendgen Gefr. u. Hipo als Dolmetscher: gez. Hill Sonderführer (G)

Weiterverhandelt.

Nochmals vorgeführt erscheint der Russe Wladimir Kusmenkow und erklärt nach ernsten Vorhaltungen:

„Bei der Ermordung der 6 deutschen Soldaten war ich zugegen. Sie wurden meines Wissens von Jerschtschinski zum Stab nach Gotorp gebracht, und sollen bei dem Ort Ustinowo (östlich von Jelnja) gefangen genommen worden sein. Die Gefangenen wurden beim Stab verhört. Beim Stab waren sie nur noch mit Hosen bekleidet. Das Verhör leitete ein Kommissar. Von ihm wurden sie auch mit Fäusten geschlagen. Zum Verhör selbst wurden wir nicht zugelassen. Die Gefangenen wurden dann nach dem Wald geführt. 2 von ihnen hatten noch Unterwäsche an, die anderen waren vollkommen nackt. Ich selbst schloß mich der Begleitmannschaft an. Es war an diesem Tage empfindlich kalt. (Nach dem Tagebuch des Kleschnikow wurden die 6 Deutschen am 4.3. ermordet. D.U.) Schon unterwegs wurden sie geschlagen mit Knüppeln, Fäusten und Seitengewehren. Die Gefangenen machten einen sehr gefaßten Eindruck. An der Ermordungsstelle wurden sie in einer Reihe aufgestellt. Auf Befehl des Kommissars – Adrei Judjenkow – mußten die Gefangenen mit den Händen ein Schneegrab graben. Noch bei der Arbeit wurden sie erstochen. Daran haben sich die meisten Anwesenden beteiligt. Einzelne erhielten dann noch Fangschüsse. Ich habe auch mehrmals gestochen und einige Schüsse auf die Gefangenen abgegeben. Einem deutschen Gefangenen, der besonders kräftig war, wurden von dem einen Partisanen mit Vornamen „Kostja“ die Augen ausgestochen, als er noch lebte. Jeder der Gefangenen hatte unzählige Stiche.

In der Zeit vom 10. bis 15. April wurde ein deutscher Unteroffizier bei Jelnja gefangen genommen und nach Suchoi-Potschinok zum Stab gebracht und dort verhört. Im Anschluß daran wurde er abtransportiert und erschossen. Mit ihm zusammen kam der in meiner früheren Vernehmung erwähnte Leopold, der sich jetzt noch bei den Partisanen befindet. Der Unteroffizier sollte zuerst auch mit dem Leben davon kommen. Einzelheiten über seine Erschießung kann ich nicht angeben, da ich nach auswärts mußte.“

v.g.u. gez. Unterschrift
Geschlossen gez. Czinczel Feldpolizeisekretär Als Schreiber:
gez. Brendgen Gefr. u. Hipo Geschlossen: gez. Hill Sonderführer (G)

Weiterverhandelt.

Nochmals vorgeführt erscheint der Russe Lew Kleschnikow und erklärt:

„Ich kann auch jetzt nur sagen, daß die deutschen Soldaten, als sie zum Wald geführt wurden, Unterhosen anhatten, die Hemden waren zerrissen und an den Füßen trugen sie keine Bekleidung. Ein Kommissar mit Vornamen Andrei war bei der Ermordung zugegen. Ich habe nicht gesehen, daß einem Gefangenen die Augen ausgestochen wurden.

Der Kommissar war etwa 1.80 m groß und kann etwa 26 Jahre alt gewesen sein. Seine Haarfarbe ist rötlich braun. Seine Stimme klingt heiser. Besondere Merkmale sind mir an ihm nicht aufgefallen. Er ist hager aber muskulös. Seinen Familiennamen kenne ich nicht.“

v.g.u. gez. Kleschnikow
Geschlossen gez. Czinczel Feldpolizeisekretär
gez. Brendgen Gefr. u. Hipo Als Dolmetscher gez. Hill Sonderführer (G)

Dokument 12

Dienststelle
F.P. Nr. 38160.

O.U., den 6.7.1942.

Vernehmung.

Vorgeführt wird der übergelaufene russ. Techniker-Intendant 2. Ranges Kaleptschenko und erklärt, zur Wahrheit ermahnt, folgendes:

Z.P.: Ich heiße Kaleptschenko, bin Ukrainer, geb. am 24. Januar 1904 im Gebiet Jekaterinoslaw (Dnjepropetrowsk), bin verheiratet und von Beruf Kunstmaler. Ich wohne in Slawgorod, Altai-Distrikt, wurde im August zum SR. 1260 der in Aufstellung begriffenen 380 SD. nach Slawgorod als Techniker-Intendant II. Ranges eingezogen und als Zugführer in der Transportkompanie eingesetzt. Bald nach Eintreffen an der Front wurde ich zum Führer des Bestattungskommandos des Rgts. ernannt.

Z.S.: Mein Bestattungskommando hat in der Zeit vom 12.3. bis 3.7.42 etwa 1.500 gefallene Rotarmisten bestattet. Als Arbeitsgebiet war mir der Frontabschnitt des Regiments in einer Tiefe von 5–8 km zugewiesen. Etwa 2/3 der Gefallenen werden von der Truppe selbst bestattet. Zum großen Teil konnten die Gefallenen nicht identifiziert werden, weil die Leichen häufig von den Rotarmisten ausgeplündert werden. Die Bestattung erfolgt in Massengrä[b]ern, die vom Kommando in einer Tiefe von 1,5 m geschaufelt werden sollen. In gefrorenem Boden werden sie meist nur ca. 0,5 m tief angelegt. Die Stellen werden häufig nicht gekennzeichnet. Über jede Bestattung wird von mir ein Protokoll aufgesetzt und die Stelle in einer Karte eingetragen.

Ein ein[z]iges Mal, Mitte März, habe ich in Griwa 40 Deutsche bestattet. Von der Bestattung weiterer 10–12 Deutscher durch die Truppe u.a. in Mal. Tolstucha habe ich gehört. Die Gräber der Deutschen werden grundsätzlich nicht gekennzeichnet, auch wird über die Bestattung kein Protokoll aufgesetzt.

Von den 40 Deutschen waren ca. 10 vollständig nackt. Die anderen hatten nur Hemd oder Unterhose an. Die Leichen waren z.T. schon alt, blau und schwarz. 2 bis 3 Leichen trugen deutliche Spuren von Verbrennung an Körper und Kopf. An 3 bis 4 weiteren waren die Geschlechtsteile abgeschnitten und einer die Nase. Es waren keine blutenden Wunden, sodaß anzunehmen ist, daß erst die Leichen verstümmelt worden sind. Es fiel mir auf, daß ein großer Teil der Leichen nur leichte, jedenfalls an sich nicht tödliche Wunden (an Arm oder Bein) aufwies. Wodurch der Tod eintrat, habe ich den Leichen nicht ansehen können.

An den Leichen waren bis auf anliegendes Soldbuch, das ich aufbewahrte, keine Papiere und keine Erkennungsmarke.

Das Grab, das in den gefrorenen Boden gehauen wurde, ist nur ca. 0,5 m tief und liegt an der höchsten Stelle von Griwa an der Dorfstraße, gegenüber der Stelle, wo eine Seitenstraße auf die Dorfstraße stößt.

Ich hatte Befehl, etwa aufgefundene Erkennungsmarken deutscher Soldaten ganz abzuliefern.

v. g. u. gez. Unterschrift.
Vernommen durch: gez. Flocken. Sonderführer.
geschlossen: gez. Frhr. v. Wangenheim, Major.

Dokument 13

Gericht
des Gen.Kdo. II. A.K.
AL 81/42

Standort, am 27.III.1942

Über Veranlassung der Abteilung I c wird der Leutnant Hans Gesall der roten Armee, vorgeführt, um über eine angebliche Mißhandlung von deutschen Soldaten Angaben zu machen.

Gegenwärtig:
KGR Dr. Suppan als Richter
Sonderführer K.v. Neidhard als Dolmetscher
Gefr. Malits als Schriftführer.

Der Vorgeführte wird nach Wahrheitserinnerung mit Hilfe des Sonderführers von Neidhard vernommen und gibt an:

Zur Person: Ich heiße Hans Gesall, bin 21 Jahre alt, geboren in Bolschoj-Janisoll, Provinz Stalino, seit Jänner 1940 zum Militär eingezogen, aktiver Leutnant und Adjutant des Reg.-Kommandeurs des 406. Schtz.Regt. (124. Schtz.Div.), mein Großvater ist aus Deutschland nach Rußland eingewandert, aber samt meiner Großmutter bald gestorben, so daß ich nur vom Hörensagen weiß, daß ich von Deutschen abstamme.

Zur Sache: In der Nacht zum 19.3.1942 bin ich in Bolobakka (etwa 30 km ostwärts von Charkow) zu den deutschen Truppen übergelaufen, weil ich die Weiterführung des Kampfes auf unserer Seite für aussichtslos erachtete.

Am 16.3.1942 wurde in Petrowskoje nördlich Stary-Saltow von russ. Soldaten ein am rechten Oberschenkel verwundeter deutscher Gefreiter, dessen Charge ich am Gefreitenwinkel erkannte, zum Gefechtsstand des Regimentes eingebracht. Ich ließ ihn in das Haus führen, da kam der jüdische Regt. Kommissar Abram Perejudin dazu und versetzte dem Verwundeten, als dieser das Haus betrat, von rückwärts einen Fausthieb gegen den Kopf. Der Kommissar befahl mir dann, den verwundeten Gefreiten in ein Nebenhaus zu führen und einen Schlitten zu bestellen, damit er zur Division zum Verhör gebracht werde. Im Nebenhaus saßen einige unserer Soldaten beim Essen und ich sagte ihnen, sie sollen auch dem Verwundeten etwas davon abgeben.

Nachmittags machte mir der Kommissar deshalb Vorwürfe und bestrafte mich mit 5 Tagen Hausarrest und Herabsetzung meiner Löhnung auf 50 % während dieser Zeit, weil ihm mittlerweile hinterbracht worden war, daß ich dem verwundeten deutschen Soldaten Verpflegung verabreichen ließ.

Von der Vereidigung des Zeugen wurde abgesehen.

v.g.u. gez. H. Gesall

gez. Gefr. Malits gez. v. Neidhardt, Sdf. K. gez. Suppan

Nachtrag

Opfer des russischen Massenmordes an 130 deutschen Kriegsgefangenen am 30. Juni 1941 an der Straße Klewan–Broniki bei Rowno. Bilder als Nachtrag zu „Verbrechen an der Wehrmacht. Kriegsgreuel der Roten Armee 1941/42", Fall 030

Nachtrag

Nachtrag

Nachtrag

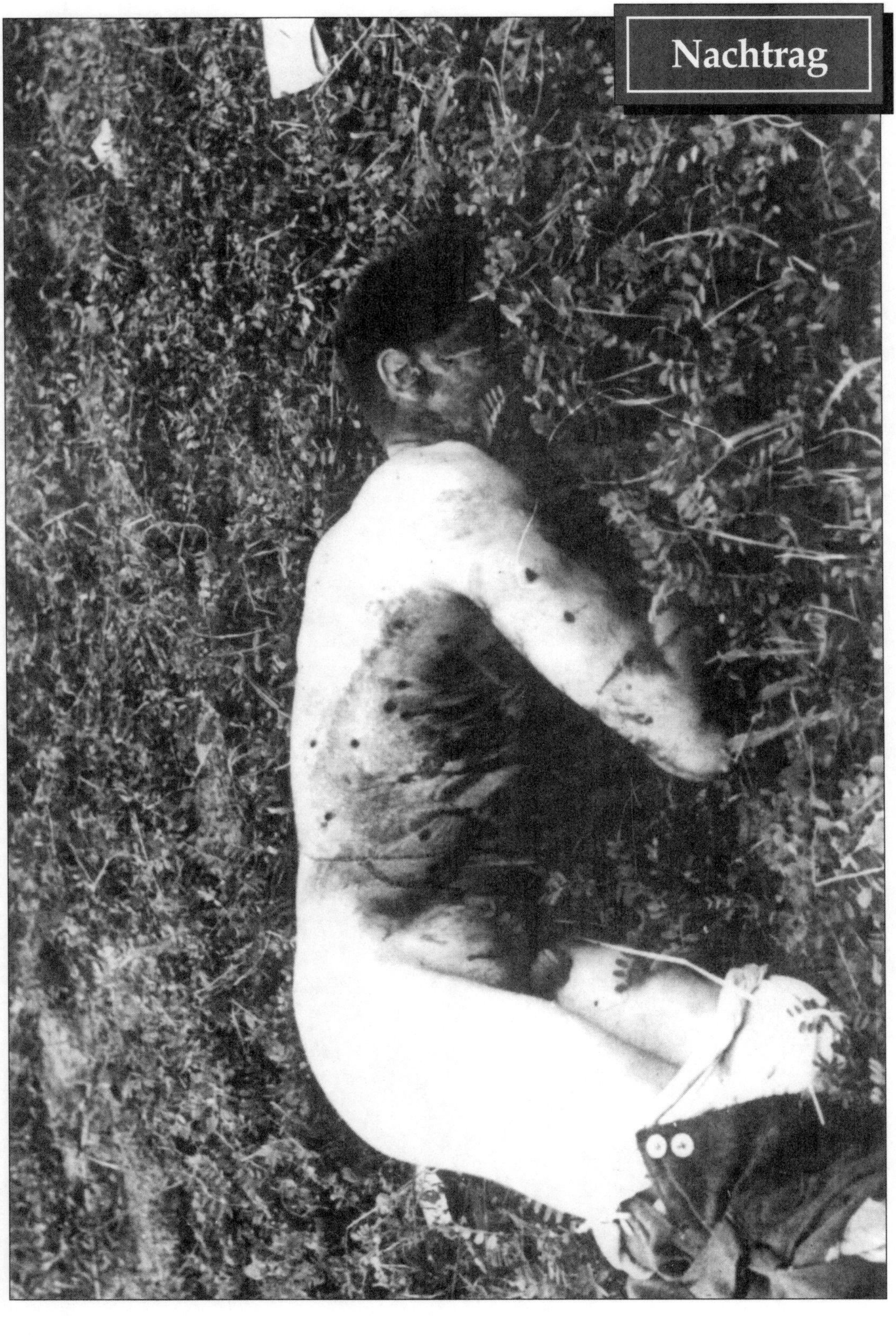

Nachtrag

Nachtrag

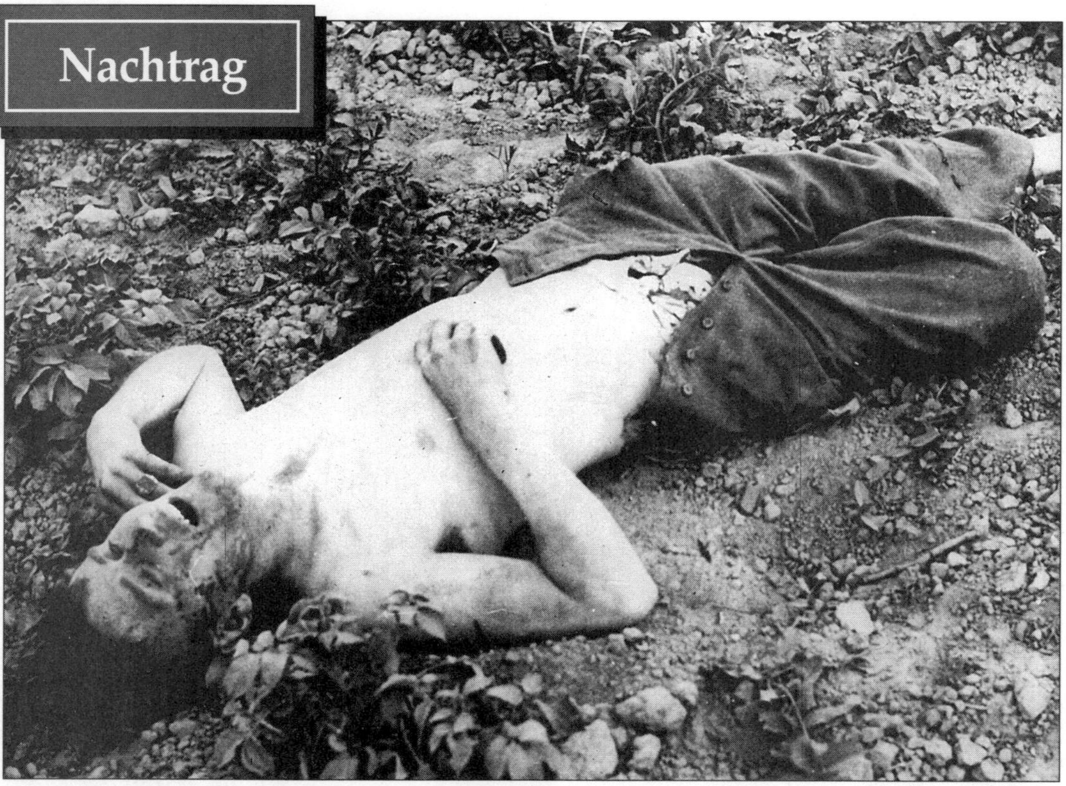

Nachtrag

Nachtrag

Nachtrag

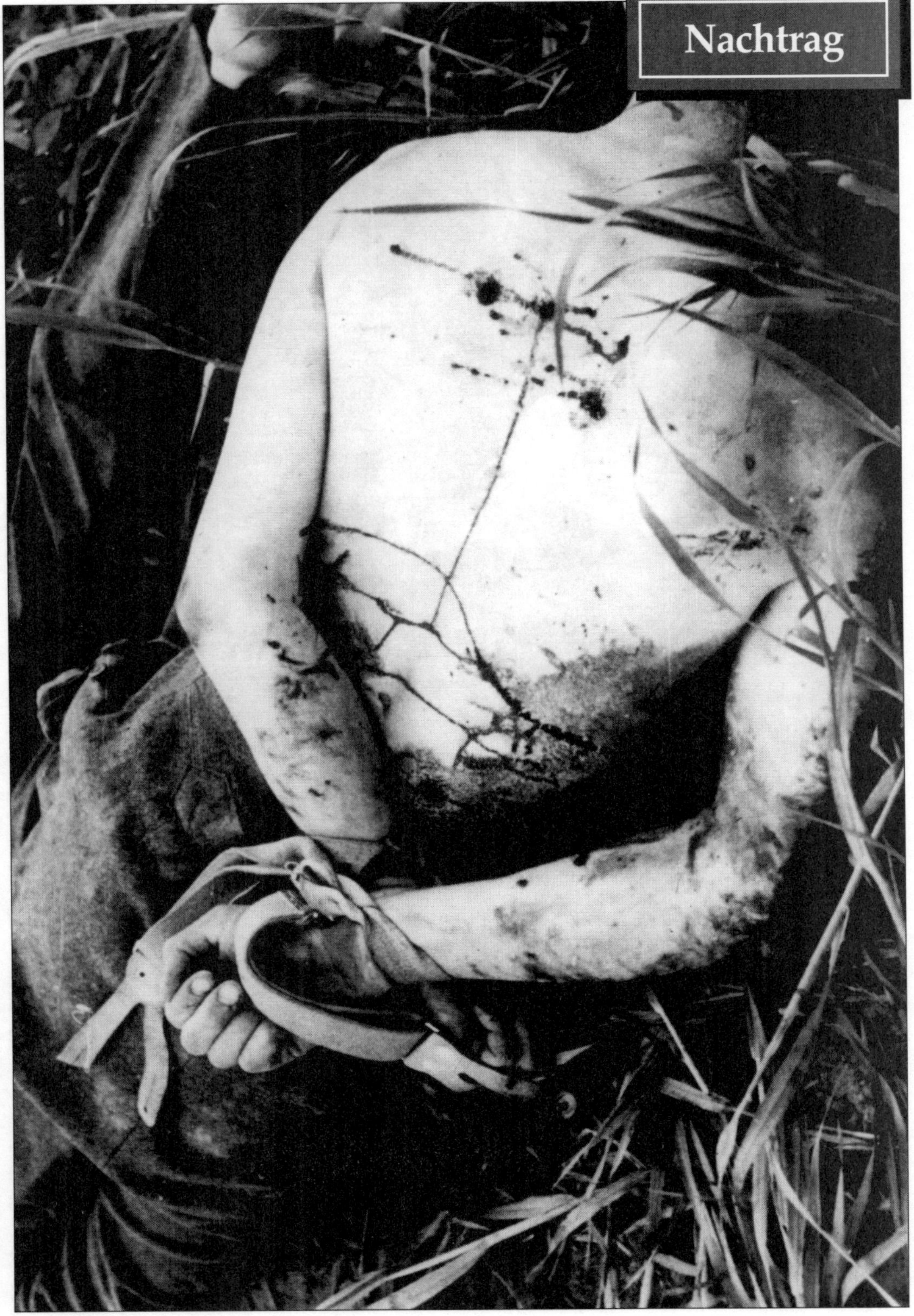

Nachtrag

Nachtrag

C. 1 Ermordung, Verwundung und Mißhandlung Kriegsgefangener und wehrloser Verwundeter

Gericht **Stuttgart, den 14. März 1942.**
der Division Nr. 155

Dokument 14

Gegenwärtig:
1. Kriegsgerichtsrat Dr. Wagner.
2. Unteroffizier Wiedemann, als Urkundsbeamter der G.St. als Protokollführer allg. verpfl. gem. §§ 104 Abs. 3, 22, Abs. 2 MStGO.

In Sachen betr. die Ermittlung über die Ermordung des Leutnants K. und von 5 weiteren Soldaten der 3./Pz.Jäg.Abt. 125 durch die Russen erschien als Zeuge der Nachbenannte.

Der Erschienene wurde mit dem Gegenstand der Untersuchung bekanntgemacht und auf die Bedeutung des etwa zu leistenden Eides hingewiesen. Hierauf wurde er wie folgt vernommen:

Ich heiße Kurt Godglück, bin 26 Jahre alt, evangl. Glaubens, Leutnant, 2./Pi.Ers.Batl. 35 Karlsruhe, verneine die übrigen Glaubwürdigkeitsfragen.

Ich erkläre zu dem Gegenstand meiner Vernehmung:

Am 20.7.1941 hatte ich den Auftrag, mit 2 Gruppen des III. Zuges der 3./Pi. 125 mit Unterstützung eines Pakzuges unter Leutnant K. in Richtung Ivanowzy vorzustoßen und Verbindung mit der eingeschlossenen 100. Vorausabteilung herzustellen. Beim Vorgehen wurden wir von einem Bataillon und 5 Panzern der Russen angegriffen. Infolge seiner Stärke gelang es dem Feind, uns einzukreisen. An einer Stelle gelang es uns jedoch, uns aus dieser Umklammerung herauszumachen. Auf dem Rückzug hatten wir Verluste an Menschen und Material. Den Russen fielen Verwundete und Erschöpfte in die Hände. Noch am gleichen Tage unternahmen wir mit Ungarn einen Gegenangriff, der jedoch abgewiesen wurde. Am 21.7.1941 gegen Mittag gelang es uns schließlich, in Ivanowzy einzudringen. Beim Durchsuchen des Dorfes nach feindlichen Schützen fanden wir in der Nähe eines Hauses Leutnant K. von der 3./Pak. 125 und 5 seiner Leute im Freien auf. Sie lagen in einem Umkreis von etwa 10–15 m, teilweise mit Koppel, Hosenträger und Brotbeutelriemen gefesselt. Dieser Platz war vom Gefechtsfeld etwa 1 1/2 km entfernt. Schon auf den ersten Blick konnte man sehen, daß die Kameraden von den Russen ermordet worden sind. Sie müssen in erschöpftem Zustand den Russen in die Hände gefallen, sodann nach Iwanowzy geschleppt und hier verstümmelt worden sein. Die Kameraden lagen auf dem Platz durcheinander und einer von ihnen befand sich hinter einer Hecke etwa 5 m von den anderen entfernt. Wir stellten von den Ermordeten dann sofort die Personalien fest. Ich persönlich kannte nur Leutnant K. Die anderen 5 Ermordeten konnten durch die Angehörigen der 3./Pak 125 einwandfrei identifiziert werden. Ihre Namen kannte ich nicht und ich habe sie mir auch nicht aufgeschrieben. Diese könnten jedoch durch Oberleutnant Henkelsbach der 3./Pak 125 angegeben werden. Über die Verstümmelung könnte auch noch ein Unteroffizier von der 3./Pak 125 Angaben machen. Dessen Namen kann ich allerdings nicht angeben.

Die 6 Ermordeten wurden schließlich von den Angehörigen der 3./Pak 125 zusammengetragen und der Reihe nach hingelegt, so wie es auf der Aufnahme Nr. 7 (siehe Rückseite der Aufnahme) zu sehen ist. Die Aufnahmen konnte ich erst machen, nachdem die Kameraden zusammengetragen waren, da ich vorher meinen Apparat nicht bei der Hand hatte.

Die Aufnahmen sind auf ihrer Rückseite mit Nummern versehen und werden nun im folgenden der Reihe nach beschrieben:

Aufnahme Nr. 1:

Diese Aufnahme stellt Leutnant K. dar. Er lag auf dem Gesicht und war mit einem Brotbeutelriemen gefesselt. Bei ihm konnte man einwandfrei einen Stich mit einem Seitengewehr im Rücken in Höhe der beiden Schulterblätter und einen Genickschuß feststellen. Eine Verwundung habe ich an ihm nicht gesehen.

Aufnahme Nr. 2 a:

Diese Aufnahme stellt einen Soldaten dar, dessen Namen ich nicht angeben kann. Er lag von den anderen Kameraden etwa 5 m entfernt hinter einer Hecke. Er hatte im Gefecht eine Verwundung an der Brust erhalten, an die ein Notverband angelegt war. Oberhalb des Nabels trug er auch ein kleines Pflaster. Über dem Geschlechtsteil hatte der Soldat eine 6 bis 8 cm große offene Wunde, die vermutlich mit einem Messer oder stumpfen Gegenstand beigebracht worden sein muß. Nachdem direkt neben ihm ein verrostetes, mit Blut besudeltes stehendes Messer lag, darf angenommen werden, daß mit diesem Messer die Verletzung beigebracht worden ist. Diese Wunde war blutüberkrustet. Sie war mehr zum Oberschenkel hin. Die Eingeweide sahen nicht heraus. Wie tief diese Wunde ging, habe ich nicht festgestellt.

Aufnahme Nr. 2 b:

Die linke Hand des Ermordeten muß irgendwie gequetscht worden sein, wie man deutlich an der Haltung und der Verletzung der Finger ersehen kann. Die 4 sichtbaren Finger waren mit Fleischwunden überdeckt.

Aufnahme Nr. 2 c: (3 Stück)

Die beiden Oberarme des Ermordeten waren etwa in der Mitte zwischen Gelenk und Schulter gebrochen. Auf der Aufnahme sieht man deutlich eine offene Fleischwunde, aus der der Knochen herausgesehen haben muß. Bei einer Armbewegung konnten wir feststellen, daß beide Arme restlos gebrochen waren. Woher die Blutspur im Gesicht stammt, kann ich heute nicht mehr sagen. Vermutlich dürfte sie aber auch aus Mißhandlung herrühren.

Sämtliche Aufnahmen unter Nr. 2 betreffen den gleichen Soldaten.

Aufnahme Nr. 3:

Dem Schützen ist mit einem stumpfen Gegenstand, vermutlich mit einer Peitsche, mit einem Riemen oder ähnlichem, so lange über das Gesicht in der Höhe der Augen geschlagen worden, daß er davon den Tod gefunden hat. Jedenfalls trug er sonst keine Verletzungen am Körper. Das ganze Gesicht war zerschlagen und blutüberkrustet.

Aufnahme Nr. 4: (2 Stück)
Dem Schützen wurde der Schädel auf der rechten Seite vollkommen zertrümmert. Vermutlich wurde ihm diese Verletzung mittels eines Gewehrkolbens oder sonst eines harten Gegenstandes beigebracht. Unter seinem Kopf war ein Stahlhelm eingegraben, der etwa 3/4 mit Blut vollgelaufen war. Es war deutlich zu ersehen, daß dieser Stahlhelm unter dem Kopf absichtlich eingegraben war, um das Blut hier aufzufangen. Auf der Aufnahme ist der eingegrabene Stahlhelm leider nicht sichtbar. Ob diesem Manne auch die Kehle durchstochen worden war, kann ich heute nicht mehr sagen. Die Zertrümmerung der rechten Schädelseite war so stark, daß sie bis über das Ohr herunterging.

Aufnahme Nr. 5:
Dieser Schütze lag auf dem Gesicht und seine Hände waren auf dem Rücken mit seinem Koppel gefesselt. Auch er hatte im Rücken mehr zur rechten Seite hin einen Seitengewehrstich. Ob er noch andere Verletzungen hatte, weiß ich nicht.

Aufnahme Nr. 6:
Diese Aufnahme zeigt wieder Leutnant K. (rechts). Links von ihm liegt ein Schütze. Beide liegen auf dem Gesicht und sind ihre Hände auf dem Rücken mit einem Brotbeutelriemen bzw. mit einem Hosenträger gefesselt.

Der Gefreite Lehner, DKW-Fahrer des Kompaniechefs der 3./Pi. 125, befand sich unter den von uns aufgefundenen Verstümmelten nicht. Soweit mir bekannt ist, ist er heute noch vermißt. Was ihn betrifft, so gehen die Aussagen auseinander. Während der Gefreite Roth angibt, der Gefreite Lehner sei bei einem Pakgeschütz durch einen Bauch- und einen Gesichtsschuß verwundet worden und habe sich nach Shachnowka zurückgeschleppt, erklärte mir mein Zugtruppmann, der Gefreite Palmert der 3./Pi. 125, F.P.Nr. 31818, der Gefreite Lehner sei während des Gefechtes mit ihm zurückgegangen und er habe ihn unterwegs verloren. Wie dies aber vor sich gegangen sei, wisse er auch nicht. Über den Gefreiten Lehner konnte ich sonst nichts in Erfahrung bringen. Nach meiner Vermutung muß er jedenfalls lebend in die Hände der Russen gefallen sein.

Die 6 aufgefundenen Kameraden wurden unzweifelhaft von den Russen in erschöpftem Zustand aufgefunden und nach Ivanowzy verschleppt und dort in der oben beschriebenen Weise verstümmelt. Abgesehen von einem Soldaten, der an der Brust eine Verwundung hatte, waren die übrigen unverwundet. Gerade dieser verwundete Soldat wurde aber in gemeinster Weise zugerichtet.

v. g. g. gez. Godglück, Lt.

Der Zeuge wurde gesetzlich beeidigt. gez. Dr. Wagner Kriegsgerichtsrat
gez. Wiedemann Unteroffizier.

Dokument 14

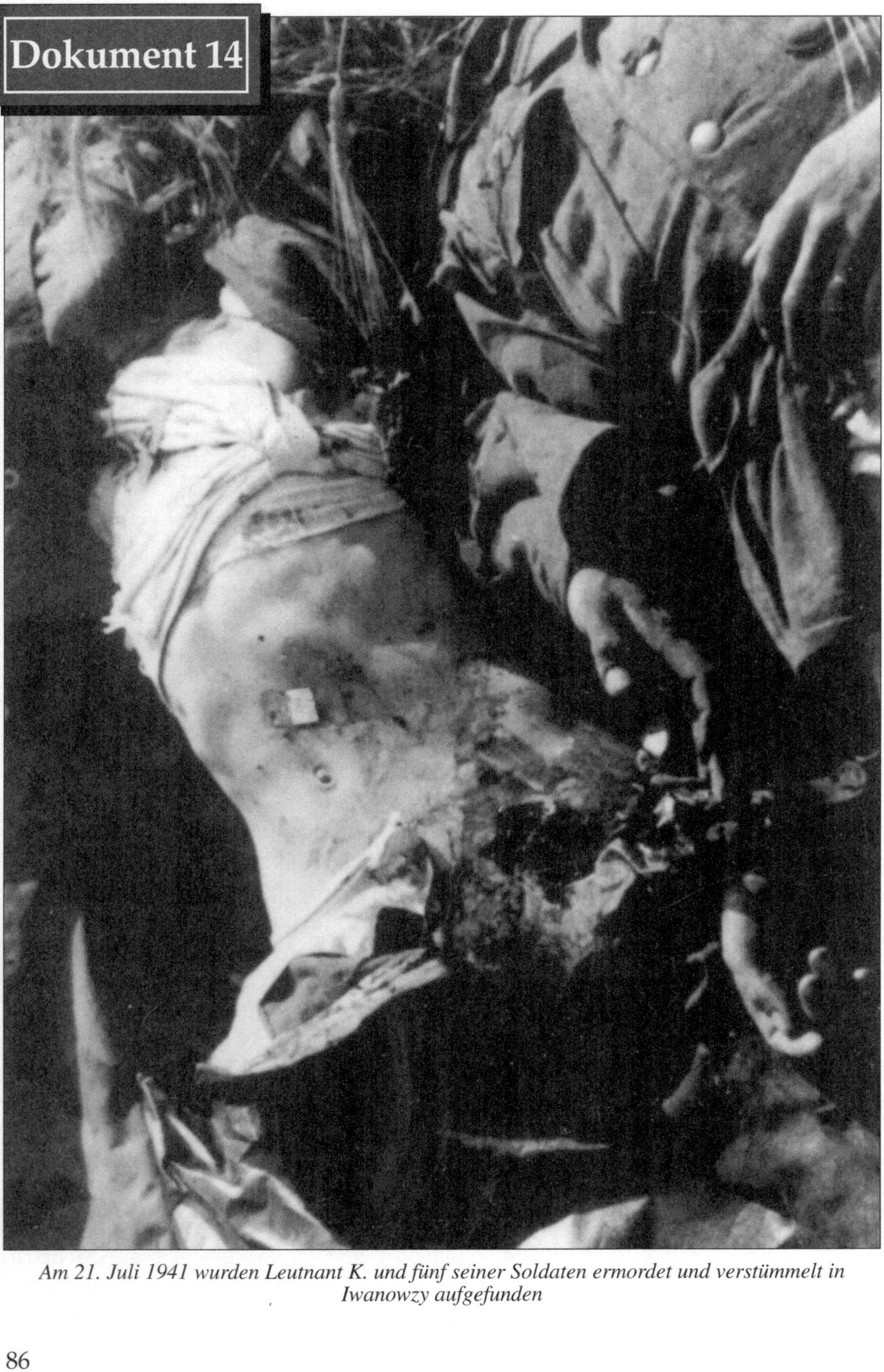

Am 21. Juli 1941 wurden Leutnant K. und fünf seiner Soldaten ermordet und verstümmelt in Iwanowzy aufgefunden

Dokument 14

Die Ermordeten waren teilweise gefesselt

Dokument 14

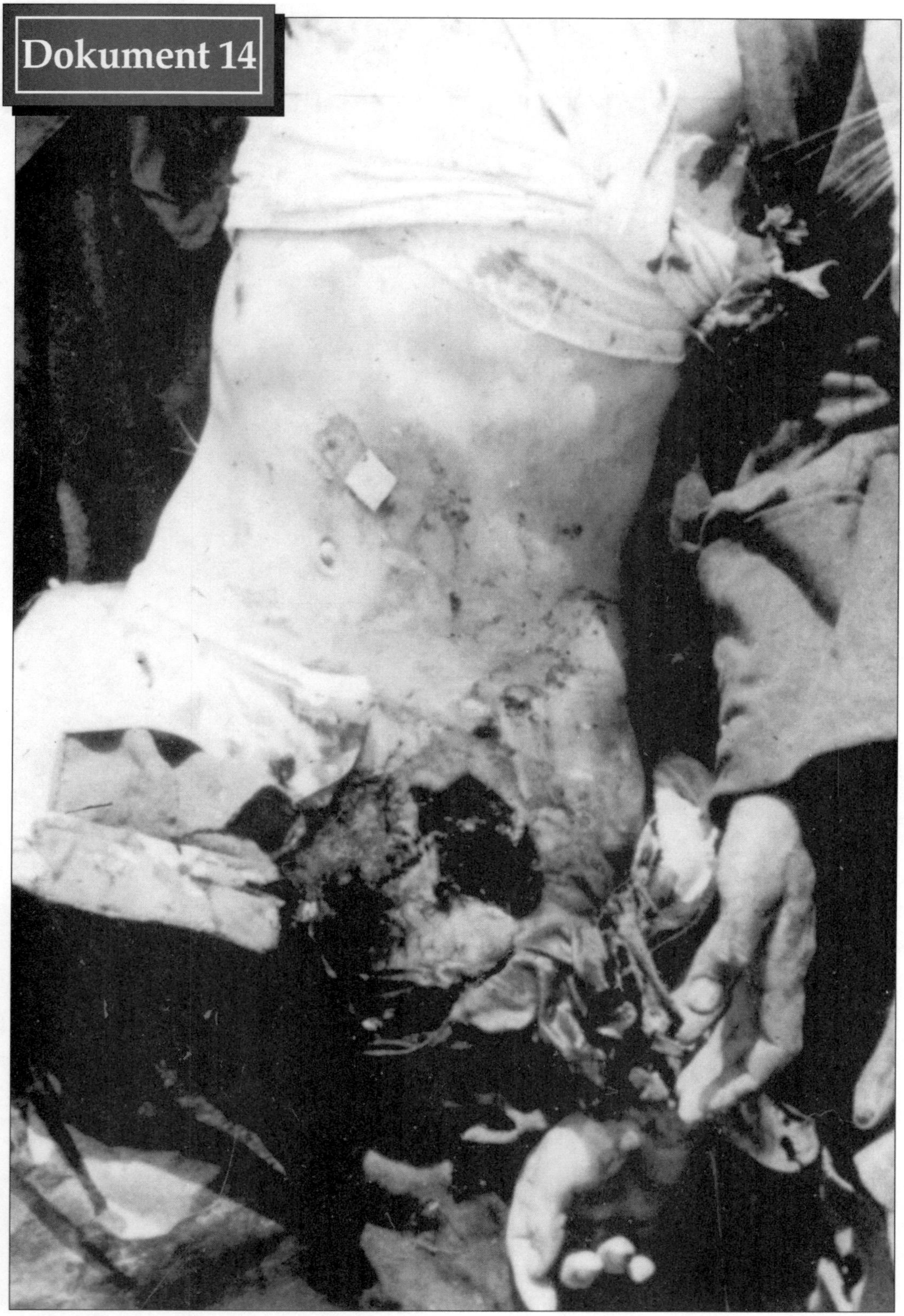

Dokument 14

Dokument 14

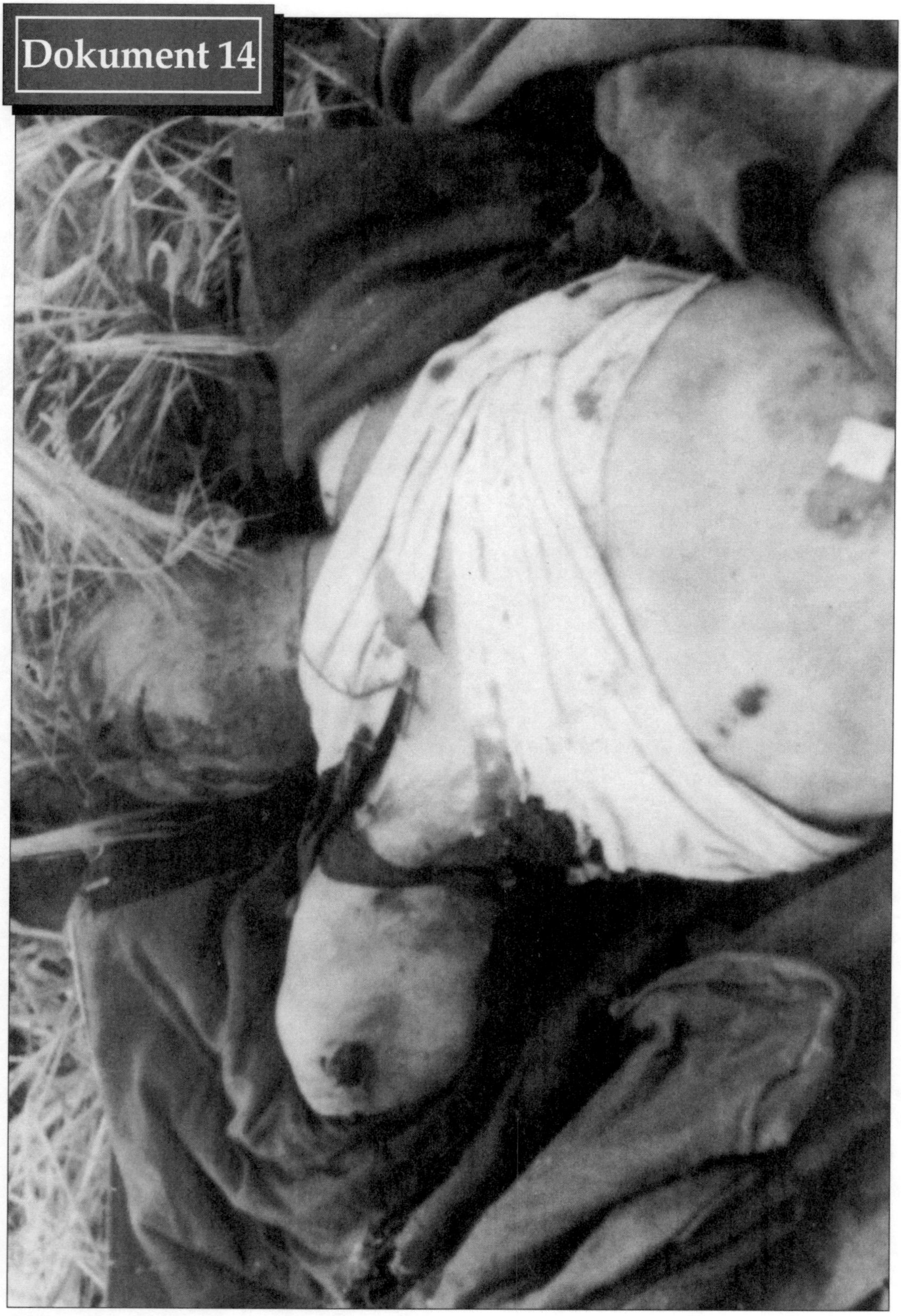

Dokument 14

Dokument 14

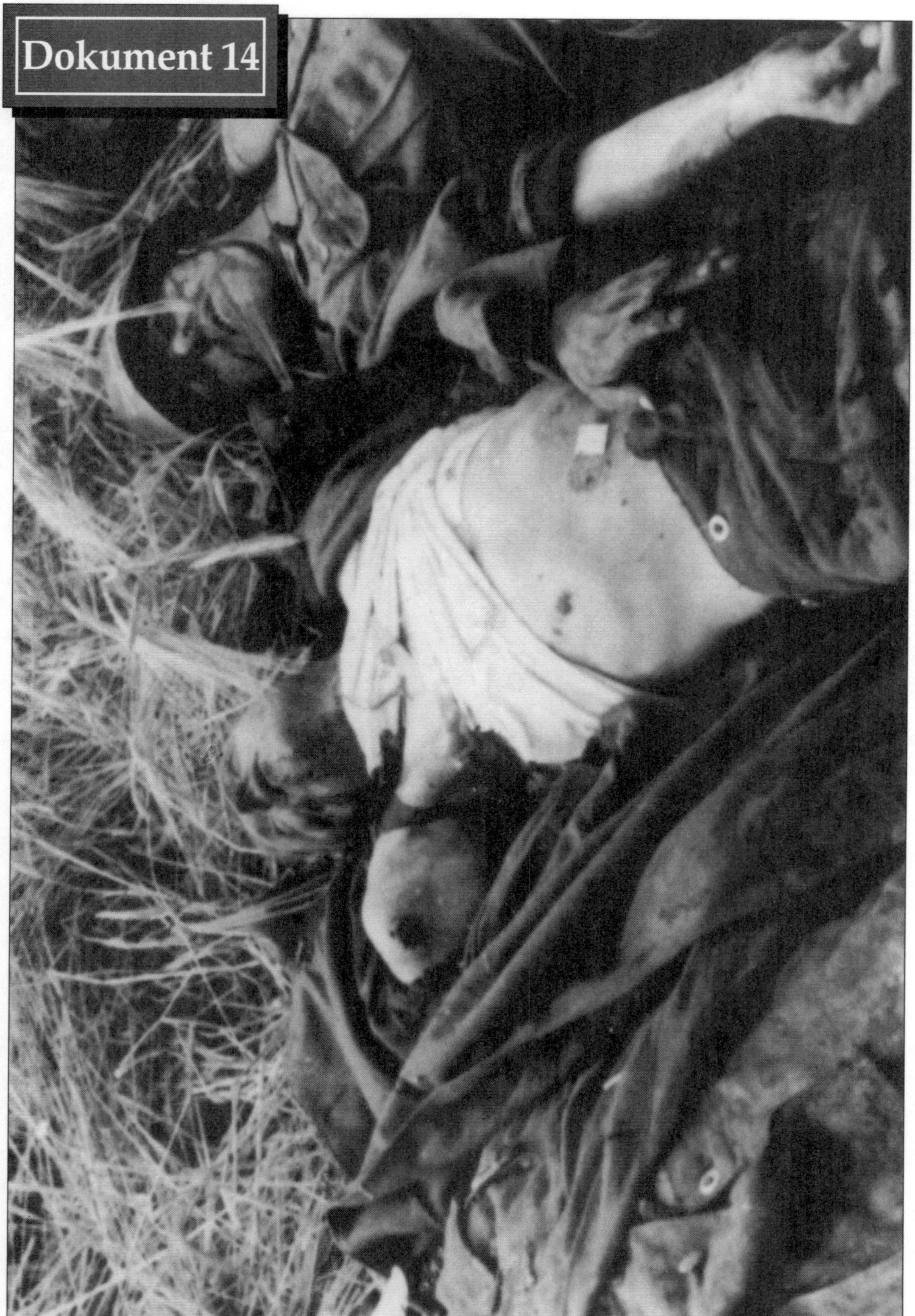

Dokument 14

Dokument 14

Dokument 14

Dokument 14

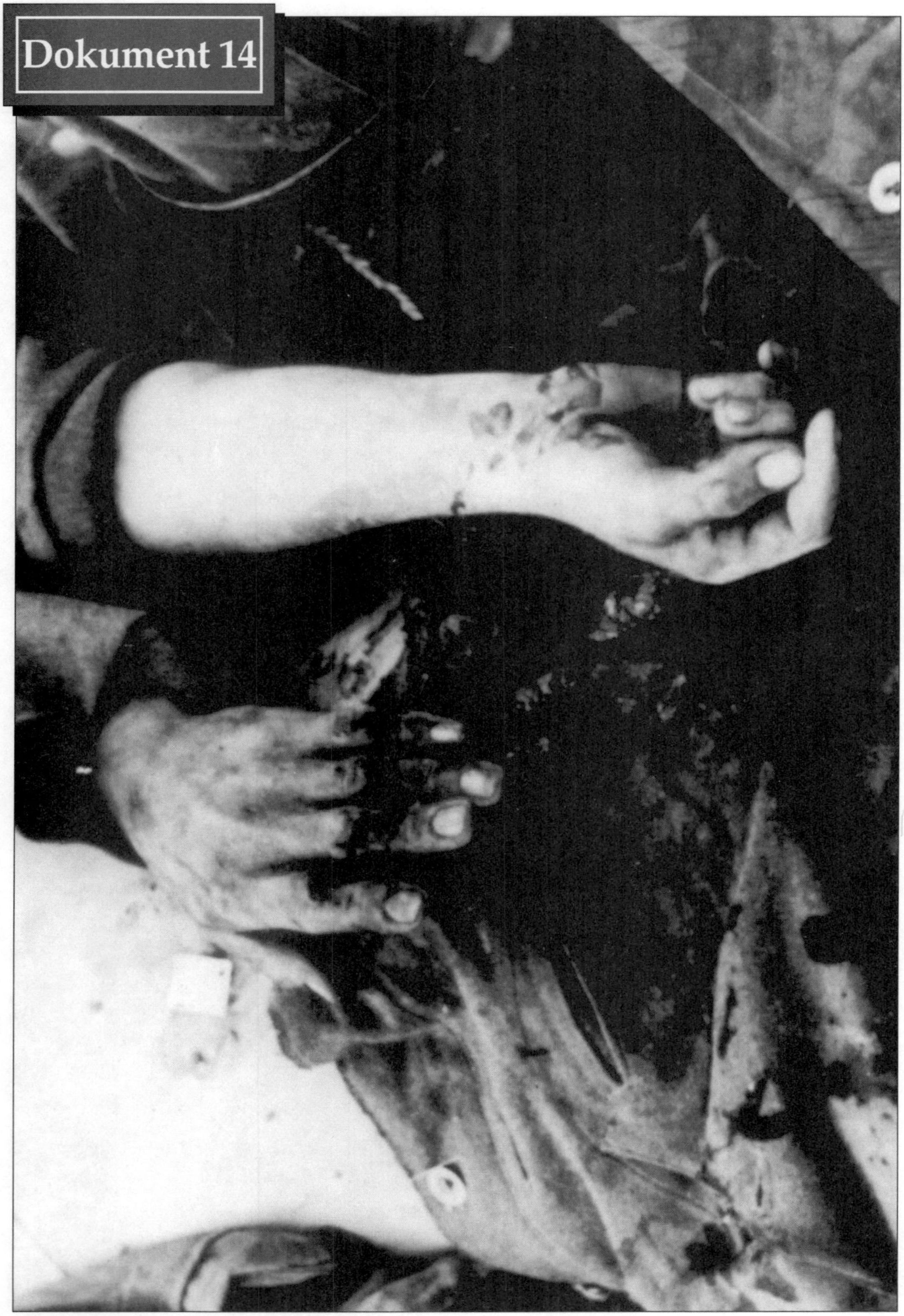

Dokument 14

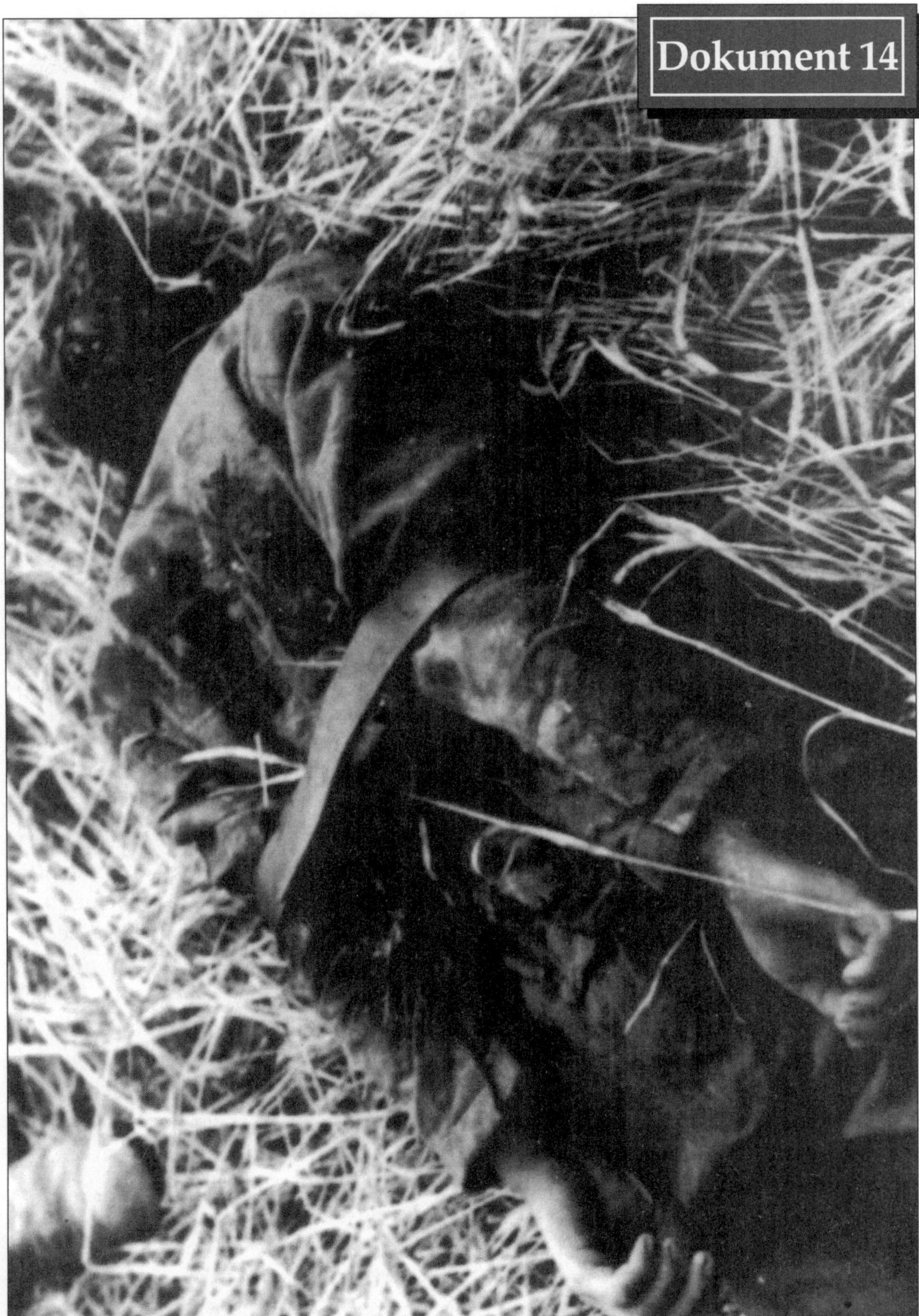

Dokument 15

Gericht **Frankfurt (Oder), den 10. Sept. 1942**
der Div. (mot) Nr. 233
RHL. II Nr. 41/42

Gegenwärtig:
1. Kriegsgerichtsrat Dr. Hertel
2. Heeresjustizangestellte C. Schneider

In der Sache betr. Ermittlungen von Verletzungen des Völkerrechts erschien als Zeuge der Nachbenannte.

Der Erschienene wurde mit dem Gegenstand der Untersuchung bekanntgemacht und auf die Bedeutung des etwa zu leistenden Eides hingewiesen. Hierauf wurde er wie folgt vernommen:

Ich heiße Heinz Jurack, bin 32 Jahre alt, ev. Glaubens, (Dienstgrad-Beruf) Ob.Gefr. Inf.Ers.Btl. 29. Züllichau (Buchbindermeister) (Truppenteil, Wohnort) verneine die übrigen Glaubwürdigkeitsfragen.

Ich erkläre zu dem Gegenstand meiner Vernehmung:

Zur Sache: Am 28.6.1941 war das I. Batl. Inf.Regt. 29 (mot) bei Dünaburg eingesetzt. Ich gehörte der 4. Kp. des 1. Batl. an. Wir hatten bereits die Düna überschritten und standen bei Kockiny (Dorf) in schwerem Gefecht mit den Russen. Die 4. Kp. war auf die Schützen-Komp. verteilt worden. Ich war mit meiner Granatwerfergruppe bei der 3. Komp. eingesetzt. Wir lagen in einer Sandgrube etwa von 20 m Durchmesser und verteidigten diese gegen eine Übermacht des Feindes. In dieser Sandgrube lagen etwa 50 Mann in Stellung. Im Laufe des Gefechts wurde der größte Teil davon verwundet. Als der Druck des Feindes gegen Abend so stark wurde, daß wir die Stellung nicht mehr halten konnten, bekamen wir Befehl, die Sandgrube zu räumen. Während wir uns zurückzogen, wurde ein weiterer Teil der Bedienungsmannschaften der Maschinengewehre und Granatwerfer verwundet, so daß schließlich auch diese Waffen zurückgelassen werden mußten. Vor allem mußten wir sämtliche Verwundeten in der Sandgrube zurücklassen. Als ich die Sandgrube gegen 20 Uhr mit dem Rest der unverwundeten Kameraden verließ, lagen dort etwa 30 Verwundete. Diese waren alle noch am Leben. Sie waren alle im wesentlichen nur leicht verwundet, jedenfalls nicht tödlich, aber so, daß sie nicht mehr mit uns zurückgehen konnten. Sie hatten hauptsächlich Beinschüsse und Schüsse in den Körper, wodurch sie an der Bewegung verhindert waren. Die Verwundeten mit Armschüssen nahmen wir mit. Auch die Kameraden, die auf dem Rückmarsch verwundet wurden, mußten wir liegen lassen. Als wir uns etwa 3 km rückwärts wieder sammelten, waren von den Verteidigern der vorerwähnten Sandgrube im ganzen nur etwa 10–15 Mann übriggeblieben.

Am selben Abend wurde die geräumte Stellung vom 3. Batl. mit Unterstützung von Panzern wieder genommen.

Am Morgen des nächsten Tages, den 29.6.41 früh gegen 4 Uhr ging ich mit weiteren 9 Mann unter Führung unseres Komp. Chefs, Oberleutnant P., der inzwischen gefallen ist, in die alte Stellung nach vorn, um die zurückgelassenen schweren Waffen zu holen. Als wir in die Sandgrube kamen, in der wir am Abend vorher die Verwundeten zurückgelassen hatten, stellten wir fest, daß keiner von ihnen mehr am Leben war. Ich habe alle Verwundeten genau angesehen und untersucht und dabei folgendes festgestellt: Sämtlichen am Vortage zurückgelassenen Verwundeten war der Schädel eingeschlagen worden. Die Schädel waren bei allen flach geschlagen worden. Der Schlag war immer auf die Stelle des Schädels geführt worden, die nach oben gekehrt war. Die Schläge müssen mit stumpfen Gegenständen, wahrscheinlich mit Gewehrkolben oder Stiefelabsätzen geführt worden sein, denn man sah an den Köpfen keine scharfkantigen Wunden. Von diesen mit den eingeschlagenen Köpfen daliegenden Leuten hatten etwa 10 Mann das eigene Seitengewehr im Körper stecken. Sie waren mit dem Seitengewehr auf die Erde festgenagelt worden. Einigen steckte das Seitengewehr mitten in der Brust bis zum Griff, anderen steckte das Seitengewehr ebenfalls bis zum Griff im Auge. Auch die Verwundeten, die beim Rückzug aus der Stellung auf dem Wege nach hinten verwundet worden waren und zurückgelassen werden mußten, fanden wir mit eingeschlagenen Schädeln vor.

Schon auf dem Vormarsch in die Stellung am 28.6.41 früh, als wir die Sandgrube besetzten, kam ich an einer Gruppe von Verwundeten vorbei, die am Wege und auf dem Felde danebenlagen. Es waren ein Leutnant und 11 Mann von de[m] Kradschützenzug des Regt. 29. Diesen war ebenfalls ausnahmslos der Schädel eingeschlagen worden. Wir untersuchten sie und stellten fest, daß sie vorher nur angeschossen waren, so daß sie meiner Meinung nach noch gelebt haben müssen. Sie waren nur bewegungsunfähig. Es handelte sich um die Spitzengruppe der Aufklärungsabteilung. Diese waren von den Russen verwundet worden, dann erschlagen worden und blieben liegen, bis wir hinterher kamen und die Stellung besetzten, von der ich vorher gesprochen habe.

Diese von mir geschilderten Vorfälle habe ich mit eigenen Augen gesehen. Ich habe damals den Vorsatz gefaßt, lebend niemals in russische Hände zu fallen. Von den Kameraden, mit denen ich damals am 29.6. früh nach vorn gegangen bin und die ebenfalls Augenzeugen dieser Vorgänge gewesen sind, lebt keiner mehr. Sie sind sämtlich später gefallen. Ich versichere, daß die vorstehenden Angaben der Wahrheit entsprechen und bin bereit, meine Aussage zu beschwören.

v.g.u. Heinz Jurack

Der Zeuge leistete den Zeugeneid. Geschlossen gez. Dr. Hertel gez. Schneider

Dokument 16

Anlage zu Gen Qu II/225/42 **Im Felde, 17.12.1941.**

Gegenwärtig
Lt. Iffland als Gerichtsoffizier.

A.B. erscheint der Feldw. Willi Kallweit, 26 Jahre alt, bei der Einheit der Feldpost-Nr. 13 365 (14./I.R. 311) und erklärt, nachdem er über die Bedeutung des Eides belehrt worden war.

Am Nachmittag des 10.12.1941, nachdem wir unseren Gegenstoß gemacht hatten, fand ich den Schützen Gerhard B. tot auf. B. hatte eine Verletzung an der rechten Schulter und der rechten Hand, die anscheinend von einer Handgranate herrührte. Ihm waren mit einem Bajonett beide Augen ausgestochen, ferner fanden sich im Gesicht neben der Nase, im Munde und an anderen Stellen zahlreiche Stichwunden, die von einem vierkantigen russischen Bajonett herrührten.

Ferner fand ich den Obergefreiten Paul N. und den Gefreiten Heinz Sch. hinter ihren Stellungsbunkern. Schußverletzungen oder Verletzungen durch Splitter waren an beiden Leichen nicht zu finden. Beide müssen unverwundet in die Hand der Russen gefallen sein. Sie müssen heftige Schläge gegen das Gesicht erhalten haben, denn bei beiden hatte sich das Gesicht an die Seite des Kopfes verschoben. Vermutlich sind beide durch Schläge mit Gewehrkolben getötet worden.

Außerdem fand ich den Schützen Walter R. Auch diesen müssen die Russen unverwundet gefangen genommen haben. Wir fanden ihn vor, die Hände vor der Brust mit einem Handtuch zusammen gebunden und mit völlig zerfetztem Unterleib. Die Unterleibsverletzung deutet darauf hin, daß ihm eine Handgranate zwischen die Beine gelegt sein mußte.

V. g. u. u. gez.: Willi Kallweit.
Der Zeuge wurde vorschriftsmäßig beeidet.

A.B. erscheint der Uffz. Anton Pokolm, 27 Jahre alt, bei der Einheit der Feldpostnummer 13 365 (14./I.R. 311) und erklärt, nachdem er über die Bedeutung des Eides belehrt worden war, dasselbe wie der Vorzeuge. Dessen Aussage wurde ihm vorgelesen. Er erklärte, das ist so richtig, ich mache die Aussage des Feldw. Kallweit auch zu der meinigen. Ich bin mit dem Feldw. Kallweit zusammen los gegangen und habe mit ihm zusammen unsere verstümmelten Kameraden angesehen.

V. g. u. u. gez.: Anton Pokolm.
Der Zeuge wurde vorschriftsmäßig beeidet.

Es erscheint der Oberleutnant Alfred Roseck, Einheit der Feldpostnummer 13 365 (14./I.R. 311) und erklärt, nachdem er über die Bedeutung des Eides belehrt worden war.

Der Zeuge äußerte sich ebenso wie der Feldw. Kallweit. Dessen Aussage wurde ihm vorgelesen, erklärte, das ist so richtig, ich mache die Aussage des Feldw. Kallweit auch zu der meinigen.

Ich bin am Morgen des 11.12.1941 die Stellung zusammen mit Feldw. Kallweit abgegangen und habe die verstümmelten Männer dabei in Augenschein genommen. Bei dem Obergefreiten N. ist mir noch aufgefallen, daß sein Schädel durch einen heftigen Schlag zersprungen und darauf mit Gewalt auseinandergeklappt sein mußte. Die Schädeldecke war hohl. Der Anblick erweckte den Anschein, als wenn das Gehirn gewaltsam aus dem Schädel herausgenommen war.

Der V.B. der Artillerie, Lt. B. und der Bursche des Lt. B. waren zu Beginn des

Kampfes verwundet und zurück in einen Wohnbunker gebracht, wo sie verbunden wurden. Ferner befanden sich noch der verwundete Gefr. F. und der unverwundete Gefr. H. in dem Bunker. Nachdem die Russen durchgebrochen waren, mußte auch der Bunker ihnen überlassen werden. Nach dem Gegenstoß wurden Lt. B., sein Bursche und H. außerhalb des Bunkers tot mit eingeschlagenen Schädeln aufgefunden. Von F. fand sich keine Spur. Die Verletzungen müssen durch Gewehrkolbenschläge beigebracht sein.

V. g. u. u. gez.: Alfred Roseck.

Der Zeuge wurde vorschriftsmäßig beeidigt. geschl. gez.: Iffland, Lt.

Beglaubigt: Sekretär

Dokument 17

Anlage zu Gen Qu II/225/42 **O.U., den 18.12.1941**

Gegenwärtig:
Lt. Iffland als Gerichtsoffizier.

Auf Befehl erscheint der Unteroffizier Bruno Grunert, 27 Jahre alt, im Zivilberuf Melker in Kiwitten Krs. Heilsberg/Ostpr. z.Zt. Uffz. in der 6./I.R. 311. Er erklärt, nachdem er mit dem Gegenstand seiner Vernehmung bekanntgemacht und über die Bedeutung des Eides belehrt worden war:

Ich führte bei unserem ersten Gegenstoß am 10.12.41 einen aus zwei Gruppen bestehenden Zug. Während des Vorstoßes blieben der Obergefr. Josef Z., der Obergefr. Bruno L. und der Obersoldat R. liegen, als die Russen einen Gegenangriff machten und wir ausweichen mußten. Z. und L. waren verwundet. Beide hatten Brustschüsse. Die Verwundung des L. war so schwer, daß er kurz darauf gestorben sein muß, Z. muß gleich tot gewesen sein. Ob R. verwundet war, kann ich nicht genau sagen. Ich habe ihn zunächst als vermißt gemeldet.

Nach dem zweiten von uns am 10.12.41 geführten Gegenstoß fanden wir Z. und L. tot auf. Z. lag auf dem Gesicht. Z. fehlten seine MP mit den Magazinen und L. war völlig ausgeplündert. Seine Bekleidungsstücke waren mit Gewalt aufgerissen. Beiden muß ein heftiger Schlag (anscheinend mit Gewehrkolben) seitlich gegen das Gesicht versetzt worden sein. Das Gesicht war bei beiden völlig nach der Seite verschoben.

Den R. fanden wir erst am nächsten Tage, nachdem wir unseren Angriff beendet und das verlorene Gelände wieder gewonnen hatten. R. lag auf dem Rücken und in gleicher Weise wie L. ausgeplündert. Seine Leiche wies einen Bajonettstich unter dem linken Auge auf, der am Hinterkopf wieder heraustrat. Das linke Auge war völlig eingedrückt, die Höhlung des rechten Auges war ebenfalls leer. Ob R. noch sonst eine Verwundung gehabt hat, habe ich nicht festgestellt.

v. g. u. gez.: Bruno Grunert, Uffz.

Der Zeuge wurde vorschriftsmäßig beeidigt. G. w. o. gez.: Iffland, Lt.

Beglaubigt: Sekretär.

Dokument 18

Div. Gef. St., den 8. Juli 1941

Gegenwärtig:
Lt. von Mülmann, Stab 161. Inf.-Div., als Gerichtsoffizier,
Gefr. Schmitz, Stab 161. Inf.-Div., als Protokollführer.

Es erscheinen die nachbenannten Geistlichen der 161. I.D. und erklären nach Eidesbelehrung:

1. Sindersberger

Z.P.: Ich heiße Simon Sindersberger, bin 45 Jahre alt, Kriegspfarrer bei der 161. I.D.

Z.S.: Im Juli 1941 haben mein Kollege Klinger und ich gefallene Wehrmachtangehörige der 161. I.D. gesucht und beerdigt. Im Raume um Porzecze haben wir dabei folgende Greueltaten der Bolschewisten an deutschen Wehrmachtangehörigen festgestellt:

Wir fanden den Lt. S. vom Felders.-Btl. 241, dessen Beine bis zum Unterleib vollkommen verkohlt waren. Es waren noch Reste von Stiefeln und Fleisch vorhanden. 5 bis 6 weitere Wehrmachtangehörige waren bis zur Unkenntlichkeit verkohlt und konnten nicht identifiziert werden. Die Russen müssen die Verwundeten oder Gefallenen mit Kraftstoff übergossen und angesteckt haben. Bei Lt. S. haben wir an den übriggebliebenen Körperteilen jedenfalls keine Schußverletzungen feststellen können. Bei den anderen Gefallenen waren derartige Feststellungen nicht möglich.

Den Uffz. P. vom I.R. 371 fanden wir mit eingeschlagenem Schädel. Er muß vorher verwundet gewesen sein. Etwas abseits hing im Gebüsch ein abgerolltes Verbandpäckchen, so daß anzunehmen ist, daß er sich hat verbinden wollen und dabei von den Russen erschlagen worden ist.

Ein Sanitätssoldat mit Roter-Kreuz-Armbinde lag ebenfalls mit eingeschlagenem Schädel da.

Einem anderen Wehrmachtangehörigen war die obere Schädeldecke fortgeschlagen worden. In der Nähe lag das Gehirn.

An einer anderen Stelle wurden die Leichen folgender Wehrmachtangehöriger aufgefunden:

1. Oberarzt Dr. A., Stab 161. I.D.,
2. Ass. Arzt Dr. H., Felders.Btl. 241,
3. Uffz. K., Feldgend. Trupp 241,
4. Kf. P., 2. Kr. Kw. Zug 241,
5. Gefr. K., 2. Kr. Kw. Zug 241,
6. O.Gefr. L., von einer San.-Einheit.

Die Gefallenen lagen in einer Reihe auf den Gesichtern, bis auf den Uffz. K., der etwa 1 m abseits lag. Darau[s] ergibt sich, daß die Gefallenen in russische Gefangenschaft geraten und hinterrücks erschossen worden waren. Insbesondere wiesen Oberarzt Dr. A. einen Schuß in die rechte Schulter und 2 Hüftschüsse auf, Uffz. K. hatte 3 Genickschüsse erhalten. Den anderen Gefallenen waren Hüft- und Rückenschüsse beigebracht worden. Hervorzuheben ist, daß O. Arzt Dr. A. die Rote-Kreuz-Binde trug. Diese 6 Gefallenen waren nicht beraubt.

Dagegen hatten wir bei anderen Gefallenen, wie z.B. bei dem Lt. W., Stab 161. I.D., dem Gefr. R., Unterstab der 161. I.D. und anderen festgestellt, daß diese ihrer Stiefel beraubt worden waren. Bei einigen Toten waren auch die Taschen ausgekehrt und entleert.

v.g.

2. Klinger

Z.P.: Ich heiße Erich Klinger, bin 34 Jahre alt, Wehrmachtpfarrer bei der 161. I.D.

Z,S.: Die Aussage des Kriegspfarrer Sindersberger vom 8.7.41 ist mir vorgehalten worden. Sie ist richtig. Ich mache sie zum Gegenstand meiner Vernehmung.

v.g.

Die Zeugen Sindersberger und Klinger wurden daraufhin beeidigt.
Geschlossen: gez. Lt. von Mülmann, gez. Schmitz, Gefr.
gez. Sindersberger, Kriegspfarrer, gez. Klinger, Wehrmachtpfarrer.

Div.Gef.St., den 15. Juli 1941

Gegenwärtig:
Oblt. Dr. Sanden, Stab 161. Inf.-Div., als Gerichtsoffizier,
Gefr. Schmitz, Stab 161. Inf.-Div., als Protokollführer.

Es erscheint der evang. Wehrmachtpfarrer der 161. I.D. mit Vornamen Erich, Familienname Klinger und erklärt nach Eidesbelehrung:

Ich habe bereits in meiner Aussage vom 8. Juli erklärt, daß ich dieselben Beobachtungen über sowjetische Greueltaten gemacht habe wie mein Kollege, der kath. Kriegspfarrer Sindersberger.

Die Angaben der früheren Vernehmung möchte ich noch in folgenden Punkten ergänzen:

Die Division war mit ihrer Führungsstaffel und den Inf.-Regtern. bereits in den ersten Kriegstagen erheblich nach Osten vorgedrungen. Die Ib-Staffel befand sich noch in Porzecze, das ebenso wie seine Umgebung bereits hinter der eigentlichen kämpfenden Front lag. In den Wäldern befanden sich aber noch russische Soldaten, und zwar sehr viel mehr, als man zunächst glaubte; es müssen mehrere Hundert gewesen sein, die aber zu verschiedenen Truppenteilen gehören sollten. Sie hatten auch Panzerspähwagen und Maschinengewehre bei sich.

Der Div.Stab und rückwärtige Teile der Division wurden in den Tagen vom 25.–27. Juni 1941 von Sowjettruppen überfallen bzw. in Kampfhandlungen verwickelt. Hierbei gerieten eine Reihe deutscher Soldaten und auch Offiziere verwundet und zum Teil auch unverwundet in Feindeshand.

Ich bin, als die Lage wiederhergestellt war, und die Bestattung der Offiziere und Soldaten stattfand, welche gefallen waren, mit meinem Kollegen Sindersberger noch weiter in die Wälder gegangen, um diejenigen Kameraden zu suchen, die noch nicht aufgefunden worden waren, weil sie während der Kämpfe in Feindeshand gekommen waren.

Etwa 1 1/2 km westlich der Straße Porzecze-Druskieniki fanden wir im Walde in einer Kaule den Leichnam des Lt. S. Auch ich habe ebenso wie Kriegspfarrer Sindersberger keine Einschüsse festgestellt. Er hatte noch den Stahlhelm auf und trug die Feldbluse, die ebenfalls nicht durchschossen war.

Hingegen waren die Beine und ein Teil des Unterleibs verkohlt. An den Beinen sah man das schwarzrot gebrannte Fleisch. In der Gegend der Hacken waren noch Teile der Stiefel und die Sporen vorhanden. Nach Lage der Sache muß Lt. S. mit Kraftstoff übergossen und angesteckt worden sein.

Bei 5–6 weiteren deutschen Soldaten stellten wir fest, daß sie bis zur Unkenntlichkeit verbrannt waren. Wir fanden nur die verkohlten Leichname auf, so daß eine Identifizierung nicht mehr möglich war.

Etwas näher der Straße fanden wir einen Uffz. vom I.R. 371, dessen Name nach einer vorgefundenen Briefschaft P. gelautet haben muß. Er hatte eine leichte Verwundung am Arm, welche provisorisch verbunden war. Etwa 2 m entfernt im Gebüsch hing noch ein Teil Verbandstreifen. Anscheinend ist der Uffz. an dieser Stelle verbunden worden. Hinterher muß der Uffz. dann, anscheinend durch einen Kolbenhieb, totgeschlagen worden sein. Jedenfalls war seine Schädeldecke an der Seite zertrümmert. Das Gehirn war herausgequollen und lag neben ihm.

In der Nähe des Uffz. lag ein San.-Soldat mit Roter-Kreuz-Armbinde. Ihm war ebenfalls der Schädel eingeschlagen worden.

Sonstige Verwundungen waren nicht festzustellen.

Einem weiteren Soldaten war die Schädeldecke abgeschlagen worden. Das Gehirn lag daneben.

Westlich des Bahndammes lagen in einer Reihe auf den Gesichtern folgende Offiziere und Soldaten:

Oberarzt Dr. A., Stab 161. I.D.,
Ass. Arzt Dr. H., Felders.Btl. 241,
KF. P., 2. Kr. Kw. Zug 241,
KF. K., 2. Kr. Kw. Zug 241,
O. Gefr. L. von einer San.-Einheit.

Die Genannten müssen nebeneinander aufgestellt und dann von rückwärts erschossen worden sein. Alle hatten Rücke[n]- bzw. Genickschüsse. Dies gilt insbesondere auch bezüglich des O. Arztes Dr. A., der die Rote-Kreuz-Armbinde trug, und unter Mißachtung des Roten Kreuzes erschossen worden ist.

Etwa 1 m abseits lag der Uffz. K., Feldgend.Trupp 241; dieser hatte 3 Genickschüsse und war offensichtlich auf die gleiche bestialische Weise umgebracht.

Bei einer Reihe von Toten stellten wir auch fest, daß sie beraubt waren. Es waren die Taschen ausgekehrt und Wertsachen weggenommen (Portemonnaie, Geld usw.). Mehreren, darunter Lt. W., waren auch die Stiefel geraubt worden.

v. g. u. gez. Klinger, Wehrmachtpfarrer.

Der Zeuge versicherte die Richtigkeit der Aussage unter Berufung auf den bereits am 8. Juli 1941 geleisteten Eid.
Geschlossen: gez. Dr. Sanden Oberleutnant gez. Schmitz Gefreiter

Braunschweig, den 3. März 1942
Luftwaffenlazarett

Dokument 19

Gegenwärtig:
als Richter SS-Untersturmführer d.Res. u. SS-Hilfsrichter Dr. Klingenberg,
als Beurkundungsführer der Geschäftsstelle SS-Unterscharführer Scharfe.

Gemäß Ersuchen des SS-Führungshauptamtes, Kommandoamt der Waffen-SS, vom 20.1.42 wurde der SS-Ostuf. Patzig wie folgt vernommen u. auf seine Angaben beeidigt:

Zur Person: Ich heiße Werner Patzig, SS-Obersturmführer, geb. am 10.9.1915, z.Zt. im Luftwaffen-Lazarett Braunschweig.

Zur Sache: Nach dem Angriff russischer Kräfte am 25.7.1941 auf den Ort Uschakowa, nördlich Jelnja, habe ich bei einem in Feindeshand geratenen Angehörigen des SS-Pi.-Batl. schwere Verstümmelungen festgestellt. Und zwar fand ich einen Angehörigen des Pi.-Batl., welcher durch einen Schuß am Nordausgang des Dorfes verwundet worden war, mit schweren durch ein Schlaginstrument, offenbar Spaten, hervorgerufenen Rückenwunden, tot auf. Der Ausrüstung nach mußte es sich um einen Zugführer handeln. Es kann hiernach ein Unterführer, aber auch ein Untersturmführer gewesen sein. Der Tote lag am Rande des Weges, das Gesicht der Erde zugekehrt. Er hatte einen Oberschenkelschuß, der deutlich als echte Verwundung zu erkennen war. Im übrigen war die an sich nicht beschädigte Tarnjacke am Rücken, zur Schulter, hochgezogen, so daß der Schlag auf den nackten Körper geführt sein mußte, da auch das Unterzeug zur Seite gerutscht war. Jedenfalls lag das Kreuz vollkommen frei.

In der Nähe des Unterführer[s], bzw. Führers, lag noch ein vorher verwundeter SS-Mann, der durch Genickschuß getötet worden war. Auch dieser SS-Mann hatte eine Beinverwundung, ich glaube durch Granatsplitter, so daß er ebenfalls offenbar nicht mehr hatte weglaufen können. Der Genickschuß war als solcher deutlich erkennbar und mußte in einem Zeitpunkt ausgeführt worden sein, in dem der SS-Mann bereits mit dem Kopf auf der Erde gelegen hatte. Gesicht und Kiefer, auf dem der SS-Mann lag, waren zerrissen.

Ich habe meine Wahrnehmungen dem Ia der Division, SS-Obersturmbannführer Ostendorf bekanntgegeben, der, wie ich nachher erfuhr, selbst ähnliche Feststellungen gemacht hatte.

Vorgelesen, genehmigt und beeidigt. gez. Patzig, SS-Obersturmführer
gez. Klingenberg SS-Untersturmführer gez. Scharfe SS-Unterscharführer.

Dokument 20

Bataillonsarzt
Geb.Pi.Batl. 54

O.U., den 6.3.42

Betr.: Auffindung von deutschen Gefallenen in Uspenowka.

An Divisionsarzt der 1. Gebirgsdivision

In der Ortschaft Uspenowka wurden etwa 400 m von der Hauptstraße entfernt auf freiem Feld im Schnee liegend, eng beieinander acht deutsche Soldaten tot aufgefunden, ein weiterer Toter fand sich in der Nähe eines Hauses der Ortschaft.

Nach der Stellung und Anordnung der Schüsse handelt es sich bei den acht Toten um eine Gruppe von deutschen Gefangenen, die scheinbar bei einem beschleunigten Rückzug der Russen aus der Ortschaft nicht mehr mitgenommen werden konnten oder sollten und die statt dessen ermordet worden sind. Sie lagen auf einem Haufen zusammen und waren Angehörige der Infanterie, der Artillerie und der Gebirgsjäger. Getötet waren sie durchweg durch Kopfschüsse, deren Einschuß teilweise im Nacken, teilweise in der Stirn- oder dem Gesichtsschädel lagen.

Einer der Gefallenen hatte deutliche Haut-Quetsch-Spuren in Spiralform an Unterarm und Rumpf, die auf gewaltsame Fesselung hinwiesen. Dieser Mann zeigte außerdem vielfache Bajonettstiche im Bauch, beiden Oberschenkeln, Blasengegend und Hodensack. Sein verzerrter Gesichtsausdruck läßt als sicher annehmen, daß diese Stiche ihm lebend vor seinem Kopfschuß beigebracht worden sind. Der 9. Tote, ein SS-Mann der Standarte Germania, zeigte eine ausgezackte Einschußöffnung über der Herzspitze, die einem Granat- oder Handgranatensplitter entsprechen könnte. Die Uniformen der Toten waren entleert, allen Toten waren die Stiefel ausgezogen, die Hälfte der Erkennungsmarken waren bei den meisten noch vorhanden.

Die Toten wurden vom Bataillon in einem gemeinsamen Grab beerdigt.

gez. Unterschrift Stabsarzt.

Geb.Pionierbataillon 54
Stab

O.U., den 7.3.42

Vernehmung.

Auf meinen Befehl erschien heute bei mir Jefrosinia Micheiljowa und gab zur Aussage der Wahrheit ermahnt, folgendes an:

Ich heiße Jefrosinia Micheiljowa, bin 70 Jahre alt und wohne seit 22 Jahren in Uspenowka.

Am 1. März 1942 erschienen in meinem Hause 1 russischer, deutschsprechender Major, 1 Oberleutnant und 1 Kommissar mit 8 deutschen Gefangenen. Nachdem sie die Gefangenen in das angrenzende Zimmer gesperrt hatten, beratschlagten sie, was mit den Gefangenen geschehen soll. Der Kommissar war vorerst für ein weiteres Mitnehmen, worauf der russische Major erwiderte: „Du kennst doch den Befehl von Stalin." Daraufhin wurden die Gefangenen, nachdem man ihnen zuerst noch alles, was sie besaßen, weggenommen hatte, hinter das Haus auf ein freies Feld geführt und erschossen.

Übersetzt und vorgelesen: Für die Richtigkeit: gez. Unterschrift Sprachmittler

gez. Wenz Oblt. u. Fhr. d. Stabes.

Dokument 21

Gericht **Div.St.Qu., den 14. März 1942.**
der 2. Gebirgs-Division
R.H.L. Nr. 65 / 1942

Gegenwärtig:
Kriegsgerichtsrat Müller.

In der Untersuchungssache betr. völkerrechtswidrige Behandlung des vorübergehend in russische Gefangenschaft geratenen Jägers Norbert Ulbel, 2./Radfahrbatl. 68 (AMA/MR2/IV Nr. 270 g des Oberkommandos der Kriegsmarine) erschien als Zeuge die Nachbenannte.

Die Erschienene wurde mit dem Gegenstand der Untersuchung bekanntgemacht und auf die Bedeutung des etwa zu leistenden Eides hingewiesen. Hierauf wurde sie wie folgt vernommen:

Ich heiße Cläre Schmidt, bin 37 Jahre alt, evgl. Glaubens, Rote-Kreuz-Schwester, Laz.Schiff Berlin, F.P.Nr. M 07520.

Ich erkläre zu dem Gegenstand meiner Vernehmung:

Ich bin Schwester auf der Krankenstation C.2 des Lazarettschiffes Berlin. In den ersten Tagen des Januar 1942 wurde auf unserer Station der Jäger U. von einer Einheit des Heeres mit schweren Erfrierungen eingeliefert. Am 14.1.42 ist er auf unserer Station gestorben.

Ich habe mich mit U. während seines Liegens auf unserer Station mehrfach unterhalten. Bei diesen Gelegenheiten erzählte er mir etwa 2 bis 3 mal, daß er bei einem Angriff der Russen durch ein Inf.-Geschoß verwundet worden sei. Die Russen hätten ihn als Verwundeten in ihre Hände bekommen und ihn dann so abseits geschleppt, daß er sich außerhalb des eigentlichen Kampfgeländes befunden habe und daher schwerer von deutschen Soldaten habe gefunden werden können. Auf dieser abseitigen Stelle hätten die Russen ihm, ohne sich um seine Verwundung zu kümmern und ohne die Wunde durch einen Arzt oder Sanitäter behandeln zu lassen, seine Handschuhe ausgezogen und ihn dann allein liegen lassen. Da er zu schwach gewesen sei, um die Hände in die Manteltaschen zu stecken, seien ihm diese langsam erfroren. Dann sei er ohnmächtig geworden. Nach etwa 8 Stunden hätten ihn seine Kameraden bei einem Gegenstoß mit den Erfrierungen aufgefunden.

U. brachte bei seinen Erzählungen jedesmal zum Ausdruck, daß er der bestimmten Ansicht sei, daß die Russen ihn mit Absicht hätten erfrieren lassen wollen.

v. g. u. gez. Schwester Cläre Schmidt.

Die Zeugin wurde vorschriftsmäßig beeidet. gez. Müller.

Dokument 22

Gericht **Münster i.W., den 8. April 1942**
der Division z.b.V. 506
R.H.L. VI Nr. 152 - 42

Gegenwärtig:
Feldkriegsgerichtsrat Dr. Disselhoff als Richter,
Obergefreiter Schneider als Protokollführer.

Auf Ladung erscheint der Gefreite Ernst Bethke und wird wie folgt vernommen:

Zur Person: Bethke, Ernst, 26 Jahre alt, evgl. Glaubens, verheiratet, früher Gefreiter im Art.Rgt. 107, 2. Batterie, jetzt Bergmann in Castrop-Rauxel, Lakestraße 42 wohnhaft.

Zur Sache: Am 17.11.1941 lag meine Batterie in dem Dorfe Schischkowo 5 km nordostwärts Jaropoletz. Ich war als Hilfskrankenträger eingeteilt und befand mich mit dem Sanitätsfeldwebel M. auf dem Verbandplatz, um Verwundete zu verbinden. Durch zwei Krankenträger wurde uns ein verwundeter Infanterist gebracht, dem wir den Verband erneuerten und eine Einspritzung machten. Bei uns befand sich ferner noch der Kanonier Sch., der als Fernsprecher Kabel aufgerollt hatte und auf der Suche nach der Fernsprechvermittlung war. Gegen Abend machten russische Panzer einen Überfall auf das Dorf. Wir konnten nicht mehr entkommen und gerieten, da ein Widerstand bei der Übermacht des Gegners zwecklos erschien, zu fünf Mann in russische Gefangenschaft. Den verwundeten Infanteristen mußten wir zurücklassen. Wie mir zwei Tage später der Oberarzt Dr. May von I./A.R. 107 an Ort und Stelle mitgeteilt hat, ist der Verwundete später von den Russen nach draußen geschleppt und dort totgeschlagen worden.

Gleich nach der Gefangennahme wurden uns außer unseren militärischen Ausrüstungsstücken sämtliche in unserem persönlichen Eigentum stehenden Gegenstände mit Gewalt fortgenommen. Dabei wurden wir geschlagen und mit Füßen getreten. Dann wurden wir zunächst an ein brennendes Haus geführt, wo sich noch mehrere Russen befanden, und in der Dämmerung in ein Waldstück gebracht. Außer meinen vier Kameraden und mir befand sich bei uns noch ein gefangener Russe, den wir als Fahrer vom Bock verwandt und mit einer weißen Armbinde versehen hatten. In dem Waldstück mußten wir sechs uns in einem Kreis mit dem Gesicht nach innen aufstellen. Wir mußten die Hände auf den Rücken legen und die Füße geschlossen halten. Wir durften uns nicht bewegen und nicht miteinander sprechen. Um uns herum patrouillierten etwa 20 Russen. Sobald sich einer von uns etwas rührte, erhielt er von einem Russen einen Stoß mit dem Bajonett. In dieser Stellung mußten wir bis zum Morgengrauen des anderen Tages verharren. Bei Beginn der Morgendämmerung wurden wir etwas weiter geführt und dann von einem nur schlecht deutsch sprechenden russischen Offizier verhört. Dieser fragte zuerst den russischen Gefangenen aus und dann den Sanitätsfeldwebel M., dessen Vernehmung etwa 2 Stunden gedauert hat. Dann wurden wir anderen vernommen. Während der Vernehmung hatte der Offizier eine Pistole in der Hand und fuchtelte uns damit vor der Nase herum. Nach der Vernehmung erhielten vier Russen von dem vernehmenden Offizier den Auftrag, uns abzuführen. Ich sah, wie der Führer des Trupps von dem Offizier einen Zettel ausgehändigt erhielt, auf dem etwas geschrieben stand, das der Soldat unterschreiben mußte. Nachdem wir etwa 50 Meter gegangen waren, rief der Offizier den Leiter des Trupps an, ging zu ihm, flüsterte ihm etwas ins Ohr und ließ sich den Zettel zurückgeben. Wir wurden dann weitergeführt. Unterwegs fragten wir unsere Begleiter, ob wir keine Verpflegung erhielten. Es wurde uns zwar gesagt, daß wir nach einem Marsch von 4 km verpflegt würden; wir haben aber keine Kost erhalten. Nach einem Marsch von etwa 4 Stunden kamen wir aus dem Unterholz, durch das wir bis dahin marschiert waren, auf eine Wiese, auf der sich mehrere Strohschober befanden. An einem Strohschober lagen zwei verwundete Russen. In der Ferne war ein größeres Dorf sichtbar. Auf dieser Wiese stieß ein russischer Stoßtrupp auf uns, der aus einem Offizier und etwa 12–15 Mann bestand und ein MG bei sich führte. Der den Stoßtrupp führende Offizier beschimpfte zunächst den Russen, der sich bei uns befand. Dann brüllte er auch uns in russischer Sprache an und machte dabei mehrmals die Geste des Halsabschneidens. Dann traten die Russen etwas abseits und schienen zu beraten. Nach etwa 5 Minuten rief uns der Russe, der uns zu der Wiese gebracht hatte zu sich, stellte uns in Linie mit Front zu dem in der Ferne sichtbaren Dorf auf und forderte uns dann auf, voranzugehen. Nachdem wir in der angegebenen Richtung einige Schritte gemacht hatten, fiel uns auf, daß uns niemand folgte. Wir sahen uns deshalb um und sahen, daß die vier Russen, die uns zu der Wiese hingeführt hatten, ihre Karabiner auf uns angelegt hatten, und daß zwischen ihnen außerdem ein Maschinengewehr auf uns in Anschlag gebracht worden war. Wir machten daraufhin kehrt und gingen mit erhobenen Armen auf die in Anschlag befindlichen Russen zu, denen wir zuriefen, sie möchten uns doch leben lassen, da wir verheiratet seien. Die Russen nahmen nun auch zunächst den Karabiner bis zur Schulterhöhe herunter. Der abseits stehende Offizier, der den Stoßtrupp herangebracht hatte, brüllte nun die Russen an, die daraufhin ihre Karabiner wieder in Anschlag brachten, während wir noch etwa 5 m von ihnen entfernt standen. Gleich danach krachten mehrere Schüsse und ich ließ mich nach vorne niederfallen. Während ich mich hinwarf, sah ich noch, wie einer meiner Kameraden davonlief. Andere Kameraden hörte ich aufschreien. Danach merkte ich, wie ein Russe zu den einzelnen Kameraden hinging. Ich hörte dann noch etwa 3–4 Schüsse einzeln fallen. Der Russe kam dann auch zu mir, und ich hörte, wie er das Gewehrschloß auf und zu machte. Er schoß nicht auf mich, sondern stach mich mit dem Bajonett rechts und links der Wirbelsäule in den Rücken. Als der Russe nach dem zweiten Stich das Bajonett wieder herauszog, wurde mein Körper etwas angehoben. Wie sich später herausgestellt hat, ist der eine Stich auf der linken Seite zwischen Herz und Lunge und der andere Stich auf der rechten Seite zwischen Lunge und Leber durchgegangen. Von einem Stich ist das Zwerchfell verletzt worden.

Nach einiger Zeit entfernten sich die Russen. Ich wartete noch eine geraume Zeit und hob dann vorsichtig den Kopf. Dabei sah ich die Russen in einer Entfernung von etwa 300–400 Meter davongehen. Ich kroch nun an dem Feldwebel M. vorbei, der kein Lebenszeichen mehr von sich gab, zu einem Strohschober und schlug mich dann weiter zu den eigenen Stellungen durch. Im Fortkriechen sah ich auch die drei anderen Kameraden in der Nähe liegen, konnte mich ihnen aber nicht weit genug nähern, um feststellen zu können, ob einer von ihnen noch lebte. Es ist mir aber später gesagt worden, daß alle vier Kameraden tot aufgefunden seien.

v. g. u. gez. Bethke, Ernst

Der Zeuge wurde vereidigt. gez. Dr. Disselhoff gez. Schneider

Dokument 23

Gericht der 206. Inf.-Division RHL. Nr. 98/41.

Div.Gef.St., den 16. August 1941 Feldpostnummer: 18 744.

Verhandelt
Waldbiwak bei Ssukina (Rußland) den 16. August 1941

Gegenwärtig:
Kriegsgerichtsrat Badorrek,
Obergefreiter Skibbe.

Gestellt erscheint der Unteroffizier Kurt Pfahl, Inf.-Rgt. 301, und erklärt, mit dem Gegenstand der Vernehmung bekanntgemacht und auf die Bedeutung des zu leistenden Eides hingewiesen, folgendes:

a) Zur Person: Ich heiße Kurt Pfahl, 25 Jahre alt, evangel. Glaubens, im Zivilberuf Forstarbeiter, Gruppenführer im Rgts.Radf.Zug Inf.-Rgt. 301.

b) Zur Sache: Am 15. Juli 1941 hatte der Rgts.Radf.Zug Inf.-Rgt. 301, dem ich als Gruppenführer angehöre, den Auftrag, das Dorf Barawucha zu nehmen. Beim Eindringen in das Dorf stießen wir in der Nähe des Wasserwerks auf einen Weg, der hinter einem Stacheldrahthindernis lag. Hier fanden wir eine Anzahl Leichen deutscher Soldaten, die dicht nebeneinander auf dem Wege lagen. Die Kopfbedeckungen hatten sie nicht mehr, doch trugen sie sonst ihre vollständige Ausrüstung, auch Handgranaten, die wir ihnen abnahmen. Ich glaube, ich habe insgesamt 15 Tote gezählt. Der Schütze Albert rief mir jedoch noch zu: „Herr Unteroffizier, da hinten liegen auch noch drei!" Alle Leichen waren gräßlich verstümmelt. Es sah so aus, als ob die Kameraden auf einen Haufen getrieben und niedergemacht worden wären. Ich sah einen Unteroffizier, dem der ganze obere Schädel fehlte, so daß das Gehirn herausgelaufen war und man nur die leere Kopfhöhle sah. Dieselbe Leiche wies an der rechten Halsseite eine tiefe Schnittwunde, die meiner Meinung nach von einem Beilhieb herrührte, auf. Das rechte Auge war wie von Bajonettstichen zerfetzt. Ein anderer Toter hatte an der rechten Schläfe eine Schlagverletzung, die offenbar auch mit einem Beil beigebracht war. Andere Einzelheiten sind mir nicht mehr genau in Erinnerung, doch war es alles in allem ein gräßliches Bild. Der Unteroffizier Jaworowski hob ein Beil hoch, das er in der Nähe gefunden hatte und rief mir zu: „Sieh mal hier, mit diesem haben unsere Kameraden bekommen!" Ich fragte ihn, ob noch Blut dran wäre, worauf er antwortete: „Ja, da sind noch Blutspuren dran." Etwa 10 bis 12 Schritt von den Leichen entfernt stand ein schweres russisches Maschinengewehr, dessen Lauf auf die Leichen zeigte. In ehrlichem Kampf können diese Kameraden meiner Meinung nach nicht gefallen sein, da sie sonst nicht alle so auf einem Haufen gelegen hätten und nicht so furchtbar verstümmelt gewesen wären.

Weitere Angaben kann ich nicht machen.

v. g. u. gez. Kurt Pfahl

Der Zeuge wurde beeidigt. gez. Badorrek gez. Skibbe Beglaubigt: Sekretär.

Dokument 24

Gericht Sich.Div. 454. Div.St.Qu., den 17.4.1942.

Gegenwärtig:
Feldkriegsgerichtsrat Grosskopff,
Gefr. Müller als Protokollführer.

Vernehmungsniederschrift.

Auf Befehl erscheint der Sanitätsunteroffizier Friedrich Lamprecht und sagt, mit dem Gegenstand der Vernehmung bekanntgemacht und zur Wahrheit ermahnt:

Z.P.: Ich heiße Friedrich Lamprecht, bin geboren am 3.5.1899 in Harburg, im Zivilberuf Heizungsmonteur, jetzt Sanitätsunteroffizier bei der 4./s.Str.Bau Batl. 538. Am 2.8.1939 wurde ich zur 4./s.Str.Bau Batl. 538 einberufen.

Z.S.: In Werschnybischkin waren bei den schweren Abwehrkämpfen am 26./27.1.1942 ein Teil der 5./I.R. 179 und ein Kommando meiner Einheit, der 1./Str.Bau Batl. 538, eingesetzt. Unser Kommando war etwa 130–140 Mann stark. Im Verlauf der Kämpfe mußten wir den Ort räumen. Bis zur Räumung hatte das gesamte Kommando einen Toten und 7–8 Verwundete. Bei der Räumung ist ein Teil des 2. Zuges nicht mehr aus dem Dorfe herausgekommen, er muß im wesentlichen lebend in russische Gefangenschaft geraten sein. Im Anschluß an diese Kampftage wurde unser Kommando vorn herausgezogen. Die Kämpfe um das Dorf dauerten mit wechselndem Erfolge in den folgenden Tagen an. Erst am 18.2.1942 konnte ein Kommando wieder in das Dorf hinein, um festzustellen, was aus unseren Vermißten geworden war. Wir hatten insgesamt 27 Vermißte.

Am 18.2.1942 begab sich unser Kommando in Stärke von 3 Unteroffizieren, zu denen auch ich gehörte, und 8 Mann nach Werschnybischkin. Am Ostausgang des Dorfes erblickte ich 3 Schlitten, auf jedem Schlitten lagen etwa 20 tote deutsche Soldaten. Unter diesen toten deutschen Soldaten lagen Kameraden meiner Kompanie. Ich fand unter den Toten den Uffz. Georg H., der bei den Kämpfen am 26./27.1. durch Brustschuß verwundet wurde. Wir konnten ihn damals nicht zurückbringen. H. war Brillenträger, ihm waren die Brillengläser seiner Maskenbrille in die Augen hineingeschlagen worden. Die Splitter steckten in den Augen, die Augen waren in den Kopf hineingetrieben. Die Brillenfassung hing verbeult noch auf der Nase. Außerdem wies H. schwere Schlagverletzungen am Unterkiefer und an der Stirn auf. Die eine Stirnseite war eingedrückt. Uffz. H. ist an seiner Verwundung nicht gestorben; als ich ihn zuletzt sah, habe ich mich mit ihm noch unterhalten. Wenn H. bereits tot gewesen wäre, als die Russen kamen, würden diese ja sicherlich auch nicht derart auf ihn eingeschlagen haben. Bei Uffz. H. waren 2 Kameraden seiner Gruppe zurückgeblieben, die ihn nicht verlassen wollten. Diese beiden sind auch von den Russen erschlagen worden. Es ist dies der Soldat Peter A. und Soldat Heinrich B. gewesen. Ich habe diese beiden auch unter den Toten auf dem Schlitten gefunden. Beide hatten keine Schußverletzungen. Bei B. war der Schädel eingeschlagen. Welche Verletzungen A. hatte, kann ich nicht mehr sagen. Es ist das jetzt zu lange her und es lagen so viele Tote dort. Dann fand ich unter den Toten den Soldaten Hugo Sch., der am 27.1. einen Oberschenkel- und Handschuß erhalten hatte. Ich hatte ihn noch verbunden, er konnte nicht mehr zurückgebracht werden. Bei dem Oberschenkelschuß handelte es sich lediglich um eine Fleischwunde. Ich stellte jetzt fest, daß die ganze obere und hintere Schädelpartie abgeschlagen worden war, es muß dies meines Erachtens mit einem Spaten, einer Axt oder sonstigem ähnlichen Gegenstand gewesen sein. Bei dem Gefreiten Wilhelm F., den ich ebenfalls dort fand, stellte ich auch keine Verwundung fest. Ihm war die rechte Stirnseite durch einen schweren Schlag zertrümmert.

Den toten Kameraden auf den Schlitten waren die Erkennungsmarken zum größten Teil entfernt worden. Die Erkennungsmarken waren z.T. durch Messerschnitte auf der Brust des Betreffenden abgetrennt worden. Ich denke mir, daß die Russen dies getan haben, weil sie die begangenen Greueltaten verbergen wollten. Offenbar wollten sie auch die von ihnen auf die Schlitten aufgeladenen erschlagenen deutschen Soldaten verschwinden lassen. Beinahe sämtlichen Toten waren die Stiefel, zum erheblichen Teil auch die Hosen ausgezogen.

Daß die Russen die Toten auf die Schlitten geladen haben, hat uns die Zivilbevölkerung erzählt.

Verschiedene tote Kameraden lagen unter freiem Himmel. Sie waren halb verkohlt, meiner Ansicht nach sind sie mit Benzin übergossen und angesteckt worden. Die Persönlichkeit der Betreffenden war nicht mehr festzustellen. Wir erkannten sie als deutsche Soldaten an dem feldgrauen Stoff, der auf der Seite, auf der sie lagen, nicht verbrannt war. Es mögen 8–9 deutsche Soldaten gewesen sein, die wir so vorfanden.

Von den vermißten Kameraden haben wir 17 tot wiedergefunden.

v. g. u. gez. Friedrich Lamprecht, Uffz.
Der Zeuge wurde beeidigt.

Weiter erscheint der Uffz. Hermann Pulst und sagt, mit dem Gegenstand der Vernehmung bekanntgemacht und zur Wahrheit ermahnt:

Z.P.: Ich heiße Hermann Pulst, bin geboren am 12.7.1901 in Quedlinburg, am

15.4.1919 bin ich als Freiwilliger in die Reichswehr eingetreten und diente bis Mitte Juni 1926. Im Zivilberuf bin ich Postassistent. Seit dem 2.8.1939 bin ich bei der 1./s.Str.Bau Batl. 538.

Z.S.: Ich führte am 18.2.1942 das Kommando in Stärke von 3 : 8 Mann.

Dem Zeugen wurde die Aussage des San.-Uffz. Lamprecht vorgelesen. Der Zeuge erklärte:

Diese Aussage ist so richtig, ich mache sie zum Gegenstand meiner heutigen Vernehmung. Ich füge noch folgendes hinzu:

Meines Wissens hatten wir insgesamt 28 Vermißte. Bei dem Soldaten Heinrich B. war der linke und rechte Ringfinger durch Abschneiden von der Hand gewaltsam getrennt worden. Der Mittel- und kleine Finger wiesen Schnittwunden auf, die meines Erachtens bei der Abtrennung des Ringfingers entstanden sind. Auch bei anderen Kameraden stellte ich derartige Verstümmelungen fest, schätzungsweise in etwa 15 Fällen. Wertsachen irgendwelcher Art fanden wir bei keinem der Toten mehr. Auch sämtliche Soldbücher und vielfach die Erkennungsmarken waren verschwunden. Viele tote deutsche Soldaten lagen unter freiem Himmel in verbranntem Zustande; sie waren offenbar mit Benzin übergossen. Die Gliedmassen dieser Toten waren bis auf die Knochen verbrannt. Es mögen wohl etwa 20 deutsche Soldaten gewesen sein, die wir so vorfanden. Wir erkannten sie an den feldgrauen Stoffresten.

In einem Hause lag ein toter deutscher Soldat, zusammen mit mehreren anderen toten deutschen Soldaten, dessen Körper in der Herzgegend ein faustgroßes Loch aufwies. Eine Schußverletzung kann es nicht gewesen sein, da eine weitere Verletzung am Körper nicht festzustellen war. Es sah so aus, als ob sie dem Toten das Herz aus dem Leibe gerissen hätten.

v. g. u. gez. Hermann Pulst, Uffz.
Der Zeuge wurde beeidigt.

Weiter erscheint der Gefr. Blasius Skudlarek und sagt, mit dem Gegenstand der Vernehmung bekanntgemacht und zur Wahrheit ermahnt:

Z.P.: Ich heiße Blasius Skudlarek, bin geboren am 2.2.1899 in Hedwigstein in Oberschlesien, im Zivilberuf bin ich Arbeiter. Am 2.8.1939 bin ich zum Straßenbaubatl. 538 einberufen worden.

Z.S.: Ich bin bereits am 12./13.2.1942 nach Werschny-Bischkin wieder hereingekommen, da ich Munition zu fahren hatte. Schon an diesem Tage sah ich die 3 mit Leichen deutscher Soldaten beladenen Schlitten. Auf jedem Schlitten lagen etwa 12–13 Tote. Unter den Toten befand sich der Uffz. H. Mir ist die Aussage des Uffz. Lamprecht über H. vorgelesen worden. Seine Angaben sind richtig, ich kann sie nur bestätigen. Hinzufügen will ich noch, daß bei H. die Nase anscheinend durch einen Kolbenschlag nach oben getrieben war. Auch den Soldaten Hugo Sch. fand ich damals schon unter den Toten. Ich konnte seine Persönlichkeit nur an dem Verwundetenzettel feststellen, auf dem sein Name stand. Ihm war die Schädeldecke über den Augen restlos abgeschlagen worden, auch das linke Auge fehlte. Später kam ich am 18.2. mit dem Kommando nach Werschny-Bischkin. An diesem Tage erkannte ich nach näherer Besichtigung den Soldaten Jakob I. von meiner Kompanie. Ich stellte fest, daß I. einen rechten Oberschenkelschuß hatte. Meines Erachtens hat dieser Schuß aber nicht den Tod von I. herbeigeführt. I. hatte an der linken Stirnseite schwere Schlagmerkmale. Darauf führe ich seinen Tod zurück. I. lag im Freien.

In einem Hause lagen etwa 10 zum Teil verbrannte deutsche Soldaten. Einem war der Ringfinger der rechten Hand abgeschnitten. Die Soldaten im Hause lagen auf einem Haufen. Sie müssen dort hineingeworfen worden sein. Ich glaube, daß sie dort angezündet worden sind, und vermute, daß man Verstümmelungen hatte verdecken wollen. Im Freien lagen auch noch etwa 6–8 verbrannte deutsche Soldaten. Ich vermute, daß auch diese von den Russen mit Benzin übergossen und angezündet worden sind, vielleicht, um Verstümmelungen zu verdecken. Ich bin am 18.2. nur in einem Teil des Dorfes gewesen, da unser Kommandoführer Uffz. Pulst zur Untersuchung das Dorf für verschiedene Gruppen aufgeteilt hat.

v. g. u. gez. Gefr. Blasius Skudlarek.
Der Zeuge wurde beeidigt.

Nochmals vorgerufen, erschien der San.-Uffz. Friedrich Lamprecht und erklärte weiter unter Berufung auf den bereits geleisteten Eid:

Ich füge meiner Aussage noch folgendes hinzu: Kurz bevor wir weggingen, stellte ich bei einem toten Kameraden meiner Kompanie fest, daß ihm der Zeige-, Mittel- und Ringfinger der rechten Hand abgeschnitten waren. Außerdem war dem Soldaten Heinrich B. der linke oder rechte Ringfinger abgeschnitten worden. Der Mittel- und der kleine Finger wiesen Schnittwunden auf. Die Hand war blutig, ich vermute deswegen, daß an B. die Verstümmelungen bei lebendigem Leibe vorgenommen worden sind, denn bei Leichen wäre kein Blut, vor allem bei dem starken Frost, aus den Verletzungen herausgeflossen. Es war damals etwa 40 Grad Kälte. Die Leichen waren sämtlich gefroren.

Ich hatte nur einen Teil des Dorfes zu untersuchen. Uffz. Pulst ist als Kommandoführer durch das ganze Dorf gelaufen.

v. g. u. gez. Friedrich Lamprecht, Uffz.

Es erscheint weiter der Obergefr. Lühmann und sagt, mit dem Gegenstand der Vernehmung bekanntgemacht und zur Wahrheit ermahnt:

Z.P.: Ich heiße Walter Lühmann, bin geboren am 7.9.1911 in Harburg. Im Zivilberuf bin ich Schlachter. Am 2.8.1939 wurde ich zum Straßenbau-Batl. 538 einberufen.

Z.S.: Ich gehörte mit zu dem am 18.2.1942 nach Werschny-Bischkin entsandten Kommando. In einem am Osteingang des Dorfes liegenden eingestürzten Haus fand ich 7 tote deutsche Soldaten, unter dem Schutt vor dem Hause lagen drei gefallene Kameraden. Einem dieser Toten waren 4 Finger von der rechten oder linken Hand abgeschnitten. Er hatte Schlagverletzungen am Kopf. Eine sonstige Verwundung hatte er nicht. Ein weiterer im Hause liegender Kamerad hatte in der Herzgegend einen ungefähr 5 cm großen Ausschnitt, der nur von einem Messer herrühren konnte. Eine Verwundung halte ich für ausgeschlossen, da die Leiche keine Einschußstelle aufwies. Auch sein Gesicht war durch Schläge entstellt. Ich nehme an, daß die Russen die Kameraden in das Haus hineingeworfen haben, sie lagen auf einem Haufen. Verschiedene wiesen auch Brandverletzungen auf. Von einem Kameraden war nur noch der Rumpf vorhanden. Bei etwa 10 Kameraden stellte ich fest, daß die Finger, meistens der Ringfinger, abgeschnitten waren. Bei keinem der Toten wurden noch Wertsachen gefunden. Die Angaben des Uffz. Lamprecht über die Leichen des Uffz. H. und des Soldaten Sch. sind richtig, ich habe die beiden auch gesehen.

v. g. u. gez. Lühmann, Walter.

Der Zeuge wurde beeidigt. gez. Grosskopf. gez. Gefr. Müller.

Div.St.Qu., den 17.4.1942.

1. Der Zeuge Uffz. Pflug war nicht erschienen, da er nach Charkow war. Er wird nach Beendigung seines Kommandos erscheinen.
2. Wv. bei Eintreffen des Uffz. Pflug.

Gericht Sich. Div. 454 **Div.St.Qu., den 1. Mai 1942.**

Gegenwärtig:
Feldkriegsgerichtsrat Grosskopf,
Gefr. Müller als Protokollführer.

Vernehmungsniederschrift.

Auf Befehl erscheint der Uffz. Pflug, schw. Straßenbau-Batl. 538, und sagt, mit dem Gegenstand der Vernehmung bekanntgemacht, folgendes aus:

Z.P.: Ich heiße Walter Pflug, bin geboren am 9.10.1906 in Mosigkau, im Zivilberuf Dozent und Diplomingenieur, jetzt Uffz. bei der 1./schw.Straßenbau-Batl. 538.

Z.S.: Ich bin nach Abschluß der ersten Kämpfe in Werschny-Bischkin an mehreren Tagen gewesen und gehörte auch zu dem Kommando, das am 18. und 20.2.1942 zur Totenfeststellung dorthin geschickt wurde. Auf den 3 Schlitten lagen etwa 30–35 tote deutsche Soldaten. Unter ihnen befand sich der Soldat Hugo Sch. Ihm war die Schädeldecke über den Augen und der gesamte Hinterkopf restlos abgeschlagen. Ich hatte den Eindruck, daß der Schlag mit einer Axt geführt worden ist. Ferner befand sich unter diesen Toten der Uffz. Georg H. H. sind die Brillengläser seiner Maskenbrille offenbar durch einen Schlag in die Augen getrieben worden. H. war bei den Kämpfen verwundet worden und konnte nicht rechtzeitig zurückgebracht werden. Bei mehreren toten deutschen Soldaten waren mehrere Finger abgelöst, vermutlich, um sich die Ringe an den Fingern anzueignen. Die Stümpfe waren oft noch blutig, die Kameraden müssen also noch gelebt haben, als ihnen die Finger entfernt wurden, sonst wäre bei der großen Kälte – es herrschte an den Kampftagen etwa 40 Grad Kälte – kein Blut aus den Wunden getreten.

Bei dem Soldaten Georg K., der abseits von dem Schlitten lag, waren ebenfalls die äußeren Finger der rechten Hand abgeschnitten.

Nach dem 20.2.1942 – es war am 23.2.1942, ich habe mir den Tag notiert – fand ich abseits liegend zwei tote deutsche Soldaten, die bis auf die Unterhose vollständig ausgezogen waren. Sie waren verwundet gewesen und trugen noch Verbände. Es waren keine Angehörigen meiner Kompanie. Bei dem einen waren auch die Finger abgeschnitten. Auch hier waren die Stümpfe blutig. Sie lagen nicht weit von der Schule in Werschny-Bischkin.

Dann wurden einige Kameraden in völlig verbranntem Zustand aufgefunden – etwa 6–7 –. Sie müssen mit Benzin übergossen und angezündet worden sein.

Ich möchte noch erwähnen, daß auch die Leichen vieler russischer Soldaten herumlagen, die außer ihrer tödlichen Verwundung keinerlei Verletzungen aufwiesen.

v. g. u. gez. Walter Pflug, Uffz.
gez. Grosskopf. Feldkriegsgerichtsrat. gez. Gefr. Müller.
Der Zeuge wurde beeidigt.

Dokument 25

Oberkommando der Wehrmacht
Wehrmacht-Untersuchungsstelle für Verletzungen des Völkerrechts

Bad Wildungen, den 12.6.1942.

Gegenwärtig:
Kriegsgerichtsrat Dr. Hofmann als richterlicher Militärjustizbeamter,
San.-Gefr. Heinrich Eckhardt als Protokollführer, besonders verpfl.

In der völkerrechtlichen Untersuchungssache Rußland wurde der Schütze Hermann Matibe im Res.Laz. I Bad Wildungen aufgesucht.

Er wurde mit dem Gegenstand seiner Zeugenvernehmung bekanntgemacht und über seine Wahrheitspflicht als Zeuge unter Hinweis auf die Bedeutung des Eides besonders belehrt. Er erklärte:

Z.P.: Ich heiße Hermann Matibe, bin 29 Jahre alt, ledig, Schütze, 1./I.R. 174, z.Z. Res.Laz. I Bad Wildungen.

Z.S.: Am 25. Februar 1942 war meine Einheit bei Stara-Russa am Ilmensee eingesetzt. Als die Russen an diesem Tage mit Übermacht angriffen, mußten wir uns nach längerem Kampf schließlich zurückziehen. Hierbei wurde ich und ein Kamerad von mir, der Schütze 1 in meinem Zuge war, durch Granatsplitter verletzt. Da ich erst 3 Tage zuvor als Ersatz zu meiner Einheit gekommen war, kannte ich die einzelnen Leute noch nicht näher und kann daher leider den Namen dieses Kameraden nicht angeben. Ich hatte an jedem Unterschenkel drei Granatsplitterverletzungen erlitten. Auch mein Kamerad hatte an dem einen Unterschenkel derartige

Verletzungen. Wir konnten beide nicht mehr laufen und blieben daher dort liegen, wo die Granate neben uns eingeschlagen war. Unsere Kameraden hatten sich inzwischen weiter nach rückwärts zurückgezogen. Bevor die weiter nachstoßenden Russen uns erreichten, konnte ich noch meinem mitverwundeten Kameraden zurufen, daß wir uns totstellen wollten. Diese Taktik habe ich dann auch befolgt, als die Russen uns erreicht hatten. Das, was sich weiter abgespielt hat, habe ich mit vollem Bewußtsein genau verfolgt. Während die ersten Männer der Russen auf Befehl eines russischen Offiziers oder Kommissars weiter vorgehen mußten, blieben 2 später an mir vorbeikommende Russen bei mir stehen und fingen an, mich genauestens zu durchsuchen. Sie nahmen mir meine Brieftasche mit 50 RM Inhalt, meine Geldbörse und mein Taschenmesser ab. Außerdem haben sie mein Koppel und meinen Brotbeutel sowie meine Handschuhe mitgenommen. Weiter versuchte der eine Russe, mir die Schuhe auszuziehen. Der andere Russe sagte aber zu ihm, er solle das lassen. Da ich fließend polnisch spreche, konnte ich die gesamte Unterhaltung der Russen genau verstehen. Während der Durchsuchung haben die Russen mich mehrmals umgedreht, ich habe mich aber die ganze Zeit totgestellt. Bevor die Russen von mir abließen, versetzte mir einer derselben mit einem Gewehrkolben einen heftigen Schlag über den Kopf. Dann durchsuchten die Russen den bei mir liegenden Kameraden. Als sie ihn am Bein faßten, hatte er anscheinend derartige Schmerzen, daß er durch einen Zuruf in polnischer Sprache, sie sollten ihn gehen lassen, den Russen zu erkennen gab, daß er noch am Leben war. Daraufhin stießen die beiden Russen mit dem Bajonett auf meinen Kameraden ein. Außerdem gab einer der Russen beim Weggehen noch einen Schuß auf meinen Kameraden ab. Durch die Stichverletzungen und den Schuß ist mein Kamerad alsbald verstorben. Bei einem Gegenstoß der deutschen Truppen wurde ich auf meine Hilferufe entdeckt und nach rückwärts zu dem Truppenverbandplatz verbracht.

v. g. u. gez. Matibe, Hermann. unterschrieben.

Der Zeuge wurde vereidigt.

gez. Dr. Hofmann. gez. Heinrich Eckhardt San.-Gefr.

6. Panzer-Division **Div.Gef.St., den 29. April 1942**

– Abt. Ic –

Dokument 26

An Armeeoberkommando 9 Ic / A.O.

Nach der Schneeschmelze wurden in Promenaja 38 deutsche Soldatenleichen aufgefunden. Aus dem nachstehend mitgeteilten ärztlichen Befund dürfte eindeutig hervorgehen, daß in allen Fällen der Tod nicht infolge Kampfeinwirkung, sondern durch gemeinen Mord eingetreten ist.

„Bei der am 19.4.1942 stattgefundenen Leichenbesichtigung der 38 toten deutschen Soldaten wurde folgendes festgestellt:

In allen Fällen ist der Tod durch Gewalteinwirkung aus allernächster Nähe eingetreten. Es ist also ausgeschlossen, daß diese Soldaten im offenen Kampf gefallen sind.

Ferner kann mit Sicherheit gesagt werden, daß es sich um wehrlose Soldaten gehandelt hat, denn fast alle waren in Gruppen zu 2, 3 oder gar 4 Mann mit den Händen aneinandergebunden.

Die Mehrzahl der Aufgefundenen wies Merkmale grauenhaftester Mißhandlung auf. So waren beispielsweise Augen ausgestochen, Nasenspitzen abgeschnitten und die Zunge herausgerissen. Andere wieder hatten die Kiefer und Gliedmaßen, wahrscheinlich durch Kolbenschläge, zertrümmert und wurden erst dann durch Pistolenschuß endgültig getötet. Einige lagen gänzlich nackt da, andere wiederum hatten nur noch Teile von Bekleidungsstücken an. Auch Strangulationsmerkmale konnten eindeutig festgestellt werden. –

Auf Grund dieser Tatsachen ist es erwiesen, daß der Tod durch gemeinste Mißhandlung eingetreten ist.

Der vermutliche Zeitpunkt der Ermordung liegt meines Erachtens 3 bis 4 Monate zurück."

Für das Divisionskommando Der erste Generalstabsoffizier gez. Unterschrift.

Dokument 27

Das Amtsgericht
4 A.R. 127.42

Bad Freienwalde/Oder, den 19. Juni 1942

Gegenwärtig:
Amtsgerichtsrat Fabig als Richter,
Justizangestellte Grossmann als Urkundsbeamter der Geschäftsstelle.

Rechtshilfssache betr. den Uffz. Burkhardt wegen Vernehmung über Völkerrechtsverletzung der russ. Wehrmacht.

Es erschien der Uffz. Burkhardt. Der Uffz. Burkhardt, mit dem Gegenstand der Untersuchung bekanntgemacht und nach § 57 St.P.O. ermahnt und belehrt, wurde wie folgt vernommen:

Ich heiße August Burkhardt, bin 28 Jahre alt, Fleischer, zurzeit Uffz. bei der Wehrmacht in Bad Freienwalde / Oder.

Zur Sache: Am 24. Januar 1942 gegen 23 Uhr führte ich ein Spähtruppunternehmen. Um ein leichtes Maschinengewehr unschädlich zu machen, ging der eine Uffz. nach links und ich nach rechts. Auf meinem Wege lag eine Baumsperre. Beim Überwinden dieser Baumsperre muß ich von einem unsichtbaren Gegner einen Schlag oder Stoß bekommen haben. Jedenfalls verlor ich das Bewußtsein. Als ich wieder zu mir kam, stellte ich fest, daß ich an einen Baum gebunden war. Nach kurzer Zeit erschienen ungefähr 6 Mann, von denen der eine mich in fließendem Deutsch unter anderem nach meinem Truppenteil fragte; ich gab ihm keine Antwort. Er erklärte darauf sinngemäß, daß ich wohl noch keine Ahnung von ihren Untersuchungsmethoden hätte. Als ich immer noch schwieg, schlug er mich mit einer Peitsche, die wie eine Hundepeitsche aussah, mehrfach über die Brust und entfernte sich daraufhin mit seinen Begleitern.

Nach einiger Zeit – es mag eine halbe Stunde vergangen sein – kamen zwei Russen, banden mich los und führten mich etwa 50 Meter von meinem bisherigen Standort weg. Dort stand der deutschsprechende Russe neben einem Baum, an dem ein deutscher Obergefreiter angebunden war, der mehrfach durchstochen und tot war. Der deutschsprechende Russe wies auf diesen Obergefreiten und forderte mich auf, ihn mir genau anzusehen, da es mir genau so gehen würde, wenn ich bei meinem Schweigen verbleiben würde. Als ich auf seine erneuten Fragen trotzdem immer noch schwieg, wurde ich auf seinen Wink in die Gegend zurückgebracht, aus der man mich geholt hatte und dort wieder an einen Baum gebunden. Das Anbinden erfolgte in der Weise, daß man mich oberhalb der Füße, oberhalb der Kniee und über der Brust mit Gurtbändern festband, wie man sie an Brotbeuteln hat. Meine ganze Kleidung und was ich sonst bei mir hatte, hatten mir die Russen gelassen. Man ließ mich nun mehrere Stunden ungeschoren an dem Baum stehen.

Auf einmal setzte links von mir verstärkte Feuertätigkeit ein, sodaß die Russen von meiner Beobachtung abgelenkt wurden. Ich unternahm nun nochmals – ich hatte es schon vorher verschiedentlich vergeblich versucht, – den Versuch, die über meine Brust laufenden Bänder mit den Zähnen zu durchbeißen. Es fleckte zunächst garnicht, aber ich ließ nicht locker. Endlich hatte ich Erfolg und der oberste Gurt fiel herab. Ich holte nunmehr mein Taschenmesser heraus, öffnete es mühsam mit der linken Hand und mit Hilfe der Zähne und schnitt auch die übrigen Gurte durch. Ich kroch nun auf Ellbogen und Knieen in einen in der Nähe befindlichen Laufgraben und schleppte mich in diesem so weit, bis ich zwischen die Linien der Russen und unsere eigenen kam. Schließlich konnte ich einen deutschen Feldwebel anrufen, der mich mit Hilfe eines anderen Kameraden in unsere Bunker brachte.

Der fließend deutschsprechende Russe sah übrigens garnicht wie ein Russe aus. Er trug Stiefel, Lederhose, Pelzjacke, eine blaue Mütze mit Lackschirm, war gut rasiert und sah durchaus sauber aus; er hatte jedenfalls keinerlei Ähnlichkeit mit dem Volk, was uns dort sonst begegnete.

An dem bewußten 24.1.1942 herrschte in unserer Gegend starke Kälte.

Vorgelesen, genehmigt und beschworen.
gez. Fabig gez. Grossmann

Gericht
der SS Division Wiking

Im Felde, den 22. Juli 1942

Dokument 28

Vernehmungsniederschrift

Gegenwärtig:
Dr. Pohl, SS Sturmbannführer als Richter

Vorgeladen erscheint der SS Obersturmführer Juchem und erklärt, zur Wahrheit ermahnt:

1.) Zur Person: Ich heiße Juchem, Hans, geboren am 4.6.1917 in Köln, deutsches Reich, zuletzt wohnhaft in Osnabrück, Albrechtstr. 11, verheiratet, Mädchenname der Ehefrau: Mindermann, ein Kind, ein Jahr alt, Vor- und Familienname und Beruf des Vaters: Johann Juchem, Fabrikdirektor (verst.) Vor- und Mädchenname der Mutter: Elisabeth geb. Guggi

Dienstgrad: SS Obersturmführer

Truppenteil: 5./SS I.R. Germania, aktiv, SS-Nr. 256 258

Seit wann Angehöriger der Waffen-SS: 20.8.1934

Parteimitglied: ja Ortsgruppe: SS Kas. Arolsen, Gau: Hessen-Nassau

Religiöses Bekenntnis: ggl.

Orden, Titel und Ehrenzeichen: EK II, EK I, Inf.Sturm-Abz.

Erlaubnis zum Fahren eines Kraftfahrzeuges-Kraftrades – ist erteilt vom SS-Hauptamt am 1.12.1938.

Vorbestraft: nein.

2.) Zur Sache: Ich war zu der in Frage kommenden Zeit Führer der Aufklärungskompanie SS Regt. Germania. Am 6.7.1941 habe ich auf Anordnung des Kommandeurs SS Rgt. Germania den SS. H.Scha. Winkens mit 2 Kradschützengruppen zur Aufklärung im Gefechtsstreifen des Rgt. angesetzt. Der Spähtrupp sollte über Satanow, Weselec auf Kuzmin vorgehen.

Nachdem schwacher Feindwiderstand in Weselec gebrochen war, erreichte der Spähtrupp den Nordteil Weselec. Dort ist der Spähtrupp wieder auf erheblich überlegenen Feind gestoßen und mußte, um einer Umgehung zu entgehen unter Zurücklassen der Kräder sich vom Feinde lösen.

Nach der persönlichen Meldung des schwerverwundeten Spähtruppführers SS Hauptscharführer Winkens mußten bei dem Zurückgehen die verwundeten SS Unterscharführer G. und der SS Schütze B. bei den Krädern des Spähtrupps zurückgelassen werden, da diese so schwer verwundet waren, daß ein Transport unmöglich war. SS Hauptscharführer Winkens hoffte auf baldiges Eintreffen eigener Truppen. Die beiden Verwundeten wurden durch Männer des Spähtrupps in Deckung gezogen.

Am 8.7.1941 wurden in diesem Abschnitt durch einen erfolgreichen Angriff des SS Rgt. Germania die roten Kräfte geworfen. Ich bin in den Mittagsstunden des 8.7.1941 nach Weselec gefahren, um die Verwundeten und die zurückgelassenen Kraftfahrzeuge zu bergen. Unmittelbar vor meinem Eintreffen in Weselec müssen sich die letzten Teile der Russen zurückgezogen haben, denn die Bevölkerung begegnete mir auffällig vorsichtig.

Mit Hilfe eines Dolmetschers stellte ich nun folgendes fest: die beiden Verwundeten, SS Unterscharführer G. und SS Schütze B. wurden in der Nacht vom 6.7.41 auf 7.7.41. durch die ukrainische Bevölkerung in Häuser geholt und verbunden. Den behelfsmäßigen Verband, Leinentücher usw., sowie Holzlatten zum Schienen habe ich später selbst festgestellt. Während des Verbindens ist nach der Aussage eines ukrainischen Bauern ein Jude in Uniform eines Kommissars gekommen und hat nach den Verwundeten gesucht. Als der Kommissar die Verwundeten gefunden hatte, sagte er zu dem Bauern sinngemäß folgendes: „Laßt das Verbinden bleiben, für die werden wir schon sorgen." Darauf wurden die Verwundeten durch den Kommissar weggeschafft.

Am nächsten Morgen haben die Bauern die beiden Verwundeten tot gefunden und zusammen mit Rottenführer R., der im Gefecht am Vortage gefallen war, beerdigt.

Ich habe die drei Angehörigen meiner Kompanie ausgraben lassen und folgendes festgestellt:

1.) Der gefallene SS Rottenführer R. hatte einen Kopfschuß und dabei das Aussehen eines natürlich Verwundeten.
2.) Der verwundet gewesene SS Unterscharführer G. und
3.) der verwundet gewesene SS Schütze B. waren halb ausgezogen. Bei beiden war die Schädeldecke derart zugerichtet, daß ohne jeden Zweifel mit einem qualvollen Tod der Verwundeten gerechnet werden muß. Beiden fehlte der gesamte Hinterkopf, die Weichteile waren herausgenommen, sodaß man bis in den Schlund sehen konnte.

Nach Aussagen des SS Scharführer Bockel, der beide Verwundete kurz vor dem Zurückgehen des Spähtrupps gesehen hatte, war keiner der beiden Verwundeten am Kopf verwundet.

Ich habe die drei Gefallenen bei anderen Gefallenen der Kompanie an der Straße Satanow – Kuzmin beisetzen lassen.

Sofort nach dem Ausgraben des SS Unterscharführer G. und SS Schützen B. habe ich beide fotografieren lassen. Drei Aufnahmen lege ich bei.

v.g.u. Hans Juchem SS Obersturmführer

Der Zeuge leistete vorschriftsmäßig den Zeugeneid.

gez. Dr. Pohl SS Stubaf und SS Richter

Dokument 28

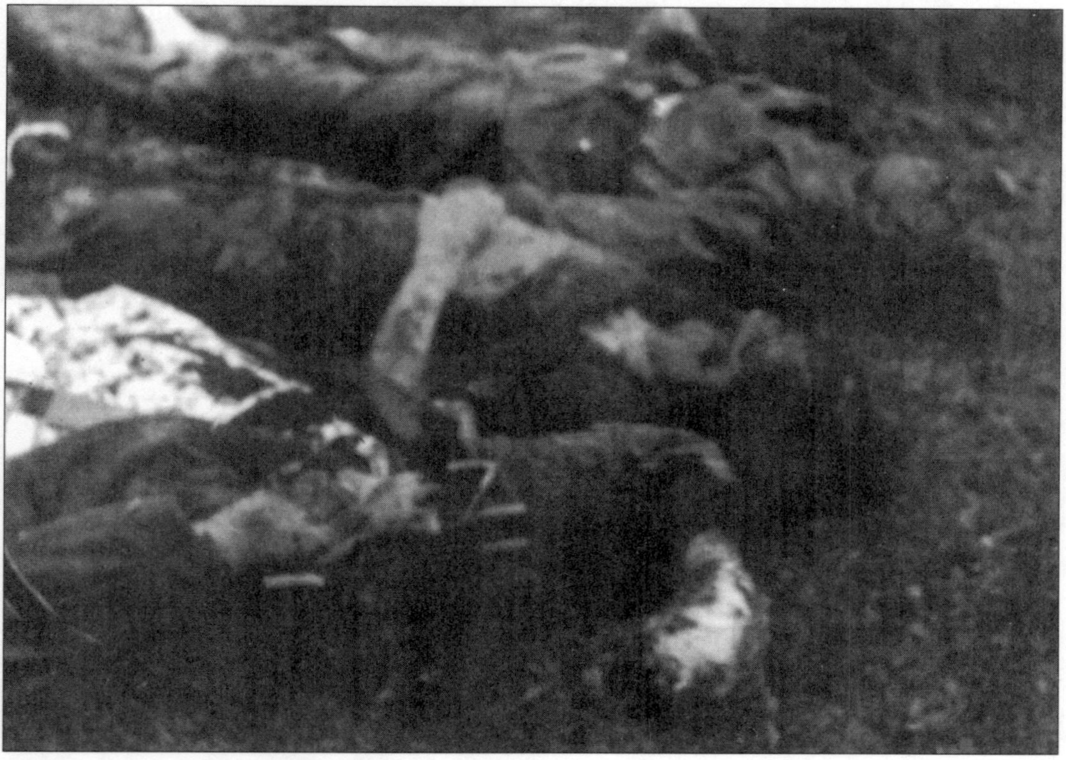

Ein gefallener und zwei ermordete verwundete Waffen-SS-Männer

Dokument 28

Am 7. Juli 1941 fanden ukrainische Bauern die Toten bei Weselec

Dokument 29

Oberkommando der Wehrmacht Wehrmacht-Untersuchungsstelle für Verletzungen des Völkerrechts

Frankfurt/O., den 19. März 1942

Gegenwärtig:
Kriegsgerichtsrat Dr. Schöne als Untersuchungsführer,
Ingeborg Wonneberger als Protokollführer besonders verpflichtet.
Kan. Händler als Dolmetscher für die spanische Sprache besonders verpflichtet.

In der völkerrechtlichen Untersuchungssache Rußland wurde der Amadeo Casanova im Reservelazarett 105, Frankfurt/O., aufgesucht. Er wurde über seine Wahrheitspflicht als Zeuge unter Hinweis auf die Bedeutung des Eides besonders belehrt und erklärte:

Zur Person: Ich heiße Amadeo Casanova, bin 22 Jahre alt, Sold., 1. Pi. 250, Span.Div.

Zur Sache: Im Dz. 1941 lag meine Kompanie zusammen mit deutschen Truppen in einer Verteidigungsstellung nördl. von Nowgorod. Unsere Stellung nannten wir „Intermedia". In den frühen Morgenstunden des 27. Dez. 1941 haben die Russen angegriffen und die Stellung der spanischen Kompanie umzingelt. Gegen 6 Uhr morgens haben wir einen Gegenstoß gemacht, den Ring durchbrochen und die nahe kleine Ortschaft genommen. Ein spanischer Leutnant mit 4 spanischen Soldaten sind dabei weit voraus gewesen und verwundet in russ. Gefangenschaft gefallen. Wir haben kurze Zeit darauf den Leutnant und die vier Soldaten tot aufgefunden. Bei allen 5 war in gleicher Weise mit einer Pionierhacke der Kopf durchschlagen und am Boden festgenagelt.

Das Protokoll wurde dem Zeugen in spanischer Sprache durch den Dolmetscher übertragen, von ihm genehmigt und wie folgt unterschrieben. gez. Amadeo Casanova

Der Zeuge leistete sodann den Zeugeneid, der ihm vom Dolmetscher in die spanische Sprache übertragen wurde.

gez. Dr. Schöne, gez. Manuel Händel, als Dolmetscher gez. Ingeborg Wonneberger.

Dokument 30

Gericht der Division Nr. 148 RHL. II Nr. 50/42

Metz, den 6. Februar 1942 Bayernpl. 37

Gegenwärtig:
Feldkriegsgerichtsrat Salenbauch als Richter,
Gefreiter Hoinka als Protokollführer.

Betr.: Verfügung des Oberkommandos der Wehrmacht vom 23.1.1942 – Az.: 2 f 28 WR (U) / U 25.42

Mißhandlung des Gefr. Josef Swierzy, 9. I.R. 444 durch russ. Truppen am 7.9.1941 bei Batraki.

Auf Ladung erscheint der Gefreite Josef Swierzy von der Vfg.Kp./Inf.Ers.Batl. 444 in Diedenhofen, der sich durch Vorlage eines vorläufigen Ausweises zur Person ausweist. Nachdem er mit dem Gegenstande seiner Vernehmung vertraut gemacht worden war, wurde er zur Wahrheit ermahnt und auf die Wichtigkeit und Heiligkeit des Eides hingewiesen. Er erklärt:

1. Zur Person: Josef Swierzy, geb. am 27.3.1910 in Jarischau Krs. Groß-Strehlitz, kath., verh., Arbeiter, wohnhaft in Trockengrund Krs. Groß-Strehlitz, seit 28.8.1939 zum Heeresdienst eingezogen, jetzt Gefreiter bei der Vfg.Kp./Inf.Ers.Batl. 444 in Diedenhofen.

2. Zur Sache: Ich habe bei der 9./I.R. 444 den Einsatz im Osten mitgemacht. Wir lagen am 22.6.1941 an der russ. Grenze in Rumänien und zwar in Dorroheu (oder ähnlich). Wir kamen nach 2 Tagen etwa mit den Russen in Gefechtsberührung am Dnjester. In den folgenden Tagen waren wir auf dem Vormarsch. Eingesetzt wurden wir dann erneut bei Ilenowka (oder ähnlich). Später bei Balta (oder ähnlich). Dann kamen wir an den Dnjepr. Hinter dem Dnjepr wurden wir zum Angriff bereitgestellt. Am 7.9.1941 setzten wir in der Morgendämmerung mit Schlauchbooten über einen Nebenfluß des Dnjepr; wie man mir sagte, handelte es sich dabei um den Psjallfluß oder so ähnlich. Ob es bei Batraki war, weiß ich nicht. Ich war Schütze 4 (Gewehrschütze) bei der 10. Gruppe. Mein Gruppenführer war der Unteroffizier Hans Bogner. Wir gingen dann vor bis zu einem Dorf, dessen Namen ich nicht weiß. Hinter diesem Dorfe hatten sich die Russen eingegraben. Wir kämmten das Dorf durch und kamen hinter dem Dorf zu Gestrüpp und Wald. Etwa 600 Meter hinter dem Dorfe erhielt ich einen Schuß in den rechten Unterschenkel. Darauf hin habe ich mich zurückgezogen. Der Gefreite Mende meiner Kompanie begleitete mich bis zum ersten Haus des Dorfes. Unterwegs haben wir noch einen verwundeten Kameraden namens Johann W. mitgenommen. Am ersten Haus blieb ich liegen, da mich eine Schwäche überkam. Ich bat Mende, er solle nach einem Fahrzeug für den Rücktransport schauen. Mende kam aber nicht mehr zurück, weil er inzwischen in Feindberührung mit den Russen geraten war. Ob es sich dabei um versteckte oder versprengte Russen gehandelt hat, weiß ich nicht. Nach meiner Schätzung waren es etwa 30 Mann. Infolge meiner Schmerzen und weil mir so übel war, konnte ich nicht mehr nach meinem Gewehr greifen, das etwa 5 Schritte entfernt von mir am Hause lag. Dagegen ergriff W. sein Gewehr und lud durch. Als er anlegen wollte, erhielt er von rückwärts einen Schuß und war sofort tot. Ich wollte nun die Flucht ergreifen, sah mich aber von drei Russen umstellt. Ein Offizier und ein Soldat kamen auf mich zu. Die Hände hielt ich nicht hoch. Ich war erschrocken und dachte nur noch an den Tod. Der den Offizier begleitende Soldat, der perfekt deutsch sprach, fragte sofort, wo unsere Artillerie liege. Als ich erwiderte, daß ich dies nicht wisse, riß der Offizier die linke obere Tasche meiner Feldbluse auf und nahm mir das Soldbuch mit sämtlichen Papieren ab. Der Soldat sagte zu mir, ich solle mitgehen. Die anderen Russen sind in der Zwischenzeit weggegangen, denn

sie hatten in der Zwischenzeit von unseren Truppen Feuer erhalten. Ich sah noch, wie die Russen unterwegs einen weiteren Verwundeten von uns namens Johann S. durch Schüsse getötet haben. Wie ich von anderen Kameraden später erfahren habe, war S. am Halse verwundet. Ob S. sich auch als Verwundeter weiterhin verteidigt hat oder sich ergab, weiß ich nicht. Als die Gefechtstätigkeit zunahm, sagte der deutschsprechende Soldat zu mir, ich solle zum Hause zurückgehen und mich dort niedersetzen. Da ich der Sache nicht traute, habe ich mit einem Auge immer nach der Seite und nach rückwärts gesehen. Als ich mich etwa 6 Meter weit in Richtung des Hauses entfernt hatte, schoß der russ. Offizier mit der Pistole auf mich. Der Schuß ging durch die rechte Hüfte und kam an der rechten Brustseite heraus. Ich bin zu Boden gestürzt und kam auf die rechte Seite zu liegen. Daraufhin kam der deutschsprechende Soldat mit dem aufgepflanzten Seitengewehr und stach mir das Seitengewehr eine Handbreite unter der linken Achselhöhle in den Leib, daß es bei den rechten Rippen wieder herauskam. Offenbar sollte der russ. Soldat mir auf Befehl des Offiziers den Gnadenstoß geben. So habe ich mir dies zurechtgelegt. Dann sind die Russen wieder verschwunden. Ich wurde daraufhin bewußtlos. Als ich wieder zu mir kam, bin ich zu W. gekrochen und stellte fest, daß er tot war. Ich selbst habe mich in sitzender Stellung im Stroh vergraben. Später habe ich dann einen deutschen Soldaten gesehen und ihm zugewinkt. Dieser Kamerad hat mir dann den Sanitäts-Unteroffizier Kylla von der 9. Kompanie geschickt. Dieser und der Gefreite Rehbein haben mir einen Notverband angelegt. Sie kümmerten sich dann um andere Verwundete. Später kamen leichtverwundete Kameraden zusammen mit russ. Kriegsgefangenen an mir vorbei, die mich dann zu Oberarzt Dr. Halder brachten, der mir zwei Spritzen gab. Von dort aus wurde ich in einem Panjewagen zur Hauptsammelstelle gebracht. Ich kam dann ins Lazarett. Nach meiner Entlassung aus dem Lazarett wurde ich Gv.H. geschrieben und bin seit 5.1.1942 bei meiner jetzigen Einheit. Ich versichere nochmals, daß meine Darstellung der Wahrheit entspricht und bin bereit, meine Angaben zu beschwören.

v.g.u. gez. Josef Swierzy, Gefr.
Der Zeuge wurde vorschriftsmäßig beeidet.
gez. Salenbauch gez. Hoinka.

C.2 Verstümmelungen

Gericht **Div.Stabsquartier, den 9. März 1942.**
der 62. Inf.Div.
A.L. 28/42

Dokument 31

Gegenwärtig:
Kriegsgerichtsrat Dr. Nagel als Richter,
Gefr. Münnich als Protokollführer, allgemein verpflicht.

Es erscheint der Oberpfarrer Ziekur, Stab 62. Inf.Div., und erklärt, nachdem er mit dem Gegenstand der Vernehmung bekanntgemacht und auf die Bedeutung des zu leistenden Eides hingewiesen war, folgendes:

1. Zur Person: Ich heiße Herbert Ziekur, bin 36 Jahre alt, evangelisch, Oberpfarrer beim Stab der 62. Inf.Division, Feldpostnummer 06030.

2. Zur Sache: Am 24. und 25. Februar 1942 besuchte ich das uns damals unterstellte Inf.Regt. 179. Der Adjutant eines Batl. (um welches es sich handelt, kann ich mit Bestimmtheit nicht mehr sagen) wies mich darauf hin, daß in der Nähe des Bahnhofs Ras Troitschatyj Gefallene des Regiments liegen sollten, die noch nicht beerdigt seien. – Ich bin der Gräberoffizier der Division. – Er machte mich auch darauf aufmerksam, daß ein Teil der Gefallenen nicht zu identifizieren sei, weil es sich dabei um Ersatz handele, der erst wenige Tage vorher gekommen sei, und weil die Gefallenen keinerlei Papiere bei sich hätten. Ich hatte daraufhin sofort die Absicht, mich mit dem Bahnhof bzw. den dort befindlichen Eisenbahnern wegen der Beerdigung in Verbindung zu setzen, mußte mich jedoch vorher noch einmal kurz zum Divisionsgefechtsstand in Bereka begeben. Als ich beim Ic der Division war, kam zufällig auch ein Anruf des Stabsfeldwebels Neubauer von der Feldeisenbahn aus Ras Troitschatyj wegen der Beerdigung an. Das war am 26.2.1942. Ich fuhr am selben Tage mit dem Schlitten nach Ras Troitschatyj. (Dieses liegt an der Bahnstrecke Charkow-Losowaja, Luftlinie etwa 60 km südlich Charkow). Hier empfing mich der Stabsfeldwebel und führte mich zu der Stelle ca. 2 km südlich des Bahnhofs an der Bahnstrecke, wo die Leichen von 42 deutschen Soldaten zusammengetragen waren. Der Stabsfeldwebel sagte mir, daß die Leichen in der ganzen Umgebung, insbesondere am Bahndamm, verstreut gelegen hätten.

Der erste Eindruck war erschütternd, weil ich sofort sah, daß sehr viele der Kameraden in übelster und rohester Weise verstümmelt waren.

So stellte ich fest, daß einem Unteroffizier der linke Arm ausgekugelt und gewaltsam abgerissen war. Man konnte deutlich sehen, daß es sich nicht um eine Schußverletzung handelte. Einem anderen Dienstgrad – ich glaube mit Sicherheit sagen zu können, daß es auch ein Unteroffizier war – war die vordere Schädeldecke mindestens in Handtellergröße so eingeschlagen, daß das Gehirn herausgetreten war. Das war unverkennbar auf stumpfe Gewalt zurückzuführen.

Bei mehreren waren die Nasen abgeschnitten und die Augen ausgestochen. Bei sehr vielen Soldaten war der Ringfinger abgeschnitten. Man konnte mit Sicherheit feststellen, daß offenbar allen Soldaten, mit Ausnahme eines einzigen, die Ringe trugen, die Finger abgeschnitten und die Ringe geraubt waren. Einem Soldaten waren sämtliche Finger der linken Hand abgeschnitten, so daß die Sehnen sichtbar waren.

Bei einer Anzahl von Soldaten stellte ich weiterhin fest, daß diesen die Hosen und Unterhosen heruntergezogen und das Glied verstümmelt war. Ich glaube, auf Befragen angeben zu können, daß diesen Soldaten ein Stück des Gliedes abgeschnitten worden war.

Bei allen Leichen mußte man konstatieren, daß sie ausgeplündert und ihnen alles weggenommen war. Das führte dazu, daß zwei Leichen, bei denen nichts an Bekleidungsstücken, Papieren oder sonstigen Erkennungsmerkmalen vorhanden war, nicht identifiziert werden konnten.

17 der Gefallenen konnten mit Sicherheit mit Hilfe der Erkennungsmarke identifiziert werden. Bei den anderen fehlten zwar die Erkennungsmarken, jedoch war zu sehen, daß es sich um einen Leutnant mit E.K., zwei Feldwebel mit E.K. und im übrigen um Unteroffiziere und Schützen mit E.K. handelte.

Ich habe hierbei auch festgestellt, daß die Dienstgrade vom Uffz. aufwärts besonders arg zugerichtet waren.

Der Stabsfeldwebel sagte mir auch noch, daß die russischen Ortseinwohner, die zur Herrichtung des Grabes von ihm herangezogen waren, über diese Verstümmelungen entsetzt und empört gewesen seien.

Über die Vorkommnisse hat bei der Beerdigung, die am 27.2.42 stattfand, der Fahrer meines Schlittens Aufnahmen von den Verstümmelungen gemacht. Der Fahrer gehört zum Kdt.St.Qu. Ich kann den Namen im Augenblick nicht angeben. Er ist aber jederzeit dort festzustellen.

v. g. u. gez. Herbert Ziekur, Wehrmachtoberpfarrer.

Der Zeuge wurde beeidigt. gez. Dr. Nagel. gez. Münnich, Gefr.

Dokument 32

Gericht der Division Nr. 155
RHL. I Nr. 69/42.

Stuttgart, den 8.4.1942.

Gegenwärtig:
1. Kriegsgerichtsrat Muff.
2. Uffz. Wiedemann als Protokollführer allg. verpfl.

In dem Verfahren betr. Feststellungen von Völkerrechtsverletzungen durch die Russen erschien als Zeuge der Nachbenannte.

Der Erschienene wurde mit dem Gegenstand der Untersuchung bekanntgemacht und auf die Bedeutung des etwa zu leistenden Eides hingewiesen. Hierauf wurde er, wie folgt, vernommen:

Ich heiße Helmut Schneider, bin 23 Jahre alt, ledig, evangl. Glaubens, Abiturient, z.Zt. Leutnant Inf.Ers.Batl. 353 Tübingen, verneine die übrigen Glaubwürdigkeitsfragen.

Ich erkläre zu dem Gegenstand meiner Vernehmung:

Zur Sache: Am 3.11.1941 griff das I./I.R. 238 entlang der Straße Nestorowo-Trutejewa an. Ich führte damals den 1. Zug der 14./I.R. 238. Ich war dem I./I.R. 238 zugeteilt. Ich hatte den Auftrag, die Bereitstellung des I. Batl. zu sichern. Der Vormarsch war sehr erschwert, da die Straße stark vermint war und zudem die dort befindlichen Brücken von den Russen gesprengt worden waren. Das Gelände war stark mit Schluchten durchzogen. Infolge dieses schwierigen Geländes kam der Packzug der angreifenden Truppe nur schwer nach. Auf dem weiteren Vormarsch stieß zu meinem Zug noch ein Zug der 13./I.R. 238, sowie ein Minenräumtrupp des Pi-Zuges 238. Ich war Führer dieser kleinen Kampfgruppe. Die Verbindung mit dem I. Batl. konnte ich schließlich wieder herstellen. Zu dieser Zeit kam ich durch eine Gartenanlage der Stadt Trutejewa. Wir waren eben im Begriff, einen kleinen Bach, der durch diese Anlage floß, zu überqueren. In einer Entfernung von etwa 300 m sah ich bereits den Batl. Gefechtsstand. In diesem Augenblick wurde meine Kampfgruppe von rückwärts mit M.G.- und Gewehrfeuer belegt. Ich nahm den Feuerkampf sofort auf. Im Laufe des Gefechts stellte sich jedoch heraus, daß der Gegner stärker war als ich anfangs vermutete. Ich mußte mich deshalb in Richtung auf den Batl. Gefechtsstand zurückziehen. Die Russen stießen in die Anlagen der Stadt Trutejewa nach. Bei diesem Gefecht fiel der Gefr. Heinrich M., der Gefr. Wilhelm M. und der Schütze Werner F. meines Pakzuges. Der Gefr. Heinrich M. hatte einen Lungenschuß und starb in meinen Armen. Der Gefr. Wilhelm M. hatte einen Schuß in die Leistengegend und starb wahrscheinlich an innerer Verblutung. Bei ihm dürfte die Schlagader verletzt worden sein. Welchen Schuß der Schütze F. erhalten hatte, kann ich heute nicht mehr angeben. Durch den stark überlegenen Feind wurde das ganze I. Batl. eingeschlossen. Es gelang aber, durch Einsatz des III. Batl. das I. Batl. freizubekommen und die Russen zu vertreiben. Dadurch war es möglich, die Gefallenen meiner Kampfgruppe zu bergen. Dabei stellte ich folgendes fest:

Dem Gefr. Heinrich M. war mit dem Gewehr die Schädeldecke eingeschlagen. Da ich bei der Bergung der Gefallenen selbst mitgeholfen habe, konnte ich persönlich feststellen, daß ihm das Gewehr von oben in das Gesicht gestoßen worden sein mußte. Man sah noch deutlich die Abbildung des Gewehrkolbens oben von der Stirnseite an bis zur unteren Gesichtspartie verlaufend. Das Gehirn lag frei und war teilweise ausgelaufen. Von einem Schuß konnte diese Verletzung niemals herrühren. Sonstige Verletzungen konnte ich an ihm nicht feststellen.

Dem Schützen Werner F. war das rechte Auge ausgestochen. Es war nur noch eine leere Höhlung zurückgeblieben. Von einem Schuß konnte dies nicht herrühren, da ich einen Ausschuß nicht feststellen konnte.

Der Gefr. Wilhelm M. wurde in dem Bach, der durch die Anlage floß, tot aufgefunden. Da ihn die Russen nicht sahen, war ihm nichts geschehen.

Einem Soldaten des Regt.Pi.Zuges 238, dessen Namen mir jedoch nicht bekannt ist, waren beide Augen ausgestochen. Auch bei ihm waren die beiden Augen vollständig entfernt. Ich habe dies selbst feststellen können.

Von den durch die Russen verstümmelten Leichen konnte ich keine Aufnahmen machen, da dies die damals anhaltenden Kampfhandlungen nicht zuließen.

Die Toten wurden bei Pogost-Kontina etwa 300 m vom Tatort entfernt beigesetzt.

Nach meiner Ansicht lagen uns damals ostsibirische Regimenter gegenüber, wie ich aus ihren Gesichtszügen entnommen habe.

v. g. u. gez. Helmut Schneider.
Der Zeuge wurde gesetzlich beeidigt. gez. Muff Kriegsgerichtsrat.
gez. Wiedemann Unteroffizier.

Dokument 33

Gericht der 97. le. Div. **Div.St.Qu., 14. Mai 1942**
FPNr. 00802.

Betr.: Russ. Völkerrechtsverletzung bei Jakolewka.

Gegenwärtig:
KGRat Dr. Götz,
Obj. Riedl.

Niederschrift:

Vorgeladen erscheint Ass. Arzt Dr. Zimmermann und erklärt:

Z.P.: Dr. Zimmermann Hellmuth, 27 Jahre alt, kath. ledig Ass. Arzt bei der Dienststelle FPNr. 18515, – Aufkl.Abt. 97 – im Zivilberuf prakt. Arzt in Pfullendorf-Baden.

Nach entsprechender Eidesbelehrung und Meineidsverwarnung wurde der Zeuge wie folgt vernommen.

Z.S.: In der Nacht vom 29.–30. Jan. 42 wurde der Ort Nowo-Jakolewka von unseren Truppen geräumt. Dabei wurden eine Anzahl Gefallener und etwa 4–5 Schwerverwundete zurückgelassen. Als der Ort ungefähr am 10. oder 12. Febr. 42 von uns wieder besetzt wurde, fanden unsere Soldaten 2 abgehackte Beine, die noch in den Stiefelschäften staken und mit dem unteren Teil einer Reithose bekleidet waren. Ich wurde daraufhin gerufen um festzustellen, von wem diese Beine waren. An den Stiefeln und dem Lederbesatz der Reithose konnte ich feststellen, daß es die Beine des Leutnants S. Rolf, Pz.Jg.Zug A.A. 97, waren. Sie waren im Kniegelenk abgehackt. Ob dies zu seinen Lebzeiten geschah, war nicht mit Sicherheit festzustellen.

Von einem Soldaten war mit Sicherheit bekannt, daß er noch lebend in russische Hände gefallen war; es war dies der Oberschütze L., der mit einer erfrorenen Zehe darnieder lag, da er infolge des Verbandes seine Stiefel nicht anziehen konnte. In der Nähe des Kolchos wurde dann ein frisch aufgeworfener Erdhaufen gefunden. Nachgrabungen ergaben, daß die Russen dort 15 Leichen deutscher Soldaten beerdigt hatten. Als Ortseinwohner sahen, wie wir die Leichen unserer Soldaten ausgruben, führten sie uns zu einer Schneemulde, wo wir weitere 8 Leichen deutscher Soldaten vorfanden. In dieser Schneemulde befand sich auch der Körper des Leutnants S., während seine Beine aus dem früher genannten Erdhaufen herausgezogen worden waren.

Von den gefundenen Leichen stammten 13 von der Aufkl.Abt. 97, 5 vom III/Jg.Rgt. 204 und 4 von 2/Jg.Rgt. 228. Eine Leiche konnte nicht identifiziert werden.

Lt. S. war verwundet durch einen Bauchschuß in der Lebergegend, der durch innere Verblutung vermutlich tödlich war. Erst nachträglich ist dem Lt. S. mit stumpfer Gewalt die Schädeldecke eingeschlagen und zertrümmert worden. Groß- und Kleinhirn lagen beide frei. Weiter waren beide Unterschenkel im Kniegelenk abgehackt. Der verstümmelte Körper lag in der Schneemulde, die abgehackten Beine im Kameradengrab. Der Oberschütze L. war wegen Erfrierungen an beiden großen Zehen im Quartier geblieben und bei der Räumung von Nowo-Jakolewka als vermißt gemeldet worden. Wir fanden die Leiche des Oberschützen L. in der Schneegrube und sie wies am ganzen Körper viele Stiche auf, von denen einer in die linke Schlüsselbeingrube vermutlich der tödliche war. L. dürfte noch gelebt haben, als er in Feindeshand fiel.

Oberschütze S. erhielt einen tödlichen Kopfschuß. Seine Leiche wurde beim Abtransport durch die Russen auf der Erde geschleift und erhielt durch die Reibung am Boden Verunstaltungen am ganzen Gesicht, insbesondere war die Nase nach oben „abgeledert“.

Uffz. M., ebenfalls durch einen Kopfschuß tödlich verwundet, fiel als Leiche in russ. Hand. Der Uffz. trug am 4. Finger links einen Verlobungsring (Angabe der Kameraden). Der Finger samt Ring fehlte, als die Leiche aufgefunden wurde. Der Finger war abgehackt, und der Handrücken wies Spuren weiterer Beilhiebe auf.

O.Gefr. B. erhielt einen tödlichen Halsdurchschuß. Die Leiche hatte, als sie aufgefunden wurde, einen kleinen fingerdicken Strick um den Hals, der fest geknotet war. Beide Beine waren unterhalb des Kniegelenks abgehackt. Man hatte die Leiche offenbar an eine Wand gehängt und dort die Beine abgehackt. Die Beine konnten nicht gefunden werden.

Gefr. G. erhielt einen Halssteckschuß und wurde noch von Kameraden verbunden. Bei ihm waren ebenfalls beide Beine abgehackt. Die Beine konnten nicht gefunden werden.

Uffz. K. wurde durch einen Bruststeckschuß verwundet und durch einen San. Dienstgrad verbunden. Er fiel als Verwundeter in russ. Hand. Die Leiche wies Schnittwunden im Gesicht auf. Gefr. F. erhielt einen tödlichen Brustdurchschuß. Das Gesicht wurde durch einen Sprung auf den Kopf eingedrückt, Nasenbein gebrochen, das linke Auge ausgestochen. Im Gesicht waren noch mehrere Schnittwunden zu erkennen.

Alle anderen Leichen, die gefunden wurden, waren nicht verstümmelt. Eine Einwohnerin des Ortes erzählte, daß die Leiche des Ltn. S. nach der Besetzung von Nowo Jakolewka durch die Russen aus dem Hause, in dem sie gelegen hatte, ins Freie geworfen und dort 5 Tage lang liegen gelassen wurde. Dann erst hätten russ. Soldaten die Beine abgehackt. Mehr kann ich nicht angeben.

v. g. u. gez. Dr. Zimmermann Hellmuth.

Der Zeuge wurde gesetzlich beeidigt. gez. Dr. Götz, Kriegsgerichtsrat gez. Riedl

Dokument 34

Gericht
der 106. Inf.Division

O.U., den 15. Mai 1942
Feldpostnummer: 00 404

Gegenwärtig:
Leutnant Dr. Salewski als Richter.
Obergefreiter Gresch als Protokollführer.

Vorgeladen erscheinen die Zeugen:
a) Leutnant Pielen, I./I.R. 240,
b) Unterarzt Schmitz, II./I.R. 240,
c) Unteroffizier Gottschalk, 14./I.R. 240.

Mit dem Gegenstand der Vernehmung vertraut gemacht und zur Wahrheit ermahnt, sagen die Zeugen folgendes aus:

Zur Person: Unteroffizier Wilhelm Gottschalk, geb. am 25.9.1914 in Dortmund-Hörde, im Zivilberuf Landwirt, Soldat seit 1936, ledig.

Zur Sache: Am 8.4.1942 wurde ich von meinem Komp.-Führer, Leutnant Pielen, beauftragt, mit Verwundetenschlitten, 6 Mann und Unteroffizier Steigels zu einem Waldstück, 400 mtr. nordwestlich Lopatkino zu gehen, um dort verstümmelte Leichen deutscher Soldaten zu bergen. Uffz. Steigels hatte als Führer eines Stoßtrupps die Leichen am Vormittage gefunden und dem Komp.-Führer davon Meldung gemacht. An der Fundstelle stellte ich folgendes fest: Auf einer Anhöhe vor einem breiten Waldstück lag ein Obergefreiter etwas im Schnee eingesunken an einem kleinen Stichgraben. 100 m weiter fing der Wald an und weitere 10 bis 15 mtr. in den Wald hinein, an einer Schneise, fanden wir weitere 2 verstümmelte Leichen; die Leichen lagen etwa 3 mtr. voneinander. Neben dem einen Soldaten stach [sic] mit dem Seitengewehr in dem Schnee ein russ. Gewehr. Die Leichen machten den Eindruck, als wenn sie unter Schnee gelegen hätten, die Sonne aber inzwischen den Schnee geschmolzen hatte. Ich glaube, daß die verstümmelten Soldaten schon seit Anfang Januar hier gelegen haben. Dem einen Soldaten, der einen großen Verband um den Kopf hatte, waren Excremente mitten auf den Kopf gesetzt. Um die Leichen waren kaum Fußspuren festzustellen. Etwa 14 Tage später kam zu uns ein Leichenbergekommando einer mir unbekannten Einheit, die die Leichen ihrer Anfang Januar gefallenen Kameraden holen wollten, und zwar an der gleichen Stelle, wo wir die Verstümmelten gefunden hatten.

v. g. u. gez. Gottschalk, Uffz.

2.) Zur Person: Unterarzt Herbert Schmitz, geb. am 25.1.1917 in Bingen, Zivilberuf: Arzt, Soldat seit 1940.

Zur Sache: Am 9.4.1942 untersuchte ich im Beisein von Leutnant Pielen, Uffz. Steigels und Unteroffizier Gottschalk die Leichen von 3 deutschen Soldaten, die am Tage vorher von Uffz. Gottschalk nach Now Djerewja gebracht worden waren.

Ich stellte folgendes fest:

a) 1 Obergefreiter:

Keine Papiere und keine Erkennungsmarke. Die Uniformtaschen waren nach außen gedreht. Neue Uniform, aber keine Stiefel. Größe 165 cm. Gesicht oval. Gestalt mittel Haare schwarz mit rechtem Scheitel. Um den Kopf des Toten war noch ein zirkulärer Notverband, der noch an dem lebenden Körper gemacht sein mußte. Unter dem Verband eine 10 cm lange und 1 cm breite Wunde. Der Schädelknochen war durchgeschlagen, vermutlich von einem Infanteriegeschoß; die Verwundung kann nicht tödlich gewesen sein. Die linke Backe zeigte 2 und der Hals einen kleinkal. Einschuß, vermutlich von einer Pistole. In der Brust, links über dem Herzen, befand sich eine 5 cm breite Stichwunde mit Ausstich im Rücken, vermutlich Säbelstich, wobei der Säbel in der Wunde gedreht worden war. Außer dem Schädelverband waren keine weiteren Verbände zu erkennen.

b) 1 Soldat.

Der Dienstgrad war nicht festzustellen, da die Feldbluse fehlte. Erkennungsmarke: 1. Ers.Kp. Schtz.Ers.Btl. 12 A 1015. Keine Papiere. Filzstiefel. Die Taschen durchwühlt. Größe 1,75 cm. Gesicht oval. Gestalt schlank. Haarfarbe dunkelblond, anscheinend nach hinten gekämmt. Beide Augen waren ausgestochen; dies muß mit einem breiten Messer geschehen sein, da die Augenhöhlen rundum Schnitte nach außen hin zeigten. Da das Gewebe durchblutet war, muß angenommen werden, daß das Ausstechen bei noch lebendem Körper geschehen ist. Der Kopf war verbunden, die einstige Verwundung war nicht mehr zu erkennen, denn der Verband war mit einem stumpfen Gegenstand durchschlagen, sodaß in der Schädeldecke ein Loch von der Stirnplatte an bis zum Hinterkopf war. In der Brust befand sich ein Einschuß von einem Infanteriegeschoß dicht unterhalb des linken Schlüsselbeins. Ein Pistoleneinschuß war am Kehlkopf zu erkennen. Hände und Beine waren an den Körper gezogen und verkrampft: Eine typische Abwehrstellung.

c) 1 Soldat,

dessen Dienstgrad sich nicht feststellen ließ, weil Papiere und Feldbluse fehlten. Erkennungsmarke: 2. I.E.B. 50 891 A. Die Hose war am linken Bein aufgeschnitten und die Tasche nach außen gestülpt, Stiefel fehlten, ebenfalls auch die Strümpfe. Größe 1,70 m. Gesicht oval, Gestalt untersetzt und breit. Haarfarbe dunkelblond, Scheitel auf der linken Seite. Der linke Oberschenkel war durchschossen und zwar hatte eine Querschläger den Knochen durchschlagen. Die Wunde war kunstgerecht verbunden. Durchschuß mit Infanteriegeschoß durch den Hals. Ein weiterer Schuß war mit Einschußöffnung in der Stirn, mit Ausschußöffnung in der linken Schläfe. Die linke Hälfte des Gesichts zeigte starkes Hämatom, das linke Auge war eingesunken und verletzt. Diese Verletzung mußte von einem stumpfen und breitem Gegenstande herrühren, da Schnittflächen nicht zu erkennen waren.

Mein Urteil als Arzt geht dahin, daß es sich hier um Verstümmelungen noch lebender verwundeter Deutscher gehandelt hat. Die Wundränder waren alle blutunterlaufen, was nur bei Lebenden eintritt. Die verbundenen Wunden waren nicht sofort tödlich, während die unverbundenen Wunden fast ausschließlich tödlichen Charakter hatten.

v. g. u. gez. Schmitz, U-Arzt.

3. Zur Person: Leutnant Paul Pielen, geb. am 8.7.1920 in Aachen, Soldat seit 17. November 1938, ledig.

Zur Sache: Mir wurde die vorstehende Vernehmung des Unterarztes Schmitz vorgelesen. Ich mache sie zum Gegenstand meiner heutigen Aussage, soweit es sich um die Feststellung von Tatsachen und nicht um ärztliche Beurteilung handelt.

V. g. u. gez. Pielen, Lt.

Dem Zeugen Uffz. Gottschalk wird die Aussage des Unterarztes Schmitz vorgelesen. Er erklärt: Ich mache die Aussage des Zeugen Schmitz zum Gegenstande meiner Vernehmung, soweit es sich um Tatsachen und nicht um ärztliches Gutachten handelt. Der Fundort der Leichen wurde von den Zeugen folgender Maßen festgelegt:

Etwa 400 mtr. nordwestlich Lopatkino auf dem Wege von Now. Derewja nach Lopatkino, 15 klm nördlich Jakuschkino (an der Autobahn Smolensk-Moskau.)

v. g. u. gez. Pielen, Lt gez. Schmitz, U-Arzt gez. Gottschalk, Uffz.

Die Zeugen leisteten darauf den Zeugeneid. gez. Dr. Salewski gez. Gresch

Dokument 35

Gericht
290. Inf. Division
RHL. 21/42.

Im Felde, den 31. Mai 1942. St.

Gegenwärtig:
Kriegsgerichtsrat Dr. Schroeder,
Protokollführer Ogefr. Stellmacher.

Es erscheint der nachbenannte Zeuge, der mit dem Gegenstand der Untersuchung bekanntgemacht und über die Bedeutung des Eides belehrt wurde. Er erklärte.

1.) Zur Person:Ich heiße Richard Sautter, bin 33 Jahre alt, ev. Glaubens, Oberarzt und Truppenarzt, 3./Straßenbau-Batl. 680.

2.) Zur Sache:Im März 1942 wurde dem Kommandeur des Straßenbau-Batl. 680 gemeldet, daß 4 Angehörige des Bataillons gefunden worden waren, deren Verletzungen den Verdacht völkerrechtswidriger Behandlung der Soldaten durch den Gegner aufkommen ließen. Ich erhielt daher Befehl, die Leichen dieser Soldaten zu untersuchen. Nach Durchsicht der Meldungen über das Auffinden der Leichen bin ich zu der Überzeugung gekommen, daß die 4 Soldaten nicht bei derselben Gelegenheit in Feindeshand gefallen sind, sondern zumindest bei zwei verschiedenen

Gelegenheiten. Die Leichen wurden zu meiner Unterkunft nach Ssorokopenno gebracht, und ich habe dort versucht, sie zunächst einmal aufzutauen, da die Leichen sehr stark gefroren waren. Bei der Unzulänglichkeit der Unterkunft und der außerordentlich starken Belegung der Häuser gelang dies nicht. Infolgedessen ist der Befund hinsichtlich der Schußverletzungen nicht mit voller Sicherheit anzusprechen. Dagegen waren die Stichverletzungen einwandfrei festzustellen und auch die Schußverletzungen der Soldaten K., T. und N. glaube ich richtig habe feststellen zu können. Im einzelnen war folgender Befund festzustellen:

1.) Leiche des Soldaten Georg K.:

Schußverletzung, und zwar Durchschuß des linken Oberschenkels. Ferner Verletzung des linken Auges offensichtlich durch ein messerartiges Instrument nach Art des deutschen Seitengewehrs in der Weise, daß in das Auge hineingestochen und mit dem Instrument in der Augenhöhle gearbeitet worden ist, um den Verwundeten zu blenden. Möglicherweise eine weitere Stich- oder Schlagverletzung am oder im Munde. Es war nicht festzustellen, welche Stichverletzung tödlich war, es handelt sich aber offensichtlich um eine bei Lebzeiten des Soldaten vorgenommene einseitige Blendung.

2.) Leiche des Gefreiten Erich T.:

Die Leiche weist zwei Schußverletzungen und eine Stichverletzung auf, und zwar einen Bauchschuß und einen Beckenschuß sowie eine Verletzung durch einen Seitengewehrstich in den Bauch. Bei der letzteren Verletzung konnte ich deutlich erkennen, daß das Instrument, mit dem die Verletzung beigebracht worden war, nach seinem Querschnitt mit dem deutschen Seitengewehr übereinstimmt. Offensichtlich ist der bereits durch zwei Gewehrschüsse verwundete Soldat bei Lebzeiten mit seinem eigenen Seitengewehr oder auch mit einem anderen deutschen Seitengewehr in den Bauch gestochen worden. Für den Fall, daß der Verletzte nicht schon durch die Verletzungen zu Tode gekommen war, muß er dann außerdem dem Erfrierungstod überlassen worden sein.

3.) Gefreiter Hermann N.:

Durchschuß der rechten Schulter sowie Verletzung am Hinterhaupt und Schnittwunden an den Lippen. Es handelt sich somit mit Sicherheit um eine Schußverletzung und mindestens eine Stichverletzung in den Mund. Ob noch eine Schußverletzung in den Kopf vorliegt, konnte beim Zustand der Leiche nicht einwandfrei festgestellt werden. Offensichtlich ist der bereits durch einen oder zwei Schüsse verletzte Soldat noch mit einem Seitengewehr oder ähnlichen Instrument in den Mund gestochen worden.

4.) Gefreiter Konrad U.:

Es waren Wunden am linken Oberarm und in der Gegend der linken Schulter zu bemerken, die möglicherweise als Einschüsse anzusprechen waren. Ganz deutlich war jedoch eine große weitklaffende Stichwunde an der rechten Seite des Halses, die den Eindruck machte, daß der Ausführende die Lage der Halsschlagader gekannt und den deutschen Soldaten durch diesen Stich in den Hals und Durchschneiden der Halsschlagader hat töten wollen.

In den Fällen 2, 3 und 4 sind nach meiner Beurteilung die Stichverletzungen offensichtlich angebracht worden, um den deutschen verwundeten Soldaten zu töten, im Fall 1 jedoch wohl in der Absicht, den verwundeten deutschen Soldaten zu verstümmeln oder gar zu quälen.

v. g. u. gez. Richard Sautter, Oberarzt.

Der Erschienene leistete darauf vorschriftsmäßig den Zeugen- und Sachverständigeneid.

Sodann erschien der nachbenannte Soldat, der mit dem Gegenstand der Untersuchung bekanntgemacht und über die Bedeutung des Eides belehrt wurde. Er erklärte:

1.) Z.P.: Ich heiße Erich Heinzel, bin 40 Jahre alt, ev. Glaubens, Gefr. in der 3./Straßenbau-Batl. 680.

2.) Z.S.: Ich war zugegen, als Herr Oberarzt Sautter die Leichen der vier Soldaten untersucht hat. Die Leichen waren zu unserer Unterkunft, und zwar zum Revier, gebracht worden, hatten mehrere Tage zum Auftauen dort gelegen, waren jedoch nicht aufgetaut. Die Untersuchung fand auch im Revier statt. Ich erinnere mich noch deutlich an diese Untersuchung. Bemerkenswert war dabei, daß die Leichen außer Verletzungen durch Gewehrschüsse noch Wunden aufwiesen, die von Stichen mit einem Seitengewehr herrührten. Nach meiner Ansicht konnte man an den Wunden deutlich sehen, daß sie nicht durch Stiche mit dem russischen vierkantigen, sondern mit einem deutschen flachen Seitengewehr angebracht worden waren.

v. g. u. gez. Erich Heinzel. Gefreiter.

Der Zeuge leistete darauf vorschriftsmäßig den Zeugeneid.

gez. Dr. Schroeder, Kriegsgerichtsrat. gez. Stellmacher, Obergefreiter.

Dokument 36

Gericht der 168. Inf.Division O.U., den 21. März 1942
Feldpostnummer 20 373
RHL / 42

Gegenwärtig:
Feldkriegsgerichtsrat Dr. Eßner, als Richter
Uffz. Flessel, als Protokollführer.

Auf Befehl erscheinen der Oberfeldwebel Schaer und der Gefreite Schaal, beide 8./I.R. 417. Die Erschienenen wurden mit dem Gegenstande der Untersuchung bekannt gemacht und auf die Bedeutung einer Zeugenaussage und eines Eides hingewiesen. Sie erklärten:

1. Zeuge Schaer.

Ich heiße Bruno Schaer, bin 27 Jahre alt, evangel. Glaubens, Oberfeldwebel bei der 8./I.R. 417.

Das Bataillon hatte beim Angriff am 30.12.1941 Verluste erlitten. Nachdem der

Ort Jamky durch andere Truppen am 8.1. eingenommen worden war, erhielt ich am 11.1.42 von meinem Komp.-Chef den Auftrag, nach den Toten der Kompanie vom Angriff am 30.12.41 nachzuforschen. Ich habe mich in Jamky bei dem Batl. Gefechtsstand eines anderen Batl. gemeldet. Dort wurde ich in eine Mulde verwiesen, in der etwa 20 Leichen deutscher Soldaten zusammen getragen waren. Die dort liegenden Soldaten waren mit einer Ausnahme bis auf die Wäsche entkleidet, teilweise waren sie völlig nackt. Bei mindestens 4 Leichen waren die Beine in Kniehöhe abgehackt worden. Es handelte sich um glatte Durchschnitte; die Beine müssen mit einem scharfen Instrument abgehackt worden sein. Die Beine lagen einige Hundert Meter weit weg verstreut umher, teilweise waren die Stiefel abgestreift.

Unter den toten Kameraden befanden sich einige, die mir als verheiratet bekannt waren, nämlich Uffz. J., 6./I.R. 417, Uffz. K., 6./I.R. 417, Gefr. P., 8./I.R. 417 und Schütze B., 8./I.R. 417. Bei diesen waren die Ringfinger herausgebrochen, offensichtlich um den Trauring mitzunehmen. Auch bei anderen Leichen habe ich gesehen, daß die Ringfinger herausgebrochen waren, zum Teil waren auch die Hände zur Hälfte abgehackt. Bei mehreren Leuten habe ich auch festgestellt, daß die Gesichter eingeschlagen waren. Es handelte sich um Zertrümmerungen des Schädels mittels stumpfer Gewalt. Die Zertrümmerungen rühren offenbar von Kolbenhieben her. Ferner habe ich gesehen, daß einem Soldaten ein Auge ausgestochen war.

In allen vorstehenden Fällen handelt es sich nicht um Verwundungen, sondern um absichtlich beigebrachte Verstümmelungen.

v.g.u. gez. Bruno Schaer

2. Zeuge Schaal

Ich heiße Gerhard Schaal, bin 22 Jahre alt, kath. Glaubens, im Zivilberuf Landarbeiter, zur Zeit Gefreiter bei der 8./I.R. 417.

Der Zeuge erklärte dasselbe, was in der Aussage des Vorzeugen Schaer niedergelegt ist. Diese Aussage wurde ihm vorgelesen. Er erklärte daraufhin: Diese Aussage ist richtig, ich mache sie zum Gegenstand meiner eigenen Aussage.

Der Zeuge fügte noch hinzu, ich habe damals zu dem Suchkommando gehört, welches Oberfeldwebel Schaer geführt hat.

v.g.u. gez. Gerhard Schaal

Die Zeugen Schaer und Schaal leisteten den Zeugeneid.

Geschlossen. gez. Dr. Eßner gez. Flessel

Dokument 36

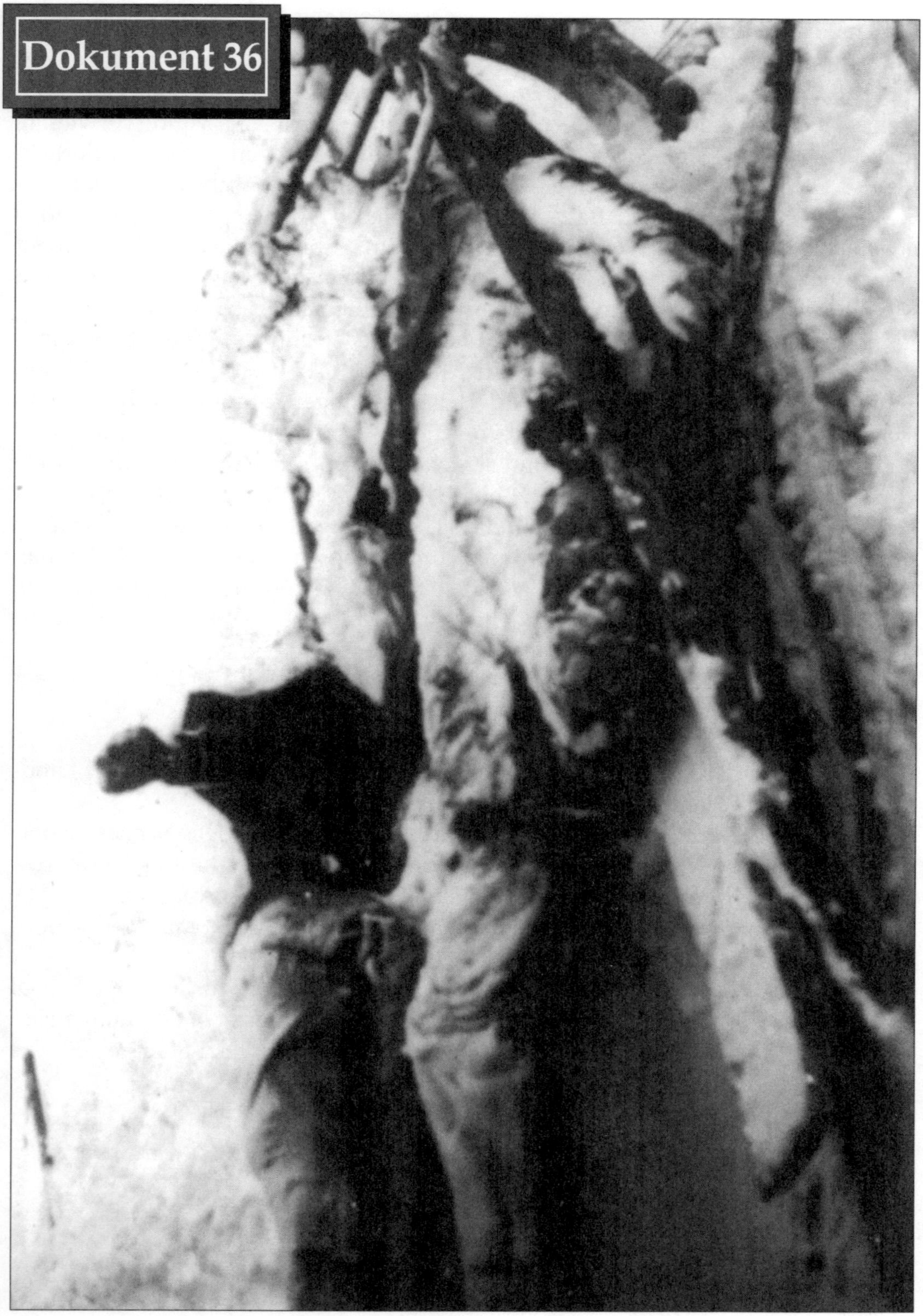

Leichen verstümmelter deutscher Soldaten

Dokument 36

Gefunden in Jamky am 11. Januar 1942

C. 3 Aussage-Erpressungen

Dokument 37

Gericht
der Division Nr. 153
A. L. 224 / 42

Potsdam, den 30. März 1942.

Gegenwärtig:
Hauptmann Heeresrichter kr.A. Ottenbreit,
Uffz. Langen (§ 4, Abs. 4 KStVO)

In der Untersuchungssache über Völkerrechtsverletzungen russischer Soldaten erscheint der Gefreite Rudi Scharff, 1. Gen.Komp. Kradschützen-Ersatz-Batl. 4, Stahnsdorf.

Der Erschienene wurde mit dem Gegenstand der Untersuchung bekanntgemacht und auf die Bedeutung des etwa zu leistenden Eides hingewiesen. Hierauf wurde er wie folgt vernommen:

Ich heiße Rudi Scharff, bin 22 Jahre alt, gottgläubig, Gefr., ledig, 1./Gen. Komp. Kradschützen-Ers. Batl. 4, verneine die übrigen Glaubwürdigkeitsfragen.

Ich erklärte zu dem Gegenstand meiner Vernehmung:

Zur Sache: Im Dorfe Fotjewa, das in der Nähe der Stadt Borowsk liegt, erhielt ich den Auftrag von unserem Zugführer, Lt. ... – dessen Name ist mir nicht bekannt, da er von der Ersatztruppe erst eingerückt war – mit Obgefr. H. und Schützen K. W. eine Meldung zum Meldekopf in Borowsk und 30 gefangene Russen zu bringen. Auf dem Wege nach Borowsk wurden wir von einem russischen Spähtrupp gesichtet und sind demselben in einem Bogen ausgewichen. Im letzten Dorfe vor Borowsk wurden wir von einer russischen Panzer-Einheit gefangen genommen, ausgeplündert und von mehreren Offizieren verhört. Sie wollten den Standort und die Stärke unserer Division wissen, welchen Auftrag und wieviel Verluste wir haben. Wir gaben auf alle diese Fragen keinerlei Antwort, wurden ins Gesicht geschlagen, gefesselt und weiter nach rückwärts transportiert. In der Nacht in einem Dorfe angekommen, wurden wir in einer Scheune eingesperrt. Am nächsten Morgen bei Sonnenaufgang wurden wir einzeln von einem Kommissar verhört. Schütze W., der als erster vernommen wurde, erklärte uns, daß er nichts ausgesagt habe, dafür geschlagen wurde; er war im Gesicht rot und hatte im Gesicht daumenbreite Strähnen über der linken Wange und weinte. Obergefr. H., der als zweiter vorgeführt wurde, konnte nicht mehr verhört werden, weil Stuka-Flieger das Dorf bombardierten. Ich wurde nicht vernommen. Nach diesem Stuka-Angriff kam der Kommissar mit 3 Posten in die Scheune – es war zur Zeit unser Panzer-Angriff im Gange. Wir wurden von den Posten an die Wand gestellt. Der Kommissar erschoß persönlich zuerst den Schützen W., der an der Schlagader getroffen sofort tot niederstürzte. Obgefr. H. erhielt einen Gesichtsschuß und einen Armschuß. Er brach stöhnend zusammen, lebte aber noch. Ich erhielt einen Knieschuß, worauf ich zusammenbrach. Darauf schoß mir der Kommissar, als ich am Boden lag, nochmals seitlich durch das rechte Knie. Da sich unsere Truppen im Angriff näherten, verließ der Kommissar schleunigst die Scheune. Ich verkroch mich hinter 2 großen Kisten und rief auch den Obergefr. H., er möge sich verstecken. Als H. sich erhob, wurde er von einem Russen gesehen, der sofort einen anderen Kommissar herbeirief. Dieser erschoß mit 2 Schüssen den Obgefr. H. H. war sofort tot. Nach der Erschießung verschwand der Kommissar. Ich blieb liegen, bis unsere Truppen kamen. Der Kommandeur der 20. Panzer-Division ließ mich, als mich ein Leutnant in dieser Scheune fand, zum Verbandsplatz in Juchnow transportieren. Meine Beine wurden geschient und ich gab meine Meldung an die Einheit 46170 ab.

v. g. u. gez. Scharff Rudi, Gefr.

Der Zeuge wurde vorschriftsmäßig beeidigt. gez. Dr. Ottenbreit. gez. Langen.

Dokument 38

Amtsgericht II. Donaueschingen, den 8. Juli 1942.

Gegenwärtig:
Amtsgerichtsrat Bleyler als Richter,
Justizangestellte Efinger als Urkundsbeamter.

Völkerrechtswidriges Verhalten der Russen.

Es erscheint auf Ladung Ludwig Aumer, der gemäß der Allg. Verfügung des Reichsjustizministers vom 10. Oktober 1939 nach Ermahnung zur Wahrheit und Hinweis auf die Bedeutung des Eides und die strafrechtlichen Folgen einer Eidesverletzung vernommen wurde, wie folgt:

Z.P.: Ludwig Aumer, geboren 30. November 1919 in Zeidelhuf bei Regensburg, ledig, Maurer, wohnhaft in Zeidelhuf, z.Z. Gefreiter, Reservelazarett Donaueschingen.

Z.S.: Am 8. Juli 1941 geriet ich bei den Kämpfen um Tolpino im mittleren Frontabschnitt im Osten in russische Gefangenschaft. Ich gehörte der 10. Komp. des Schützenregiments 63 der 17. Panzerdivision an, die damals 70–80 km über Minsk hinaus vorgestoßen war. Als wir auf starke feindliche Kräfte stießen, hielten wir und ich selbst habe mit dem Maschinengewehr eine Höhe besetzt. Die Russen drangen mit Panzern vor, umzingelten das Gelände, in dem ich mit meinem Gewehr Stellung bezogen habe, und schnitten mich von meiner Truppe ab. Ich selbst war Richtschütze 1 und blieb beim Gewehr liegen, während der MG-Schütze 2 mit den Munitionskästen sich zurückgezogen hatte. In der russischen Gefangenschaft wurde ich zunächst gründlich untersucht, wobei ich den Waffenrock ausziehen und die Hose herunterlassen mußte. Meine ganze Ausrüstung einschl. Brotbeutel und Gasmaske, ferner mein Soldbuch und mein Taschenmesser, wurden mir abgenommen. Trotzdem ich kurz vor meiner Gefangennahme durch Granatsplitter verwundet worden und hierdurch kurze Zeit in Ohnmacht gefallen war, so daß ich mich selbst nicht mehr verbinden konnte, wurde ich von den Russen nicht verbunden. Ich wurde weiter rückwärts gebracht, und zwar vor einige russische Offiziere, die mich mit Hilfe zweier deutsch sprechender Dolmetscher vernahmen. Ich wurde nach dem Alter gefragt, nach der Art der Behandlung, der Güte unseres Essens, ferner danach, wieviele Panzer wir hatten und wie mein Kommandeur hieße. Als ich auf die letzten Fragen ausweichende Antworten gab und erklärt habe, ich wüßte das nicht, setzte mir einer der Offiziere die Pistole auf die Brust, riß mir das Hoheitsabzeichen von der Feldbluse herunter und heftete mir einen Sowjetstern auf der rechten Brustseite an. Ich wurde dann abgeführt und in einen russischen Panzer eingesperrt, wo ich bis zum nächsten Tage bleiben mußte. Als die Deutschen am nächsten Tage wieder vordrangen und die russischen Panzer, zu denen auch meiner gehörte, angriffen, wurde die Besatzung meines Panzers verwundet, worauf ich dann die Gelegenheit benutzte und einen Fluchtversuch unternahm. Ich versteckte mich in einem in der Nähe befindlichen Schützenloch, wo ich jedoch wieder von zwei russischen Offizieren aufgefunden wurde. Diese veranlaßten mich, mitzugehen und mich vor eine in der Nähe gelegene Mulde zu stellen, wo ich offenbar erschossen werden sollte. Ich mußte mich vor der Mulde, das Gesicht dieser zugewandt, aufstellen, während die beiden Offiziere etwa einige Meter hinter mir standen. Als ich sah, daß einer der Offiziere seinen großen Trommelrevolver zog, offensichtlich um mir einen Genickschuß zu geben, sprang ich in die etwa 1 1/2 m tiefe Mulde hinab und flüchtete mich. Der Offizier schoß mehrfach hinter mir her und verletzte mich auch, nachdem ein Schuß durch meinen Stahlhelm abgehalten worden war, am Hinterkopf. In einem Getreidefeld verbarg ich mich bis zum nächsten Tage, wo ich dann auf vorgehende deutsche Infanterie stieß.

Während meiner zweitägigen Gefangenschaft bekam ich nichts zu essen und wurde auch nicht verbunden, obwohl ich deutlich durch Zeichen zu erkennen gab, daß ich Hunger hatte und auch verbunden werden wollte. Während meiner Vernehmung frug mich der Dolmetscher, ob ich rauche, und als ich dies bejaht hatte, zündete er sich eine Zigarette an und blies mir den Rauch ins Gesicht.

Weiteres kann ich nicht angeben.

v. g. u. gez. Gefr. Ludwig Aumer.
Der Zeuge wurde vorschriftsmäßig beeidigt.
Der Richter: gez. Bleyler. Der Urkundsbeamte: gez. Efinger.

C. 4 Beraubung von Kriegsgefangenen, von Toten und Verwundeten

Reserve-Lazarett Gütersloh Gütersloh, den 10.4.1942
– Innere Abt. II –

Dokument 39

Vernehmung des Gefreiten Wilhelm Hagenkötter.

Es erscheint der Gefreite Wilhelm Hagenkötter. Mit dem Gegenstand der Vernehmung vertrautgemacht und zur Wahrheit ermahnt, sagt er folgendes aus:

Zur Person: Ich heiße Wilhelm Hagenkötter, geboren am 27.2.1913 in Unna, verh., 5 Kinder, Religion: evgl. Wohnort: Dortmund Wickede, Gudrunstr. 42. Bürgerlicher Beruf: Koch. Sohn der Eheleute Wilhelm Hagenkötter und Ehefrau Klara geb. Jöschke.+. Diensteintritt: 1.5.40. Truppenteil: 1./I.R. 190. Feldpostnr.: 13777 B. Z.Zt. Res.-Lazarett Gütersloh.

Zur Sache: Wir lagen mit unserer Truppe in Kopanka in der Nähe des größeren Ortes Andriewka vor dem Donezbogen. Am Tag zuvor hatten wir Gefechte. Es kam zu Ausfällen durch Verwundete und Genesende, die zum Teil beim Troß sich aufhielten, während 13 Kameraden bei uns bleiben mußten und auf den Abtransport warteten, weil sie nicht gehfähig waren. Es war am 13. oder 14. März 1942. Am folgenden Tage gegen Abend bemerkten wir in der Ferne das Herannahen von Panzern und gaben die Meldung an den Kompanie-Chef durch. Dieser beobachtete durch das Scherenfernrohr, daß diese Panzer mit deutschem Balkenkreuz versehen waren und hielt dieselben für deutsche Panzer. Plötzlich erhielten wir von diesen Panzern (es waren 18 Stück) heftigen Beschuß. Für eine Gegenwehr waren wir zu leicht bewaffnet und zu einem überstürzten Verlassen unserer Stellung gezwungen unter Zurücklassung des Trosses und unserer nicht gehfähigen Verwundeten. Am anderen Tag um 17.00 Uhr unternahmen wir mit Unterstützung von Stukas und Panzern einen Gegenangriff und warfen den Russen wieder zurück. Als wir wieder in den Ort eindrangen, fanden wir unsere Verwundeten und die Männer am Troß alle niedergemacht auf, sie waren größten Teils erstochen. Der Rechnungsführer und der Schreibstubenuffz. waren mit dem Bajonett an dem Troßwagen festgestochen. Fast alle waren von den Russen entkleidet worden, außerdem ihrer Soldbücher und Wertsachen beraubt.

v.g.u. gez. Hagenkötter, Gefr.
geschlossen: gez. Dr. Grabowski Hilfsarzt

II. Blatt zur Vernehmung des Gefreiten Wilhelm Hagenkötter.

Am 24. März 1942 / 21.00 Uhr erhielt der erste Zug, 28 Mann, die Aufgabe, als Spähtrupp die von Russen erbauten Brücken sowie Lage und Stärke der russ. Artillerie zu erkunden. Wir lagen in Grocki. Um 22.30 Uhr war unser Ausgangspunkt am östlichen Dorfausgang. Unser Spähtruppführer war Oberfeldwebel Schmitz, mit dem E.K. I und II. Wir gingen unter dem Schutz der Artillerie bei Frost und mondheller Nacht bis zu einer Waldspitze vor. Nach einer Stunde befanden wir uns im Wald und vernahmen auch schon Stimmen feindlicher Vorposten. Am weiteren Vordringen waren wir behindert, weil unsere Artillerie zu kurz schoß. Da wir ohne Erfüllung unserer Aufgabe nicht zurückkehren wollten, versuchten wir unsere Artl. durch Leuchtzeichen von unserem Standpunkt zu verständigen, damit das Feuer vorverlegt wurde, hierdurch wurde der Feind auf uns aufmerksam und beschoß uns mit SMG. Bald bemerkten wir, daß der Feind uns in einer Übermacht von allen Seiten angriff. Daraufhin zogen wir uns in wechselweiser Deckung überschlagend zurück. Zwei von uns waren inzwischen leicht verwundet. Innerhalb einer Viertelstunde waren wir eingekesselt und wurden gefangengenommen. Zunächst wurden wir in ein Panjehaus untergebracht, nachdem wir entwaffnet waren. Zunächst ließ man uns in Ruhe. Nach einiger Zeit kamen Bolschewisten und stahlen uns Ringe, Geld und Uhren. Wer neue Stiefel besaß, dem wurden sie ausgezogen. Plötzlich kam ein roter Leutnant und richtete an uns Fragen in Russisch. Wir gaben zu verstehen, daß wir nur Deutsch verständen. Der russische Leutnant verschwand. Kurz darauf erschien ein roter Offizier mit einem Kommissar, beide sprachen deutsch. Sie sagten uns, wir möchten uns bereiterklären, auf der Seite der Roten zu kämpfen. Sie versprachen uns dafür guten Sold und nach Beendigung des Krieges eine gute Stellung. Keiner von uns gab darauf Antwort. Dann begannen Einzelverhöre. Ein Kamerad nach dem anderen wurde herausgeführt, angefangen beim Oberfeldwebel. Kurz darauf hörten wir draußen Schüsse. Zwei Wolgadeutsche, die wir mit uns führten, wurden gleich ohne Verhör draußen erschossen, sie waren in unserer Gegenwart als Staatsfeinde erklärt worden. Als wir die Schüsse kurz nach der Abführung hörten, sagten wir uns gegenseitig, daß wir alle diesen Weg gehen würden. Als der 8. Kamerad zum Verhör abgeführt wurde, setzte unsere Artl. wieder ein. Wir erkannten die Geschoßgeräusche. Die Vernehmungszeiten wurden kürzer und schließlich eingestellt. Von dem Hause aus, wo wir uns befanden, erkannten wir das Herannahen von 18 deutschen Panzern. Es gelang uns durch Winkzeichen, diese zu verständigen. Sie steuerten auf uns zu. Das Panjehaus wurde geschont. So wurden 11 Mann von uns, die noch übrig blieben, zu denen ich auch gehörte, gerettet. Wir wurden wieder mit Schuhwerk und Waffen versorgt und besetzten an dem Tage noch einen Teil des Ortes. Hierbei fanden wir auch unsere Kameraden erschossen auf.

v.g.u. gez. Hagenkötter, Gefreiter
geschlossen: gez. Dr. Grabowski Hilfsarzt

C. 5 Freischärlerei

Oberkommando der Wehrmacht Wehrmacht-Untersuchungsstelle für Verletzungen des Völkerrechts

Berlin, den 1. April 1942

Dokument 40

Gegenwärtig:
Kriegsgerichtsrat Dr. Heinemann als richterlicher Militärjustizbeamter
San. Soldat Vittinghoff als Protokollführer besonders verpfl.

In der völkerrechtlichen Untersuchungssache Rußland wurde der Gefr. Friedrich Hegerfeld im Reservelazarett 101 (Standortlazarett) Potsdam aufgesucht.

Er wurde mit dem Gegenstand seiner Zeugenvernehmung bekanntgemacht und über seine Wahrheitspflicht als Zeuge unter Hinweis auf die Bedeutung des Eides besonders belehrt.

Zur Person: Ich heiße Friedrich Hegenfeld, bin 31 Jahre alt, 12./I.R. 464.

Zur Sache: Im November 1941 wurden 6 Angehörige meiner Kompanie beauftragt, in einem benachbarten Dorf Heu zu requirieren. Das Dorf sollte unbesetzt sein. Sie fuhren mit einem Wagen ab; nur drei von ihnen hatten Karabiner bei sich; die anderen hatten die Waffen nicht mitgenommen, weil kurz vorher Kameraden der Artl. in dem Dorf gewesen und unbehelligt geblieben waren. Nach einiger Zeit kam einer von den sechs Kameraden zurück und meldete, sie seien in dem Dorf überfallen worden; die fünf anderen seien wahrscheinlich nicht mehr am Leben. Der Maschinengewehrzug meiner Kompanie und ein Zug der Schützenkompanie des Regiments wurden gegen das Dorf ausgeschickt; ich stand damals bei dem Maschinengewehrzug. Im Dorf fanden wir den mit Heu beladenen Wagen vor; die Pferde waren erschossen. Vier von den fünf Kameraden fanden wir tot auf. Der fünfte war nicht aufzufinden. Drei der Toten wiesen Verstümmelungen auf; sie hatten außerdem Schußverletzungen. Es waren dies: Gefr. T., O.Schütze M. und Gefr. M. M. hatte einen Schläfenbajonettstich, bei T. war das Schädeldach abgespalten, möglicherweise durch einen Axthieb, M. hatte eine Augenstichverletzung. Außerdem waren diese Kameraden und der durch Kopfschuß getötete Oberschütze L. vollständig ausgeraubt. Es fehlten die Uhren und Geldbörsen und die sonstigen Privatsachen. Ferner waren ihnen die Stiefel und Strümpfe ausgezogen und weggenommen. Der entkommene Oberschütze Bartsch hatte gemeldet, daß er das Schreien der überfallenen Kameraden gehört hätte. Bartsch ist später verwundet worden; wo er sich z.Zt. befindet, weiß ich nicht. In dem Dorf wurden einige verdächtige junge Leute aufgegriffen. Russische Soldaten in Uniform wurden dort nicht angetroffen. Es ist deshalb wahrscheinlich, daß der Überfall von Partisanen ausgeführt wurde.

Am Tage vor diesem Vorfall hatten die Russen mit Übermacht mein Bataillon angegriffen. Die vorstürmenden Russen waren zum Teil betrunken. Infolge der Stärke der angreifenden Massen mußte das Btl. schließlich zurückgehen; einige unserer Leute blieben zum Teil verwundet auf dem Gefechtsfeld zurück. Beim Wiedervorgehen fanden wir die zurückgebliebenen Kameraden tot und schrecklich zugerichtet vor. Einige hatten Bajonettstiche in der Schläfen- und Augengegend; sie waren auch ausgeraubt. Meine Kompanie hatte an diesem Tage 12 Tote.

v. g. u. gez. Friedrich Hegerfeld, Gefr.
Der Zeuge leistete darauf vorschriftsmäßig den Eid ab.
gez. Dr. Heinemann gez. San. Soldat Vittinghoff

Dokument 41

Oberkommando der Wehrmacht
Wehrmacht-Untersuchungsstelle für Verletzungen des Völkerrechts

Offenbach a./M., den 16.6.42

Gegenwärtig:
Kriegsgerichtsrat Dr. Hofmann als richterlicher Militärjustizbeamter,
DRK-Schw.-Helf. Else Zorbach als Protokollführer, besond. verpfl.

In der völkerrechtlichen Untersuchungssache Rußland wurde der Kan. Jakob Blumör im Reservelazarett Offenbach a.M. aufgesucht.

Er wurde mit dem Gegenstand seiner Zeugenvernehmung bekanntgemacht und über seine Wahrheitspflicht als Zeuge unter Hinweis auf die Bedeutung des Eides besonders belehrt. Er erklärte:

Zur Person: Ich heiße Jakob Blumör, bin 21 Jahre alt, ledig, Kanonier, 3. / A.R. 299, z.Zt. Res.Laz. Offenbach a.M.

Zur Sache: Etwa Mitte Januar 1942 kamen wir beim Vormarsch zu einem neuen Einsatz in eine Stadt bei Kursk, in der wir vorübergehend Quartier bezogen. Beim Tränken der Pferde ritten wir an einer Stelle vorbei, an der die Leichen von drei deutschen Soldaten lagen. Es handelte sich um einen Feldwebel, einen Unteroffizier und einen Soldaten aus dem Mannschaftsstand. Die Leichen lagen am Straßenrand. Bei allen drei Leichen war der Schädel – offensichtlich mit einem Spaten – aufgespalten. Das Gesicht dieser Soldaten war völlig unkenntlich. Diese Gefallenen gehörten einer anderen Einheit an, die schon vor uns in der fraglichen Stadt Quartier bezogen hatte. Angehörige dieser Einheit erzählten uns, daß diese drei gefallenen deutschen Soldaten, die in einem Auto durch die Stadt gefahren seien, von Partisanen überfallen, durch Schüsse tödlich verletzt und nach dem Tode verstümmelt worden seien.

v. g. u. gez. Jakob Blumör, Kan. unterschrieben.
Der Zeuge wurde beeidigt.
gez. Dr. Hofmann. gez. Else Zorbach DRK-Schw.Helf.

Oberkommando der Wehrmacht Wien, den 19.6.1942
Wehrmacht-Untersuchungsstelle
für Verletzungen des Völkerrechts.

Dokument 42

Gegenwärtig:
Kriegsgerichtsrat Dr. Schöne als richterlicher Militärjustizbeamter
Bobleter, Alma als Protokollführer, besond. verpfl.

In der völkerrechtlichen Untersuchungssache Rußland wurde der Obergefr. Steinacker, Karl, im Reservelazarett Wien I B aufgesucht.

Er wurde mit dem Gegenstand seiner Zeugenvernehmung bekanntgemacht und über seine Wahrheitspflicht als Zeuge unter Hinweis auf die Bedeutung des Eides besonders belehrt.

Zur Person: Ich heiße Steinacker, Karl, 29 Jahre, Ob.Gefr., Stab Dinafü 61.

Zur Sache: Anfang Juli 1941 sind wir durch die Stadt Dubno südlich Berditschew gekommen. Wir haben dort länger gehalten. Dabei wurde uns von anderen Soldaten gesagt, wir sollten einmal in das Gefängnis gehen. Dort seien volksdeutsche Frauen und Kinder von den Russen ermordet worden. Ich bin dann zu dem Gefängnis hingegangen. An dem Eingang stand eine Holztafel, auf der in deutscher, ukrainischer und russischer Schrift darauf hingewiesen war, daß hier volksdeutsche Frauen und Kinder von russischem Terror ermordet worden seien. Ich bin nur in 2 Zellen im ersten Stock gewesen und habe dort zusammen etwa 12 bis 13 weibliche Personen gesehen, von denen vielleicht 7 oder 8 Erwachsene und die anderen Kinder im Alter von vielleicht 10 bis 13 Jahren waren. Alle Personen waren völlig entkleidet. In jeder Zelle hingen etwa 3 oder 4 Frauen mit dem Kopf nach unten. Sie waren mit Stricken an der Decke befestigt worden. Soweit ich mich erinnern kann, waren allen Frauen die Brüste und die Zungen herausgeschnitten. Die Kinder lagen zusammengekrümmt auf dem Fußboden. Ich nehme an, daß sie totgeschlagen worden sind. Blutende Wunden habe ich an ihnen nicht bemerkt.

v.g.u. gez. Karl Steinacker Obergefr.
Der Zeuge wurde vereidigt.
gez. Dr. Schöne gez. Bobleter Protokollf.

Oberkommando der Wehrmacht Wien, den 20.6.1942
Wehrmacht-Untersuchungsstelle
für Verletzungen des Völkerrechts

Dokument 43

Gegenwärtig:
Kriegsgerichtsrat Dr. Schöne als richterlicher Militärjustizbeamter
Anni Hamerl als Protokollführer, besond. verpfl.

In der völkerrechtlichen Untersuchungssache Rußland wurde der Gefr. Kettenring, Karl im Reservelazarett II a, Wien, aufgesucht.

Er wurde mit dem Gegenstand seiner Zeugenvernehmung bekanntgemacht und über seine Wahrheitspflicht als Zeuge unter Hinweis auf die Bedeutung des Eides besonders belehrt.

Zur Person: Ich heiße Karl Kettenring, 34 Jahre alt, Gefr., Wachbatl. 701.

Zur Sache: Anfang Oktober 1941 hatte mein Bataillon in der Gegend zwischen Mogilew und Bobrigsk die Gegend nach Partisanen durchzukämmen. Eines Abends ist der Fahrer Weißgerber vom Bataillon zu meiner Kompanie gefahren, um Verpflegung zu bringen. Auf dem Wagen befanden sich noch 4 Soldaten. Am nächsten Morgen ist der Meldefahrer vom Bataillon zurückgekommen und hat berichtet, daß das Fahrzeug unterwegs von Partisanen überfallen worden sei. Ich bin dann mit an der Stelle gewesen. Das Fahrzeug war ausgebrannt. Um das Fahrzeug herum lagen 4 verkohlte Leichen. Nur einer von den mitfahrenden Kameraden ist im verwundeten Zustande entkommen und hat dann erzählt, daß sie von Partisanen überfallen worden seien.

v.g.u. gez. Karl Kettenring
Der Zeuge leistete den Zeugeneid.
gez. Dr. Schöne gez. Hamerl

C. 6 Verwendung völkerrechtswidriger Munition

Oberkommando der Wehrmacht Wehrmacht-Untersuchungsstelle für Verletzungen des Völkerrechts

Berlin, den 27. Januar 1942

Dokument 44

Gegenwärtig:
Kriegsgerichtsrat Dr. Dorfmüller als richterlicher Militärjustizbeamter
Maria Jaedicke als Protokollführerin besonders verpflichtet.

In der völkerrechtlichen Untersuchungssache Rußland wurde der Oberleutnant Wolfgang Müller im Reservelazarett 122, Berlin-Tempelhof, aufgesucht.

Er wurde mit dem Gegenstand seiner Zeugenvernehmung bekanntgemacht und über seine Wahrheitspflicht als Zeuge unter Hinweis auf die Bedeutung des Eides besonders belehrt. Er erklärte:

Zur Person: Ich heiße Wolfgang Müller bin 23 Jahre alt, letzter Truppenteil 1/I.R. 900.

Zur Sache: Am 17. Oktober 1941 geriet ich in der Gegend von Kalinin in Rußland mit meiner Kompanie in einen Nahkampf mit Russen. Aus einer Entfernung von etwa 1 1/2 Meter gab ein russischer Soldat einen Gewehrschuß auf mich ab, der meinen Stahlhelm traf. Da ich den Sturmriemen nicht festgeschnallt hatte, flog mir der Stahlhelm vom Kopf. Das Geschoß selbst war an dem Stahlhelm zur Explosion gekommen. Die Splitter trafen mich oberhalb des Auges, in die rechte Wange, ein Teil des Geschoßmantels durch Nase und Nasenseptum. Durch die vorgefundenen Geschoßsplitter habe ich festgestellt, daß es sich um ein Infanteriegeschoß, das mit Explosivmasse gefüllt war, handelt. Wir haben derartige Munition mehrfach an der Front bei den Russen vorgefunden. Die Patronen sind am Patronenboden durch einen schwarzen und roten Ring gekennzeichnet.

Der Zeuge wurde beeidet.

v.g.u. gez. Müller gez. Dr. Dorfmüller gez. Jaedicke

C. 7 Verbotene Kampfmittel und Kriegslisten

Dokument 45

Oberkommando der Wehrmacht Wehrmacht-Untersuchungsstelle für Verletzungen des Völkerrechts **Jugenheim, den 18.6.1942.**

Gegenwärtig:
Kriegsgerichtsrat Dr. Hofmann als richterlicher Militärjustizbeamter,
Büroangestellte Sigrid Müller als Protokollführer, besond. verpfl.

In der völkerrechtlichen Untersuchungssache Rußland wurde der Gefr. Artur Gesswein im Reservelazarett Jugenheim a.d.B. aufgesucht.

Er wurde mit dem Gegenstand seiner Zeugenvernehmung bekanntgemacht und über seine Wahrheitspflicht als Zeuge unter Hinweis auf die Bedeutung des Eides besonders belehrt. Er erklärte:

Z.P.: Ich heiße Arthur Gesswein, bin 29 Jahre alt, verheiratet, Gefr., 2./I.R. 208, z.Z. Reservelazarett Jugenheim a.d.B.

Z.S.: Am 24.7.41 geriet mein Batl. auf der Rollbahn in der Gegend von Kiew in einen russischen Hinterhalt. Aus einem vor uns liegenden Wald kamen 40 Soldaten in deutscher Uniform. Da diese uns zuwinkten, nahmen wir an, daß wir deutsche Kameraden vor uns hätten. Als sich unsere Spitze diesen Soldaten bis auf kurze Entfernung genähert hatte, setzte plötzlich eine heftige Schießerei ein. Nun stellte sich heraus, daß die 40 Mann Russen waren, die sich mit deutschen Uniformen getarnt hatten. Die Russen schossen aus dem Wald Panzergranaten und mit Granatwerfern. Es ergab sich auch, daß die Russen in erheblicher Stärke in dem Wald in Stellung lagen. Infolge der Übermacht der Russen mußten wir uns schleunigst zurückziehen. Dabei konnten wir die nicht gehfähigen Verwundeten nicht mit zurücknehmen. Nachdem wir Unterstützung durch ein anderes Regiment erhalten hatten, machten wir noch am gleichen Tage einen Gegenstoß und eroberten das Gelände zurück, das wir zunächst vor der Übermacht der Russen hatten aufgeben müssen. Dort fanden wir unsere Verwundeten restlos ermordet auf. Ich kann mich noch genau erinnern, daß ich beim Zurückgehen drei Kameraden von unserer Nachbarkompanie gesehen habe, die Beinverletzungen hatten und sich weiter zurückarbeiteten. Als ich später bei dem Gegenstoß wieder zu ihnen kam, waren sie alle drei tot. Sie wiesen nunmehr außer den Schußverletzungen zahlreiche Stichverletzungen am ganzen Körper auf. Außerdem war ihnen der Kopf mit einem Stein oder einem andern Gegenstand vollkommen plattgeschlagen. Auch die übrigen Verwundeten wiesen zahlreiche und erhebliche Stichverletzungen auf. Die Russen hatten außerdem auch Verstümmelungen an Gefallenen vorgenommen. Meinen Kameraden und mir fiel auf, daß die Russen besonders die Soldaten verstümmelt haben, die im Besitz von Ehrenzeichen waren. Am schlimmsten waren jedoch die Offiziere zugerichtet.

v. g. u. Gez. Gefr. Arthur Gesswein. unterschrieben.
Der Zeuge wurde vereidigt. gez. Dr. Hofmann. gez. Sigrid Müller.

Dokument 46

Gericht
der 29. Inf.-Div. (mot)
R.H.L. Nr. 37/1942.

Komp.Gef.Std., den 9.4.42
(6./I.R. 15)

Gegenwärtig:
Kriegsgerichtsrat Dr. Mewes,
Unteroffizier Ander als Protokollführer.

Der Unteroffizier Köhler erklärt nach Eidesbelehrung:

Ich heiße Heinz Köhler, bin 22 Jahre alt, ev. Glaubens, ledig, Zivilberuf: Abiturient, Unteroffizier der 2./Inf.-Regt. 15 (mot), wegen Eidesverletzung nicht bestraft.

Am 25.2.1942 führte ich ein Bergungskommando nach Leschanowka (3 km nordostwärts Mzensk). Dort sollten die Leichen mehrerer Kameraden geborgen werden, die bei einem Spähtrupp gefallen waren. Wir fanden die Leichen an der Höhe vor Leschanowka und legten sie vom Schnee frei. Bei den Toten waren die Mäntel geöffnet, die Röcke ebenfalls, das Futter der Taschen war zum Teil nach außen gezogen. Wir arbeiteten ohne jede Feindberührung. Es war ganz still, jedenfalls war kein Schuß zu hören. Das Wetter war etwas stürmisch. Plötzlich hörte ich einen Knall und sah, daß ein Mann durch die Luft flog, der dann sich aufraffte und auf mich zulief. Dies war der Gefreite Klös, der von mir den Auftrag hatte, den einen Gefallenen auf den Schlitten zu legen. Klös erzählte mir hinterher, die Detonation sei erfolgt, als sie den Gefallenen angehoben hätten. Daß Klös und der Schütze B. gerade einen Gefallenen anheben wollten, habe ich vorher gesehen. Durch die Explosion ist der Schütze B. sofort getötet worden, der Gefreite Klös wurde verwundet.

Ich habe keinen Zweifel, daß es sich bei der Explosion um eine Mine gehandelt hat. Dies ergibt sich daraus, daß ein Abschuß nicht zu hören war, obwohl wir auf jedes Geräusch achteten, daß eine schwarze Stelle auf dem Schnee war, wo der Tote gelegen hatte, und daß der Knall anders war, als bei einem Einschlag eines leichten Kalibers, mit dem die Russen hier schießen. Auch nach dem senkrecht nach oben gehenden Sprengpilz mußte es sich um eine Mine handeln. Da wir zum Freimachen dort viel umhergelaufen sind und die Detonation beim Anheben der Leiche erfolgte, nehme ich an, daß es sich um eine mit der Leiche durch Zugzünder verbundene Mine handelte.

v. g. u. gez. Heinz Köhler Der Zeuge wurde vereidigt.

Der Unteroffizier Hartmann erklärt nach Eidesbelehrung:

Ich heiße Albrecht Hartmann, bin 28 Jahre alt, gottgläubig, ledig, Student pharm., Unteroffizier der 2./Inf.-Regt. 15 (mot).

Bei den am 24.2.1942 Gefallenen befanden sich Mannschaften meiner Gruppe. Ich habe mich deshalb freiwillig zum Bergungskommando gemeldet. Mehrere Leichen wurden auf der Höhe vor Leschanowka gefunden. Sie wurden zunächst vom Schnee freigelegt. Der Gefreite Klös und der Schütze B. sollten den am weitesten feindwärts liegenden Toten auf den Schlitten laden. Ich hörte in etwa 50 m Entfernung einen lauten Knall. Ich sah den Sprengpilz. Nach dem Knall und dem Sprengpilz handelte es sich um eine Mine. Ich habe schon wiederholt Explosionen russischer Minen miterlebt. Während sich der Unteroffizier Köhler des verwundeten Gefreiten Klös annahm, suchte ich nach dem Schützen B. Ich stellte fest, daß er durch die Mine zerfetzt worden ist. Auch der Sprengtrichter war typisch für eine flach verlegte Mine. Es kann sich nach meiner festen Überzeugung nur um eine mit der Leiche verbundene Mine handeln. Wir sind längere Zeit in dem Gelände umhergelaufen. Wenn dort ein Minenfeld gelegen hätte, hätten wir dies feststellen müssen.

v. g. u. gez. Albrecht Hartmann Der Zeuge wurde vereidigt.

Der Gefreite Seum erklärt nach Eidesbelehrung:

Ich heiße Heinrich Seum, bin 22 Jahre alt, ev. Glaubens, ledig, Landwirt, Gefreiter der 2./Inf.-Regt. 15 (mot).

Ich sollte bei dem Bergungskommando mit der Leuchtpistole dem vorgeschobenen Beobachter der Artillerie und der Kompanie Zeichen geben, wenn das Bergungskommando angegriffen werden würde. Ich hörte einen lauten Knall. Im ersten Augenblick dachte ich, es könnte ein Artillerieeinschlag sein. Da ich aber keinen Abschuß gehört hatte, trotz angespannter Aufmerksamkeit, kam ich zu der Überzeugung, es müsse eine Mine gewesen sein. Die zurückkommenden Unteroffiziere und auch der Gefreite Klös erzählten mir, die Russen hätten an einem Gefallenen eine Mine angebracht.

v. g. u. gez. Heinrich Seum Der Zeuge wurde vereidigt. gez. Mewes

Dokument 47

Gericht der Division 192 Marienburg, den 25. III. 1942
Zweigstelle Marienburg

Gegenwärtig:

1. Kriegsgerichtsrat Dr. Rahn als Vernehmender
2. Gefr. Besker als Protokollführer allgemein verpfl. gem. §§ 104 Abs. 3, 22 Abs. 2 MStGO. –

Auf das Ersuchen des Gerichts der Dienststelle, F.-Nr. 29061 vom 13. III. 42 wurde der im Res. Lazarett Marienburg befindliche Oberleutnant Dr. Grauer zwecks Vernehmung als Zeuge von den nebenbezeichneten Personen aufgesucht.

Der Zeuge wurde mit dem Gegenstand der Untersuchung bekanntgemacht und auf die Bedeutung des etwa zu leistenden Eides hingewiesen. Hierauf wurde er wie folgt vernommen:

Ich heiße Dr. Fritz Grauer, bin 37 Jahre alt, gottgläubig, Oberleutnant (Zivilberuf Landrat) Ers.Wach-Btl. 705, 2. Kompanie, z.Zt. Res.Laz. Marienburg, verneine die übrigen Glaubwürdigkeitsfragen.

Ich erkläre zu dem Gegenstand meiner Vernehmung:

Ich habe Mitte Januar 1942 – den genauen Tage [sic] vermag ich nicht mehr anzugeben – beobachtet daß ein zweimotoriges Flugzeug mit den deutschen Kennzeichen (Balkenkreuz und gelber Streifen) in die Nähe der Bahnlinie Toropetz-Dubuo, etwa 300 m vom Bahnhof Kuttowa entfernt, vier Bomben abgeworfen hat. Nach meinem Dafürhalten kann dieses nur ein russisches Flugzeug mit deutschen Kennzeichen gewesen sein.

Am 13. I. 1942 beobachtete ich, daß ein zweimotoriger Bomber in der Nähe von Toropetz (etwa 6 km von Toropoz entfernt) mit dem M.G. Zivilisten (etwa 8 Personen) beschossen hat. Auch dieses Flugzeug trug die deutschen Kennzeichen. Ich habe dieses durch Fernglas einwandfrei feststellen können. Vorher hatte das gleiche Flugzeug auf Toropotz Bomben geworfen.

Am 18. I. 42 beobachtete ich schließlich ein zweimotoriges Flugzeug, das auf dem Bahnhof Martissowa mehrere (etwa 2) Bomben abwarf. Dieses Flugzeug hatte gleichfalls deutsche Kennzeichen.

V. g. u. gez. Grauer, Oblt.

Der Zeuge wurde hierauf vorschriftsmäßig beeidet.

Geschlossen: gez. Dr. Rahn Feldkriegsgerichtsrat gez. Besker Protokollführer

C. 8 Verbotene Arbeiten

Dokument 48

Gericht der Division Nr. 156
Feldpostnummer 45685
R.H.L. (D VI) Nr. 122/42

Verhandelt im Res.Laz. Jülich, den 12.6.1942

Gegenwärtig:
1.) Feldkriegsgerichtsrat Altenbeck
2.) Soldat van Gils, als Protokollführer gemäß § 22 MStGO verpflichtet.

Auf Befehl erscheint der Gefr. Heinz Kreuz, der, mit dem Gegenstand seiner Vernehmung bekanntgemacht, eingehend zur Wahrheit ermahnt und auf die Bedeutung des von ihm zu leistenden Eides hingewiesen, erklärt:

Zur Person: ich heiße Heinz Kreuz, bin am 14.10.1921 zu Datteln i.W. geboren, ledig, im Zivilberuf angelernter Schlosser unter Tage in Hückelhoven.

Seit dem 15.6.1940 bin ich Soldat, und zwar wurde ich einberufen zur 1./Art.Ers.Abt. 211 nach Thorn. Am 1.10.1940 bin ich zur 6./Art.Rgt. (mot) 146 nach Siegburg versetzt worden. Mit dieser Batterie war ich zunächst etwa ab Mitte Oktober 1940 in Frankreich und machte ich alsdann den Vormarsch gegen Serbien und anschließend den Einsatz gegen Rußland mit.

Mit Wirkung vom 1.5. oder 1.6.1941 bin ich zum Gefreiten befördert worden.

Zur Sache: Am 14.10.1941 – ich entsinne mich dieses Tages deshalb so bestimmt, weil ich an dem Tage 20 Jahre alt geworden bin – hatte unsere Batterie (= 6./Art.Rgt. (mot) 146) Feuerstellung bezogen in einem russischen Dorfe, ich glaube, es hieß Deblowka oder Deoblowka, und zwar mitten zwischen den Häusern. Ich selbst gehörte nicht zur Geschützbedienung, war vielmehr als Beifahrer zum Tankwagen eingeteilt, der sich auch in dem Dorf befand. Gegen 7 Uhr hörten wir vom Feinde her MG-Feuer. Als das Feuer näher kam wurde in unserer Batterie Karabiner-Panzermunition ausgegeben. Bald darauf kamen auch schon die vor uns liegenden deutschen Panzerjäger (Kompanie- und Regimentsnummer kann ich nicht angeben) bis auf unsere Feuerstellung zurück; es hieß allgemein, der Russe greife an. Mit einigen ebenfalls nicht zur Geschützbedienung gehörenden Kameraden, u.a. mit unserem Küchenpersonal, lief ich zur Verteidigung unserer Stellung bis in einen etwa 20 Meter vor unseren Geschützen befindlichen Hohlweg. Kaum waren wir dort angekommen, als der Russe auch schon den Angriff vortrug. Ich konnte mit meinen in dem Hohlweg liegenden Kameraden wegen zu starken feindlichen Feuers nicht zum Schuß kommen. Von unserer Batterie feuerte lediglich das 1. Geschütz, das die heranrollenden russischen Panzer im Gegensatz zu den drei anderen Geschützen beschießen konnte. Weil das russische Feuer immer stärker wurde, wollten wir uns aus dem Hohlweg zurückziehen; dies wagten wir jedoch zunächst nicht, da zugleich mit den russischen Panzern auch russische Infanterie vorstürmte und schon zu nahe an uns herangekommen war. Schließlich flüchteten wir aber doch aus dem Hohlweg und liefen zurück. Dabei fiel einer unserer Kameraden. Als wir das sahen, machten wir, und zwar mein Kamerad Gefreiter W. und ich, kehrt und liefen durch den Hohlweg bis zu einem in dessen Nähe gelegenen Haus, hinter dem wir uns versteckten. Bald rollte auch schon ein russischer Panzer an uns vorbei, der uns jedoch nicht bemerkt hatte. Unmittelbar dahinter kam ein russischer LKW gefahren, der voll mit Mannschaften beladen, kurz vor unserer Batteriestellung stehen geblieben war und von dem aus unsere zurückweichenden Schützen unter Feuer genommen wurden. Da wir, d.h. W. und ich, zu der Überzeugung gelangt waren, daß für uns jeder Widerstand zwecklos sei, vernichteten wir unsere Soldbücher, d.h. wir versteckten sie unter dem Schnee. Von dem Lkw. hatte man uns wohl beobachtet, denn zwei Russen schlichen sich aus der Richtung des haltenden Lkw's mit aufgepflanztem Bajonett an uns heran. Mit erhobenen Händen ergaben wir uns ihnen und folgten in eine in der Nähe befindliche Mulde, in der ein russischer Gefechtsstand eingerichtet war. Dort nahm man mir ab: meine Feldbluse und meinen Kradpullover; mein Kamerad W. mußte hergeben: seinen blauen Arbeitskittel, ebenfalls seinen Kradpullover sowie seine Taschenuhr nebst Kette. Alsdann nahm man uns mit bis zu dem Lkw, auf dem sich mehrere Kisten mit Inf.-Munition befanden. Hier befahl man uns, diese Munition zur vordersten russischen Linie zu schleppen. Das haben wir dann auch ohne Weigerung mehrmals getan. Als wir nach dem 3. oder 4. Male zu dem Lkw. zurückkehrten, sah ich, daß ein weiterer Kamerad unserer Batterie, er war von der Geschützbedienung, seinen Namen vermag ich nicht anzugeben, ebenfalls von den Russen gefangen genommen worden war, und zwar stand er da mit erhobenen Armen. Wir, d.h. W. und ich, mußten hinzukommen. Nun stürzte sich einer der Russen auf diesen unseren Kameraden und versuchte, ihm die Armbanduhr abzunehmen. Der Kamerad ließ sich dies aber nicht gefallen und wehrte sich. Dann griff der Russe in die Tasche und wollte sein Messer ziehen, es sah dies jedenfalls so aus. Da stürzte sich unser Kamerad auf den Russen und stieß ihn einen Abhang hinunter. Unmittelbar darauf fiel ein Schuß, worauf sich der Kamerad nach einer seiner Schultern faßte. Zwei Russen eilten sodann herbei und stießen den Kameraden mit ihren Bajonetten ins Gesicht, das daraufhin stark blutete. Der Kamerad schrie laut auf und brach zusammen. Dann wurde er von den beiden Russen mit den Füßen so gestoßen, daß er auch den Abhang hinunterrollte; als er unten liegen blieb und nochmals aufschrie, wurde von den beiden Russen noch ein paar Mal auf ihn geschossen. An welchen Stellen des Gesichts die Russen unseren Kameraden mit den Bajonetten gestochen haben, kann ich im einzelnen nicht sagen, da dies alles so plötzlich vor sich ging.

Einer der Russen gab mir hierauf einen Fußtritt in die Bauchgegend, der so heftig war, daß auch ich hinfiel und den Abhang hinunterrollte. Als ich mich aufreckte, bekam ich einen Schuß 2 cm unterhalb des rechtes Auges, der hinter dem linken Ohr wieder herausging. Ich fiel sofort zu Boden und wollte aufschreien; letzteres war mir jedoch nicht möglich. Ich schloß sofort die Augen und stellte mich tot. Kurz darauf verspürte ich einen heftigen Schlag auf meinen Leib. Worauf dieser Schlag zurückzuführen ist, weiß ich nicht, da ich nicht wagte, die Augen zu öffnen. Nach etwa 10 Minuten empfand ich eine schreckliche Müdigkeit, gegen die ich ankämpfen wollte. Ich reckte mich mit dem Oberkörper auf und stellte fest, daß mein Kamerad W. mit seinem Kopf regungslos auf meinem Magen lag. Aus der Gesamtsituation heraus habe ich damals angenommen und nehme ich auch heute noch an, daß auch er an- bzw. erschossen worden ist. Ich wälzte W. nun von mir. Ein Russe, der dies gesehen haben mußte und den ich jedoch nicht bemerkt hatte, forderte mich auf, ihm zu folgen. Ich schleppte mich dann auch bis in unsere ehemalige Batteriestellung. Hier bekam ich von dem Russen den Befehl, unsere ehemalige Geschützmunition (= 10,5 cm Haubitz-Granaten) von einem etwa 50 Meter entfernten Stapel zu einem Geschütz zu tragen. So gut und so schlecht, wie ich dies infolge meines Kopfschusses konnte, habe ich auch ein Geschoß genommen, um es zu der mir befohlenen Stelle zu bringen. Kurz vor dem Geschütz brach ich dann, da meine Kräfte versagten, endgültig zusammen, nachdem ich unterwegs schon einige Male zusammengesunken war.

Als ich feststellte, daß sich kein Russe mehr in meiner Nähe befand, arbeitete ich mich auf allen Vieren zurück bis zu einem brennenden Lkw. Hier verlor ich dann das Bewußtsein. Was weiter geschah, weiß ich nicht. Erst am Spätnachmittage kam ich wieder, und zwar war dies auf einem deutschen Hauptverbandsplatz, zu mir und erlangte das Bewußtsein zurück.

Meine vorstehenden Angaben entsprechen der Wahrheit; ich kann sie mit ruhigstem Gewissen mit meinem Eide, auf dessen Bedeutung ich nochmals eingehend hingewiesen worden bin, bekräftigen.

v.g.u. gez. Gefr. Heinz Kreuz

Der Zeuge leistete darauf den Zeugeneid.

geschl. gez. Altenbeck Feldkriegsgerichtsrat gez. Sold. van Gils als Protokollführer

Dokument 49

Gericht der 30. Division
RHL. 32/42

O.U., den 18. April 1942
Feldpostnummer 19678

Gegenwärtig:
Kriegsgerichtsrat Wodtke als Richter,
Unteroffizier Woisin als Protokollführer
allgemein verpflichtet.

Auf Befehl erscheinen der Hauptfeldwebel Grochla und der Unteroffizier Tholen, beide von der Kampfgruppe Brockmann. Mit dem Gegenstand ihrer Vernehmung vertrautgemacht und auf die Bedeutung des zu leistenden Eides hingewiesen, erklären sie folgendes:

1. Uffz. Tholen:

Z.P.: Ich heiße Johann Tholen, bin 28 Jahre alt, Unteroffizier, im Zivilberuf Wachtmeister der Wasserpolizei.

Z.S.: Am 21.3.1942 beobachtete ich nachmittags im Abschnitt meiner Kompanie etwa 1 km ostwärts Iljina-Niwa am Scherenfernrohr die russischen Stellungen. Die russischen Stellungen sind an dieser Stelle 700 m von unserer Linie entfernt. Ich erkannte, daß mehrere Soldaten ohne Bewaffnung und ohne Tarnbekleidung mit dem Ausschachten eines Schneegrabens beschäftigt waren. Sie arbeiteten unter Aufsicht eines russischen Postens in Schneehemd mit Gewehr und aufgepflanztem Seitengewehr. Ich erkannte an der Bekleidung und an den Feldmützen einwandfrei, daß es sich um 4 deutsche Soldaten handelte, die offenbar in Gefangenschaft geraten waren. Ich meldete meine Beobachtung meinem Kompanieführer, Hauptfeldwebel Grochla. Als dieser kam, schoß ich mit dem MG. auf den Posten, während Hauptfeldwebel Grochla am Scherenfernrohr beobachtete. Darauf verschwand der Posten hinter dem Schneewall in Deckung, während die Gefangenen seitwärts weiterarbeiten mußten, wo sie völlig frei und ohne Deckung waren. Darauf schoß Hauptfeldwebel Grochla noch einige Schüsse mit dem Zielfernrohrgewehr, worauf der Posten völlig verschwand, während die Gefangenen weiter ohne Deckung an dem Schneegraben arbeiten mußten. Mit Einbruch der Dunkelheit war der Graben fertiggestellt. Am folgenden Tage konnte ähnliches nicht mehr beobachtet werden.

v.g.u. gez. Johann Tholen
Der Zeuge leistete den Zeugeneid.

2. Hauptfeldwebel Grochla:

Z.P.: Ich heiße Michael Grochla, bin 28 Jahre alt, Hauptfeldwebel, z.Zt. Kompanieführer in der Kampfgruppe Brockmann.

Z.S.: Der Abschnitt meiner Kompanie befindet sich etwa 1 km ostwärts Iljina Niwa mit Front nach Osen. Am 21.3.1942 nachmittags meldete mir der Uffz. Tholen, daß er durch das Scherenfernrohr beobachtet habe, daß in der vordersten russischen Linie deutsche Kriegsgefangene mit dem Ausschachten eines Schneegrabens beschäftigt würden. Ich habe selbst durch das Scherenfernrohr einwandfrei an der Feldmütze, dem Nichttragen von Schneehemden sowie daran, daß ein Posten mit Gewehr und aufgepflanztem Seitengewehr dabeistand, vier deutsche Soldaten erkannt. Ich ließ zuerst Uffz. Tholen mit dem MG. auf den Posten schießen und habe auch selbst mit dem Zielfernrohrgewehr auf ihn geschossen. Der Posten verschwand sofort in Deckung hinter dem Schneewall. Die 4 Gefangenen mußten aus dem bereits fertigen Teil des Schneegrabens seitlich heraustreten, um den Graben zu verlängern. Infolgedessen standen sie jetzt völlig ohne Deckung.

Diese Schanzarbeiten der Russen sind offensichtlich darauf zurückzuführen, daß sie in der letzten Zeit durch auf unserer Seite eingesetzte Scharfschützen erhebliche Verluste gehabt haben.

Der Graben wurde noch an demselben Abend fertiggestellt. Ich habe weitere Beschäftigung von Kriegsgefangenen in den vordersten russischen Linien nicht beobachtet.

v. g. u. gez. Michael Grochla,
Der Zeuge leistete den Zeugeneid.
Geschlossen: gez. Wodtke gez. Woisin

D. Verletzungen des Roten Kreuzes: Angriffe auf Sanitätsformationen, Lazarette, Ärzte und Krankenträger

Dokument 50

Oberkommando der Wehrmacht Wehrmacht-Untersuchungsstelle für Verletzungen des Völkerrechts — **Guben, den 17.3.1942**

Gegenwärtig:
Kriegsgerichtsrat Dr. Schöne als Untersuchungsführer,
Angest. Draeger als Protokollführer besonders verpflichtet.

In der völkerrechtlichen Untersuchungssache Rußland wurde der Gefr. Werner Franke im Reservelazarett 101 Guben aufgesucht.

Er wurde über seine Wahrheitspflicht als Zeuge unter Hinweis auf die Bedeutung des Eides besonders belehrt und erklärte:

Zur Person: Ich heiße Gefr. Werner Franke von Aufkl.Abt. 293, bin 26 Jahre alt.

Zur Sache: Ich war Krankenträger bei der Vorausabteilung der 293. I.D. Als wir im Sept. 1941 von Gomel aus auf Kiew zu vorstießen und in der Gegend von Tschernigow waren, erhielten wir, als wir aus einer kleinen Ortschaft herauskamen, von den Russen Feuer. Ein Kamerad meiner Abt. erhielt, als er mitten auf einer Wiese war, die von Kuscheln umstanden war, einen Bauchschuß. Der Kamerad hieß Gefr. Quallmann. Ich ging zu ihm hin, um ihn zu verbinden. Ich war durch eine Rote-Kreuz-Binde sichtbar gekennzeichnet. Als ich dabei war, den Kameraden zu verbinden, erhielt ich plötzlich einen Oberarmschuß. Da auf der ganzen Wiese nur der Verwundete und ich waren, kann der Schuß nur einem von uns beiden gegolten haben.

v. g. u. gez. W. Franke
Der Zeuge leistete den Zeugeneid.
gez. Dr. Schöne gez. Draeger

Dokument 51

Oberkommando der Wehrmacht Wehrmacht-Untersuchungsstelle für Verletzungen des Völkerrechts — **Fürstenwalde, Spree, den 20.3.1942**

Gegenwärtig:
Kriegsgerichtsrat Dr. Schöne als Untersuchungsführer,
Feldwebel Rudolf Schulze als Protokollführer besonders verpflichtet.

In der völkerrechtlichen Untersuchungssache Rußland wurde der Obergefreite Willi Schulz im Reservelazarett 101 Fürstenwalde, Spree, aufgesucht. Er wurde über seine Wahrheitspflicht als Zeuge unter Hinweis auf die Bedeutung des Eides besonders belehrt und erklärte:

Zur Person: Ich heiße Willi Schulz, bin 43 Jahre alt, Obergefreiter, zuletzt bei 1. San.Komp. der 123. Inf.Div.

Zur Sache: Am 20.8.1941 war ich auf dem Hauptverbandsplatz Kamijenka südlich Staraja-Russa tätig. Der Hauptverbandsplatz befand sich in einem Walde und bestand aus mehreren, mit der Roten Kreuzflagge versehenen Zelten und einer Anzahl ebenfalls mit dem Roten Kreuz gekennzeichneten Sankras. In der Mittagsstunde erhielt der Hauptverbandsplatz plötzlich russisches Feuer und zwar sowohl von Granatwerfern wie von Maschinengewehren, auch gezieltes Infanteriefeuer. Das San.-Personal hatte 2 Tote und 11 Verwundete. Der Hauptverbandsplatz war weithin als solcher kenntlich.

Im November 1941 habe ich in der Nähe von Ostaschkow mehrfach erlebt, daß die Russen San.Kraftwagen, die zwischen Hauptverbandsplatz und Sammelstelle verkehrten, von den Russen mit Infanteriewaffen beschossen wurden [sic]. Auch das geschah am Tage, und die Roten Kreuzabzeichen waren weithin sichtbar.

v. g. u. gez. Willi Schulz
Der Zeuge leistete den Zeugeneid.
gez. Dr. Schöne gez. Schulze

Dokument 52

Oberkommando der Wehrmacht Wehrmacht-Untersuchungsstelle für Verletzungen des Völkerrechts

Frankfurt/O., den 19. März 1942

Gegenwärtig:
Kriegsgerichtsrat Dr. Schöne als Untersuchungsführer,
Ingeborg Wonneberger als Protokollführer besonders verpflichtet,
Kan. Händler als Dolmetscher für die spanische Sprache besonders verpflichtet.

In der völkerrechtlichen Untersuchungssache Rußland wurde der Manuel Rubio Ruiz im Reservelazarett 105, Frankfurt/O. aufgesucht. Er wurde über seine Wahrheitspflicht als Zeuge unter Hinweis auf die Bedeutung des Eides besonders belehrt und erklärte:

Zur Person: Ich heiße Manuel Rubio Ruiz, bin 29 Jahre alt, Gefreiter, Pi. 250 mot., Span.Div.

Zur Sache: Nach Weihnachten 1941 wurde die 1. Kompanie Pi. 250 der spanischen Division in ihrer Stellung „Intermedia" nördlich Nowgorod von den Russen angegriffen. Dabei sind eine ganze Anzahl Spanier verwundet in russ. Gefangenschaft geraten. Einige Stunden später, nachdem eine andere spanische Kompanie die Stellung wiedererobert hatte, habe ich die von den Russen hingemordeten spanischen Kameraden gesehen. Drei von ihnen waren mit Spitzhacken durch die

Brust geschlagen, einem waren die Ohren, einem anderen der Arm und wieder einem anderen der Geschlechtsteil abgeschnitten worden.

Ende Dezember 1941 – es war nach dem obengeschilderten Vorfall – habe ich beim Munitionstragen einen Roten-Kreuz-Wagen auf einem Weg stehen sehen. Ich ging hin und stellte fest, daß die 5 verwundeten spanischen Soldaten, die darin gelegen hatten, neben dem Wagen lagen und ermordet worden waren. Alle 5 trugen Seitengewehrstiche, zwei von ihnen war auch der Geschlechtsteil abgeschnitten worden. Wie ich gehört habe, sind der Fahrer und ein Uffz. bei dem russischen Überfall entkommen.

Das Protokoll wurde dem Zeugen in spanischer Sprache durch den Dolmetscher übertragen, von ihm genehmigt und wie folgt unterschrieben.

gez. Manuel Rubio Ruiz

Der Zeuge leistete sodann den Zeugeneid,
der ihm vom Dolmetscher in die spanische Sprache übertragen wurde.
gez. Dr. Schöne gez. Wonneberger gez. Manuel Händler als Dolmetscher.

Dokument 53

Gericht
der Division Nr. 174
A.L. 90/42

Chemnitz, den 19. Februar 1942

Gegenwärtig:
1. Kriegsgerichtsrat Dr. Croy
2. Baum, Uffz. als Urkundsbeamter der Geschäftsstelle – als Protokollführer – allg. verpfl. gem. §§ 104 Abs. 3, 22 Abs. 2 MStGO –

In der Angelegenheit betreffend die Mißhandlung und Verstümmelung verwundeter, gefangener und gefallener Soldaten der Deutschen Wehrmacht durch den sowjetrussischen Gegner im Gefecht bei Wjasma erschien als Zeuge der Nachbenannte Feldwebel Kurt Thürmer.

Der Erschienene wurde mit dem Gegenstand der Untersuchung bekannt gemacht und auf die Bedeutung des etwa zu leistenden Eides hingewiesen. Hierauf wurde er wie folgt vernommen:

Ich heiße Kurt Thürmer, bin 28 Jahre alt, ledig, ev. luth. Glaubens, (Dienstgrad – Beruf) Feldwebel – Handelsgehilfe, Truppenteil: 1. Gen.Kp./I.E.B. 185, verneine die übrigen Glaubwürdigkeitsfragen.

Ich erkläre zu dem Gegenstand meiner Vernehmung:

Ich gehörte vor meiner Versetzung zum Ers.-Truppenteil dem Btl.-Stab des I./I.R. 185 an. Das Btl. hat an den Gefechten im Kessel von Wjasma teilgenommen. Im Gefecht am 13.10.1941 hatte das Regiment starke Verluste und etwa 200 Tote verloren. Am 15.10.41, also Tags darauf wurde eine Suchaktion nach Verwundeten eingeleitet. An dieser nahm ich gemeinsam mit dem Feldwebel Rödig teil. Wir beide suchten das Kampffeld um die Ortschaft Shipina, wo wir Tags zuvor eingeschlossen waren, nach Verwundeten unseres Truppenteils ab. Wir hatten dies unter Gefallenen unserer Einheit, gefallenen Russen und toten Pferden vorzunehmen. Hierbei stellten wir bei der ersten Zählung an Gefallenen unseres Btl. 68 Mann fest, welche Zahl sich allerdings später noch erhöhte.

Fast sämtliche Gefallenen wiesen arge Verstümmelungen, fast durchweg durch Säbelhiebe und -stiche auf. Besonders erinnerlich ist mir das Auffinden des Kom.-Führers der 2. Komp. des Lt. Dr. B., den ich aus meiner Heimat persönlich gut kenne, welcher mit einem Zuge seiner Kompanie die Ortssicherung unternommen hatte und mit diesem Zuge in einer ganz unerheblichen Deckung, es war ein Straßengraben, gelegen war. Wir stellten fest, daß nicht ein einziger dieser Leute auch nur einen Schuß scharfer Munition noch bei sich gehabt hätte, woraus wir erkannten, daß dieser Zug sich bis zur letzten Patrone in der Abwehrstellung gehalten hat. Lt. B. hatte nicht eine einzige Schußverletzung, war vielmehr durch Säbelhiebe erschlagen worden. Durch einen Säbelhieb, war ihm die Schädeldecke in Stirnhöhe abgehoben und das Gehirn freigelegt worden. Die linke Wange war durch einen weiteren Säbelhieb gespalten. Die Brust war durch mehrere Stiche verletzt. Der Komp.-Fhr. der 4. Komp. Lt. T. hatte etwa 10 Schußverletzungen im Gesicht und war auch im übrigen durch Säbelhiebe arg zugerichtet. Leute der 4. Komp. fanden wir in Schützenlöchern durch Kolbenhiebe förmlich zerstampft und man konnte deutlich erkennen, daß auf diese von oben her mit einem schweren Gegenstand eingeschlagen sein mußte, da nicht nur die Schädel sonder[n] auch Körperteile förmlich zerquetscht waren. Ähnlich wie Lt. Dr. B. waren auch die Leute seines Zuges fast durchweg durch vielfach fast sinnlose Säbelhiebe und -Stiche zugerichtet und man konnte deutlich erkennen, daß bei der Vielzahl der Hiebe und Stiche jedes einzelnen auf die schon Sterbenden und Toten mit Säbelhieben und -stichen eingeschlagen worden sein mußte.

In einer Stellung fanden wir, daß einzelne Soldaten die Arme nach oben gestreckt hielten. Sei es, daß dieselben sich in Erkenntnis des grauenhaften Verhaltens der eindringenden Russen ergeben wollten – auf einen unserer Soldaten kamen ja etwa 16 Russen – sei es, daß sie die Arme zum Schutze gegen die Säbelhiebe erhoben hatten, es läßt sich dies nachträglich nicht mehr feststellen, jedenfalls waren auch diese mehrfach in gleicher Weise verstümmelt und wiesen auch die Hände der emporgestreckten Arme Säbelhiebverletzungen auf, woraus zu erkennen war, daß auch auf diesen infolge Munitionsmangel völlig Wehrlosen in brutalster Weise hingeschlagen worden ist. In vielen Fällen konnten wir abgeschlagene Finger und Hände feststellen, was bei dem Umstande, als alle Toten vollständig ausgeraubt waren, erkennen ließ, daß diese Glieder offensichtlich bei der Beraubung abgeschlagen wurden.

Etwa 1 klm. westlich der Ortschaft, also im Rücken unseres damaligen Kampfplatzes, wo der Weg zum damaligen Verbandplatze zurückführte, fanden wir drei unserer Soldaten, die offenbar damals verwundet und notverbunden in Unkenntnis unserer bereits erfolgten Einschließung sich zum Verbandsplatz begeben wollten und als Verwundete und aus dem Gefecht Ausscheidende durch ihre Verbände an Beinen und Armen deutlich erkennbar waren, in der gleichen sinnlosen Weise niedergemetzelt. Außer mehreren Schüssen wiesen auch sie Säbelhieb- und Stichverletzungen auf.

Während unserer Suche, bei welcher wir auf freiem Gelände unter den vielen Toten umherwanderten, hörten wir einen in der Nähe liegenden, von uns für tot gehaltenen Russen: „Pane, Pane“ rufen. Wir hatten schon zwei verwundete Russen zurückschaffen lassen und gingen auch zu diesem hin, wobei wir feststellten, daß er das eine Bein zerschmettert hatte. Da wir ihm im Augenblick nicht helfen konnten, weil Transportmittel in diesem Augenblick nicht zur Verfügung standen, merkten wir uns lediglich die Stelle, in der Absicht, auch ihn als dritten nachher einholen zu lassen. Wir waren noch garnicht weit weggegangen, etwa 10 Meter, als wir beim Zurückblicken sahen, wie dieser Russe sich mühsam auf das Knie aufrichtete, das neben ihm liegende Gewehr ergriff und auf uns feuerte. Auf das hin haben wir ihn erschossen.

Wie mir der Feldwebel Rödig erzählte, sollen die Russen nach ihrem Eindringen in die Ortschaft jenes Haus, in welchem sich unsere Verwundeten befanden, deren Schreie bis heraus zu hören war [sic], vollständig niedergebrannt haben, ohne die Verwundeten vorher zu bergen. Als ich am nächsten Tag anläßlich der Suchaktion wieder in den Ort kam, habe ich mit anderen Kameraden aus diesem völlig niedergebrannten Hause noch sieben verkohlte Leichname herausgeschafft.

v. g. u. gez. Kurt Thürmer, Feldwebel.
Der Zeuge wurde hierauf vereidigt.
Geschlossen: gez. Dr. Croy gez. Baum

Dokument 54

Gericht der Division Nr. 405
Zweigstelle Ulm (Donau)
RHL. Nr. 5 / 1942.

Ulm (Donau), den 2. Juni 1942 D.

Gegenwärtig:
Kriegsgerichtsrat Dr. Pitra,
Gefr. Delanier.

Zwecks Vernehmung über russische Völkerrechtsverletzungen erklärte als Zeuge der Nachbenannte, Oberleutnant Wienemann, z.Zt. Teillazarett Elisabethenhaus, Ulm/Do.

Olt. Wienemann wurde mit dem Gegenstand der Untersuchung bekanntgemacht und auf die Bedeutung des etwa zu leistenden Eides hingewiesen. Hierauf wurde er wie folgt vernommen:

Ich heiße Eitel Wienemann, bin 27 Jahre alt, kath. Glaubens, Oberleutnant, Krad.Schtz.Ers.Batl. 1, Meiningen, verneine die übrigen Glaubwürdigkeitsfragen.

Ich erkläre zu dem Gegenstand meiner Vernehmung:

I. Am 22.6.1941 kam mein Bataillon auf den russischen Flugplatz Olita a. Njemen, nahm ihn und erhielt dann den Auftrag, den von der russischen Besatzung besetzten angrenzenden Wald zu säubern. Im Verlaufe dieser Aktion wurden wir zurückgedrängt und mußten uns auf dem Flugplatz eingraben. Von der 1. Kompanie (Kp. Chef jetzt Hauptmann Wiedemann) mußten 5 Schwerverwundete zurückgelassen werden. Am darauffolgenden Tage hatten die Russen den Wald geräumt, worauf unsere Truppe Nachforschungen nach den Leuten hielt. Dabei wurde festgestellt, daß drei Kameraden bereits tot waren. Vom Hörensagen erfuhr ich, daß dieselben von den Russen ermordet worden sein sollen. Ein vierter Schütze (glaublich mit dem Namen Hagemann) erzählte, daß er als Schwerverwundeter von den Russen ausgeplündert worden sei und während der Plünderung entnommen hatte, daß die Russen annehmen, er werde bald zugrunde gehen. Ihm sei jedenfalls nichts weiteres passiert.

Der 5. Mann, Uffz. Sch., wurde nicht aufgefunden. Mindestens 1 Monat später – ich hatte damals die Führung der 1. Kompanie – schickte mir ein fremder Einheitsführer Papiere und Photos des Uffz. Sch., die er nach seiner Mitteilung von einem russischen Zivilisten erhalten hatte. Nach seiner Darstellung hat der Zivilist die Papiere angeblich von russischen Soldaten erhalten. Eine Nachforschung nach der Grabstätte des Sch. ist ergebnislos geblieben. Das Verschwinden Sch.s im Walde neben dem genannten Flugplatze lag räumlich mit der Stelle, von der mich dessen Papiere erreichten, ziemlich weit auseinander. Die näheren Angaben, insbesondere Namen der Leute, sind bei der 1./K.Schtz.Batl. 20, Feldpost-Nr. 03767, zu erhalten.

II. Ich befand mich am 6.3.42 mit meiner Kompanie 1./S.R. 112, die damals eine Stärke von 1/24 hatte, im Wäldchen nordöstlich von Pereski an der Worja mit dem Auftrag, das von russischen Schützen besetzte Wäldchen mit anderen Kompanien zu säubern und das Flußufer zu erreichen. Zufolge der von mir durchgeführten Erkundung weiß ich bestimmt, daß in meinem Abschnitt an der Stelle, wo sich dann meine Verwundung durch Auftreten auf eine russische Holzmine ereignete, am 6.3.42 noch keine Mine verlegt war und daß auch der später an der gleichen Stelle aufgefundene Leichnam eines deutschen Soldaten noch nicht dorthin gebracht worden war. Tags darauf in Verfolg eines Gegenstoßes bemerkte ich zunächst den toten Kameraden, den ich nach Abschluß der Aktion zu bergen gedachte. Kurz danach trat ich in einer Entfernung von 8–10 Schritten selbst auf eine Mine und wurde dabei schwer verwundet. Daß es sich hierbei nicht um eine einzelne (liegen gebliebene) Mine handeln konnte, sondern um ein offenbar in der Nacht vom 6./7. verlegtes Minenfeld, ist daraus zu entnehmen, daß wenige Schritte neben mir ein weiterer Kompanieangehöriger von dem gleichen Mißgeschick getroffen wurde. Ich kann jedenfalls angeben, daß dieser Tote nicht meiner Kompanie angehört hat, was von meinem Oberfeldwebel im Vorbeigehen festgestellt wurde. Er wurde auch von meinen Leuten als deutscher Soldat einwandfrei erkannt. Vermutlich wurde dieser Tote von den Russen als Lockmittel in das von ihnen kurz vorher gelegte Minenfeld hingelegt.

Der Zeuge wurde vorschriftsmäßig vereidigt.
v. g. u. gez. Wienemann. gez. Dr. Pitra. gez. Delanier.

Dokument 55

Oberkommando der Wehrmacht
Wehrmacht-Untersuchungsstelle für Verletzungen des Völkerrechts

Kassel-Neuemühle, den 11.6.1942.

Gegenwärtig:
Kriegsgerichtsrat Dr. Hofmann als richterlicher Militärjustizbeamter,
Ilse Fechter, Schreibhilfe (Reichsangestellte, als Protokollführerin, beson. verpfl.

In der völkerrechtlichen Untersuchungssache Rußland wurde der Oberstabsarzt Dr. Helmut Schmidt im Reservelazarett II, Kassel-Neuemühle, aufgesucht.

Er wurde mit dem Gegenstand seiner Zeugenvernehmung bekanntgemacht und über seine Wahrheitspflicht als Zeuge unter Hinweis auf die Bedeutung des Eides besonders belehrt. Er erklärte:

Zur Person: Ich heiße Dr. Helmut Schmidt, Oberstabsarzt, zuletzt im RLM., bin 34 Jahre alt, verheiratet, z.Zt. Reserve-Laz. II, Kassel-Neuemühle.

Zur Sache: Etwa Ende Juni 1941 wurde die III./J.G. 51 nach der Einnahme von Kobryn (bei Brest-Litowsk) auf den Feldflugplatz in Kobryn verlegt. Ich war damals bei dieser Einheit Truppenarzt. Die Gebäude auf diesem Feldflugplatz gehörten offensichtlich früher zu einem polnischen Gutshof. Die Russen hatten die Gebäude für die Zwecke des Feldflughafens entsprechend umgebaut. In einem zum Flugplatz gehörigen Stalle fand ich eine größere Anzahl russischer Infanteriegewehre mit dazugehöriger Munition. Diese Munition war an der Geschoßspitze mit roter, z.T. auch mit schwarzer oder grüner Farbe gekennzeichnet. Zusammen mit dem Waffenmeister der Truppe habe ich die russischen Gewehre mit der vorgefundenen Munition eingeschossen. Dabei haben wir festgestellt, daß der eine Teil der Munition Leuchtspurgeschosse, der andere Teil Brandgeschosse und der dritte Teil Explosivgeschosse waren. Welche Farbe die einzelne Munitionsart kennzeichnete, kann ich heute nicht mehr angeben. Ein Teil der vorgefundenen Munition war bereits auf Ladestreifen aufgezogen, ein Beweis dafür, daß die Munition zur alsbaldigen Verwendung im Beschuß aus russischen Infanteriegewehren bereit lag. Auch in den Munitionskisten waren die einzelnen Munitionsarten bereits vermischt vorhanden.

Am 17. Juli 1941 wurde ich in der Gegend von Bobruisk am rechten Oberschenkel durch ein Brandgeschoß verwundet. Es war ein glatter Durchschuß, die Heilung trat aber erst nach 1/2 Jahr ein. Hieraus schließe ich als Arzt, daß das Geschoß, durch das ich verwundet wurde, kein normales Infanteriegeschoß gewesen ist. Ich habe die Verwundung bei einem Spähtruppunternehmen durch ein russisches MG erlitten.

Einige Zeit vor meiner Verwundung fielen bei den Kämpfen um Bobruisk etwa 12–15 deutsche Soldaten, die verwundet waren und auf dem Feldflugplatz in Bobruisk auf ihren Abtransport mit einer Ju 52 warteten, bei einem Gegenangriff der Russen in russische Hand. Später kam ich in das Feldlazarett in Bobruisk. Dort lagen die Leichen von einigen Verwundeten, die auf dem Feldflugplatz in russische Hand gefallen waren. Die Ärzte des Feldlazaretts erzählten mir, daß diese Kameraden in verwundetem Zustand von den Russen ermordet worden seien. Ich betrachtete mir im Feldlazarett einige der Leichen, etwa 4–5 Mann. Mir sind heute noch als besonders schwerwiegende Verstümmelungen in Erinnerung, daß bei der einen Leiche die Augen offensichtlich mit einem scharfen Messer aus der Augenhöhle herausgeschält waren, bei einer anderen Leiche war die Mundpartie mit Zunge herausgeschnitten. Bei einer dritten Leiche war der Hodensack aufgeschnitten, die Hoden am Samenstrang weit herausgezogen und zerquetscht. Bei den so zu Tode gekommenen Soldaten handelte es sich um Angehörige des Deutschen Heeres.

v. g. u. gez. Unterschrift. unterschrieben.
Der Zeuge wurde beeidigt.
gez. Dr. Hofmann. gez. Ilse Fechter.

E. Kannibalismus

Dokument 56

Gericht der 329. Inf.Div. A.L. 25/42. **Im Felde, den 19. Mai 1942.**

Gegenwärtig:
Kriegsgerichtsrat Dr. Altrichter als Verhandlungsleiter,
Gefr. Murdfield als Protokollführer, allg. verpflichtet.

Am 19. Mai 1942 begab sich der Unterzeichnete, Kriegsgerichtsrat Dr. Altrichter vom Gericht der 329. I.D. zusammen mit Ass. Arzt Riekenbrauck vom Pi.Batl. 329 in den westlichen Teil des Fußwaldes ostwärts Oshedowo. Dort wurde die Leiche eines Mannes in einer Zeltplane vorgefunden. Anwesend waren Oberleutnant Zietlow, Feldwebel Wagner und Gefr. Schilling, sämtlich von der 2./Pi.Batl. 329.

Nach Eidesbelehrung erklärten die Erschienenen folgendes:

1) Gefr. Schilling:

Ich heiße Wilhelm Schilling, 29 Jahre alt, Gefr. bei der 2./Pi. 329, von Beruf Schneider in Bremerhaven.

Ich erkenne in der vor mir liegenden Leiche den zu meiner Kompanie gehörenden Unteroffizier Oswald K. wieder. Am 29.4.42 war ich als Hilfskrankenträger zu einem Angriffsunternehmen gegen den Fußwald befohlen, das von Verbänden der Luftwaffe und der 2./Pi. 329 durchgeführt wurde. In diesem Gefecht ist Uffz. K. durch Kopfschuß gefallen. Ich wurde zu ihm hingerufen und habe Tod durch Kopfschuß festgestellt. K. hatte einen Einschuß in der rechten Schläfengegend. Da der Druck des Feindes außerordentlich stark war, mußten wir uns vom Gefechtsfeld zurückziehen, ohne Uffz. K. bergen zu können.

Ich erkenne in der Leiche mit aller Bestimmtheit den mir persönlich gut bekannten Uffz. K. wieder. Das Gesicht zeigt die gleichen Verletzungen, wie ich sie am 29.4. festgestellt habe.

Vorgelesen, genehmigt, unterschrieben. gez. Gefr. Schilling.
Der Zeuge leistete den Zeugeneid.

2.) Feldwebel Wagner:

Ich heiße Claus Wagner, 24 Jahre alt, Feldwebel bei der 2./Pi. 329, von Beruf Klempner in Eutin.

Ich habe den von den 2./Pi. 329 zum Unternehmen am 29.4.42 befohlenen Stoßtrupp geführt. Ich habe gesehen, daß Uffz. K. durch Kopfschuß gefallen ist. Ich erkenne in der vor mir liegenden Leiche mit aller Bestimmtheit Uffz. K. wieder.

Am 18. Mai 1942, nachmittags gegen 16 Uhr, hatte ich Befehl, die beim Angriffunternehmen zurückgelassenen drei Toten, nämlich die Unteroffiziere K. und H. sowie den Gefr. G. zu suchen. Da ich das Stoßtruppunternehmen seinerzeit geführt hatte, habe ich diesen Auftrag erhalten. An der Stelle, an der Uffz. K. gefallen war, fand ich zusammen mit Gefr. Tekenbrug und Oberpionier Gans die aufs entsetzlichste verstümmelte Leiche unseres Kameraden K. wieder. Der Anblick war für uns, die wir K. gekannt hatten, grauenerregend. Die Leiche lag auf dem Rücken. Aus einem Erdloch schauten Kopf und Rumpf heraus. Die Füße waren eingegraben. Die Arme waren vom Rumpf getrennt. Neben der Leiche lagen die am Handgelenk abgeschnittenen Hände, die im übrigen unversehrt waren. An der rechten Hand befand sich noch der Ehering. Die Haut war unterhalb des Halses vom Körper abgezogen. Die Brustknochen lagen blank. Irgendwelche Veränderungen haben wir nicht vorgenommen.

Vorgelesen, genehmigt.
Der Zeuge leistete den Zeugeneid.

3. Zeuge: Oberleutnant Zietlow.

Ich heiße Hans Zietlow, 37 Jahre alt, Oberleutnant und Komp.-Chef der 2./Pi. 329, von Beruf Straßenmeister in Itzehoe.

Ich bin Komp.-Chef der Kompanie, zu der Uffz. K. gehört hat. Ich erkenne in der vor mir liegenden Leiche mit Bestimmtheit die des Uffz. K. wieder. Nach Auffindung der Leiche durch Feldwebel Wagner habe ich sofort die Leiche besichtigt und Meldung erstattet, da offensichtlich Kannibalismus vorliegt. Besonders an den Schenkelknochen konnte man erkennen, daß mit einem Messer daran geschnitten und geschabt war, daß also das Fleisch vom Körper so abgeschabt war, wie wir es bei gefallenen Pferden immer wieder gesehen haben. Es kann keinem Zweifel unterliegen, daß hier russische Soldaten das Fleisch von der Leiche des Uffz. K. weggeschnitten haben, ebenso wie sie es an eingegangenem Vieh zu tun pflegen.

Es ist ausgeschlossen, daß die Leiche etwa durch Geschoßeinwirkung so verstümmelt wäre. Die Hände zeigen ebensowenig Verletzungen wie der Körper. Mit Ausnahme des Kopfschusses waren an der Leiche keine Geschoßeinwirkungen festzustellen. Insbesondere finde ich erwähnenswert, daß die offen liegenden Eingeweide keinerlei Schuß- oder Rißverletzungen aufwiesen. Es fehlten Leber und Herz. Die Leiche sieht heute genau so aus wie gestern, als ich sie erstmals gesehen habe.

Vorgelesen, genehmigt.
Der Zeuge wurde beeidigt.

4. Zeuge: Oberpionier Gans:

Ich heiße Johann Willi Gans, 20 Jahre alt, Oberpionier bei der 2./Pi. 329, von Beruf Schlachter in Grube in Holstein.

Ich war während des Stoßtruppunternehmens vom 29.4. unmittelbar hinter Uffz. K. und habe ihn fallen sehen. Er hatte einen Kopfschuß durch Explosiv-Infanteriegeschoß.

Bei der Auffindung der Leiche war ich zugegen. Die Leiche lag in einer flachen Erdmulde. Die Füße waren mit Erde zugeworfen. Offenbar sollte die Leiche in dieser Mulde eingescharrt werden. Ich habe die Füße und Beine freigelegt und dabei festgestellt, daß nur noch die Knochen vorhanden waren. Das Fleisch war abgeschält. Die Leiche liegt heute genau so noch da wie sie bei der Auffindung gestern gewesen ist. Es ist nichts weggenommen worden. In der Nähe der Leiche lag eine

Unterhose, offensichtlich die von Uffz. K. Andere Bekleidungsstücke waren nicht vorhanden. Der oberste Knopf der Unterhose war zugeknöpft. Die Hose war links gewendet. Offenbar ist dies beim Abstreifen der Unterhose geschehen.

Vorgelesen, genehmigt.
Der Zeuge leistete den Zeugeneid.

Gericht 329. Inf.Div.

Der Sachverständige, Ass. Arzt u. Batl. Arzt Dr. Riekenbrauck erklärte, nachdem er auf die Bedeutung des Eides hingewiesen und nachdem er die Leiche in Gegenwart des Richters untersucht hatte:

1.) Ich heiße Theo Riekenbrauck, 28 Jahre, Ass.- u. Batl.-Arzt des Pi.Batl. 329, von Beruf Ass.-Arzt Krankenhaus Nord Dortmund.

2.) Zur Sache: Bei der äußeren Besichtigung der Leiche des Uffz. K. findet sich an der rechten Schläfe eine unregelmäßig begrenzte, etwa kleinfaustgroße Wunde mit ausgedehnter Zertrümmerung des rechten Schläfen- und Scheitelbeines und der darunter befindlichen Weichteile. Die Augen sind geschlossen, die Hornhäute etwas getrübt, die Pupillen gleich weit und rund. Mund-, Nasen- und Ohröffnungen zeigen keine Besonderheiten. Die Haut des Gesichtes und Halses zeigt eine schmutziggelbe Färbung. Etwa in Höhe der Schlüsselbeine und des siebenten Halswirbels endet die Haut, das Unterhautfettgewebe und die Muskulatur scharfrandig. Die Rippenknochen und Knorpel sowie das Brustbein liegen völlig frei und erscheinen wie abgeschabt. Nur kleinste Muskelreste sind noch vorhanden, vor allem im Bereich des linken Schulterblattes. Die Bauchdecken sind abgetragen, sodaß die Därme frei vorliegen. Der Magen zeigt an seinem oberen Pol umschriebene Defekte. Die Leber fehlt völlig, sie ist kunstgerecht herausgelöst. Etwa in der Mitte des Zwerchfells findet sich ein faustgroßer Defekt, durch den der Herzbeutel zugänglich ist. Das Herz fehlt. Die großen Gefäße sind an ihrem Ursprung glattrandig durchtrennt. Die Arme mit Einschluß des rechten Schulterblattes fehlen, es finden sich bei der Leiche nur noch die Hände, die kunstgerecht im Handgelenk abgetrennt sind. Die Hände zeigen sonst keine Besonderheiten, sogar der goldene Ring am rechten Ringfinger ist belassen. Die Haut und Muskulatur beider Beine fehlen bis herunter zu den Sprunggelenken, wo sie unvermittelt ringförmig mit glatter Kante wieder beginnen. Muskel und Bänder sind hier scharfrandig abgetrennt. Die Füße zeigen keine Besonderheiten. Auf den Knochen von Ober- und Unterschenkeln finden sich nur noch geringe Muskelreste. Die Knochen selbst sind unbeschädigt. Ebenfalls die Gesäßmuskulatur ist zum größten Teil abgetragen. Die äußeren Geschlechtsteile sind an ihrer Basis abgetragen und fehlen. Im Bereich des Dammes finden sich noch einige glattrandige Hautreste.

Vorläufiges Gutachten:

Aus dem bei der äußeren Besichtigung erhobenen Befund kann mit Sicherheit geschlossen werden, daß hier ein Fall von Kannibalismus vorliegt. Hierfür spricht besonders das Fehlen der für den Genuß in Frage kommenden Körperteile wie Muskulatur, Leber und Herz. Die Verwesungserscheinungen an Kopf, Händen und Füßen sind so wenig fortgeschritten und ihre Begrenzung zu den bis auf die Knochen abgetragenen übrigen Körperteilen so scharfrandig, daß nur der Schluß übrig bleibt, daß erstere mit Rücksicht auf ihren geringeren Ernährungswert verschont geblieben sind. Auch das fachkundige Herauslösen von Herz und Leber zeigt an, daß es sich um eine kunstgerecht ausgeführte Zerlegung einer menschlichen Leiche zu Ernährungszwecken handelt.

v. g. u. gez. Dr. Riekenrauck Ass.-u. Batl. Arzt.
Der Sachverständige wurde hierauf vereidigt.
gez. Dr. Altrichter. gez. Gefr. Murdfield.

Übersetzung.

Im April 1942 stellte es sich heraus, daß Soldaten der l.M.G.Kp. des I. Batl. des S.R. 86 Menschenfleisch gegessen haben. 6 Soldaten, von denen man es genau wußte, wurden verhaftet und dem Gericht übergeben. Der Regt.Kdr. (ein Major) erklärte, daß die Soldaten für diese Menschenfresserei erschossen würden.

Ich bescheinige dieses mit meiner Unterschrift.

Soldat Alexander Bresitzkij.

Diese Aussagen wurden in meiner Gegenwart vom Überläufer Alexander Bresitzkij freiwillig und ohne jeden Druck gemacht.

gez. Unterschrift
Sonderführer.

Dokument 56

329.Inf. Division — Div.Gef.Std., 23.5.42

I c

Betr.: Fälle von Kanibalismus.

В Апреле месяце выяснилось, что в 1. п.р. I Бат. 86 полка солдаты кушали человечье мясо. 6 солдат про которых это определенно зналось, были арестованы и отданы под суд. Командир полка (Маер) объяснил, что за это людоедство солдаты будут расстреляны.

Это удостоверяю своей подписью Александер Брезицкий
солдат ~~[illegible]~~

Подпись: Брезицкий Александр Я.

Aussage eines russischen Überläufers

Dokument 56

310 313

329.Inf.Division Div.Gef.Std., 23.5.42

I c

Betr.: Fälle von Kanibalismus.

По середине Апреля 1942 года
пешая разведка 86 стрелк. полка
сменила 6-тую роту в лесу север-
нее дороги Рамушево - Кудрово
В близи передовай линии нашели
труп бойца у каторого было обре-
зано мясо. Об этом было доложе-
но каммандиру роты. Там ска-
зал, что говарили, что в 6. роте
какбы праисходило людоедство.
Труп после этого был похоронен.
Это удостоверяю своей подписью

Чеботарь М П.

Übersetzung:

Mitte April 1942 löste die Nachr.Abt. des S.R. 86 im Niederwald nördlich des Weges Ramuschewo - Kudrowo die 6.Kp. ab. In der Nähe der vordersten Linie wurde eine Leiche gefunden, bei der das Fleisch abgeschnitten war. Dieses wurde dem Kp.-Kommandeur gemeldet. Der Kp.-Kommandeur sagte, daß in der 6.Kp. Menschenfresserei vorgekommen sein soll.

Diese Aussage bescheinige ich.

gez.: Tschebotar, M.P.

Diese Aussagen des Kgfg.Michail Tschebotar wurden in meiner Gegenwart freiwillig und ohne jeden Druck gemacht.

Sonderführer.

Aussage eines russischen Kriegsgefangenen

Dokument 56

Leiche des gefallenen Unteroffiziers K., gefunden am 18. Mai 1942

Dokument 56

Ein eindeutiger Fall von Kannibalismus

Dokument 56

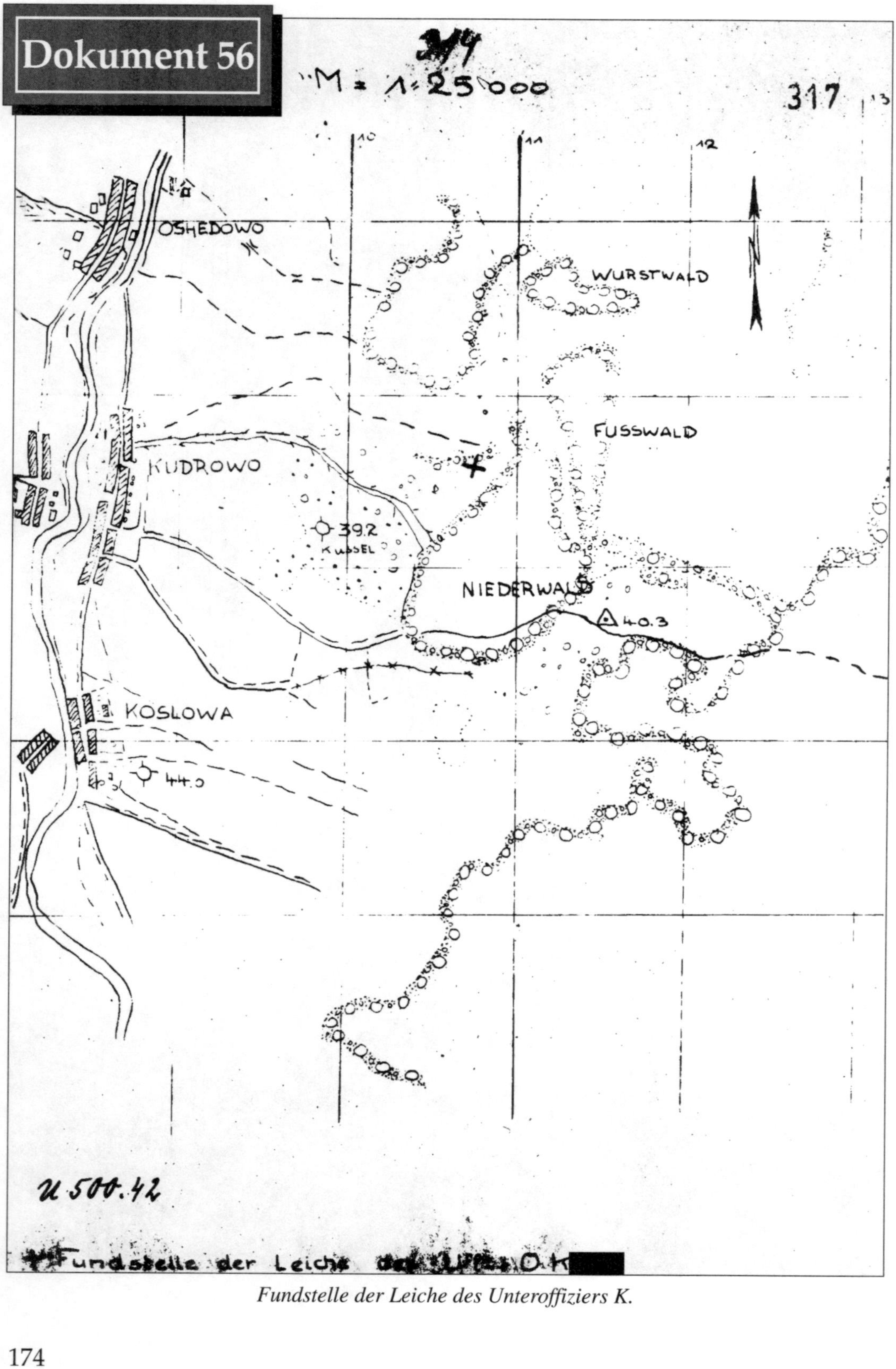

Fundstelle der Leiche des Unteroffiziers K.

Oberkommando der Wehrmacht
Wehrmacht-Untersuchungsstelle
für Verletzungen des Völkerrechts

B.-Baden, den 3. Mai 1942

Dokument 57

Gegenwärtig:
Feldkriegsgerichtsrat Dr. Heinemann als richterlicher Militärjustizbeamter,
Soldat Dr. Erik Momsen als Protokollführer besonders verpfl.

In der völkerrechtlichen Untersuchungssache Rußland wurde der Uffz. Wilhelm Wagner im Reservelazarett Baden-Baden, Teillaz. Sanatorium Dengler aufgesucht.

Er wurde mit dem Gegenstand seiner Zeugenvernehmung bekanntgemacht und über seine Wahrheitspflicht als Zeuge unter Hinweis auf die Bedeutung des Eides besonders belehrt. Der Zeuge erklärte hierauf:

Zur Person: Ich heiße Wilhelm Wagner, bin 27 Jahre alt, Stab IV Lw. F.Rgt. 4.

Zur Sache: Am 18. oder 20. Februar 1942 wurde das IV. Btl. meines Regiments auf Lastkraftwagen nach Ilowez, südwestlich Staraja Russa, befördert. In Bor, kurz vor Ilowez, wurde gesagt, daß letzteres vom Feinde frei sei. Der Stab, zu dem ich gehörte, fuhr voraus. Es ergab sich, daß die Russen kurz vorher aus Dlowez herausgeworfen waren. Ich betrat im Dorfe Ilowez ein Haus, in welchem sich ein Oblt. und SS.-Kameraden aufhielten. In einem Raum lagen mehrere tote Russen. Der Oblt. erzählte, daß er die Russen dort in völlig betrunkenem Zustande überrascht habe. Der Raum bot einen scheußlichen Anblick für uns, weil in ihm 5 SS.-Kameraden, die ihrerseits von den Russen in dem Raum überrascht worden waren, sich in verstümmelten Zustande befanden. 3 von diesen Kameraden waren mit Spaten oder Beilen an die Holzwände geschlagen. Einigen waren die Herzen aus den Körpern geschnitten und lagen auf dem Tisch neben Marketenderwaren, die die Russen bei dem Überfall des Ortes erbeutet hatten. Ein herausgeschnittenes Herz und eine menschliche Leber befanden sich in einem, auf dem Tisch stehenden, russischen Kochgeschirr. Einen von den an die Wand genagelten SS.-Männern habe ich selbst mit Hilfe von Kameraden von der Wand genommen.

gez. Wagner, Uffz.
Der Zeuge wurde hierauf vorschriftsmäßig beeidigt.
gez. Dr. Heinemann gez. Momsen, Soldat

Armee-Oberkommando 16
Abt.: Ic/A.O.

A.H.Qu., den 20.5.1942.

Dokument 58

Betr.: Menschenfresserei bei russ. Soldaten.
Anlage: 1 Bericht, 10 Fotos.

An

1) Oberkommando der Wehrmacht, Wehrmacht-Untersuchungsstelle für Verletzungen des Völkerrechts, Berlin W 35 Tirpitzufer 72–76,
2) Vertreter Auswärtiges Amt b. AOK 16.

Nach Abschluß der Kämpfe gegen die Fallschirmjägerbrigaden im Newij-Moch-Sumpf wurden 2 SS-Männer geborgen, an denen durch russische Fallschirmjäger kannibalistische Verstümmelungen vorgenommen wurden. In der Anlage werden 10 Fotos von den beiden SS-Männern sowie ein Bericht des untersuchenden Arztes über den Befund überreicht.

Für das Armee-Oberkommando Der Chef des Generalstabes J. A.
gez. Unterschrift.

Aufkl. Abt. SS-T-Div. **O.U., den 23.4.1942.**

Bericht.

Bei einem Angriff auf Höhe 60,4 ostwärts Schumilow Bor konnten wegen starker Feindeinwirkung 5 Tote nicht geborgen werden. Ein heute angesetztes Suchkommando fand die Toten, von denen zwei stark verstümmelt waren. Im Einzelnen lag folgender Befund vor:

1.) Unterscharführer Josef G., 1. Kp., gefallen durch Kopfschuß.
Schnittführung: Waagerechter Schnitt in Höhe der untersten Rippe, senkrechter Schnitt parallel der Wirbelsäule (ca. 5 cm Abstand) bis ca. 5 cm oberhalb der Kniekehle, waagerechter Schnitt bis etwa Höhe der Kniescheibe, senkrechter Verbindungsschnitt na[c]h oben. Die Muskulatur war bis auf den Beckenknochen bezw. den Oberschenkelknochen abgelöst; ferner war der untere Teil der Leber abgelöst.
2.) Rottenführer Helmut P., 1. Komp., gefallen durch Kopfschuß.
Schnittführung war die gleiche wie bei 1). Die Muskulatur war in gleichem Ausmaß, z.T. unterminierend unter die Haut entfernt; die Leber war unversehrt.

In beiden Fällen ist die Haut einschl. Fettgewebe z.T. sauber abpräpariert und hängt noch in Lappen. Auffallend ist ebenfalls in beiden Fällen die glatte, man kann sagen zielsichere Schnittführung. Die Taschen der Toten waren ausgeplündert. Weiter war versucht worden, dem Toten die Schuhe auszuziehen.

Nach Aussagen der Männer des Bergungskommandos lag in dem jetzt verlassenen Lager ein russischer Unteroffizier, dem ebenfalls die Muskulatur einer Gesäßhälfte herausgelöst war.

gez. Unterschrift.
SS-Obersturmführer.

Dokument 58

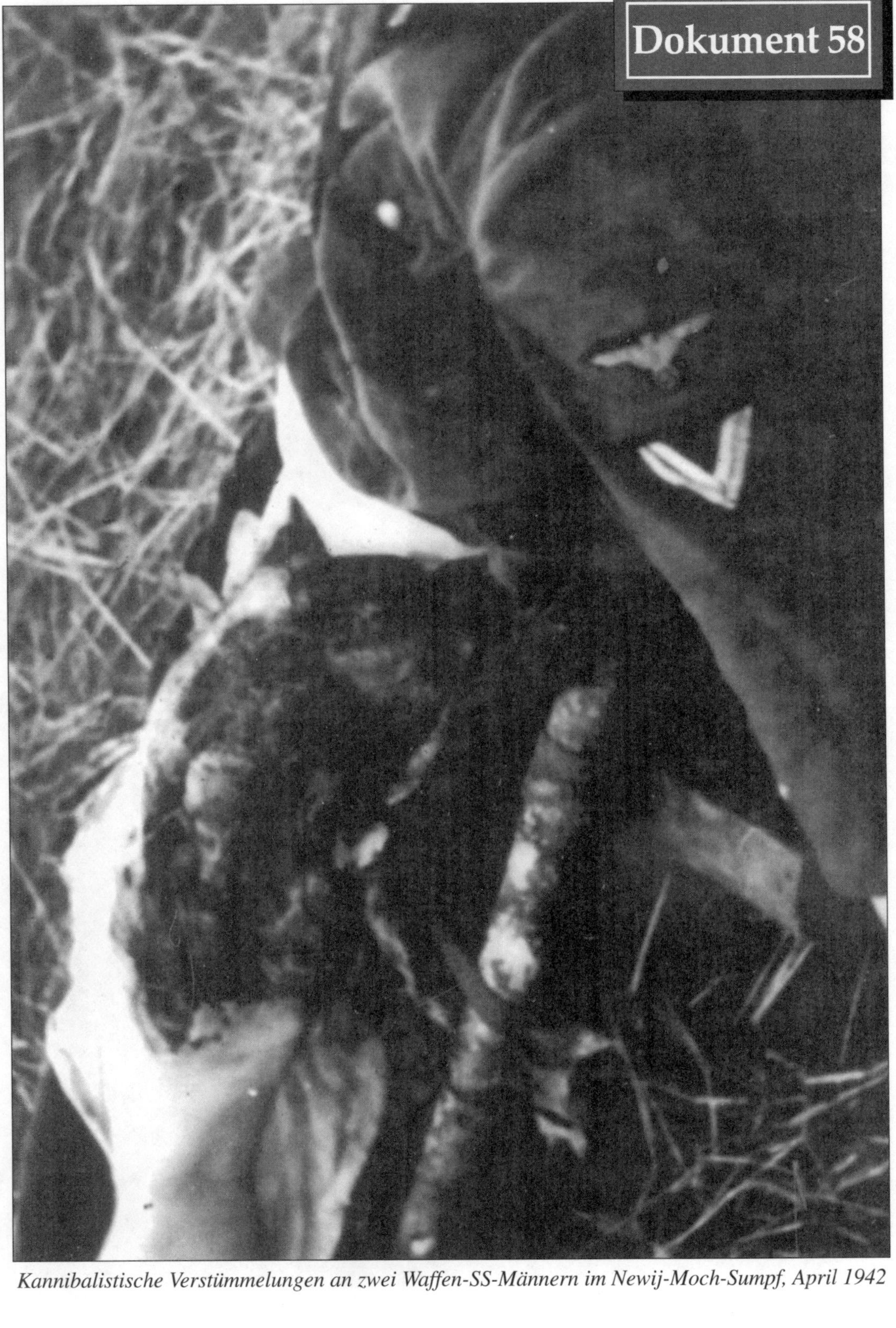

Kannibalistische Verstümmelungen an zwei Waffen-SS-Männern im Newij-Moch-Sumpf, April 1942

Dokument 58

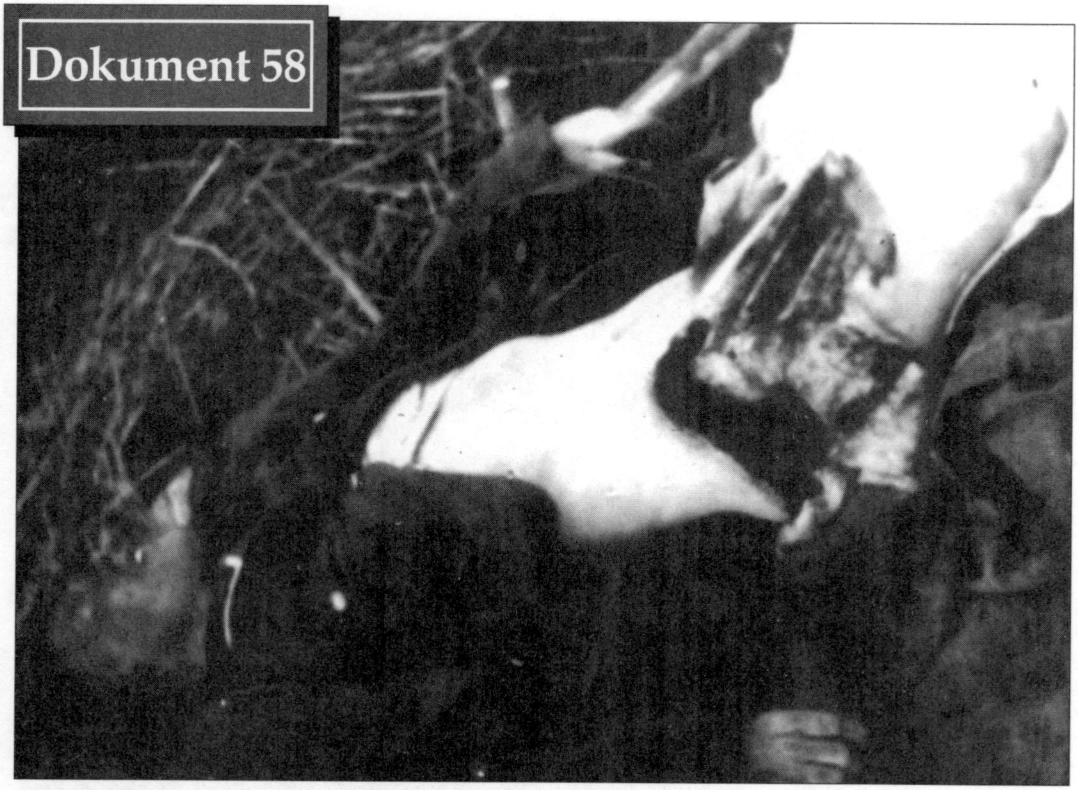

Dokument 58

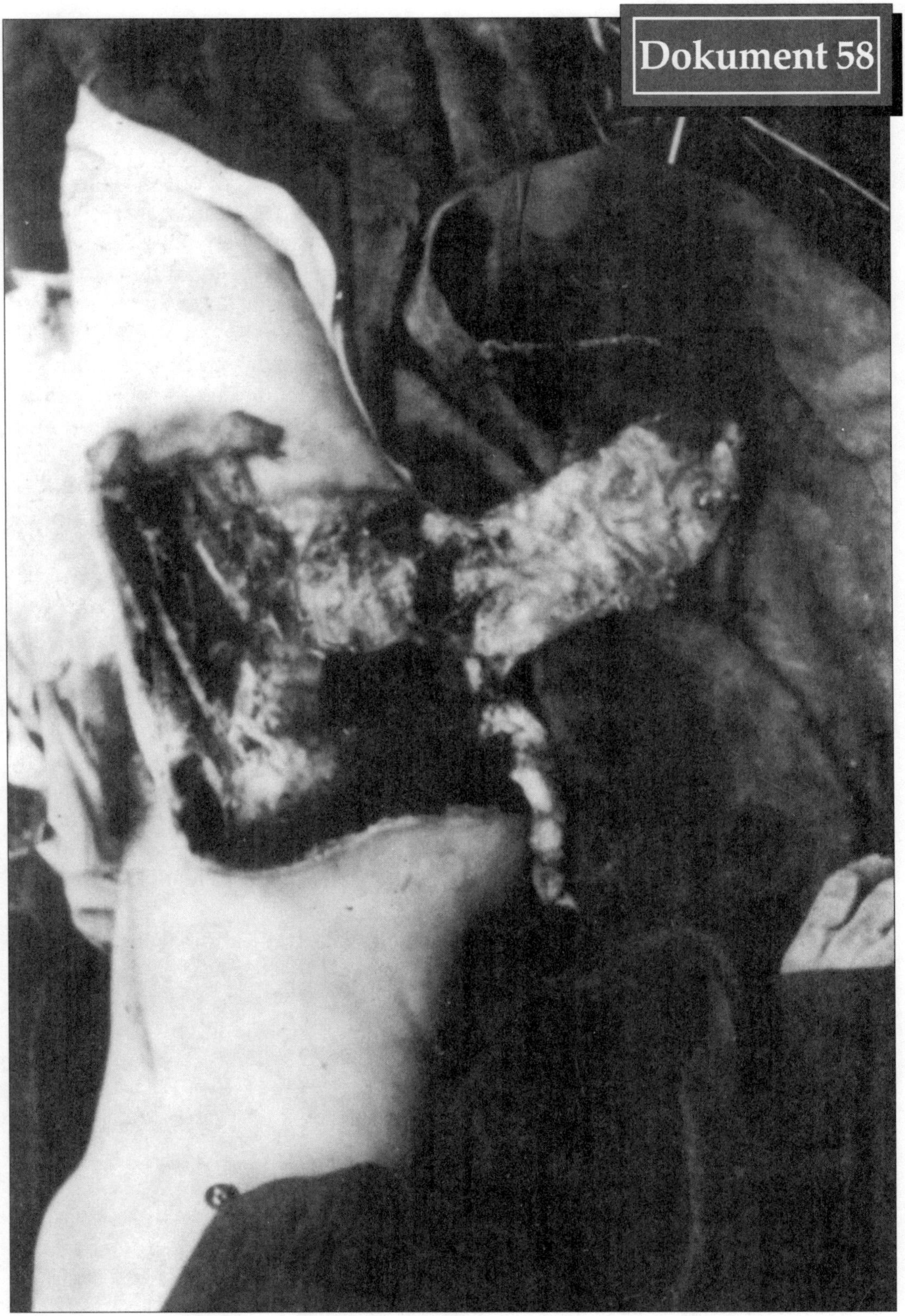

Dokument 59

Hörmann
Hptm. u. Kp.Gef.

Kp.Gef.Std. 2,5 km nordwestl.
Smerdyna, 10.4.1942

An III. / 100

Am 9.4.1942 meldete mir der Oberjäger Seifferer meiner Kp., daß er beim Überprüfen der Schußrichtung seiner Werfergruppe in 3–400 m nordwestl. des Kp.Gef.Standes auf ein russisches Waldhüttenlager gestoßen sei. Obergefreiter Birk, der ihn begleitete, erkannte auf 50 m Entfernung bei diesen Hütten einen russischen Soldaten mit Pelzmütze und abgesteppter dunkler Jacke, der sofort verschwand. Ein sofort angesetzter Spähtrupp der Kp. stellte kurz vor Einbruch der Dunkelheit fest, daß das Lager aus 5 Waldhütten bestand, das kurz zuvor noch von einem Menschen bewohnt worden war. In einer dieser Hütten wurde noch warmes Essen in Kochgeschirren festgestellt, außerdem mußte ein Lagerfeuer in dieser Hütte kurz zuvor gelöscht worden sein. (Brandgeruch!) Nach oberflächlicher Durchsuchung konnten noch russische Bekleidungsgegenstände, 1 Zigarettenetui und eine leere Kartentasche festgestellt werden. Die einbrechende Dunkelheit verhinderte am 9.4.1942 jede weiter[e] Untersuchung.

Am 10.4.1942 stellte am frühen Vormittag ein Spähtrupp der Kp. in dem Waldlager menschliche Knochen, Fleischteile und auch Bekleidungsgegenstände, die zweifelsohne deutscher Herkunft waren, fest. – Der Kp. Arzt Dr. Hinterberger, der eine weitere Untersuchung leitete, gibt an, daß es sich bei den vorgefundenen Knochen und Fleischstücken um die Überreste von 6 Menschen handelte. Da das Fleisch z.T. von den Knochen im zerkochten Zustand gelöst wurde, kann mit Bestimmtheit gesagt werden, daß die letzten Insassen des Lagers, ein oder auch mehrere russische Soldaten, Menschenfleisch deutscher und auch russischer Soldaten verzehrt haben.

Als Beweismaterial wird mit diesem Schreiben 1 menschl. Becken, 1 Schädeldach, 1 russisches Notizbuch, 1 deutsche Offz. Mütze, Teile eines Pelzhandschuhes und 1 Zigarettenetui übersandt. Weitere Knochenreste u. russische Bekleidung befinden sich noch im Waldlager.

Nach Ansicht der Kp. liegt in diesem Falle einwandfrei Kannibalismus, begangen durch russische Soldaten vor.

Um Weiterleitung wird gebeten.

gez. Hormann Hptm. u. Kp.Gef.

Anlage: 1 ärztl. Untersuchungsergebnis.

Rgts. Arzt G.J.R. 100

O.U., den 14.4.1942

An das Geb.Jäg.Rgt. 100.

Betr.: Anlage zu Bericht Hptm. Hörmann.

Die vom Batl. Arzt III. / G.J.R. 100 überwiesenen Knochenreste wurden von mir heute eingehend untersucht und mit Sicherheit als menschliche Leichenreste identifiziert. Ein Zweifel ist ausgeschlossen.

Es handelt sich hierbei

1.) um ein völlig skelettiertes menschliches Schädeldach, das mit stumpfer Gewalt durch zweifellos ungeübte Hand von der knöchernen Schädelkapsel entfernt wurde. Die knöchernen Schädelschuppen waren teilweise noch vorhanden. Die harte Gehirnhaut (Dura) fehlte an normaler Stelle. Die Knochenhaut war durchwegs entfernt.

2.) um ein menschliches Becken mit grazielen [sic] Proportionen, von dem an den Außenseiten die Glutealmuskulatur größtenteils stumpf abgelöst war. Die Knochenhaut selbst mit Muskelresten war an dieser Stelle noch vorhanden und zeigte fortgeschrittene Spuren der Verwesung. Die Eingeweideteile des kleinen Beckens (einschl. Genitale) waren entfernt, lediglich ein 15–20 cm langes Stück des Enddarmes, sowie die peritoneale Auskleidung des großen Beckens waren noch vorhanden. Die beiden Oberschenkel waren im Bereich der Gelenkpfanne ausgelöst. Die Wirbelsäule war im Bereich des untersten Lendenwirbels grob durchgehackt. Die übersandten Teile waren einem Kochprozeß nicht unterworfen. Tierfraß ist mit an Sicherheit grenzender Wahrscheinlichkeit ausgeschlossen.

gez. Unterschrift Oberstabsarzt

Dokument 60

Kampfgruppe Jaschke 322 23.3.42.

Abt. Ic 325

Betr.: Verzehr von Leichenteilen durch russ. Versprengten (Kannibalismus).

An 29/5

Generalkommando XXXVIII. A. K.

Abt. Ic.

Seit etwa 5 Monaten hielten sich ~~im Raume [illegible]~~ Sajoleschje – Saklinje – südl. Rabtiza (Beutekarte 1 : 100 000 O-36-39), einem grossen, lichten, fast wegelosen Waldgebiet eine Versprengtengruppe von 8 Soldaten auf, die sich seit den Kämpfen im August 1941 im Raume um Luga verborgen gehalten hatte. Mindestens 3 dieser Versprengten waren nach vorgefundenen Rangabzeichen und Lichtbildern Offiziere, einer davon ein Oberleutnant der 27. selbst. Flak-Abteilung. Vermutlich waren noch weitere Glieder dieser Versprengtengruppe Offiziere, wenn nicht sogar alle.

Die Versprengten hatten während dieser Zeit ihren Versorgungsstützpunkt in Sajoleschje und Saklinje. In Saklinje wurde ihnen aus dem Getreide, das sie heranschafften, Brot gebacken. Hier wurden sie gelegentlich beherbergt und nahmen an Tanzveranstaltungen teil. Im allgemeinen lebten sie in einem Unterstand im Walde. Im November oder Dezember 1941 erschossen sie 2 deutsche Soldaten in Sajoleschje und legten sich deren Uniformstücke an. Sie fanden auch weiterhin Unterstützung in Saklinje, nachdem dort vor etwa 3 Monaten der damalige Starost und die dort wohnhafte Arejewa Madrena Jegorowna auf Befehl des Ortskommandanten wegen Unterstützung dieser Versprengtengruppe erschossen wurden. Zwei Frauen buken ihnen weiterhin Brot, zwei junge Burschen schafften es ihnen zu. Diese vier Personen wurden am 22.3.1942 wegen Unterstützung von Partisanen erschossen.

Am 10.3.42 überfielen diese Versprengten einen Schlitten mit einem Angehörigen der spanischen Division und einem russischen Fahrer, wobei sie den Spanier töteten und den russischen Zivilisten verletzten. Daraufhin angesetzte Spähtrupps scheuchten am 12.3. 6 – 8 Versprengte auf, denen es gelang, nach Norden zu entkommen. Ein Spähtrupp entdeckte noch 10 Beutel mit Fleisch, die im Schnee vergraben waren, und an einer Feuerstelle die Haut eines Pferdes. Am 16.3. sprengte ein Spähtrupp den Wohnbunker der Versprengten südostwärts Saklinje. Dabei wurden 6 Versprengte aufgescheucht, von denen 2 erschossen wurden. Einer der Erschossenen war nach den Kragenspiegeln an seiner Uniform Oberleutnant.

4579

Bericht über Kannibalismus

Dokument 60

Später erbeutete Personalpapiere dieses Mannes ergaben seine Zugehörigkeit zur 27. selbst. Flak-Abteilung.

Die Versprengten begaben sich nun in das Waldgebiet nördlich des gestrichelten Weges von Saklinje nach Damberg. Hier legten sie kilometerlange Trampelpfade im hohen Schnee an. Sie sind demnach in gutem Kräftezustand gewesen. Am 18.3.1942 verfolgte 1 Spähtrupp in Stärke von 1 Unteroffizier und 8 Mann den Trampelpfad dieser Versprengten über 5 km in allgemein nördlicher Richtung. Er stieß dabei auf einer Lichtung auf 6 Versprengte, die in einer Scheune ein Feuer angezündet hatten, dessen Rauch sie verriet. Bei dem anschließenden Feuergefecht wurden 5 Versprengte erschossen, und zwar 3 in der Scheune, einer auf der Flucht über die Lichtung in südwestlicher Richtung, einer am südwestlichen Waldrand der Lichtung. Der sechste Versprengte wurde angeschossen, wie Blutspuren im Schnee erwiesen. Er flüchtete weit ausholend in nordostwärtiger Richtung, die Arme auf Schier stützend. Seine Verfolgung war dem eigenen Spähtrupp, der um 8 Uhr morgens aufgebrochen war und um 1/2 2 Uhr mittags in den Feuerkampf mit den Versprengten geraten war, nicht möglich, da der MG-Schütze 1 am Oberarm verwundet war, dennoch sich dem Spähtrupp weiter angeschlossen hatte, nun aber zurückgeschafft werden mußte und der Spähtrupp bei dem höchst beschwerlichen Weiterkommen in dem Waldgebiet weitere Verluste nicht erleiden durfte. Den Leichen wurden Lichtbilder und Ausweispapiere abgenommen. Am Kragenspiegel bei einer Leiche waren die Abzeichen eines Oberleutnants. Vorgefundene Lichtbilder von drei Offizieren stimmten mit den Leichen überein.

Am Spähtrupp waren beteiligt:

1. Unteroffizier Willi Kropp, Polizeioberwachtmeister in Aussig, Hafenstraße 83, geboren am 6.4.1914;
2. Gefreiter Joseph Jörg, Landwirt in Untereßfeld, Kreis Königshofen in Grabfeld, geboren am 4.5.1911;
3. Gefreiter Anton Nägele, Hilfsarbeiter in Memmingen, Buchsheimerstraße 20, geboren am 6.8.09;

sämtlich von der 3./II.SS-Pol-Schützen-Regiment, Feldpostnummer 29 948D

Sie melden hierüber folgendes:

Beim Feuergefecht wurden 3 Versprengte in der Scheune erschossen. Da wir diese und eine benachbarte Scheune anzünden wollten, legten wir die 3 Leichen vor die Scheune und zündeten dann beide Scheunen an. Bei der Verfolgung der übrigen fanden wir auf dem nach Südwesten über die Lichtung führenden Trampelpfad, etwa 80 m von den Scheunen entfernt, die bekleidete Leiche eines Offiziers in blauer Sommeruniform. Die fünfte Leiche fanden wir am südwestlichen Waldrand, ebenfalls noch völlig bekleidet. Am 19.3. kehrten wir zu dieser Lichtung zurück mit dem Auftrage, weitere Scheunen in der näheren Umgebung anzuzünden. Hierbei stellten wir fest, daß über den Aschenresten der Scheune ein Feuer

Dokument 60

327

angezündet war, wir konnten noch den Eindruck eines Kochtopfes feststellen. Die 3 Leichen lagen nunmehr über dem Geviert der abgebrannten Scheune. Von einer waren nur noch das Rückgrat und einzelne lose 327 Knochen vorhanden, eine zweite war erheblich verstümmelt, bei der dritten war das Skelett noch zusammenhängend. Hier konnten wir an der linken Wade sehen, daß mit einem scharfen Messer das Wadenfleisch abgeschnitten war. Die Brust- und Bauchhöhle war entleert. Krähen hatten an den Leichen gehackt, sie ~~fat~~ flogen bei unserer Annäherung fort. Die mitten auf der Lichtung liegende Leiche war entkleidet. Die zerrissenen Stiefel lagen noch in der Nähe, alle Tuchsachen fehlten. Die Brust- und Bauchhöhle war mit einem Messer aufgeschnitten, Herz und Leber fehlten. Die am Waldrand liegende magere Leiche eines älteren Mannes war noch unversehrt, jedoch ~~xxxxxxxxxxxxxxxxxxxxxxxxxx~~ waren auch ihr die Stiefel ausgezogen und es war versucht worden, die Hose abzuziehen, sodaß der Bauch entkleidet war. Bei der Verfolgung eines Trampelpfades weiter in den Wald hinein konnten wir feststellen, daß jemand Tuchsachen mitgeschleift hatte.

Bei unserm dritten Eintreffen am 22.3. auf dieser Lichtung haben wir feststellen können, daß weitere Veränderungen an den Leichen in ihrer Lage oder ihrem Bekleidungszustand nicht vorgenommen sind.

Willy Kropp. Uffz. Josef Jörg Gefr. Anton Naegele Gefr.

Auf Grund dieser Meldung wurden Oberleutnant der Reserve Stoldt. Ic der 20. Inf. Div. (mot), im Zivilberuf Landgerichtsrat in Lübeck, Moltkestraße 32, und Assistenzarzt der Reserve Schumacher, kommandiert zum Stabe der 20. Jnf. Div. (mot), im Zivilberuf Assistenzarzt am Marienkrankenhaus zu Hamburg, wohnhaft in Hamburg, Sievekingsallee 2, mit einer Leichenschau beauftragt. Sie trafen am 22.3. in Begleitung von Uffz. Kropp, Gefr. Jörg und Naegele auf dieser Lichtung auf die oben genannten Leichen und fanden sie in dem sich aus der obigen Meldung ergebenden Zustand vor. Assistenzarzt Schumacher traf folgende ärztliche Feststellungen:

1. die 3 Leichen über den Aschenresten der Scheune:

a) Reste einer wohl zum größten Teil verbrannten Leiche, bestehend aus der Wirbelsäule und wenigen, nicht vollständigen Extremitätenknochen. An den Resten dieser Leiche läßt sich nicht feststellen, ob sie ausschließlich verbrannt ist, oder ob größere Weichteilmengen abgetrennt und zu menschlicher Nahrung verwandt wurden. Es ist jedoch aus dem Fehlen wesentlicher Knochenreste in der Umgebung anzunehmen, daß größere Leichenteile fortgeschleppt wurden.

b) Es handelt sich um eine durch Verbrennung stark deformierte Leiche. u579.42 Lediglich an beiden Schultern sind noch größere Hautpartien er-

320

halten, an denen man sowohl rechts als auch links mit einem scharfen Messer geführte Schnitte erkennen kann. Arme und Beine bestehen nur noch aus den Röhrenknochen. Ob Weichteile abgetrennt sind, läßt sich nicht mehr feststellen. 328

c) Es handelt sich um die durch Feuer am wenigsten zerstörte Leiche eines Mannes im Alter von 20 - 25 Jahren. Das Schädeldach fehlt, ebenso das Gehirn (es handelt sich einwandfrei um eine Schußverletzung durch MG-Querschläger). Durch eine Schußverletzung, wahrscheinlich Querschläger, des Unterbauches, sind Därme aus der Leibeshöhle herausgequollen. Mit einem sehr scharfen Messer ist ausserdem ein Schnitt geführt von etwa Nabelhöhe bis zum Hals neben dem Brustbein entlang, der die Rippen vom Brustbein trennt. Anscheinend ist auch ein querverlaufender Schnitt eben unterhalb der beiden Rippenbögen erfolgt. Zwischen der 4. und 5. und der 5. und 6. Rippe sind ebenfalls Schnittlinien, die den linken Brustraum eröffnen, deutlich zu erkennen. Vom Inhalt der Brusthöhle fehlen Teile der Lunge sowie das Herz. Leber und sonstige Eingeweide sind vorhanden. - Am rechten Oberarm fehlt die Muskulatur vollständig. Wie an der Haut der Ellenbogen und der Schultergelenksgegend zu erkennen ist, wurde die Muskulatur mit einem Messer in mehreren Schnitten abgetrennt. Am rechten Unterarm wurde ein großer Teil der Beugemuskulatur durch einen Schnitt abgelöst.- An beiden Oberschenkeln fehlen alle Weichteile. Im Bereich des linken Kniegelenks ist noch einige intakte Haut erhalten, die zum Oberschenkel hin durch scharfe Schnittlinien begrenzt ist. Bei-de Gesäßbacken fehlen vollständig, an den Resten der linken Lendengegend läßt sich noch ein Schnitt erkennen. Das Fleisch der linken Wade ist mit einem einzigen Schnitt von unten her zum Kniegelenk hin abgelöst, was besonders deswegen deutlich zu erkennen ist, da die übrige Haut am linken Unterschenkel noch vollständig erhalten ist und die gesamte Schnittfläche deutlich und unversehrt durch Tierfraß zu erkennen ist. Rechter Unterschenkel ohne Weichteile, Schnitte nicht zu erkennen.

2) <u>Leiche mitten auf der Lichtung:</u>

Es handelt sich um eine unbekleidete männliche Leiche, Alter 2[illegible] - 23 Jahre. Der Tod erfolgte durch einen Kopfschuß auf größere Entfernung und einen Brustdurchschuß rechte Seite. Ausserdem war der rechte Unterarm zerschmettert. Mit einem scharfen Messer ist ein Medianschnitt von etwa 4 cm oberhalb der Symphyse unter Abtrennung der Rippen der linken Brustseite vom Brustbein bis zum Schlüsselbein hochgeführt. Ein Querschnitt erfolgte über den ganzen Leib eben unterhalb des Rippenbogens. Ein weiterer Querschnitt erfolgte im linken fünften

U 579.42

Dokument 60

Zwischenrippenraum bis zur vorderen Achsellinie. Aus der Leibes- und Brusthöhle waren Herz, Leber und ein grosser Teil der Lunge mit einem Messer sauber herausgetrennt. Sonst keine Verletzungen am Körper und den Extremitäten.

Kritische Schlußbemerkung:

Soweit noch feststellbar, befanden sich die Leichen in einem mittleren Ernährungszustand.

Die Schnitte an allen drei Leichen müssen mit einem sehr scharfen Messer erfolgt sein, da es sich - besonders zu beobachten bei der Leiche auf der Lichtung - um mit einem einzigen Schnitt erfolgte Eröffnungen der Leibes- und Brusthöhle und der Abtrennung der Rippen vom Brustbein handelt. Der Ausführende verfügte offenbar entweder über reiche Erfahrungen beim Ausschlachten von menschlichen Leichen oder aber über anatomische Vorkenntnisse.

Bei der Leichenschau wurden mehere Lichtbildaufnahmen gemacht, die nach Entwicklung angefügt werden.

Obigen Vorgang zur weiteren Veranlassung vorgelegt. Dieser Fall des Kanibalismus erscheint deshalb besonders beachtenswert, als nach allen Feststellungen die Versprengten vorher nur wenige Tage gehungert haben können.

Für das Divisionskommando
Der erste Generalstabsoffizier
J.V.

Dokument 60

25.III.1942.

Tagesbericht des Spähtrupp - Kropp.

Unser heutiger Auftrag war die Verfolgung des am 18.III.42. entkommenen Partisanen und die Vernichtung desselben.

Der Anmarsch:

Ich, Uffz. Kropp, begab mich heute früh 8[15] Uhr mit 7 Männer meiner Gruppe von unserem Stützpunkt und verfolgte die alte Spur, welche uns an unseren früheren Kampfplatz vom 18.III.42 bringen sollte. Während wir auf den langen Anmarschwege keine frische Spur fanden, durch den Neuschnee, welcher am Tage zuvor gefallen war, deutlich ~~festzustellen~~, ~~sahen~~ wir ~~kurz vor dem~~ alten ~~Kampfplatz vom~~ [illegible] frische ~~Spur~~ welche ~~am~~ Fluchtwege, die der Partisan am 19.III.42. genommen hatte wieder zur Kampfstätte führte. Der Partisan hatte zur Täuschung seines Weges wieder die alte Taktik angewandt und war zur Irreführung einige Male den Weg auf und ab gelaufen. Noch wußten wir nicht ob er sich auf dem Kampfplatz aufhält oder doch weitergezogen wäre. Mit größter Vorsicht und ohne Geräusche zu hinterlassen betraten wir die Lichtung und stellten deutlich frische Schnitte an denen vom 18.III.42 gefallenen Partisanen an der Schulter fest, welche im verbannten Zustande von uns am 19.III.42 wieder aufgefunden wurden. Die Spur führte weiter zu den anderen Gefallenen. Noch konnten wir nichts sehen, da wir in einer Senke standen. Für uns gab es nur eins, die Spur so lange verfolgen, denn heute durfte er uns nicht entkommen. Als ich mit meiner Gruppe um die Ecke eines früheren Gartenzaunes kam, von

U 579.42

Dokument 60

hier hatten wir Blickfeld über die ganze Lichtung, sahen wir, daß sich an den früheren Gefallenen vom 18. III. eine Person hingehockt hatte und irgend einer Beschäftigung eifrig nachging. Dieser konnte nur die von uns gesuchte Person sein. Noch waren wir nicht erkannt wenn auch die Entfernung nur etwa 200 Meter betrug.

Der Kampf:

Da ich als M. Pi. Schütze auf dieser Entfernung wenig Aussicht auf Erfolg hatte, befahl ich Gefr. Jörg als Gewehrschützen, daß er den ersten Schuß auf den Partisanen abgeben sollte. In dem Augenblick erkannte uns der Partisan, vollkommen regungslos starrte er uns an und machte ein völlig überraschendes Gesicht wobei sein tierischer, ängstlicher Blick. voll zur Geltung kam. Der erste Schuß traf den Partisanen und doch wandete er sich zur Flucht. Auf Händen und Füßen wollte er den etwa 150 Meter entfernten Wald noch erreichen. Nun eröffneten auch die anderen Gewehrschützen das Feuer. Wir stürmten den Flüchtling nach aber schon von mehreren Geschossen getroffen erreichte er den Waldrand nicht mehr. Mit 6 Schüssen im Körper und einem Kopfschuß war das letzte Mitglied dieser Bande unschädlich gemacht. Obwohl er zur Pistole griff, zur Gegenwehr kam er nicht. Nun konnten wir näher uns mit der Beschäftigung des Partisanen, wobei er überrascht wurde, befassen, denn bei der Verfolgung war keine Zeit vorhanden.

Die Ermittlungen:

Der von uns am 18. III. 42 gefallene Partisan, welcher am 19. III. 42 von uns im entkleideten Zustande und aufgeschnit-

U 579.42

Dokument 60

tener Brust mit entnommenem Herzen und fehlender Lunge und Leber auf der Lichtung aufgefunden wurde, war das Fleisch an beiden Oberschenkel mit einem Rasiermesser, welches bei der Leiche lag, abgetrennt und lag aufgeschichtet daneben. Nun untersuchten wir den heute Gefallenen und fanden eine russische Militär Pistole mit 8 Schuß einen Kompaß, Notizbuch und einen bleistiftgeschriebenen Bericht vom 11. II. 42. In der Innentasche des Zivilmantels waren noch frischgeschnittene Fleischfetzen. Diese Gegenstände wurden von mir in Verwahrung genommen zur Vorlage beim Komp. Führer. Wegen Befürchtung einer Infektion warfen wir das Rasiermesser abseits des Trampelpfades in den Schnee. Der heute am 25. III. 42 erschossene Partisan hatte am linken Fuss einen verkrusteten Streifschuss. Wahrscheinlich bekam er um 18. III. 42 diese Verwundung, da der letzte Partisan Blutspuren hinterlassen hatte. Die Füsse waren im stark erfrorenen Zustande. Das Alter des Erschossenen schätzte ich zwischen 22–24 Jahren. Mittlere Größe. Er war schlecht genährt und am ganzen Körper sehr stark verdreckt.

Die Bekleidung des Partisanen war folgende:

Dokument 60

Einen schwarzen gefütterten Zivielmantel mit Pelzkragen, darunter eine deutsche Feldbluse ohne Kragenspiegel und Schulterklappen, russischen oliogrünen Sommerrock- ohne Abzeichen, russischen Pollover und ein russisches Sommerhemd. Beinkleidung: Zwei russische Sommerhosen. Keine Strümpfe. Das Schuhzeug bestand aus zerrissenen Filzstiefel welche halbe Schafthöhe nur hatten und notdürftig mit Segeltuch geflickt waren.

Der Rückmarsch:

Mein Auftrag und Ermittlungen waren beendet und ich

U 579 42

setzte mich mit meiner Gruppe zur Berichterstattung auf den selben Wege wie der Anmarsch war nach Saklinie in Marsch.

Kropp, Uffz.

Zur Kenntnis genommen.

26. 3. 4[illegible] [illegible]

Dokument 60

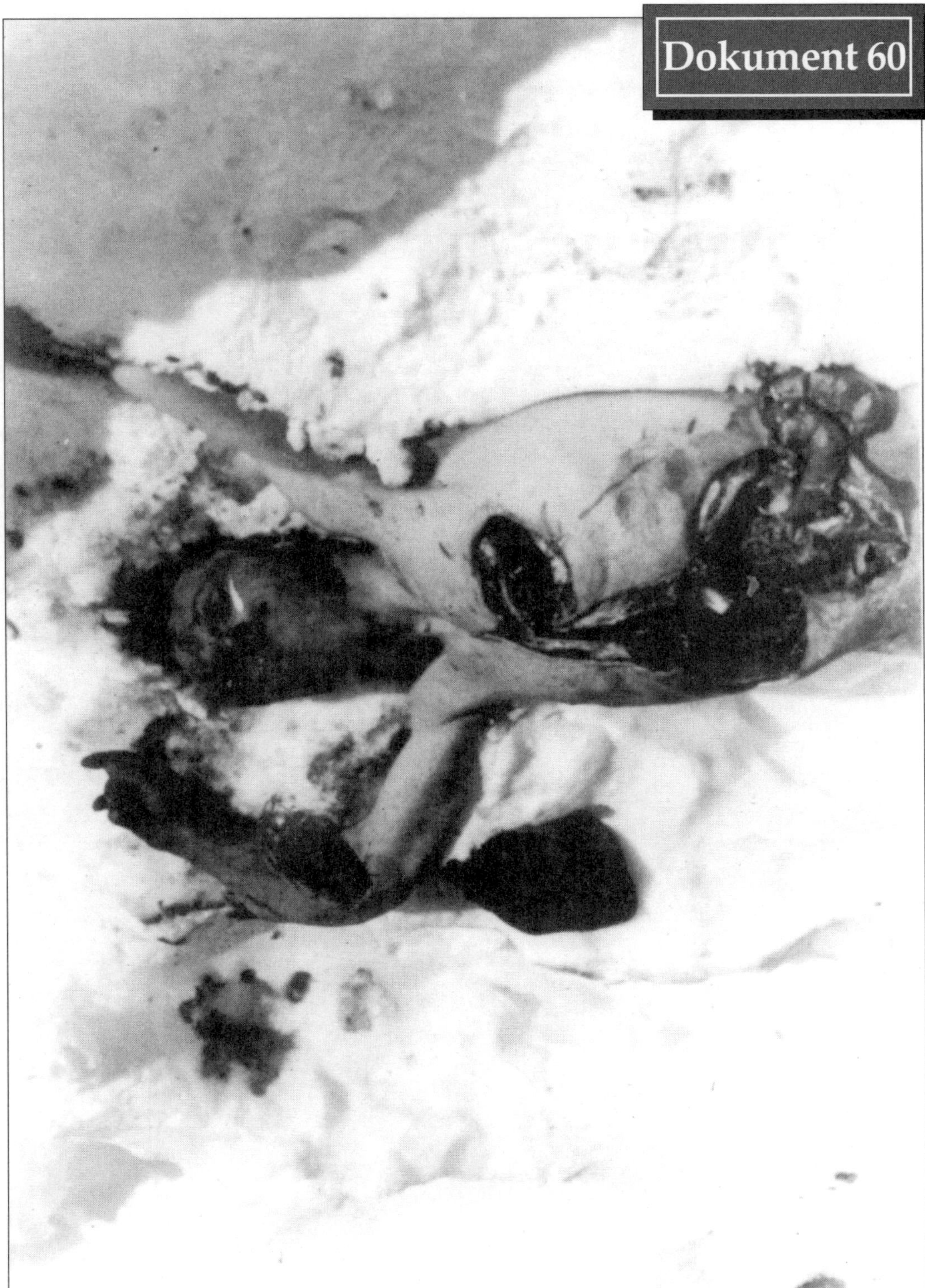

Am 19. März 1942 wurde auf einer Lichtung diese von russischen Versprengten ausgeschlachtete Leiche gefunden

Oberkommando der Wehrmacht (WR) Wehrmacht-Untersuchungsstelle für Verletzungen des Völkerrechts

Kriegsverbrechen der russischen Wehrmacht. Band 4.

Einleitung

Berlin, im Februar 1943.

Die 4. Niederschrift der Wehrmacht-Untersuchungsstelle über russische Kriegsrechtsverletzungen erbringt in erheblichem Umfange weiteres gewichtiges Beweismaterial für die dauernde Nichtachtung der Grundsätze der Menschlichkeit und des Völkerrechts seitens der sowjetrussischen Wehrmacht.

In dieser vierten Niederschrift sind zum überwiegenden Teile solche Protokolle verwertet worden, die von den richterlichen Mitgliedern der Untersuchungsstelle durch eidliche Vernehmung der in den Reservelazaretten untergebrachten Verwundeten aufgenommen worden sind. Die so erhobenen Beweise, die auf den Bekundungen ernster Augenzeugen aus allen Teilen des weiten Ostfrontbereiches beruhen, bedeuten eine neue Bestätigung für die bereits in den ersten 3 Niederschriften festgestellten, vom ersten Tage des Feldzuges gegen Rußland an in Erscheinung getretenen Kriegsverbrechen der sowjetrussischen Wehrmacht. Ganz besonders verstärken diese Aussagen der Verwundeten – neben neuen Äußerungen auch aus russischen Quellen – die Feststellung der Planmäßigkeit des sowjetischen Verhaltens gegenüber deutschen Verwundeten und Kriegsgefangenen.

Die in dieser Niederschrift sowie in den anliegenden Urkunden erörterten sowjetischen Kriegsrechtsverbrechen stellen wiederum nur einen Ausschnitt aus dem seit Vorlegung der 3. Niederschrift neu eingegangenen umfangreichen Gesamtmaterial dar. Über die Behandlung der deutschen Kriegsgefangenen im russischen Hinterland fehlt es – abgesehen von dem in Band 2 der Niederschriften (S. 80–84

[„Verbrechen an der Wehrmacht. Kriegsgreuel der Roten Armee 1941/42", S. 249–251]) wiedergegebenen zeugeneidlichen Bericht – nach wie vor an jeder zuverlässigen Mitteilung.

A. Ermordung, Verwundung und Mißhandlung Kriegsgefangener und wehrloser Verwundeter.

Am 23. Juli 1941 wurden bei Balta (Ukraine) 23 deutsche Soldaten, darunter solche, die im Kampfe schwer verwundet worden waren, verstümmelt aufgefunden. Einer von ihnen, der zuvor nur leicht verwundet gewesen war, als er in russische Hände fiel, wies 32 Bajonettstiche auf. Ein Sanitätsgefreiter, der im Begriff war, einen verwundeten Kameraden zu verbinden, wurde durch Bajonettstiche getötet. Seine linke Hand war ihm abgeschlagen. (Anlage 4*[1])

Der bei Sokal am 24. Juni 1941 schwer verwundete Oberfeldwebel Sass erhielt in wehrlosem Zustand von einem russischen Soldaten zehn weitere Bajonettstiche. (Anlage 3*)

Im Januar 1942 wurden bei Possatnickow (an der Nordfront) verstümmelte tote deutsche Soldaten aufgefunden. Einem von ihnen waren drei Finger abgeschnitten und überdies seine beiden Ringe gestohlen. Auch zwei anderen waren – und zwar nach den vorhandenen Kennzeichen offenbar noch vor Eintritt des Todes – die Finger abgehackt. (Anlage 6*)

Im Juni 1941 wurden bei Swinjuchi etwa 80 bis 85 deutsche Soldaten, die in russische Hand gefallen waren, verstümmelt aufgefunden. Man hatte ihnen die Nasen und die Ohren abgeschnitten und den Bauch aufgeschlitzt. (Anlage 8*)

Im März 1942 wurden bei Gonduja südlich Leningrad vier schwerverwundete deutsche Soldaten aufgefunden, denen die Kehlen durchschnitten waren, obwohl sie als Schwerverwundete an ihren Verbänden deutlich erkennbar waren. (Anlage 9)

Der Unteroffizier Wehmeyer beobachtete am 3. Mai 1942 aus einer Entfernung von etwa 150–200 m, wie die russischen Soldaten 8 bis 10 deutsche Verwundete, die hilflos auf dem Schlachtfeld lagen, mit Bajonettstichen töteten. (Anlage 10*)

Bei Kelkolowo südlich Schlüsselburg wurden verwundete deutsche Soldaten am 6. November 1941 in wehrlosem Zustand mit Bajonetten getötet und bis zur Unkenntlichkeit verstümmelt. Der Zeuge Unteroffz. Niggemeier hat den Mord aus einer Entfernung von etwa 400 m persönlich beobachtet. (Anlage 13*)

Der San.-Unteroffz. Funke fand am 6. Dezember 1941 zwischen Wenew und Tula drei Soldaten des Inf.Rgt. „Groß-Deutschland“ auf Leitern festgenagelt. Man hatte sie in diesem Zustand in den gefrorenen Dorfteich gesteckt und so dem Tode des

---

[1] Anm. d. Hrsg.: Mit einem Sternchen versehene Anlagen sind in diesen Band nicht aufgenommen.

Erfrierens ausgesetzt. In der Nähe des Dorfes, in dem der Zeuge diese Feststellung traf, sah der Zeuge die Leiche eines deutschen Majors, dem die Zunge abgeschnitten und beide Augen ausgestochen waren. (Anlage 14*)

Bei Naravominsk nördlich Borovsk wurden am 2. Dezember 1941 zehn deutsche Soldaten, die in russische Kriegsgefangenschaft geraten waren, in einem Schuppen mit Benzin übergossen und getötet. (Eidliche Aussage des Gefr. Venedy). (Anlage 15*)

Am 8. November 1941 wurden bei Jalta auf der Krim ein Unterarzt und 4 Mann nach Gefangennahme gefesselt und ermordet. (Anlage 16*)

Ein russischer Offizier oder Kommissar zerschmetterte am 20. Dezember 1941 bei Jeremoni östlich Gschack einem verwundeten deutschen Feldwebel mit dem Gewehrkolben den Kopf. (Anlage 17*)

Etwa 10 Mann des Inf.Rgt. 396, die verwundet und wehrlos in der Krankenstube eines Dorfes lagen, wurden Mitte Januar 1942 bei Rshew mit Bajonettstichen niedergemacht. Das Protokoll über die eidliche Aussage des Unteroffiziers Matthias erbringt den Beweis für die Verbrennung eines deutschen Soldaten im September 1941 bei Stariza. (Anl. 18 u. 19)

In der zweiten Hälfte des November 1941 vor Moskau wurden einem deutschen Fliegerleutnant, der in russische Gefangenschaft geraten war, die Augen ausgestochen. Man fand ihn im Walde liegend mit Blut an Mund und Nase, der Geschlechtsteil war ihm abgeschnitten, die Füße waren ihm durchstochen. (Anlage 20*)

Ein anderer deutscher Flieger, der im August 1941 vor Leningrad zur Notlandung gezwungen und dessen Landung deutscherseits beobachtet worden war, wurde am nächsten Tage mit 6 oder 7 Stichverletzungen in der Brust tot aufgefunden. (Anlage 21)

Am 13. Oktober 1941 wurden Angehörige einer Pi.-Abtl. vor Wjasma aufgefunden, die in russische Hände geraten waren. Sie waren getötet und verstümmelt. Etwa 15 von ihnen waren die Augen ausgestochen. (Anlage 23*)

Ein deutscher Kraftfahrer, der in russische Gefangenschaft geraten war und bei seiner Vernehmung Angaben auf militärische Fragen verweigerte, wurde von dem russischen Oberst Tawanzew ermordet. Die Feststellung hierüber beruht auf der Aussage eines russischen Zeugen. (Anlage 26*)

Die Schützen B. und W. wurden Ende März bzw. Anfang April 1942 bei Dedno von den Russen in qualvoller Weise ermordet: Sie wurden bei lebendigem Leibe geblendet und anderen schwersten Gewalteinwirkungen unterworfen. Der Beweis für ihre Ermordung ergibt sich aus der eidlichen Aussage des Unteroffiziers Kohlenberg und anderer Zeugen sowie aus dem Gutachten des Oberarztes Dr. Schmitt. (Anlage 29*)

Der Schütze Henneberger fand am 16. Januar 1942 bei Feodosia vier deutsche Verwundete, denen die Augen ausgestochen waren. Einem von ihnen war auch der Geschlechtsteil abgeschnitten. (Anlage 30*)

Anfang August 1941 bei Krementschug wurden 20 Tote des Inf.Rgt. 444 schwer verstümmelt aufgefunden. Ihnen waren die Augen ausgestochen, die Ohren und die Nasen abgeschnitten. (Anlage 32*)

Bei Roslawl wurde am 2. August 1941 ein durch Schüsse im Oberarm und Oberschenkel verwundeter deutscher Offizier (Leutnant) tot aufgefunden. Er war von den Russen grausam gemartert worden. Man hatte ihm ein Stück Holz durch die Zunge getrieben. Elf anderen deutschen Soldaten, die, als sie in Gefangenschaft gerieten, zum Teil schon verbunden gewesen waren, waren nachträglich die Schädel zertrümmert. (Anlage 33)

In einer russischen Pakstellung wurden am 17. Januar 1942 bei Feodosia zwei deutsche Soldaten an dem Schutzschild eines Pakgeschützes, nackt mit Stricken festgebunden, tot aufgefunden. Sie hatten keine Schußverletzungen und beide Ohren waren ihnen abgeschnitten, die Gesichter waren voller Blut. Außerdem zeigten die Körper schwere Striemen und Flecken, die offenbar von Peitschenhieben herrührten. Es herrschte eine Kälte von 30–35°. (Anlage 34*)

Beim Vormarsch auf Kiew im Sommer 1941 fand man zwei deutsche Soldaten mit Draht an einen Baum gefesselt. Offenbar hatte man unter ihren Körpern Feuer angezündet; denn die Körper waren stark angekohlt.

Eine Woche später wurden 4 andere deutsche Soldaten tot aufgefunden, denen beide Augen ausgestochen waren. Sie zeigten keine andere Verwundung, insbesondere auch keine Schußverletzung.

Wiederum einige Zeit darauf wurden in einem Straßengraben vor Kiew 13 Leichen deutscher Soldaten entdeckt. Sie trugen sämtlich an den Fußknöcheln Schlingen aus Draht, ihre Kleider waren völlig zerrissen. Die Toten hatten am ganzen Körper zahlreiche wunde Stellen, die als Schleifspuren deutlich zu erkennen waren. Aus dem Befund ergab sich, daß die Russen diese Leute gefesselt und dann hinter einem Fahrzeug hergeschleift hatten. (Anlage 38)

Im Jaila-Gebirge (Krim) waren im November 1941 fünf deutsche Infanteristen an einem starken Baum rundherum festgebunden. Ihnen waren die Köpfe abgeschnitten. Die 5 Köpfe lagen vor dem Baum auf der Erde. (Anlage 39*)

Der Oberschütze Rucks fand im Februar 1942 in Surasch an einem Scheunentor am Ostrand der Stadt einen deutschen Infanteristen aufgehängt. (Anlage 41*)

Dem Gefr. Beutelmeier, der durch Oberschenkelschuß verwundet war, wurden von den Russen die Augen ausgestochen und die Zunge abgeschnitten. In diesem Zustand fand man ihn bei Wiedergewinnung des kurz vorher geräumten Geländes auf. (Oktober 1941 bei Stalino). (Anlage 43*)

Im Januar 1942 bei Nowgorod wurde einem deutschen Infanteristen die Kopfhaut vom Schädel gezogen und das Band des Eisernen Kreuzes auf dem Schädel befestigt. (Anlage 44*)

Im Februar 1942 wurden zwischen Luga und Puschkin 25 deutsche Soldaten, die in Gefangenschaft geraten waren, von den Russen bei über 30° Kälte barfuß mitgeschleppt und schließlich mit Säbeln und anderen Waffen niedergemacht. (Anlage 46*)

Etwa 50 Angehörige eines deutschen Kommandos wurden im März 1942 in Mischuri bei Demidow bei einem Angriff von den Russen getötet und grausam verstümmelt. Arme und Beine wurden ihnen abgehackt, einzelnen von ihnen die Augen ausgestochen und anderen die Ohren und die Nasen abgeschnitten. (Anlage 51*)

Auch bei Bogdanowka im Oktober 1941 wurden 8 deutsche Soldaten, die verwundet gewesen waren, tot und verstümmelt aufgefunden. Auch ihnen waren die Augen ausgestochen, die Ohren, die Nasen oder die Zungen abgeschnitten worden. (Anlage 52)

Anfang Dezember 1941 wurde bei Istra in der Umgebung von Moskau ein deutscher Infanterist aufgefunden, den die Russen unter einen Maschinengewehrschlitten gebunden hatten. Den Schlitten hatten sie mit dem Körper des deutschen Infanteristen unter das Eis eines nahen Baches geschoben. (Anlage 55*)

Im August 1941 wurde in einem Walde bei Jelnja südöstlich Smolensk ein Feldwebel von den Panzerjägern aufgefunden, der an einen Baum gebunden war. Er war tot, die Füße waren ihm abgehackt. (Anlage 56)

Anfang 1942 wurden zwei deutschen Pionieren bei Marjewka beide Augen ausgestochen und im Februar 1942 deutsche Verwundete bei Stepanowka von den Russen mit Gewehrkolben erschlagen. (Anlage 57)

Im August 1941 beim Vormarsch auf Gomel wurden 5 deutsche Soldaten, die verwundet waren, von den Russen grausam ermordet. Einem Oberwachtmeister waren die Augen ausgestochen und die Ohren sowie das Glied abgeschnitten und dieses ihm in den Mund gesteckt worden. Auch den übrigen Verwundeten fehlten Augen und Ohren. (Anlage 59)

Am 6. August 1941 wurden in der Nähe der Autobahn Smolensk-Moskau 25 Angehörige der Vorausabteilung der 137. I.D. an Bäumen aufgehängt aufgefunden. Ihre Köpfe hingen nach unten. Fast allen von ihnen waren die Augen ausgestochen, besonders den Offizieren. Anderen waren die Hände oder die Finger abgehackt. Die Stiefel hatte man ihnen ausgezogen und die Ehrenzeichen abgetrennt. (Anlage 60)

Am 25. Mai 1942 war der Obergefr. Schuch südwestl. Charkow mit noch 4 anderen Kameraden von etwa 50 Russen gefangen genommen worden. Sie wurden ausgeplündert und mißhandelt. Der Obergefr. Schuch, der über dieses Erlebnis eidlich berichtet, bekam von einem Russen einen Stich in die Schulter. Darauf erhielten er und seine 5 Kameraden den Befehl, sich hinzulegen. Kaum war diesem Befehl Folge geleistet, so stach ein Russe dem links neben dem Zeugen liegenden Kameraden mit dem Bajonett durch die Brust. Dem Zeugen gelang es, zu entkommen. (Anlage 61*)

Ausweislich einer Meldung vom 7. Juli 1942 erhielt ein russischer Oberleutnant von dem Kommandeur der 15. russ. Brig. den Befehl, den deutschen Soldaten die Augen auszustechen. (Anlage 69)

Der Gefr. Walzer berichtet eidlich über schwere Verstümmelungen an vier deutschen Soldaten bei Tscherkassy am Dnjepr. (Anlage 71*)

Die Meldung des Komp. Führers der 4. Komp. I.R. 92 (mot) berichtet über die Auffindung der Leichen von 85 Angehörigen des vorgenannten I.R. im Juli 1942 in Bessabetowka. Die Leichen lagen in zwei Massengräbern. Der Befund ergibt einwandfrei, daß diese Angehörigen des Rgts., nachdem sie in russische Gefangenschaft geraten waren, durch Genickschuß oder auf andere Weise getötet worden sind. (Anlage 72*)

Der Zeuge San.-Feldw. Löffler geriet am 11. Juni 1942 bei Stariza am Donez mit 6 anderen Kameraden in russische Hände. Nach der Gefangennahme wurde er unter Bedrohung mit einer Maschinenpistole verhört. Der Hinweis des Zeugen, daß er unter dem Schutze des Roten Kreuzes stehe, wurde verlacht. Nach Beendigung der Vernehmungen wurden die sieben Gefangenen gezwungen, sich hinzulegen. Alle wurden erschossen. Nur der Zeuge blieb trotz Verwundung am Leben. (Anlage 73*)

Am 11. Juli 1942 bei Krutoi östlich des Aidar-Flusses wurden, wie sich aus der eidlichen Aussage des Leutnants Weber ergibt, 28 deutsche Soldaten, darunter viele Verwundete, die als solche durch ihre Verbände deutlich gekennzeichnet waren, grausam ermordet. (Anlage 74*)

Ende Oktober 1941 wurde auf der Rollbahn in Richtung Tula ein deutscher Soldat an einen Pfahl gefesselt aufgefunden. Die Hände waren ihm auf dem Rücken gebunden. Seine Kopfhaut war zum Teil heruntergerissen. Er hatte einen Seitengewehrstich im Genick. Auch Kennzeichen anderer schwerer Mißhandlungen waren vorhanden. (Anlage 77*)

13 Mann eines Nebeltrupps, die Anfang Februar 1942 bei Rutschij vor Leningrad in russische Hand gefallen waren, wurden mit eingeschlagenen Schädeln tot aufgefunden. Allen waren die Hände abgehackt. (Anlage 78*)

Mitte Mai 1942 wurden 4 verwundete und mit Verbänden bereits versehene, also wehrlose deutsche Soldaten von den Russen mit Spatenhieben getötet. (Anlage 80*)

Der Obergefr. Eick berichtet über die Auffindung eines toten deutschen Soldaten Ende Oktober 1941 im Donezbogen, dem die Augen ausgestochen waren. (Anlage 82)

Nach einem Abhör-Ergebnis, das am 6. September 1942 bei Peterhof aufgenommen worden ist, sind 2 unmittelbar zuvor verwundet in Gefangenschaft geratene deutsche Soldaten erschossen worden. (Anlage 83)

Am 22. Juni 1942 wurden in der Mittelfront bei Kupjansk vier verwundete deutsche Soldaten von den Russen ermordet. (Anlage 84 u. 85)

Der im Kampf am 8. August 1941 bei Minsk (Nähe Sluzk) am Oberschenkel verwundete Obergefr. G., der sich selbst verbunden hatte, wurde am nächsten Tage aufgefunden. Die Augen waren ihm ausgestochen und das ganze Gesicht war voll Blut. (Anlage 87)

Auch am 22. Juni 1941 am Bug wurden 5 deutsche Soldaten ermordet und verstümmelt aufgefunden. Nase, Ohren und Geschlechtsteil waren ihnen abgeschnitten, den meisten auch die Augen ausgestochen.
Ebenso waren zwei deutsche Artilleristen in der Schlacht bei Uman (Spätsommer 1941) des Augenlichts beraubt. (Anlage 88* u. 89*)

Der Soldat Güttler wurde nach seiner Gefangennahme am 31. Dezember 1941 bei Stariza seiner sämtlichen Sachen b[e]raubt. Auch die Schuhe wurden ihm weggenommen und der Zeuge gezwungen, ohne Uniform und Stiefel, nur in Unterhose und Hemd, den etwa 4 km weiten Weg zum Verhör in das nächste Dorf anzutreten. Bei Verweigerung der Beantwortung der an ihn gerichteten Fragen erhielt er seitens des vernehmenden Kommissars einen so heftigen Schlag ins Gesicht, daß ihm ein Zahn abbrach. Im Verlauf der weiteren Vernehmung wurde er noch in anderer Weise gequält. (Anlage 90)

Im September 1941 wurde in Schaboni bei Leningrad ein am Bein verwundeter deutscher Soldat am Tage nach dem Gefecht mit Stichen in den Augen tot aufgefunden. (Anlage 91)

Ein Anfang Juli 1941 bei Dobrohowitsch mit einem Jagdflugzeug abgestürzter deutscher Flieger wurde kurze Zeit nach erfolgtem Absturz mit mehreren Stichverletzungen in der Brust tot aufgefunden. Der linke Ringfinger war ihm abgehackt. Er war aller Sachen beraubt. (Anlage 92)

Anfang Februar 1942 wurden an der Straße Juchnow-Gschack die Leichen von mehreren deutschen Soldaten gefunden, die von durchgebrochenen russischen Kräften überfallen worden waren. Einem der Toten waren die Augen ausgestochen, einem anderen die Hände abgehackt und mehreren die Schädeldecke zertrümmert. (Anlage 93*)

Der Unteroffizier Winkler berichtet eidlich über die Auffindung eines toten deutschen Soldaten am 20. März 1942 bei Okulitza (etwa 70 km von Janzewo), dem die Augen ausgestochen waren.

Am 29. März 1942 wurde ein deutscher Trupp von 5 Mann bei einem russischen Überfall niedergemacht, darunter auch ein Schwerverwundeter, der durch Kolbenschlag getötet worden war. Sämtlichen Toten waren die Uniformen sowie Stiefel und Privateigentum geraubt. (Anlage 94)

Über einen Fall schwerer Aussage-Erpressung und Mißhandlung im August 1942 bei Stalingrad während des Verhörs über militärische Fragen berichtet eidlich der Zeuge Gefr. Stöhr. (Anlage 95)

Im Juli 1941 wurde im Mittelabschnitt der Front ein deutscher Oberfeldwebel schwer verwundet. Er blieb etwa 2 Stunden auf dem Gefechtsfeld zurück und wurde dann tot aufgefunden. In der Zwischenzeit hatten ihm die Russen die Geschlechtsteile und beide Ohren abgeschnitten. (Anlage 96*)

Im Januar 1942 östlich Witebsk wurden 30 deutsche Soldaten, die bei einem russischen Überfall in Gefangenschaft geraten waren, ermordet und verstümmelt aufgefunden. Alle waren völlig entkleidet. Ihr Tod war hauptsächlich durch Schädelzertrümmerung herbeigeführt. Vielen von ihnen waren die Ringfinger abgeschnitten. (Anlage 98*)

Eine Gruppe von deutschen Infanteristen und Pionieren, die im März 1942 gefangen genommen waren, wurde von dem näherkommenden deutschen Stoßtrupp in schwer verstümmeltem Zustand vorgefunden. Die Aussage des eidlich vernommenen Zeugen Unteroffz. Lullies hierüber lautet:

„Im März 1942 gehörte ich einem Stoßtrupp an, der 2 Infanterie-Gruppen und 2 Pionier-Gruppen entsetzen sollte. Als wir zu der Ortschaft kamen, in der die beiden Infanterie-Gruppen und die 2 Pionier-Gruppen als Sicherung gelegen hatten, fanden wir nur noch 30 Tote und etwa 3 oder 4 Mann lebend vor. Drei deutsche Soldaten waren an Bäumen angebunden. Sie waren völlig entkleidet. Bei einem fehlten die Geschlechtsteile, die die Russen offenbar abgeschnitten hatten. Bei den andern beiden konnte man feststellen, daß ihnen der Kopf gespalten war. Man konnte die Gesichter nicht mehr erkennen. Die Leichen lagen verstreut herum. Bei einigen fehlte die Zunge. Anderen Leichen waren die Augen ausgestochen. Bei zahlreichen Leichen konnte man auch Stichwunden feststellen. Drei Leute trafen wir noch lebend an, die aber auch schon halb erfroren waren. Zweien von ihnen hatte man die Zunge abgeschnitten und die Augen ausgestochen. Dem dritten hatte man die Zunge herausgeschnitten. Ich nehme an, daß diese Sicherungsgruppen einige Stunden vorher erst von den Russen angegriffen und niedergemetzelt worden waren; denn sonst wären die drei Soldaten, die wir noch lebend antrafen, auch schon erfroren gewesen." (Anlage 99*)

Bei den Kämpfen im September 1941 vor Nikolajew waren Verwundete des Schtz.Rgt. 79 auf dem Schlachtfeld zurückgeblieben. Am folgenden Tage wurden etwa 20 von ihnen tot aufgefunden. Einigen waren die Augen ausgestochen, mehreren die Geschlechtsteile abgeschnitten und vielen die Schädel eingeschlagen, und zwar anscheinend mit Spaten und Kolben. (Anlage 100*)

32 Mann, die zu einem Jagdkommando gehört hatten, wurden Anfang März 1942 zwischen Witebsk und Wjasma an einer Scheune tot aufgefunden. Sämtliche Leichen waren verstümmelt. Die Ringfinger waren abgehackt. Viele Leichen hatten blutverkrustete Gesichter; man hatte ihnen offenbar mit stumpfen Gegenständen ins Gesicht geschlagen. Der San.-Unteroffizier, der zur Betreuung der Verwundeten des Jagdkommandos bei diesen zurückgeblieben war, war gleichfalls von den Russen ermordet worden. (Anlage 101*)

Am 22. September 1942 wurden zwei deutsche Verwundete kurz nach ihrer Verwundung tot aufgefunden. Beiden waren die Schädel mit Spaten gespalten. Dem einen der Verwundeten, Feldwebel Scheffler, war der Schädel mit seinem eigenen Spaten, der blutbefleckt neben ihm lag, zertrümmert worden. (Anlage 102*)

Aus einem in Urschrift vorliegenden Begleitschreiben des Leiters einer russischen Aufklärungsabteilung an die russische 62. Armee ergibt sich, daß der Gefr. K. des deutschen Inf.-Rgt. 546, der am 7. August 1942 im Abschnitt Beresowy schwer verwundet gefangen genommen worden war, nach seinem Verhör über militärische Fragen erschossen worden ist, angeblich, weil sein Abtransport zur Armee nicht möglich war. (Anlage 109)

Der russische Kriegsgefangene Maschletow bekundete in seiner Vernehmung vom 14. September 1942, daß am 20. Febr. 1942 fünf deutsche Soldaten bei seinem Regiment als Gefangene eingebracht wurden. Das Regiment lag damals bei Dobalzewo (in der Nähe von Woroschilowgrad). Die fünf deutschen Soldaten wurden dem Regimentskommandeur und Regts.-Kommissar zu ihrer Vernehmung vorgeführt. Nach der Vernehmung wurde der Befehl gegeben, drei von diesen fünf Soldaten zu erschießen, weil sie sich geweigert hatten, bei der Vernehmung irgend welche Angaben zu machen. Die Erschießung erfolgte am gleichen Tage. (Anlage 110*)

Der Obergefr. Schwender erhielt am 11. Juli 1941, nachdem er durch Oberschenkelschüsse verwundet worden war, von Russen, die ihn auf dem Schlachtfelde auffanden, mit seinem eigenen Seitengewehr 6 Stiche durch die Luftröhre, in den Rücken, den Hinterkopf und unterhalb des Halses. (Anlage 115)

Im Februar 1942 im Raume um Charkow fand der Unteroffz. Wolf deutsche Verwundete, denen die Fußsohlen zerschnitten waren, offenbar, um sie an der Flucht zu hindern. (Anlage 116*)

Im Juli 1941 bei Luga wurden 9 deutsche Gefallene verstümmelt aufgefunden. Einigen von ihnen waren die Ringfinger abgeschnitten. (Anlage 118*)

Etwa 40 tote deutsche Wehrmachtangehörige wurden im Januar 1942 zwischen Kursk und Bjelgorod verstümmelt aufgefunden. Auch in diesem Falle waren den deutschen Soldaten Nasen oder Ohren oder Geschlechtsteile abgeschnitten, insbesondere auch die Ringfinger. Bei einigen von ihnen waren auch die Augenhöhlen leer oder die Augen mit Blut verkrustet. (Anlage 119*)

Etwa 20 auf dem Gefechtsfeld zurückgebliebene deutsche Verwundete wurden am 18. November 1941 zwischen Wjasma und Klin am Tage nach dem ersten Gefecht (17.11.41) tot aufgefunden. Alle waren hingemordet worden, obwohl sie bereits mit Verbänden versehen und deshalb sämtlich wehrlos waren. (Anlage 120*)

Im März 1942 wurde im Wolchowgebiet die Besatzung eines Bunkers in Stärke von mindestens 10 Mann gefangen genommen. Nachdem ihnen die Hände gefesselt worden waren, wurden sie alle ermordet. Den Gefangenen waren die Schädel gespalten und die Beine mit der Axt zertrümmert. (Anlage 121*)

Einen Beleg für die äußerste Grausamkeit sowjetischer Gefangenenbehandlung gegenüber wehrlosen Kriegsgefangenen ergibt das Protokoll über die eidliche Vernehmung des am 5. September 1942 vor Jersowka (nördlich Stalingrad) in Gefangenschaft geratenen Gefr. Zimmermann. Seine Aussage lautet:

Am 5.9.1942 geriet ich bei einem Gegenstoß der Kompanie in dem Höhengelände vor Jersowka nördlich Stalingrad in russische Gefangenschaft. Ich wurde auf Befehl eines Offiziers von fünf russischen Soldaten in eine große Balka südwestlich von Jersowka zurückgebracht. Hier wurde ich einem Stab zur Vernehmung vorgeführt und war dabei Zeuge einer Vernehmung von zwei weiteren deutschen Gefangenen. Es waren ein Unteroffizier und ein Obergefreiter. Ich kannte sie nicht und konnte mich auch nicht mit den beiden unterhalten. Jedoch schienen sie ihrer Ausrüstung nach Infanteristen zu sein. Sie trugen doppelseitige Schulterriemen, Brotbeutel mit Feldflasche, Gasmaske und gerollte Zeltbahn. Ihre Vernehmung führte ein deutschsprechender hoher Offizier oder Kommissar, der auf den Spiegeln je drei viereckige rote Sterne und einen großen goldenen Sowjetstern trug, durch. Die braune Gesichtsfarbe, die breiten Backenknochen und die Schlitzaugen des Offiziers deuteten darauf hin, daß er Mongole war. Neben ihm stand ein russischer Leutnant. Das Verhör dauerte etwa 2 Stunden. Die beiden Soldaten sagten aber nichts aus. Sie antworten auf alle Fragen nur: „Das weiß ich nicht". Etwa folgende Fragen wurden ihnen vorgelegt: „Welcher Division gehören Sie an? Wie stark ist die Division? Wo ist das Hauptangriffsziel der Division? Hat die Division Panzer? Wissen Sie etwas von bevorstehenden Stuka-Angriffen?" Der Leutnant, der dabei stand, zeigte sich sehr wütend darüber, daß die beiden nichts aussagten. Er brüllte sie auf Russisch an, stellte sich vor sie und holte mit dem Kolben seiner Maschinenpistole aus, als wenn er sie schlagen wollte. Nach Beendigung des ergebnislosen Verhörs sagte der Kommissar einige Worte Russisch zu dem Leutnant. Darauf drehte dieser seine Maschinenpistole um und schoß dem Unteroffizier einen Feuerstoß durch den Kopf. Der Unteroffizier brach sofort zusammen und lag regungslos am Boden. Trotzdem gab der Leutnant noch ein, zwei Feuerstöße – insgesamt etwa 40 Schuß – auf den Kopf und den Hals des Unteroffiziers ab. Der Kommissar gab dem Obergefreiten nur noch eine Viertelstunde Bedenkzeit. Als der Obergefreite auch dann noch jede Aussage verweigerte, wurde er von dem Leutnant mit mehreren Schüssen aus einem Schnellfeuergewehr niedergestreckt. Die Schüsse gingen in die Brust.

Ich stand während der ganzen Vernehmung in etwa drei Schritt Entfernung und wurde fortgesetzt von russischen Soldaten belästigt. Sie schlugen mich mit ihren Fäusten auf den Hinterkopf und versetzten mir Fußtritte in den Rücken und ins Gesäß. Während der ganzen Zeit mußte ich mit erhobenen Händen stehen, die ich, als ich sie nicht mehr hochhalten konnte, nur am Kopf stützen durfte. Jetzt wurde ich vernommen. Einleitend sagte der Kommissar zu mir: Ich hätte ja gesehen, wie es meinen beiden Kameraden ergangen sei. Ich könnte es besser haben; wenn ich aussagte, würde ich zurückgeschickt, bekäme Verpflegung und brauchte nicht mehr für Hitler zu kämpfen. Wenn ich aber nichts aussagte, würde er mir eine Garbe von den Beinen bis in den Bauch schießen, anschließend mich mit Benzin übergießen und anstecken lassen. Zur Bekräftigung ließ er einen Benzinkanister holen und neben mich stellen. Dann fragte er mich zuerst nach meinem Alter und legte mir anschließend die gleichen Fragen vor wie meinen beiden Kameraden. Außerdem fragte er mich, wie lange meine Kompanie schon in Stellung läge, wo die Stellungen wären, ob sie ausgebaut und wie stark sie besetzt seien. Ich verweigerte jede Aussage hierüber. Darauf nahm der Leutnant sein Schnellfeuergewehr und schoß einen Feuerstoß gegen meine Beine. Ich erhielt nur drei leichte Streifschüsse am linken Bein, die durch den Stiefel, die Hose und die Unterhose gingen, am Bein aber nur rote Streifen zurückließen. Im gleichen Augenblick erfolgte ein Feuerüberfall der eigenen Artillerie in die Balka. Sämtliche Offiziere liefen sofort in den Bunker, vor dem die Vernehmung stattgefunden hatte, die anderen Soldaten nahmen volle Deckung. Mir war es dadurch möglich gemacht, wegzulaufen. Nach etwa 2 1/2 km kam ich wieder in die deutschen Stellungen und meldete mich bei meiner Kompanie zurück. (Anlage 123*)

Zwei verwundete Infanteristen, die auf einem San.-Fahrzeug (SPW) am 15. August 1942 bei Stalingrad nach rückwärts geschafft werden sollten, wurden bei einem russischen Überfall aus den Wagen herausgeholt, mit langen grauen Rucksackriemen an dem inneren hinteren Laufrad des San.-Wagens festgebunden und in dieser Weise mitgeschleift. Bei der Auffindung konnten sie nur mit Mühe von dem Laufrad abgelöst werden. Als man sie aufhob, stellte sich heraus, daß dem einen Verwundeten die ganze Bauchpartie bis zu den Rippen zerquetscht war, sodaß die Gedärme frei herausfielen. Bei dem anderen konnte man durch die Feldbluse, die noch alles zusammenhielt, erkennen, daß auch seine Bauchpartie zerquetscht war. (Anlage 124)

Der Stabsarzt Sprakties sah im März 1942 im südlichen Teil der Wolchow-Front zwei tote deutsche Soldaten liegen, denen die Geschlechtsteile abgeschnitten waren. (Anlage 126*)

Nordwestlich Witebsk bei Polozk wurden Anfang Juli 1942 7 oder 8 Flaksoldaten nahe der Straße völlig entkleidet und beraubt aufgefunden. Einem von ihnen war ein großes Kreuz über die Brust eingeschnitten und der Geschlechtsteil abgeschnitten und auf die Brust gelegt. Den anderen Soldaten waren die Augen ausgestochen oder die Nasen abgeschnitten. Außerdem hatten sie zahlreiche Stichwunden. Einigen von ihnen waren die Hände abgehackt. (Anlage 129)

Anfang Mai 1942 mußten ein Leutnant und fünf Mann bei Staraja Russa an der Lowa verwundet zurückgelassen werden. Am Nachmittag desselben Tages fand man sie ermordet auf: den Leutnant hatte man entkleidet und ihm die Schädeldecke zertrümmert, einem Obergefreiten waren die Augen ausgestochen; man konnte deutlich den Stichkanal sehen. Den anderen waren ebenfalls die Schädel zertrümmert. (Anlage 130)

Am 7. Juli 1941 bei Shlobin gerieten 70 deutsche Soldaten infolge Einschließung durch russische Panzer in Gefangenschaft. 2–3 Stunden später fand man sie alle ermordet auf. Die Waffen lagen in einiger Entfernung in Haufen beieinander. Vielen der Getöteten fehlten die Ohren und die Nasen, anderen waren die Augen ausgestochen.

In derselben Weise wurden im Frühjahr 1942 an der Rollbahn Kaluga-Roslawl 19 Mann eines deutschen Stoßtrupps nach Gefangennahme von den Russen ermordet. (Anlage 131)

Die russische Zeugin Maria Sabirnik berichtet eidlich über die Anfang Januar 1942 erfolgte Ermordung eines verwundet in russische Gefangenschaft geratenen deutschen Leutnants in Webritzki bei Isjum, der sich geweigert hatte, Angaben über seine Truppe zu machen. (Anlage 133)

Am 21.7.1942 wurde ein deutscher Gefreiter bei Petschanchy aufgefunden, dessen Hände im Todeskampf verkrampft waren. Ihm waren die Geschlechtsteile völlig abgeschnitten. Außerdem hatte er mehrere Stiche in die Gesäßbacken erhalten. Anscheinend waren ihm auch die Augen ausgestochen. (Anlage 134*)

Der Unteroffizier K. fiel am 10. Juli 1942 bei Grosin am Wolchow verwundet in russische Hände. Als kurz darauf die Russen zurückgeworfen waren, wurde der Unteroffizier, nur noch mit einer Turnhose bekleidet, tot aufgefunden. Ihm war der Leib bis zur Brust aufgeschlitzt, die Gedärme hingen heraus. Die Augen waren ihm zerschnitten und ausgelaufen. (Anlage 135*)

Oberfeldw. Haiduczek und andere Zeugen berichten eidlich über die schwere Verstümmelung von 26 Soldaten des 179. Inf.Rgt., die Ende Mai 1942 zwischen Werchnij und Bischkin südlich Charkow während der Kesselschlacht bei Charkow in russische Hände gefallen waren. (Anlage 136)

Der russische Zeuge Koloskow sagt als Augenzeuge über die am 13. August 1942 erfolgte Erschießung zweier deutscher Kriegsgefangener (eines Unteroffiziers und eines Soldaten) aus, die von einem russischen Oberleutnant vernommen worden waren. Der russische Oberleutnant nahm selbst mit seiner Pistole die Erschießung der beiden Gefangenen vor. (Anlage 137)

Ein bei den Kämpfen auf der Krim am 27. Oktober 1941 leicht verwundeter deutscher Soldat wurde am folgenden Tage tot aufgefunden. Seine Zunge wies auf beiden Seiten tiefe Einschnitte auf und hing nur noch lose an der Wurzel. Die Backen und die Kehle waren mit dem Seitengewehr durchstoßen. Sein eigenes Seitengewehr lag blutbefleckt unweit der Leiche. (Anlage 139*)

Der Gefr. O., der am 10. Juni 1942 am Donez in russische Gefangenschaft geriet, wurde von den Russen mit seinem eigenen Verbandspäckchen im Munde geknebelt. Dann wurden ihm und einem Mitgefangenen Fesseln angelegt. Er erhielt einen Schlag mit dem Kolben auf das Schlüsselbein, der den Bruch des Schlüsselbeins zur Folge hatte. Der mit ihm gemeinschaftlich gefangengenommene Unteroffizier W. wurde, völlig wehrlos, von einem Russen durch Bajonettstich getötet, obwohl er hierzu nicht die geringste Veranlassung gegeben hatte. (Anlage 144*)

Leute der 11. Komp. der Aufkl.Schwadron 206 beobachteten am 14. Oktober 1941 bei Rshew durch Fernglas auf eine Entfernung von etwa 1000 m, wie die Russen mit Spaten auf die Köpfe der wehrlos am Boden liegenden deutschen Verwundeten einschlugen. Sie fanden am nächsten Tage mindestens 10 deutsche Kameraden, denen die Stirn durch wuchtige Spatenhiebe aufgespalten worden war.

Ebensolche Zertrümmerungen des Kopfes oder des Schädeldaches beobachtete der Gefr. Wenger am 22. Juli 1941 bei 16 deutschen Soldaten, die südwestlich Cholm verwundet in russische Gefangenschaft geraten waren. (Anlage 148* u. 149*)

40 bis 50 Soldaten eines deutschen Trosses, die bei einem Überfall in russische Hand gerieten, wurde, wie sich aus der eidlichen Aussage des Gefr. Müller ergibt, im August 1941 in der Gegend von Gomel nach erfolgter Gefangennahme an einer Scheunenwand aufgestellt und erschossen. (Anlage 152)

21 Tote einer Pi.Abtl. der 1. Komp. des Pi.Batl. 246 wurden am 7. April 1942 bei Ostrov (in der Nähe von Bjelyj) völlig verstümmelt aufgefunden. Sechs von ihnen trugen Verbände, ein Beweis, daß sie wehrlos und verwundet in Feindeshand gefallen waren. Einem der Toten waren beide Hände unmittelbar am Handgelenk abgeschlagen. Den meisten von ihnen waren die Gesichter völlig zerschlagen und durchweg die Ringfinger abgeschnitten. Auch Spuren schwerer Mißhandlung durch Schläge mit Kolben oder anderen Waffen waren einwandfrei festzustellen. (Anlage 155)

25 Angehörige eines Stoßtrupps waren am 10. August 1941 bei Rekta in der Nähe von Rogatschew teils im Kampfe gefallen, teils verwundet in russische Gefangenschaft geraten. Sie wurden am 12. August 1941 mit neuen Wunden bzw. Verstümmelungen aufgefunden, die ihnen nicht im Kampfe zugefügt worden waren. Den meisten von ihnen war der Bauch aufgeschlitzt und etwa 7 oder 8 Toten war der Hals durchschnitten. (Anlage 156)

Der bereits in der 1. Niederschrift über „Kriegsverbrechen der russischen Wehrmacht" (Teil I Anl. 18, Az. U 600/42 [Verbrechen an der Wehrmacht. Kriegsgreuel der Roten Armee 1941/42. Fall 014]) behandelte Fall der Niedermetzelung von deutschen Verwundeten und der zu ihrer Betreuung zurückgelassenen Sanitäter, der sich am 25. Juni 1941 bei Dabrowka (Nähe Lemberg) zugetragen hat, wird durch die Aussage des inzwischen eidlich vernommenen Leutnants Ostermann nochmals bestätigt. (Anlage 159*)

Der Obergefr. Heck stieß im Dezember 1941 bei Kaluga an einem Waldweg auf einen russischen Panjeschlitten, auf dem ein deutscher Soldat lag. Der Soldat war tot. Er war durch die Hände und Füße hindurch auf dem Schlitten festgenagelt. Der Zeuge Heck erkannte deutlich, daß an den Stellen, durch die die Nägel getrieben waren, Blut aus den Händen und Füßen hervorgetreten war. Der Tote war nur noch mit einem deutschen Militärpullover und einer deutschen Hose bekleidet. Uniformrock und Stiefel fehlten. (Anlage 161)

In Baldedino, einem Dorf zwischen Smolensk und Jelnja, war Anfang März 1942 eine Abteilung der Org. Todt nachts von russischen Zivilisten und Fallschirmtruppen überfallen worden. Von den Leichen der bei diesem Überfall getöteten 74 Angehörigen der Org. Todt waren die meisten verstümmelt. Mehreren von ihnen waren die Augen ausgestochen, anderen der Geschlechtsteil und vielen von ihnen die Ringfinger abgeschnitten. (Anlage 164)

Auf den Unteroffz. Stolz und einen Kameraden, die beide am 13. Mai 1942 bei Dmitzowka in russische Gefangenschaft geraten waren, wurden, nachdem man sie ausgeplündert hatte, Schüsse in der Absicht abgegeben, sie zu töten. Stolz erhielt einen Schuß durch die Schulter, der die Lunge streifte, sein Kamerad einen Bauchschuß. (Anlage 167)

Der am 8. März 1942 bei Glubowska-Gorki an beiden Unterschenkeln durch Handgranaten schwer verwundete Zeuge wurde durch russische Soldaten mißhandelt: Sie traten und setzen sich auf seine Unterschenkel und schlugen auf ihn ein, weil er ihnen nicht freiwillig seine Ringe geben wollte. Vor Ärgerem blieb er nur durch die schnelle Rückeroberung der Stellung bewahrt. (Anlage 169)

6 Angehörige der Vorausabteilung einer Panzerjägerformation wurden am 2. August 1942 bei Atamansky, nachdem sie ihre Munition verschossen und erhebliche Verluste gehabt hatten, bei der Gefangennahme von den Russen durch Kolben- oder Beilhiebe ermordet. (Anlage 170*)

Etwa 15 deutsche Soldaten, die am 22. August 1941 bei Rasikut (in der Nähe von Reval) verwundet und nach ihrer ärztlichen Behandlung auf Zeltbahnen gelegt worden waren, um zurückgeschafft zu werden, wurden am folgenden Tage ermordet und verstümmelt aufgefunden. Sie waren mit Bajonetten erstochen. Augen waren ihnen ausgestochen, Ohren und Nasen waren abgeschnitten. (Anlage 176*)

Ein verwundeter SS-Untersturmführer wurde am 11. April 1942 bei Nowosel an der Lowa im Raume von Demjansk an einen Baum gebunden aufgefunden. Er war nur mit einem Hemd bekleidet. Die Beine waren nach vorn und oben gedrückt und in Höhe der Knöchel an Holzstützen festgebunden. Dicht am Stamm war ein Feuer angelegt worden, das schwere Verbrennungen an den Oberschenkeln und dem Gesäß des Gefesselten hervorgerufen hatte. (Anlage 179*)

Der Unteroffz. Frank fand im Februar 1942 bei Rshew zwei verwundete SS-Männer, denen die Augen ausgestochen waren. Die Augenhöhlen bildeten nur noch eine blutige breiige Masse. (Anlage 180*)

Ein am 29. Juni 1941 bei Livani an der Düna verwundeter deutscher Soldat, dem bereits ein Verband um die Stirn angelegt worden war, wurde in gefesseltem Zustande aufgefunden. Er war nur noch mit Hose, Unterhose, Hemd und Strickjacke bekleidet. Seine Hände waren auf dem Rücken mit einem dicken Strick gefesselt. Zwischen dem Strick und den Händen steckte ein etwa 1,20 m langer dicker Knüppel. Er wies 4 bis 5 Stiche im Hals und mindestens 8 Stiche in Bauch und Brust auf und war völlig ausgeplündert, auch die Erkennungsmarke fehlte. (Anlage 183)

Ein deutscher Wachtmeister und 6 Soldaten waren am 30. Juni 1941 bei Slonim in Gefangenschaft geraten und offenbar alsbald nach Gefangennahme getötet worden. Bei der Auffindung ihrer Leichen wurde festgestellt, daß dem Wachtmeister die Zunge aus dem Munde gezogen und die Zungenspitze abgeschnitten war. Alle Gefangenen hatten grausame Stichverletzungen. (Anlage 184*)

Der Gefr. G., der am 22. Juni 1942 südlich Ostrow in Gefangenschaft geriet, erhielt etwa 1/2 Stunde nach erfolgter Gefangennahme von einem Russen einen Bajonettstich in die Brust. (Anlage 185*)

Nach der eidlichen Aussage des Hauptfeldw. Böhm wurden am 8. und 9. Juli 1941 zwischen Ostrow und Porchow zwei deutsche Soldaten tot aufgefunden. Dem einen von ihnen waren die Handgelenke durchschnitten, dem andern an beiden Füßen der Spann mit einem Bajonett durchstochen und die Gesichter völlig entstellt. (Anlage 186)

Am 18. und 20. April 1942 wurden in Staraja-Russa die Leichen von 3 ermordeten Luftwaffenangehörigen aufgefunden. Am 20. April 1942 fand man südlich Staraja-Russa den Luftwaffen-Obergefreiten Sch. tot mit ausgestochenen Augen sowie zwischen Ilmensee und Demjansk den Angehörigen eines Luftwaffen-Schützen-Bataillons, gleichfalls mit ausgestochenen Augen, auf. (Vgl. die Lichtbilder Anlage 187)

B. Verletzungen des Roten Kreuzes: Angriffe auf Sanitätsformationen, Lazarette, Ärzte und Krankenträger.

Am 15. Januar 1942 wurde bei einem Vorort von Feodosia ein deutscher Sanitätsfeldwebel aufgefunden, der in einem russischen Graben lag. Ihm waren beide Hände abgehackt; außerdem hatte er Stiche in beiden Augen. Sein Gesicht, der Kragen und die Uniformhose waren voller Blut. Er hatte im Rücken einen Durchschuß. Die Russen hatten diesen grausam verstümmelten Sanitätsfeldwebel in seinem hilflosen Zustand sich selbst überlassen. (Anlage 12*)

Etwa am 10. Oktober 1941 wurde zwischen Smolensk und Borissow ein mit den Zeichen des Roten Kreuzes vorschriftsmäßig gekennzeichneter Lazarettzug von russischen Banden mit Handgranaten angegriffen. Dabei wurden drei Verwundete und ein San.-Soldat getötet, drei weitere Verwundete neu verwundet. (Anlage 33)

Nördlich Witebsk stieß am 29. Januar 1942 ein deutsches Jagdkommando etwa 10 km hinter Kriest auf einen San.-Kraftwagen und einen Lastkraftwagen. Der San.-Kraftwagen war durch die Zeichen des Roten Kreuzes auf dem Dach und an den Seiten deutlich gekennzeichnet. Die in den Wagen beförderten Verwundeten sowie die beiden Fahrer, insgesamt 12 Mann, lagen tot neben den Fahrzeugen. Die Verwundeten trugen sämtlich noch ihre Verbände, mehrere von ihnen hatten neue Bajonettstiche erhalten. Soweit die Verwundeten von den Russen nicht getötet waren, waren sie bei der damaligen eisigen Kälte dem Frost erlegen. Die Mäntel und Röcke der Toten waren ausgeplündert. (Anlage 35)

Ende Februar 1942 überfielen die Russen nordöstlich Charkow das deutsche Truppenlazarett in Isbetskoje. Bei der Wiedereroberung des Ortes wurden in dem einen Zimmer des Lazaretts 14 tote deutsche Soldaten aufgefunden. Es handelte sich um Verwundete, die noch ihre Verbände trugen. Die meisten von ihnen waren entkleidet, viele ihrer Sachen beraubt. Einzelne Körper wiesen neue Stichverletzungen auf. Auch in einem zweiten Lazarett wurden 4 oder 5 mit Verbänden versehene deutsche Soldaten ermordet aufgefunden. (Anlage 36)

Die in dem deutschen Lazarett von Sem-Kolodesi (auf Kertsch) untergebrachten deutschen Verwundeten, insgesamt 19 Soldaten, sind am 11. Januar 1942 von russischen Truppen sämtlich durch Schüsse ermordet und in zwei Massengräbern verscharrt worden. Die Toten trugen, als man die Gräber öffnete, noch ihre ihnen im Lazarett angelegten Verbände. Sie waren, wie sich aus der Sachlage und auch aus der Schilderung der Zivilbevölkerung ergab, in den geöffneten Gruben erschossen und zugleich verscharrt worden. (siehe die Lichtbilder) (Anlage 42)

Ein deutscher Sanitäter, der einen verwundeten Russen verbinden wollte, wurde, wie der Zeuge Feldwebel Gottschalk aus naher Entfernung beobachtet hatte, von dem verwundeten Russen niedergeschossen. Dann kroch der Russe zu dem deutschen Sanitäter hin und stach ihm mit seinem Dolch die Augen aus. (Anlage 45*)

Am 10. Oktober 1941 wurden nordöstlich Seredina-Buda der deutsche Oberarzt Dr. Tobai und zwei deutsche San.-Grade beim Wegschaffen der Verwundeten vom Hauptverbandplatz von Russen überfallen und ermordet. (Anlage 47*)

30 bis 40 verwundete deutsche Soldaten, die im November 1941 auf dem Verbandplatz bei Selisharowa vorübergehend zurückgelassen werden mußten, wurden am nächsten Tage tot aufgefunden. Man hatte sie alle auf einen Haufen zusammengetragen, mit Benzin übergossen und verbrannt. Am nächsten Tage wurden nur noch ihre verkohlten Leichen aufgefunden. (Anlage 49*)

Im November 1941 überfielen die Russen auf der Rollbahn zwischen Demjansk und Staraja-Russa einen deutschen Sanka. Sie hatten den Wagen dadurch zum Stehen gebracht, daß sie den Wagen beschossen und einen Reifen beschädigt hatten. Der Sanitäter und der Fahrer lagen tot auf dem Führersitz. Die im Wagen befindlichen Verwundeten waren durch Stiche getötet worden. (Anlage 50)

Bei einem Überfall im Februar 1942 auf zwei deutsche San.-Kraftwagen wurden mindestens 12 Verwundete ermordet. (Anlage 62)

13 Leute einer deutschen San.-Komp. wurden Ende Juli 1941 bei Borrisow (Umgegend von Baranowitschi) von Russen überfallen und ermordet. Man fand sie mit durchschnittenen Kehlen und mit zahlreichen Bajonettstichen auf. (Anlage 65*)

Der Zeuge Kanonier Grohmann berichtet eidlich über den Angriff der Russen auf einen Verwundetenzug, der deutlich mit den Zeichen des Roten Kreuzes versehen war. Der Überfall erfolgte Mitte Februar 1942 auf der Strecke von Konstantinowka nach Dnjeprpetrowsk. (Anlage 68*)

Ende August oder Anfang September 1941 wurde an der Straße Jogewa-Dorpat ein Überfall auf einen deutschen Sanka verübt. Zwei Fahrer und vier in dem Wagen befindliche Schwerverwundete, welch letztere die Zettel des Lazaretts mit der Kennzeichnung ihrer Verwundung trugen, wurden ermordet. Einem von ihnen waren die Augen ausgestochen, einem andern der Leib kreuz und quer zerschnitten, einem dritten der Kopf abgeschnitten oder abgesägt und dem vierten das Gesicht vom Mundwinkel bis zum rechten Ohr aufgeschnitten. (Anlage 127*)

Während der Kämpfe bei Staraja-Russa am 27. März 1942 wurden ein deutscher Verwundeter und ein Sanitäter, der zur Behandlung der Verwundeten zurückgeblieben war, am Abend tot aufgefunden. Beiden waren die Augen ausgestochen und dem Sanitäter sein Sanitätsausweis auf die Brust gelegt. Auch die Ringe waren ihnen gestohlen. (Anlage 128)

Am 7. Juni 1942 schoß ein russischer Infanterist am hellen Tage, etwa um die Mittagszeit, auf einen bei dem Orte Delwek liegenden verwundeten Deutschen sowie auf einen Sanitäter und einen Krankenträger, die sich um den Verwundeten bemühten. (Anlage 142*)

Am 24. November 1941 wurde das deutsche Feldlazarett 260 in dem Orte Okotzki-Sawot bei Maria Roslawitz nachts von einem russischen Bataillon angegriffen. Die Angreifer warfen zunächst Handgranaten in die einzelnen Zimmer des Lazaretts, drangen dann in das Gebäude ein und steckten das Lazarettgebäude (früher Schulhaus) in Brand. Dabei wurden vier Schwerverwundete getötet, andere Verwundete erneut verwundet sowie ein San.-Unteroffizier und ein Apotheker getötet. Nur dem Einsatz des Sanitätspersonals ist es zu danken, daß der größte Teil der Verwundeten aus dem brennenden Gebäude gerettet werden konnte. Der San.-Feldw. Volkert wurde von den Russen in den Wald geschleift und schwer mißhandelt. Er ist der grausamen Behandlung nur deshalb nicht erlegen, weil er sich tot stellte. (Anlage 146*)

Ein Sanka mit drei Schwerverwundeten und zwei Sanitätern wurde Ende Januar 1942 in Molvoditzi bei Demjansk auf dem Wege nach Demjansk von russischen Truppen überfallen. Die Schwerverwundeten, die bereits verbunden und dadurch als Verwundete ohne weiteres erkennbar waren, wurden ebenso wie die beiden Sanitäter von den Russen getötet. Die Tragbahren wurden aus den Wagen gerissen. Die deutschen San.-Kraftwagen waren in vorschriftsmäßiger Weise gekennzeichnet. (Anlage 151*)

Am 21. Januar 1942 war ein San.-Omnibus, der 40 Schwerverletzte vom Truppenverbandplatz Molvoditzi nach Demjansk beförderte, der Gegenstand eines russischen Überfalls. Der Angriff auf den Sanitätsomnibus erfolgte, obwohl der Wagen sowohl durch Rote Kreuz-Flagge auf dem Kühler als auch durch die Zeichen des Roten Kreuzes an den Seitenwänden des Wagens und auf den Kotflügeln vorschriftsmäßig und deutlich gekennzeichnet war. Es war Vormittag und klares Wetter. Der russische Überfall erfolgte durch russische Truppen in Verbindung mit einer Bande von Zivilisten. 7 oder 8 Schwerverwundete wurden durch den Angriff der Russen im Omnibus getötet. (Anlage 153*)

Die deutsche Krankensammelstelle in Demjansk mußte in der Zeit vom Januar bis Anfang Juli 1942 ihre Verwundeten auf dem Luftwege in das rückwärtige Gebiet schaffen. Der Transport erfolgte durch San.-Flugzeuge, die deutlich mit den Zeichen des Roten Kreuzes versehen waren. Trotzdem wurden die für den Transport verwendeten Ju 52 wiederholt von russischen Jägern angegriffen und zum Teil auch abgeschossen. Der Zeuge San.-Gefr. Friedrich, der über diese Vorgänge eidlich vernommen worden ist, hat selbst mindestens sechs russische Angriffe dieser Art beobachtet. (Anlage 154*)

Am 2. November 1942 wurden etwa 100 deutsche Verwundete mit zwei Lazarettomnibussen auf der Rollbahn von Kaluga aus rückwärts geschafft. Die Omnibusse waren durch große Rote Kreuz-Zeichen auf beiden Seiten deutlich als San.-Flugzeuge [sic] gekennzeichnet. Trotzdem überfielen die Russen beide Wagen und töteten die darin sitzenden oder liegenden Verwundeten. Dann setzten sie die Wagen in Brand. Die verbrannten Wagen und die darin um das Leben gekommenen Verwundeten wurden etwa 1/2 Stunde später von einer nachfolgenden Sanitätsformation auf der Rollbahn aufgefunden. (Anlage 156)

Bei Nikolskoje (Nähe Moschaisk) wurden im Dezember 1941 drei deutsche Sankas, die auf beiden Seiten sowie hinten und vorn vorschriftsmäßig mit dem Zeichen des Roten Kreuzes versehen waren, bei hellem Tage von russischen Truppen angegriffen. Die Fahrer und Beifahrer setzten sich zur Wehr, sodaß die Russen gezwungen waren, sich zurückzuziehen. Die drei Wagen hatten Einschüsse an verschiedenen Stellen. (Anlage 158*)

Sämtliche deutsche Verwundete, die auf dem Notverbandplatz bei dem Dorfe Chelecherowa (Nähe Ostaschkow am Seligersee) lagen, wurden bei einem Überfall russischer Truppen auf den Notverbandplatz am 26. November 1941 ermordet. Alle Getöteten trugen noch, als man sie wieder auffand, die ihnen von deutschen Ärzten angelegten Verbände. Die Russen hatten ihnen mit wuchtigen Schlägen die Schädel eingeschlagen und Schläge auch auf die Hände und Oberarme versetzt. Zwei Leichen hatten Brandwunden, die offenbar davon herrührten, daß man sie mit einer brennbaren Flüssigkeit übergossen und diese angezündet hatte. Die Fleischpartien der Vorderseite des Oberkörpers waren durch den Brand völlig zerstört. (Anlage 163*)

Auch in Kalinin erfolgten im November 1941 russische Angriffe auf das deutlich gekennzeichnete deutsche Feldlazarett. Ferner wurde auf dem Wege von Kalinin nach Stariza eine San.-Kraftwagenkolonne von mindestens 6 Wagen, die deutlich mit den Zeichen des Roten Kreuzes versehen war, bei hellem Tageslicht von russischen Fliegern im Tiefflug angegriffen. Der Angriff war nur auf die deutschen Sankas gerichtet, da Truppen oder andere Fahrzeuge in weitem Umkreise nicht vorhanden waren. Die San.-Kraftwagen erhielten infolge dieses Tiefangriffs Einschüsse. (Anlage 174*)

Nach vorübergehender Räumung des deutschen Hauptverbandplatzes Starisdinowo bei Rshew wurden am nächsten Tage (4. August 1942) 25 dort untergebrachte deutsche Verwundete tot aufgefunden. Ihnen waren die Augen ausgestochen, die Schädel eingeschlagen oder der Leib aufgeschlitzt. (Anlage 175*)

Auch die Insassen eines rumänischen Lazaretts wurden, obwohl sie an ihren Verbänden als Verwundete deutlich erkennbar waren, im Oktober 1942 südlich Stalingrad von den Russen brutal ermordet. Unter den Verwundeten befanden sich auch einige deutsche Soldaten, die dasselbe Schicksal erlitten. (Anlage 181*)

Einen Angriff am hellen Tage, etwa zwischen 2 und 3 Uhr nachmittags, unternahmen russische Flieger Ende Juni 1941 bei Smolensk auf einen deutschen Krankenkraftwagenzug, der mit Verwundeten belegt war. Der Angriff erfolgte mit Bomben und Bordwaffen. Die Wagen wurden teilweise in Brand gesetzt. Alle Krankenkraftwagen waren mit dem Zeichen des Roten Kreuzes vorschriftsmäßig versehen. Mehrere Verwundete und Sanitäter wurden durch den Angriff getötet.

Mitte Dezember 1941 unternahmen russische Flieger auf den Hauptverbandplatz und das Feldlazarett in Rusa (etwa 60–80 km westlich Moskau) bei Tag und Nacht Angriffe mit Bomben und Bordwaffen. Der Hauptverbandplatz war durch Rote Kreuz-Flagge an den einzelnen Gebäuden und außerdem durch weiße Bänder mit dem Zeichen des Roten Kreuzes, die über die Straße gespannt waren, deutlich gekennzeichnet. Auch diese Angriffe hatten Verluste an Toten und Verletzten zur Folge. (Anlage 182*)

C. Aussage-Erpressungen, Plünderungen, Verwendung von Explosivgeschossen, Freischärlertum, Kannibalismus

Besonders schwere Fälle des Versuchs der Aussagen-Erpressung gegenüber deutschen Kriegsgefangenen ergeben u.a. die Protokolle U 1022.42[1] (Anlage 90), U 1036.42 (Anlage 95), U 1079.42 (Anlage 123*), U 1101.42 (Anlage 133) und U 1116.42 (Anlage 137). Dabei ist zu berücksichtigen, daß nur in ganz seltenen Fällen ein solcher Vorgang durch Zeugenbeweis belegt werden kann, nämlich wenn ausnahmsweise dem Betroffenen selbst oder einem Kameraden der Rückweg zur deutschen Truppe gelingt.

Für das von Sowjet-Rußland organisierte Freischärlertum im Raume hinter der deutschen Front liegen zahlreiche neue Beweise vor. Vgl. insbesondere die Protokolle U 762.42 (Anlage 53), U 911.42 (Anlage 75), U 1051.42 (Anlage 108), U 1063.42 (Anlage 112), U 1085.42 (Anlage 125), U 1140.42 (Anlage 147), U 1148.42 (Anlage 152). Der von diesen Freischärlern geführte Bandenkrieg beachtet keinen Grundsatz der Menschlichkeit oder des Völkerrechts.

Über die Plünderung und Beraubung von Toten und Verwundeten berichten die Aussagen in den Protokollen U 682.42 (Anlage 18), U 686 (Anlage 21), U 687.42 (Anlage 22), U 722.42 (Anlage 35), U 723.42 (Anlage 36), U 725.42 (Anlage 38), U 758.42 (Anlage 50), U 761.42 (Anlage 52), U 762.42 (Anlage 53), U 771.42 (Anlage 56), U 772.42 (Anlage 57), U 775.42 (Anlage 59), U 776.42 (Anlage 60), U 778.42 (Anlage 62), U 779.42 (Anlage 63*), U 918.42 (Anlage 76*), U 1000.42 (Anlage 79), U 1011.42 (Anlage 82), U 1014.42 (Anlage 84), U 1017.42 (Anlage 87), U 1022.42 (Anlage 90), U 1026.42 (Anlage 91), U 1028.42 (Anlage 92), U 1032.42 (Anlage 94), U 1038.42 (Anlage 97*), U 1061.42 (Anlage 111*), U 1066.42 (Anlage 115), U 1074.42 (Anlage 122*), U 1081.42 (Anlage 124), U 1092.42 (Anlage 128), U 1093.42 (Anlage 129), U 1094.42 (Anlage 130), U 1095.42 (Anlage 131), U 1100.42 (Anlage 132*), U 1110.42 (Anlage 136), U 1152.42 (Anlage 155), U 1168.42 (Anlage 160*), U 1170.42 (Anlage 161), U 1177.42 (Anlage 164), U 1182.42 (Anlage 167), U 1186.42 (Anlage 169), U 1207.42 (Anlage 172*), U 1216.42 (Anlage 177*), U 1218.42 (Anlage 178*), ferner U 694.41 (Anlage 183) und U 1020.41 (Anlage 186).

Die Protokolle U 660.42 (Anlage 9), U 1000.42 (Anlage 79), U 1016.42 (Anlage 86), U 1152.42 (Anlage 155), U 1179.42 (Anlage 165*) und U 1183.42 (Anlage 168*) behandeln die Verwendung von Explosivgeschossen seitens der russischen Truppen im Erdkampf.

Weitere Fälle von Kannibalismus im Sowjetrussischen Heer – über die in Band 2

[1] Anm. d. Hrsg.: Die mit „U" beginnenden Nummern dienen der Registratur der Wehrmacht-Untersuchungsstelle und sind für diese Ausgabe ohne Bedeutung.

und 3 geschilderten Fälle hinaus – werden durch die Protokolle U 363.42 (Anlage 2), U 706.42 (Anlage 27 mit Lichtbildern) und U 707.42 (Anlage 28), U 812.42 (Anlage 67), U 868.42 (Anlage 70) und U 1120.42 (Anlage 138) erhärtet.

Gericht **Allenstein, den 25. Juni 1942.**
der Division Nr. 151.

Anlage 2

Gegenwärtig:
Feldkriegsgerichtsrat Schmidt
Angestellter Heidkamp als Protokollführer, allg. verpfl.

Es erscheint der Stabsfeldwebel Bruno Redemund, Gen.Kp. Inf.Ers.Batl. 44 Bartenstein/Ostpr.

Er erklärt, zur Wahrheit ermahnt und auf die Bedeutung des Eides hingewiesen:

1.) Zur Person: Ich heiße Bruno Redemund, geboren am 18. April 1908 in Kl. Lattana, Kr. Ortelsburg/Ostpr., Soldat seit dem 1.12.1927.

2.) Zur Sache: Im Januar 1942 gehörte ich der Stabskompanie des Inf.Rgts. 44 an. Das Regiment lag am Wolchow, und zwar zwischen den Ortschaften Dratschewo und Irsa. Etwa 400 m vom Dorf Dratschewo ab hielten sich hinter der Hauptkampflinie noch Russen in einem Waldstück. Sie beschossen u.a. auch das Dorf Dratschewo mit Granatwerfern. Zwecks Aushebung des Russenkessels wurden von dem Regimentskommandeur Oberst Wagner der Regiments-Pionierzug und ein Infanteriezug auf das Waldstück angesetzt. Der Angriff mißlang, da die Russen sich als zu stark erwiesen. Von dem Pionierzug, der mit den Russen ins Waldgefecht gekommen war, mußten 4 oder 5 Tote beim Rückzug im Walde liegen gelassen werden. Nach 2 bis 3 Wochen gelang es den Russen, im Abschnitt eines Nachbar-Regiments auszubrechen und Anschluß an die russische Front zu gewinnen. Nunmehr wurde das Waldstück von Spähtrupps des Regiments abgesucht. Dabei wurden die etwa 4–5 gefallenen Kameraden gefunden. Sie wurden auf Skiern durch den Ort Dratschewo gezogen, wobei ich mir die Gefallenen genau angesehen habe. Bei zwei Gefallenen fehlten die Beine einschließlich der Oberschenkel über die Geschlechtsteile hinaus. Nach meiner Feststellung und auch nach dem Urteil der anderen Kameraden, die die Gefallenen sahen, müssen den beiden Gefallenen die Beine abgehackt, abgeschnitten oder abgesägt worden sein. Um entsprechende Verstümmelungen, etwa durch Granatsplitter, handelte es sich bestimmt nicht, zumal die Gefallenen ihre unversehrten Feldblusen trugen und sonst nicht die geringsten Verletzungen aufwiesen. Nach Äußerungen von Kameraden, die an der gründlichen Durchsuchung teilgenommen hatten, war von den Beinen der beiden Gefallenen nichts auffindbar. Ich hörte dann, daß von den Spähtrupps in dem Waldstück noch ein Russe gefangen genommen wurde, der in seinem Kochgeschirr männliche Geschlechtsteile hatte. Auf Befragen soll der Russe erklärt haben, daß er sich aus den Geschlechtsteilen Suppe habe kochen wollen. Das Kochgeschirr mit den Geschlechtsteilen wurde dem Regimentsstab überbracht. Ich habe die Geschlechtsteile in dem Kochgeschirr dann selbst vor dem Schulgebäude von Dratschewo besichtigt. Der Sanitätsfeldwebel Karkowski und der Oberarzt Dr. Schüler, beide vom Stab Inf.Rgt. 44, haben dann noch das Kochgeschirr mit den Geschlechtsteilen photographiert.

Die gefallenen Kameraden wurden dann auf dem Heldenfriedhof dicht bei Dratschewo bestattet.

Etwa am nächsten Tage erzählten mir estnische Soldaten, die dem Abschnittskommandanten (Oberst Wagner) etwa in Stärke einer Kompanie unterstellt waren, beim Verpflegungsempfang, sie hätten in dem fraglichen Waldstück einen am Spieß gebratenen Menschen gefunden.

Diese Angaben sind reine Wahrheit.

Vorgelesen, genehmigt, unterschrieben und beschworen. gez. Bruno Redemund, Stabsfeldw. gez. Schmidt Feldkriegsgerichtsrat. gez. Heidkamp.

Anlage 9

Oberkommando der Wehrmacht Wehrmacht-Untersuchungsstelle für Verletzungen des Völkerrechts.

Wiesbaden, den 20.6.1942

Gegenwärtig:
Kriegsgerichtsrat Dr. Hofmann als richterlicher Militärjustizbeamter.
Von der Hinzuziehung eines Protokollführers wurde abgesehen.

In der völkerrechtlichen Untersuchungssache Rußland wurde der Obergefr. Ernst Bialas im Reservelazarett I, Teillazarett Augenheilanstalt Wiesbaden aufgesucht.

Er wurde mit dem Gegenstand seiner Zeugenvernehmung bekannt gemacht und über seine Wahrheitspflicht als Zeuge unter Hinweis auf die Bedeutung des Eides besonders belehrt. Er erklärte:

zur Person: Ich heiße Ernst Bialas, bin 25 Jahre alt, ledig, Obergefr. 1./Pi. 196, zurzeit Res.Laz. I, Teillaz. Augenheilanstalt Wiesbaden.

Zur Sache: Im März 1942 lag meine Einheit bei Gonduja (südl. Leningrad) in Stellung. Am 9. oder 10. März 1942 wurde ein deutscher Panjeschlitten, der Verpflegung nach vorne gebracht und auf dem Rückwege nach Gonduja 4 deutsche Schwerverletzte von verschiedenen Einheiten mit zurückgenommen hatte, von durchgebrochenen russischen Streitkräften unterwegs überfallen. Wir mußten uns dann zurückziehen und kamen dabei an die Stelle, wo der Panjeschlitten von den Russen überfallen worden ist. Der Fahrer des Schlittens hatte einen Kopfschuß durch ein russ. Explosivgeschoß. Daß es sich um ein Explosivgeschoß handelte, geht daraus hervor, daß die Kopfwunde sehr ausgedehnt war (faustdick.). An der damaligen Front haben die Russen fast ausschließlich derartige Explosivgeschosse verwandt.

Die 4 deutschen Schwerverletzten lagen neben dem Schlitten auf dem Schnee. Allen vieren war die Kehle durchschnitten. Man sah noch deutlich, daß die Ermordeten infolge dieser Schnittverletzungen stark geblutet hatten. Ich erinnere mich genau, daß 3 der Schwerverletzten Verbände getragen haben.

v.g.u. gez. Ernst Bialas O.Gefr. unterschrieben. gez. Dr. Hofmann

Oberkommando **Bad Ems, den 25.6.1942.**
der Wehrmacht
Wehrmacht-Untersuchungsstelle
für Verletzungen des Völkerrechts.

Anlage 18

Gegenwärtig:
Kriegsgerichtsrat Dr. Hofmann als richterlicher Militärjustizbeamter
Wehrmachtangestellte Luise Stotz als Protokollführer, besonders verpfl.

In der völkerrechtlichen Untersuchungssache Rußland wurde der Unteroffizier Heinrich Oepping im Reservelazarett Bad Ems aufgesucht.

Er wurde mit dem Gegenstand seiner Zeugenvernehmung bekanntgemacht und über seine Wahrheitspflicht als Zeuge unter Hinweis auf die Bedeutung des Eides besonders belehrt. Er erklärte:

Zur Person: Ich heiße Heinrich Oepping, bin 24 Jahre, ledig, Uffz., 5./A.R. 236, z.Z. Res.Laz. Bad Ems.

Zur Sache: Mitte Januar 1942 lag meine Einheit in einem Dorf etwa 14 km südostwärts Rschew mit der B.stelle in Stellung. Am 16.1.1942 gelang es den Russen, die uns fast vollkommen eingeschlossen hatten, uns vorübergehend zurückzudrängen. Wir mußten infolgedessen den Ort räumen und konnten dabei die in dem ersten Hause untergebrachten Verwundeten, etwa 10–12 Mann, nicht mit zurücknehmen. Die Verwundeten waren durchweg Angehörige des in dem gleichen Ort liegenden III. Batl. des I.R. 396. Von meiner Batterie blieb nur der Gefr. Gustav B. verwundet zurück. Er hatte, wie ich selbst gesehen habe, einen Brustschuß erlitten, und war noch am Leben, als wir uns zurückziehen mußten. Etwa 1 km hinter dem Dorf gelang es uns, eine neue Stellung zu beziehen. In der Frühe des 17.1.42 nahm das III. Batl. des I.R. 396 das Dorf wieder zurück. Mittags bin ich dann in das erste Haus des Dorfes, das von uns als Krankenstube eingerichtet war, um mich im Auftrage meines Batteriechefs nach dem Schicksal des Gefr. B. und eines weiteren vermißten Gefr. B. von meiner Batterie zu erkundigen. Als ich an das erste Haus kam, lagen etwa 10–12 Leichen deutscher Soldaten davor, darunter auch die Leiche des Gefr. B. B. wies jetzt außer der Schußverletzung zahlreiche Stichverletzungen in der Brust und in dem Bauch auf. Er ist also, nachdem er durch den Brustschuß wehrlos geworden war, in diesem Zustand von den Russen durch Bajonettstiche ermordet worden. Ich habe selbst noch mit B. gesprochen, als er den Brustschuß hatte. Er war noch vollkommen bei Besinnung. Die Russen sind kurz darauf in die Krankenstube eingedrungen. Auch die Leichen der übrigen deutschen Soldaten – es handelte sich um Infanteristen des III. Batl. I.R. 396 – wiesen außer den im Kampf erlittenen Schußverletzungen zahlreiche Stichverletzungen durch Bajonettstiche in die Brust und in den Bauch auf. Auch bei diesen Kameraden besteht kein Zweifel daran, daß sie in verwundetem Zustand mit Bajonetten von den Russen totgestochen wurden. Die Leichen lagen vor dem Haus kreuz und quer durcheinander, die Taschen und die Röcke waren durchgesucht. Die Wertsachen sowie die Erkennungsmarken und die Soldbücher waren von den Russen geraubt.

v. g. u. gez. Heinrich Oepping. unterschrieben.
Der Zeuge wurde vereidigt.
gez. Dr. Hofmann gez. L. Stotz

Anlage 19

Oberkommando der Wehrmacht Wehrmacht-Untersuchungsstelle für Verletzungen des Völkerrechts **Bad Ems, den 25.6.1942.**

Gegenwärtig:
Kriegsgerichtsrat Dr. Hofmann als richterliche Militärjustizbeamter
Wehrmachtangestellte Luise Stotz als Protokollführer, besonders verpfl.

In der völkerrechtlichen Untersuchungssache Rußlandwurde der Unteroffizier Adam Matthias im Reservelazarett Bad Ems aufgesucht.

Er wurde mit dem Gegenstand seiner Zeugenvernehmung bekanntgemacht und über seine Wahrheitspflicht als Zeuge unter Hinweis auf die Bedeutung des Eides besonders belehrt. Er erklärte:

Zur Person: Ich heiße Adam Matthias, bin 29 Jahre alt, ledig, Uffz., 5./I.R. 471, z.Z. Res.Laz. Bad Ems.

Zur Sache: Ende September 1941 lagen wir etwa 2 km vor einem russischen Dorf in der Nähe von Staritza (an der Wolga) in Stellung. Eines Nachmittags rief ein Wachtmeister, der als vorgeschobener Art. Beobachter etwa 10 m vor mir lag, mir zu, ich solle einmal zu ihm kommen und sehen, was die Russen angestellt hätten. Als ich bei ihm war, deutete er auf ein einzeln stehendes Haus in dem vor uns liegenden Dorf und sagte zu mir, ich solle dieses Haus durch mein Fernglas näher betrachten. Ich nahm dann mein Fernglas und stellte durch dieses fest, daß in dem Fensterkreuz des Fensters, das an der uns zugekehrten Seite des Hauses angebracht war, ein deutscher Soldat, der an Händen und Füßen gefesselt war, festgebunden war. Ich bemerkte deutlich, daß dieser Soldat heftig sich bewegte und zappelte, offensichtlich, um sich loszureißen. Die gleiche Beobachtung hat auch der Wachtmeister, der Art. Beobachter war, gemacht. Wir berieten uns noch, wie wir unserem Kameraden etwa helfen könnten. Wir konnten aber ihn nicht befreien, weil die uns gegenüberliegenden Russen insbesondere an einem vor dem Dorf befindlichen Bahndamm mit starken Kräften eingeschanzt lagen und da das Gelände vor uns so flaches Gelände war, daß die Russen unsere Bewegungen genau verfolgen konnten. Etwa eine Stunde später steckten die Russen das Gebäude an, das vollkommen abbrannte. Auf Zurufe des Wachtmeisters von der Art. bin ich wieder zu seinem vorgeschobenen Posten und habe durch mein Fernglas genau beobachtet, wie die Rauchwolken und dann die Flammen durch das Fensterkreuz herausschlugen, in dem der deutsche Kamerad von den Russen aufgehängt worden war. Weiter sah ich auch jetzt, daß dieser unglückliche Kamerad heftig zappelte. Er wurde aber von den Flammen erfaßt und ist so jämmerlich verbrannt.

v. g. u. gez. Adam Matthias unterschrieben.
Der Zeuge wurde vereidigt. gez. Dr. Hofmann gez. L. Stotz

Anlage 21

Oberkommando der Wehrmacht Wehrmacht-Untersuchungsstelle für Verletzungen des Völkerrechts **Bad Ems, den 25.6.1942.**

Gegenwärtig:
Kriegsgerichtsrat Dr. Hofmann als richterlicher Militärjustizbeamter
Wehrmachtangestellte Luise Stotz als Protokollführer, besond. verpfl.

In der völkerrechtlichen Untersuchungssache Rußland wurde der Artur Swars, Gefr., im Res.Laz. Bad Ems aufgesucht.

Er wurde mit dem Gegenstand seiner Zeugenvernehmung bekanntgemacht und über seine Wahrheitspflicht als Zeuge unter Hinweis auf die Bedeutung des Eides besonders belehrt. Er erklärte:

Zur Person: Ich heiße Artur Swars, bin 29 Jahre alt, verheiratet, Gefr., 10./I.R. 24, z.Z. Res.Laz. Bad Ems.

Zur Sache: Im August 1941 waren wir im Frontabschnitt vor Leningrad eingesetzt. Als wir vor einer kleinen russischen Stadt in Stellung lagen, sahen wir eines Tages, wie aus einem deutschen Flugzeug ein Flieger mit dem Fallschirm absprang und nach den russischen Linien abgetrieben wurde. Am nächsten Tage ging unser Vormarsch weiter. Wir fanden in der Nähe der vor uns liegenden Stadt die Leiche eines deutschen Fliegerleutnants. Es handelte sich hierbei offenbar um den am Tag zuvor mit dem Fallschirm abgesprungenen Fliegeroffizier. Stiefel, Hemd und Mütze fehlten, ebenso war auch der Fallschirm nicht aufzufinden. Die Leiche war mit Hose und Rock versehen und wies etwa 6–7 Stichverletzungen in der Brust auf. Weitere Verletzungen waren nicht festzustellen. Die Wertsachen, Erkennungsmarke und Soldbuch waren nicht zu finden. Wir haben dann die Leiche an Ort und Stelle beigesetzt.

v. g. u. gez. Gefr. Artur Swars unterschrieben.
Der Zeuge wurde vereidigt. gez. Dr. Hofmann gez. L. Stotz

Anlage 22

Oberkommando der Wehrmacht Wehrmacht-Untersuchungsstelle für Verletzungen des Völkerrechts **Bad Ems, den 25.6.1942.**

Gegenwärtig:
Kriegsgerichtsrat Dr. Hofmann als richterlicher Militärjustizbeamter
Wehrmachtangestellte Luise Stotz als Protokollführer, besonders verpfl.

In der völkerrechtlichen Untersuchungssache Rußland wurde der Gefr. Wilhelm Reich im Res.Laz. Bad Ems aufgesucht.

Er wurde mit dem Gegenstand seiner Zeugenvernehmung bekanntgemacht und über seine Wahrheitspflicht als Zeuge unter Hinweis auf die Bedeutung des Eides besonders belehrt. Er erklärte:

Zur Person: Ich heiße Wilhelm Reich, bin 31 Jahre alt, verh., Gefr., 1./Pz.Jg.Abt. 88, z.Z. Res.Laz. Bad Ems.

Zur Sache: Ende Juli 1941 oder um diese Zeit lag das Geschütz, dem ich angehörte, in der Ortschaft Sladi bei Smolensk. Wir waren damals einer Schützenkompanie zugeteilt. Überraschend wurden wir dort von überlegenen russischen Kräften angegriffen und mußten die Ortschaft vorübergehend räumen. Ein Unteroffizier und ein Feldwebel der Schützenkompanie waren verwundet zurückgeblieben. Der Feldwebel hatte eine Schußverletzung in der Gegend der Schulter. Etwa eine Stunde später machten wir, nachdem wir Verstärkung erhalten hatten, einen Gegenangriff und eroberten das Dorf wieder zurück. Am Ortseingang fanden wir die Leichen des Feldwebels und des Unteroffiziers der Schützenkompanie. Der Feldwebel hatte außer der im Kampf erlittenen Schußverletzung zahlreiche Stichverletzungen in der Gegend des Geschlechtsteils. Der Unteroffizier hatte zahlreiche Stichverletzungen am Hals erlitten. Ein russisches Bajonett stak noch in seinem Hals. Es war durch und durch getrieben. Die beiden Leichen und auch die anderen gefallenen Kameraden waren restlos ausgeplündert.

v. g. u. gez. Gefr. Wilhelm Reich unterschrieben.
Der Zeuge wurde vereidigt. gez. Dr. Hofmann gez. L. Stotz

Anlage 27

Volquardsen, Hauptmann. Batl.Gef.St., den 3.4.1942.

Eidesstattlicher Bericht.

Betr.: Bolschewistische Grausamkeiten und Menschenfresserei.

Für den 1. April 1942 hatte ich den Auftrag, Russenlager, die sich in der Nordspitze des Waldstückes nördlich der H.K.L. zwischen Kornewo und Lunewo (Karte 1:50.000) 0-36-89-VO) befinden sollten, anzugreifen und zu vernichten.

Nach sehr schwierigem Heranarbeiten durch den tiefen Schnee stieß ich an der bezeichneten Stelle auch auf 3 russische Waldlager, die alle miteinander in Verbindung lagen. Die ersten beiden, die unter äußerst wirkungsvollem Artilleriefeuer gelegen hatten, bargen außer ganz wenigen Verwundeten nur noch Tote. Das dritte Lager war von etwa 25 Russen besetzt, die anscheinend die Aufgabe hatten, Verwundete zu bewachen und zu versorgen. Der größte Teil der Verwundeten zeigte aber keine Lebenszeichen mehr.

1.) Ein russischer Unterleutnant saß mit dem Rücken gegen einen Baumstamm gelehnt. Unter seinen Oberschenkeln befand sich ein Feuerloch. Seine Beine waren geröstet und das Fleisch in Scheiben heruntergeschnitten worden.

2.) Im zweiten Lager sah ich zwei Leichen, die vollkommen ausgeschlachtet waren. Ihnen fehlten Herz und Leber. Zwei weiteren fehlten die Köpfe. Die Gehirnmassen waren nach allem Anschein verspeist worden.

3.) Im dritten Lager wurden die Russen überrascht, wie sie beim Zubereiten ihrer Mahlzeit waren, Holz schlugen und frisches Feuer unter ihren Kochgeschirren angefacht hatten. In einem Kochgeschirr briet ein Menschenherz und eine Leber. Die frisch ausgenommene Leiche lag dicht neben diesem Feuerloch. Einer weiteren war der Schädel frisch geöffnet und das Gehirn schon halb herausgeholt.

Unser plötzliches Erscheinen hat dieser Mahlzeit ein jähes Ende bereitet.

gez. Volquardsen Ha[u]ptm. u. Batl.Führer.

Kompanie Döhler. **Komp.Gef.Stand Kornewo, 5. April 42.**

Betr.: Meldung über Kannibalismus in einem russischen Waldlager.

Dem Inf.Rgt. 27.

Nach Vernichtung der Reste der 1. russ. Fallschirmjägerbrigade in einem Waldlager 1 km nördlich Kornewo wurde folgendes festgestellt:

Bei 6 Leichen russ. Soldaten war der Leib aufgeschnitten, das Brustbein an den Rippenknorpeln herausgetrennt und Herz, Lunge und Leber aus den Leichen entfernt. An einem Lagerfeuer wurden 3 russ. Kochgeschirre gefunden, in denen einwandfrei Teile der fehlenden Leicheneingeweide in noch ungekochtem Zustand festgestellt werden konnten. Es ist damit erwiesen, daß die dort eingeschlossenen Russen Eingeweide ihrer gefallenen Kameraden zum menschlichen Genuß verwandt haben. Ein am 2.4.42 in der Nähe dieses Waldlagers gefangen genommener russ. Unterleutnant, Schunin Gregori, stellv. Chef der Granatwerferkompanie des 4. Batl. der 1. russ. Fallschirmjägerbrigade, sagte auf die Frage, ob ihm die geschilderte Tatsache bekannt sei, aus, er wüßte, daß Teile menschlicher Leichen zum menschlichen Genuß verwandt worden sind. Was solle man den[n] tun, meinte er, wenn man nichts anderes mehr zu essen hat. Auf die Frage, ob dieser Kannibalismus von den Vorgesetzten geduldet wird, sagte er, die Vorgesetzten hätten nichts dagegen, nur von Seiten der russischen Ärzte wäre die Verwendung menschlicher Leichen als Nahrungsmittel verboten, jedoch um dieses Verbot kümmere sich niemand.

An Eidesstatt erkläre ich, daß obige Meldung der vollen Wahrheit entspricht. Die verstümmelten Leichen wurden fotografiert.

gez. Döhler Stabsveterinär u. Komp. Chef.

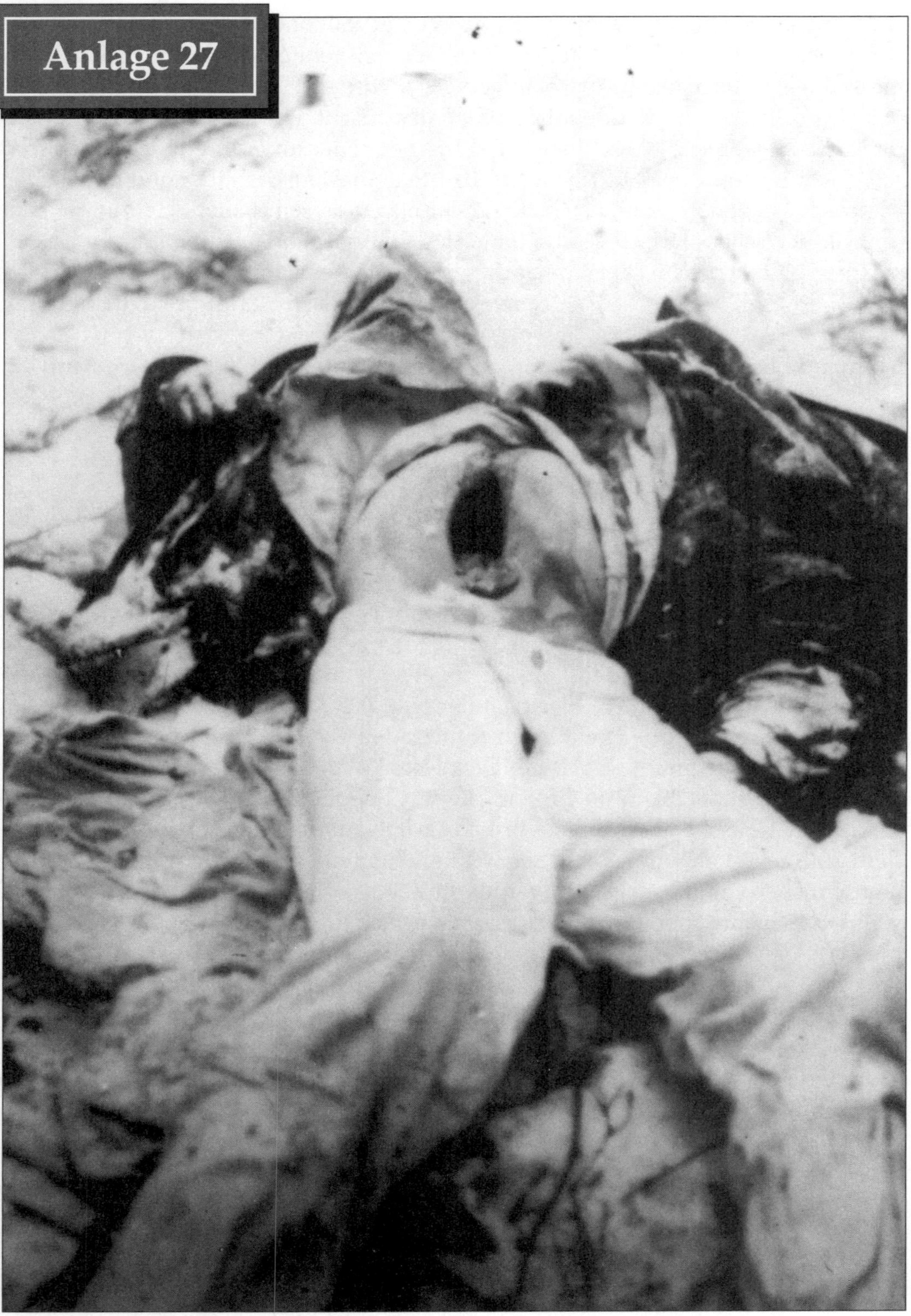

Anlage 27

Von Russen ausgeschlachtete Leichen ihrer gefallenen Kameraden

Anlage 27

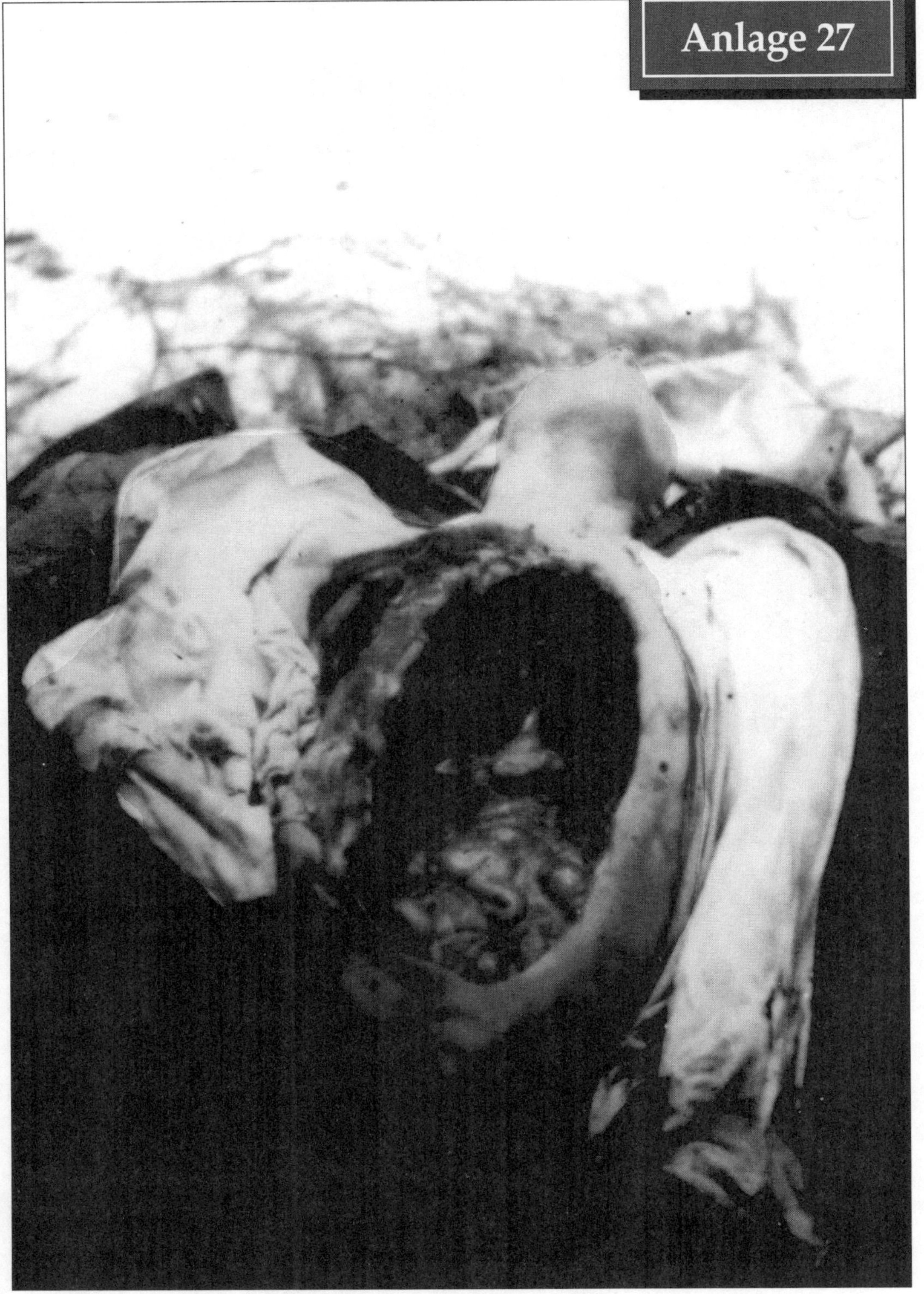

Gefunden in russischen Waldlagern zwischen Kornewo und Lunewo am 1. April 1942

Anlage 27

Gefangengenommener russischer Unterleutnant,
der das Vorkommen von Kannibalismus in der Roten Armee bestätigte

7. Komp.
I.R. 26

E.O., den 25. IV. 42

Anlage 28

An II. Batl. I.R. 26.

Meldung.

Am 23. IV. 42 um 14.00 Uhr sichteten aus größerer Entfernung zwei Angehörige meiner Kompanie, die sich auf Holzsuche befanden, 500 m südlich der Eisenbahn zwischen Unterführung und Signalschneise einen Russen, der vor einem Feuer saß. Auf ihre Meldung hin wurde sofort ein Spähtrupp unter Uffz. Lippelt zu dieser Stelle entsandt, der folgendes feststellte:

Um ein noch schwach brennendes Feuer innerhalb einer Tannengruppe waren Mäntel, Decken und Winterbekleidungsstücke zusammengetragen worden, die als Lagerstätte gedient hatten. An Waffen und Ausrüstungsgegenständen wurden 2 Schnellfeuergewehre, 2 Handgranaten, 1 Seitengewehr, zahlreiche Patronen, eine Kartentasche mit Papieren, eine Verbandstasche und ein kleiner Apparat, dessen Bedeutung nicht bekannt ist, vorgefunden. Auf dem Feuer stand ein russischer Feldkochtopf mit Wasser und kleingestückeltem, gelblich aussehenden Fleisch gefüllt. Dicht daneben lagen zwei Menschenfüße und zwei handgroße fleischbesetzte Hautstücke. Ein abgebrochener klebrig-schmieriger, mit zahlreichen Schnitten bedeckter Gewehrkolben schien zur Fleischzerkleinerung gedient zu haben. An den Gewehren waren die schweinsledernen Verbindungsstücke zwischen Gewehr und Trageriemen durch Verbandsmull ersetzt worden; sie hatten wahrscheinlich ebenfalls zur Ernährung Verwendung gefunden.

Das Absuchen der näheren Umgebung nach den allen Anzeichen nach nur zwei Russen, bezw. nach weiteren Lagerplätzen blieb erfolglos. Die Waffen und Ausrüstungsgegenstände wurden eingesammelt und eingebracht.

Der geschilderte Platz wurde um 17 Uhr unter Führung eines Spähtruppteilnehmers durch Obltn. Reichel und mich nochmals aufgesucht. Es bestätigten sich die Feststellungen des Spähtrupps, nur war der Kochtopf von dem inzwischen erloschenen Feuer und einer der beiden Menschenfüße weggeholt worden.

gez. Müller, Obltn. u. Komp.-Führer.

Batl. Arzt.
II./I.R. 26

E.O., den 25. IV. 1942

Dem Regiment I.R. 26

Bericht über einen Fall von Kannibalismus.

Von den am 20.3. im Rücken des Bataillons befindlichen Russen wurden am 23.4. noch 2 Mann entdeckt. Es war beobachtet worden, daß diese Leute sich von dem Fleisch ihrer am 20.3. gefallenen Kameraden ernährt hatten. Ich wurde zu den Fundstellen geführt und konnte folgendes feststellen:

An einer Lagerstätte dieser beiden Russen lagen 3 Tote, denen z.T. das Fleisch abgetrennt war. Vom Becken, Ober- und Unterschenkel waren nur noch die Knochen übrig. Die abgenagten Fußknochen fanden sich an einer etwas entfernter liegenden Stelle. In einem Kochtopf lagen einige Stücke Fleisch, offenbar von einem menschlichen Oberschenkel stammend. Es war durch Klopfen etwas breiter ausgeschlagen worden. Zwei Köpfe lagen, mit einem Messer abgetrennt, neben den Toten. Es fehlten einige Muskelpartien in der Halsgegend.

Nach den Untersuchungen steht es einwandfrei fest, daß diese beiden Russen ihre vor über 1 Monat gefallenen Kameraden verspeist haben.

gez. Dr. Fehrs Oberarzt.

Anlage 33

Oberkommando der Wehrmacht Wehrmacht-Untersuchungsstelle für Verletzungen des Völkerrechts

Nassau/Lahn, den 26.6.1942.

Gegenwärtig:
Kriegsgerichtsrat Dr. Hofmann als richterlicher Militärjustizbeamter,
Wehrmachtangestellte Maria Weiland als Protokollführer besonders verpfl.

In der völkerrechtlichen Untersuchungssache Rußland wurde der Gefr. Alfred Sarholz im Reservelazarett Nassau/Lahn aufgesucht.

Er wurde mit dem Gegenstand seiner Zeugenvernehmung bekanntgemacht und über seine Wahrheitspflicht als Zeuge unter Hinweis auf die Bedeutung des Eides besonders belehrt. Er erklärte:

Zur Person: Ich heiße Alfred Sarholz, bin 24 Jahre alt, verh., Gefr., 11. I.R. 23, z.Z. Reservelazarett Nassau/L.

Zur Sache: Am 2. August 1941 mußte unser 1. Batl. bei Kämpfen in der Gegend südöstlich von Roslawl infolge starker russischer Überlegenheit vorübergehend zurückgehen, ohne die nicht gehfähigen Verwundeten mit zurücknehmen zu können. Mein Zug hatte an einem Bach einen Brückenkopf gebildet und befehlsgemäß zu halten. Da der Angriff des I. Batl. rechts von uns angesetzt war, hörten wir, als sich dieses Batl. etwas zurückziehen mußte, die Verwundeten des I. Batl. ganz deutlich um Hilfe schreien. Diese Verwundeten lagen nur etwa 300 m rechts seitwärts vor uns. Wir hörten weiter, wie die Russen „Hurrä" schrien und sahen sie vorstürmen. Am nächsten Morgen griff unser Batl. die Russen an und warf diese zurück. Wir kamen dann auch an die Stelle, wo die Verwundeten des I. Batl. lagen. Ich sah dort die Leichen eines Leutnants und von 11 Mann des I. Batl. liegen. Wenn ich mich recht erinnere, handelte es sich bei dem Leutnant um einen Leutnant H. von unserer 4. Komp. Der Leutnant hatte eine Schußverletzung am rechten Oberarm und an einem Oberschenkel. Beide Wunden waren notdürftig verbunden. Außerdem war die eine Wange aufgeschlitzt und die Zunge durch die Öffnung durchgezogen. Durch die Zunge war weiter ein Stück Holz durchgetrieben. Außerdem war ihm die Stirne eingeschlagen. Die übrigen 11 Mann hatten sämtlich Schußverletzungen und waren auch zum Teil verbunden. Außer den Schußverletzungen war bei allen der Schädel eingeschlagen.

Etwa am 10. Oktober 1941 fuhr ich in einem Lazarettzug von Smolensk nach Borissow. Die Wagen des Lazarettzuges trugen deutlich sichtbar die Rote-Kreuz-Zeichen. Unterwegs wurde unser Lazarettzug von russischen Partisanen mit Handgranaten aus nächster Nähe angegriffen.

Hierdurch wurden 3 Verwundete und ein Sanitäter getötet und 3 Verwundete erlitten neue Verletzungen.

v. g. u. gez. Sarholz, Alfred. unterschrieben.

Der Zeuge wurde vereidigt. gez. Dr. Hofmann. gez. M. Weiland.

Anlage 35

Oberkommando der Wehrmacht
Wehrmacht-Untersuchungsstelle für Verletzungen des Völkerrechts

Nassau/Lahn, den 26.6.1942.

Gegenwärtig:
Kriegsgerichtsrat Dr. Hofmann als richterlicher Militärjustizbeamter
Wehrmachtangestellte Maria Weiland als Protokollführer, besond. verpfl.

In der völkerrechtlichen Untersuchungssache Rußland wurde der Uffz. Günther Schulz im Reservelazarett Nassau/Lahn aufgesucht.

Er wurde mit dem Gegenstand seiner Zeugenvernehmung bekanntgemacht und über seine Wahrheitspflicht als Zeuge unter Hinweis auf die Bedeutung des Eides besonders belehrt. Er erklärte:

Zur Person: Ich heiße Günther Schulz, bin 29 Jahre alt, ledig, Uffz., 2./Jagdkommando 3, z.Z. Res.Laz. Nassau/L.

Zur Sache: Am 29.1.42 ging mein Jagdkommando von Kriest nach Welisch (nördlich von Witebsk) zurück. Auf diesem Marsche stießen wir etwa 10 km hinter Kriest auf der Straße auf einen San.-Ka. und einen Lkw. Der San.-Ka. war durch Rote Kreuz-Zeichen an der Seite und auf dem Dach deutlich gekennzeichnet. Die auf dem San.-Ka. und Lkw. transportierten Verwundeten waren sämtlich von den Fahrzeugen heruntergezogen und lagen tot um die beiden Fahrzeuge herum. Auch zwei Fahrer lagen tot dabei. Ich habe insgesamt 12 Soldaten gesehen, die entweder verwundet waren oder Erfrierungen erlitten hatten. Die Mehrzahl hatte erfrorene Füße. Man konnte deutlich bei allen sehen, daß sie Verbände trugen. Einzelne wiesen zusätzlich Bajonettstichverletzungen an den Beinen auf. Die Verwundeten sind dann infolge der eisigen Kälte im Freien erfroren. Die Mäntel und Röcke waren den Kameraden ausgezogen und lagen verstreut in der Umgebung herum. Soldbücher, Erkennungsmarken und Wertsachen hatten die Russen geraubt.

v. g. u. gez. Günther Schulz, Uffz. unterschrieben.

Der Zeuge wurde vereidigt. gez. Dr. Hofmann. gez. M. Weiland.

Anlage 36

Oberkommando der Wehrmacht Wehrmacht-Untersuchungsstelle für Verletzungen des Völkerrechts

Nassau/Lahn, den 26.6.1942.

Gegenwärtig:
Kriegsgerichtsrat Dr. Hofmann als richterlicher Militärjustizbeamter,
Wehrmachtangestellte Maria Weiland als Protokollführer, besond. verpfl.

In der völkerrechtlichen Untersuchungssache Rußlandwurde der Feldwebel Walter Haupt im Reservelazarett Nassau/Lahn aufgesucht.

Er wurde mit dem Gegenstand seiner Zeugenvernehmung bekanntgemacht und über seine Wahrheitspflicht als Zeuge unter Hinweis auf die Bedeutung des Eides besonders belehrt. Er erklärte:

Zur Person: Ich heiße Walter Haupt, bin 26 Jahre alt, ledig, Feldwebel, 2./Kradschtz.Batl. 3, z.Z. Reserve-Laz. Nassau/L.

Zur Sache: Ende Februar 1942 waren Inf.-Einheiten nordöstlich von Charkow von russischen Kräften eingeschlossen. Mein Bataillon wurde eingesetzt, um diese eingeschlossenen Truppenteile zu entsetzen. Bei der Durchkämmung eines Ortes kam ich auch in zwei größere Häuser, die von den eingeschlossenen deutschen Truppenteilen als Notlazarett eingerichtet waren. Es handelte sich bei dem Dorf um die Or[t]schaft Isbetskoje. Die Russen hatten diese Ortschaft kurz zuvor eingenommen und saßen noch darin, als wir den Ort angriffen. Wir mußten den Ort im harten Häuserkampf nehmen. Als ich in die beiden als Notlazarette eingerichteten Häuser gekommen war, sah ich in dem ersten Haus in einem größeren Zimmer etwa 14 deutsche Soldaten tot daliegen. Man konnte sofort erkennen, daß es sich um Verwundete handelte, denn sie trugen durchweg Verbände. Sie waren meistens entkleidet, die Bekleidungsstücke lagen teilweise noch herum, zum Teil hatten die Russen auch die Sachen, soweit sie dieselben gebrauchen konnten, wie Pullover, Hosen und Stiefel, geraubt. Ich sah weiter, daß einzelne der Verwundeten außer den durch Verbände bereits versorgten Wunden weitere Verletzungen, insbesondere Stichverletzungen, aufwiesen. Im Übrigen lagen die Leichen kreuz und quer durcheinander. Außerdem sah man genau, daß die Russen die Taschen der Leute durchsucht und alles durcheinander geworfen hatten. Da wir die anderen Häuser weiter durchkämmen mußten, konnten wir uns nicht lange in der Lazarettstube aufhalten, und deshalb kann ich auch weitergehende Angaben über die zusätzlichen Verwundungen der tot aufgefundenen Kameraden nicht machen. In dem zweiten Notlazarett lagen etwa 4–5 Leichen deutscher Soldaten, die ebenfalls Verbände trugen und von uns ermordet aufgefunden wurden. In diesem Raum stand ein Fenster auf, durch das ein verwundeter deutscher Uffz. nach außen geflüchtet und kurz vor dem Haus zusammengebrochen war. Weiter habe ich eine Blutspur gesehen, die zunächst im Zimmer vor dem Fenster anfing und bis zu der Leiche des Uffz. führte. Daraus ist klar zu erkennen, daß dieser Uffz. in verwundetem Zustand versucht hatte, vor den eindringenden Russen zu flüchten. In unmittelbarer Nähe des Fensters lag ein weiterer Verwundeter tot, von dem ich auch den Eindruck hatte, daß er hatte fliehen wollen. Auch in diesem Raum lagen die persönlichen Sachen, wie Brieftaschen und Bilder, auf dem Fußboden zerstreut herum.

v. g. u. gez. Walter Haupt. unterschrieben.
Der Zeuge wurde vereidigt. gez. Dr. Hofmann. gez. Maria Weiland.

Anlage 38

Oberkommando der Wehrmacht
Wehrmacht-Untersuchungsstelle für Verletzungen des Völkerrechts

Nassau/Lahn, 26.6.1942.

Gegenwärtig:
Kriegsgerichtsrat Dr. Hofmann als richterlicher Militärjustizbeamter,
Wehrmachtangestellte Maria Weiland als Protokollführer, besond. verpfl.

In der völkerrechtlichen Untersuchungssache Rußland wurde der Gefr. Johann Reschke im Reservelazarett Nassau/Lahn aufgesucht.

Er wurde mit dem Gegenstand seiner Zeugenvernehmung bekanntgemacht und über seine Wahrheitspflicht als Zeuge unter Hinweis auf die Bedeutung des Eides besonders belehrt. Er erklärte:

Zur Person: Ich heiße Johann Reschke, bin 28 Jahre alt, verh., Gefr., 11./I.R. 278, z.Z. Res.Laz. Nassau/L.

Zur Sache: Im Sommer 1941 kamen wir auf dem Vormarsch nach Kiew an einer Stelle vorbei, an der zwei deutsche Soldaten mit Draht an einen Baum gefesselt und dann von den Russen angezündet worden waren. Die Leichen waren schon stark angekohlt. Unter dem einen Baum lag ein deutsches Seitengewehr, auf dem die Nummer einer deutschen Inf.-Einheit stand. Etwa eine Woche später stießen wir beim Durchkämmen der Wälder von Kiew auf die Leichen von 4 deutschen Soldaten, denen beide Augen ausgestochen waren. Erkennungsmarken und Soldbücher waren geraubt, ebenso die Wertsachen. Die Leichen wiesen im übrigen keine Verwundungen auf, insbesondere keine Schußverletzungen.

Einige Zeit darauf fanden wir kurz vor Kiew im Graben neben der Straße die Leichen von 13 deutschen Soldaten. Alle Leichen trugen an den Fußknöcheln Schlingen aus Draht. Die Kleider waren bei allen total zerrissen, auch am ganzen Körper wiesen die Leichen sehr starke Wunden auf, die als Schleifspuren deutlich zu erkennen waren. Es war uns sofort klar, daß die Russen diese Kameraden an den Füßen gefesselt und dann hinter einem Fahrzeug hergeschleift hatten.

v. g. u. gez. Reschke, Johann. unterschrieben.
Der Zeuge wurde vereidigt. gez. Dr. Hofmann. gez. M. Weiland.

Anlage 42

Gericht
des XXXXII. A.K.
A. L. 63 / 42.

Sem-Colodesi, den 11. Juni 42.

Gegenwärtig:
Kriegsgerichtsrat Dr. Wilhelm als Richter,
Feldjustizinspektor Butzke als Urkundsbeamter,
Sonderführer Türk als Dolmetscher.

Das Gericht begibt sich mit dem russischen kriegsgefangenen Unterleutnant ... im Kraftwagen von Feodosia nach Sem-Colodesi (Halbinsel Kertsch). Dort zeigt der Kriegsgefangene ... zunächst das Lazarett, in dem sich die deutschen Kriegsgefangenen befunden haben. Es sind die ersten beiden Räume des linken Flügels des ehemals russischen Lazaretts, gesehen vom Bahnhof aus. Das Gebäude ist jetzt völlig zerstört. Der Kriegsgefangene ... führt dann das Gericht den Weg, den seiner Erinnerung nach die verwundeten deutschen Soldaten am 11. Januar 1942 zur Exekution geführt worden sind. Der russische Kriegsgefangene ... macht Halt an einer Stelle des früheren russischen Flugplatzes, wo sich Erdgruben befinden, die noch zum Teil mit russischer Artilleriemunition gefüllt sind, zum Teil Spuren von explodierter Artilleriemunition aufweisen. Eine zufällig hinzugekommene russische Frau, die in Sem-Colodesi wohnt, erklärte auf Befragen, bei den russischen Einwohnern von Sem-Colodesi werde davon gesprochen, daß Anfang Januar 1942 deutsche verwundete Kriegsgefangene auf Befehl eines russischen Kommissars erschossen worden seien; zwei russische Knaben hätten aus einiger Entfernung die Erschießung mitangesehen; die Namen der Knaben seien: Tolja Sewopljas und Petja Chwostikoff, jetzt aufhältlich in Kidenj (2.Buchta) am Siwasch. Nach der Beschreibung, die die Knaben gegeben haben, wird dann vom Gericht eine Erdgrube ermittelt, welche in gleicher Weise wie die in der Nähe liegenden Munitionsgruben angelegt ist, aber offensichtlich nicht zur Unterbringung von Munition verwendet worden ist. Vielmehr ist die Grube nachträglich zu etwa 2/3 wieder mit Erde angefüllt worden. Die Grube liegt 480 Meterschritte von dem oben erwähnten russischen Lazarettgebäude in südsüdöstlicher Richtung und 180 Meterschritte von dem früheren deutschen Soldatenheim in Sem-Colodesi entfernt. Da auch der russische kriegsgefangene Unterleutnant ... es für ziemlich sicher hielt, daß dies der Ort der Erschießung vom 11. Januar 1942 sei, ordnete der unterzeichnete Kriegsgerichtsrat Nachgrabungen an. Nach Beseitigung der aufgeschütteten Erde wurden die Leichen von neun Soldaten gefunden, die an ihren Mützen, Mänteln und Uniformen unzweifelhaft als deutsche Soldaten festgestellt wurden. Die nähere Untersuchung der Leichen wurde dem hinzugezogenen Assistenzarzt Dr. Müller, Einheit Feldpostnummer 08753, übertragen. Da bei der Ausgrabung gleich zuerst Verbandzeug (Mullbindenstoff) in offensichtlich gebrauchtem Zustande aufgefunden wurde, ist es ebenfalls unzweifelhaft, daß es sich um die Leichen verwundeter deutscher Soldaten handelt. Die Leichen lagen ungeordnet in der Grube, zum Teil auf dem Bauch, zum Teil auf dem Rücken, zum Teil auf der Seite, eine der Leichen hatte den Arm um Hals und Schulter der anderen Leiche gelegt. Aus der Lage der Leichen zueinander war klar erkennbar, daß die Erschießung der deutschen Verwundeten in der Grube erfolgt ist und die Körper der Erschossenen, so wie sie zusammengebrochen waren, auf der Stelle der Erschießung verscharrt worden sind. Dieselbe Ansicht äußerte der anwesende russische kriegsgefangene Unterleutnant ...

Während dieser Ausgrabung überbrachte der Obergefreite Matlock, 2./Str.Bau-Batl. 597, die Meldung, daß ihm ein russischer Knabe schon vor einigen Tagen gesagt habe, weitere deutsche Kriegsgefangene wären von den Russen an einem alten Schützengraben, etwa 1000 m von der bereits geöffneten Grube entfernt, im Januar 1942 erschossen und gleich dort vergraben worden. Da die Vermutung nahelag, daß es sich um den Rest der von dem russischen kriegsgefangenen Unterleutnant ... gesehenen deutschen Verwundeten handelt, ordnete das Gericht die Ausgrabung dieses Schützengrabens an.

Bei der Öffnung der ersten Grube wurde bei einem der Toten die Erkennungsmarke 466 der 2./le.Art.Ers.Abt. 114 und ein teilweise zerstörtes Soldbuch gefunden. Die Einzeichnungen in dem Soldbuch waren nur noch zum Teil lesbar. Es scheint sich danach bei diesem Toten um einen Gefreiten namens Heinrich L. zu handeln.

Da die Leichen schon stark in Verwesung übergangen waren, wurde angeordnet, die Fundstätten amtlich zu photographieren, die Leichen nach weiteren Erkennungszeichen zu untersuchen und sie dann in Särgen würdig zu bestatten.

gez. Dr. Wilhelm. Kriegsgerichtsrat. gez. Butzke. Feldjustizinspektor.

Gericht des XXXXII. A.K. **Sem. Kolodesej, den 12. Juni 42.**
A. L. 63 / 42.

Gegenwärtig:
Kriegsgerichtsrat Dr. Wilhelm als Richter,
Feldjustizinspektor Butzke als Urkundsbeamter.

Es erscheint Ass.-Arzt Dr. Müller, Einheit Feldpostnummer 08753, und erklärt als Zeuge und Sachverständiger, zur Wahrheit ermahnt und auf die Bedeutung des Eides hingewiesen:

Zur Person: Ich heiße Albert Müller, bin Dr. med., Ass. Arzt d.Res., 2./Str.Bau-Batl. 597, 31 Jahre alt, kath., im Zivilberuf zuletzt Ass.-Arzt im Krankenhaus Siegen/Westfalen.

Zur Sache: Ich habe der Öffnung des von dem russischen Fliegerleutnant ... und einer Einwohnerin des Dorfes Sem. Kolodesej bezeichneten und vom Gericht des XXXXII. A.K. aufgefundenen Soldatengrabes beigewohnt. Es befand sich ungefähr 500 m südsüdöstlich von dem früheren russ. Lazarett in Sem. Kolodesej, welches sich in der Nähe des Bahnhofs befindet. Das Soldatengrab war eine Grube, die ungefähr in Vierecksform ausgehoben und offensichtlich zunächst zur Aufnahme von

Munition bestimmt gewesen war, denn in der Nähe befanden sich noch zwei derartige Gruben, welche noch mit russ. Art. Munition angefüllt und bei dem Vormarsch der deutschen Truppen im Mai 1942 in deutsche Hände gefallen waren. Die Grube war auf der einen Hälfte zugeschüttet. Nachdem die Erde entfernt worden war, und zwar in etwa 50 cm Tiefe, zeigten sich die ersten Spuren deutscher Uniformen. Bei weiterem Graben kam eine lange Mullbinde zum Vorschein bzw. ein Stück einer solchen, mit dem offensichtlich ein Verwundeter verbunden gewesen war. Darauf wurden die Leichen von 9 (neun) deutschen Soldaten, deutlich kenntlich an den deutschen Uniformen und Mänteln, zum Vorschein gebracht. Diese Leichen lagen kreuz und quer durcheinander. Mehrere Leichen lagen auf dem Bauche, andere auf dem Rücken, andere auf der Seite, eine in Hockstellung zusammengekrümmt.

Zwei der Leichen zeigten zerschmetterte Hirnschalen, der Arm einer Leiche war wie schützend über die Schulter einer anderen Leiche gelegt. Ich habe den Eindruck, daß die Leichen nicht ordnungsmäßig begraben worden sind. Vielmehr ergibt sich aus der Lage der Leichen zueinander, daß diese deutschen Soldaten entweder in der Grube selbst erschossen worden sind oder daß die Erschießung am Rande der Grube erfolgt ist und die Körper der Getroffenen dann in die Grube hineingeworfen worden sind. Die erste Annahme ist die wahrscheinlichere. An einer der Leichen fand sich eine deutsche Erkennungsmarke mit der Nummer 466, 2./ l.Art.Ers.Abt. 114. Der Kopf dieser Leiche trug auch eine deutsche Art.-Mütze. Die Leichen werden von mir noch weiter untersucht werden. Ich werde dann schriftlich dem Gericht das Ergebnis der Untersuchung übermitteln.

Während der Aushebung dieser Grube wurde durch die Aussage eines russischen Knaben, der in Sem. Kolodesej wohnt, bekannt, daß weitere deutsche Soldaten von einem russischen Truppenteil, der sie aus dem Lazarett geholt hatte, erschossen und in einem Schützengraben verscharrt worden sind, der sich etwa 1500 m südsüdwestlich von dem oben genannten ehemaligen russischen Lazarett befindet. Auf Anordnung des Gerichts wurde auch dort nachgeforscht und tatsächlich fanden sich in diesem Schützengraben die Leichen von vier deutschen Soldaten; es ist möglich, daß sich noch weitere Leichen bei der Fortführung der angeordneten Ausgrabung finden. Ich werde auch hierüber einen abschließenden Bericht erstatten. Auf Grund meiner Beobachtungen bei der Bloßlegung dieser Leichen schließe ich mich der Überzeugung des Gerichts an, daß die aufgefundenen Leichen die Leichen derjenigen deutschen Soldaten sind, deren Erschießung der russ. kriegsgefangene Unterleutnant ... in seiner Aussage vom 11. Juni 1942 beschrieben hat. Ich halte es für wahrscheinlich, daß die Schwerverwundeten in der ersten Grube erschossen worden sind, während die leichtverwundeten deutschen Soldaten an dem weiter entfernt gelegenen Schützengraben erschossen und in diesen hineingeworfen worden sind.

Der Zeuge und Sachverständige erhält seine Aussage vorgelesen, er genehmigt und unterschreibt sie wie folgt, nachdem er vorschriftsmäßig vereidigt worden ist.

gez. Dr. Müller, Assistenz-Arzt.

gez. Dr. Wilhelm Kriegsgerichtsrat. gez. Butzke. Feldjustizinspektor.

Gericht des XXXXII. A.K. **Sem. Kolodesej, 12. Juni 42.**
A. L. 63 / 42.

Gegenwärtig:
Kriegsgerichtsrat Dr. Wilhelm als Richter,
Feldjustizinspektor Butzke als Urkundsbeamter.

Es erscheint der Obergefr. Matlok, 2./Str.Bau-Batl. 597, und erklärt, nachdem er zur Wahrheit ermahnt und auf die Bedeutung des Eides aufmerksam gemacht worden war,

zur Person: Ich heiße Josef Matlok, bin Obergefreiter, 27 Jahre alt, kath., wohnhaft in Rederitz in Pommern, und von Beruf Sägewerksmeister.

Zur Sache: Ich spreche als Grenzbewohner des Deutschen Reiches ziemlich gut tschechisch, polnisch und auch russisch. Ich verstehe deshalb, was die russischen Einwohner von Sem. Kolodesej, wo wir in Quartier liegen, reden. Unter anderem habe ich schon vor einiger Zeit von den russischen Einwohnern gehört, daß deutsche Gefangene von den Russen im Januar 1942 in Sem. Kolodesej erschossen worden seien. Auch wurde gesagt, daß ein russischer Kommissar deutsche Verwundete hier hätte erschießen lassen. Ein russischer Knabe hat mir sogar den Schützengraben gezeigt, wo solche erschossenen deutschen Soldaten begraben sind. Ein Knabe hat seinerzeit von weitem gesehen, wie die deutschen Soldaten erschossen worden sind. Ich bin dabei gewesen, wie am 11. und 12. Juni 1942 auf Anordnung des Kriegsgerichts zwei Gruben geöffnet worden sind, wo die Leichen deutscher Soldaten gefunden wurden. Die zweite Stelle ist der Schützengraben, den mir der Knabe gezeigt hatte. Ich bin fest überzeugt, daß wir die von den Russen ermordeten deutschen Soldaten nunmehr gefunden haben. Nach Angabe von Einwohnern von Sem. Kolodesej sollen aber auch noch an anderen Stellen von den Russen erschossene deutsche Gefangene begraben sein. Ich werde versuchen, den Dingen auf den Grund zu gehen, und wenn ich etwas Genaues in Erfahrung gebracht habe, werde ich dem Kriegsgericht Meldung machen.

Vorgelesen, genehmigt und unterschrieben. gez. Josef Matlok, Obergefreiter.
Der Zeuge wird vereidigt.
gez. Dr. Wilhelm. Kriegsgerichtsrat. gez. Butzke. Feldjustizinspektor.

Gericht des XXXXII. A.K. **Sem. Kolodesej, den 16. Juni 42.**
A. L. 63 / 42

Gegenwärtig:
Kriegsgerichtsrat Dr. Wilhelm als Richter,
Uffz. Janssen als Protokollführer.

Es erscheint Ass.-Arzt Dr. Müller, Einheit Feldpostnummer .... und erklärt als Zeuge und Sachverständiger, zur Wahrheit ermahnt und auf die Bedeutung des Eides hingewiesen, zur Person: Ich heiße Albert Müller, bin Dr. med., Ass.-Arzt d.Res., 2./Str.Bau-Batl. 597, 31 Jahre alt und römisch-katholisch.

Zur Sache: Ich habe auf Grund der gerichtlichen Anordnung die weitere Untersuchung der aufgefundenen deutschen toten Soldaten vorgenommen. Ich beziehe mich dazu auf meine Aussage vom 12. Juni 1942 und ergänze dieselbe wie folgt:

Nähere Untersuchung der Leichen der erschossenen deutschen Soldaten in der etwa 500 m südsüdöstlich von dem früheren russischen Lazarett in Sem. Kolodesej entfernten Grube hatte folgendes Ergebnis:

Es wurden insgesamt 10 Leichen gefunden; eine Leiche lag so unter zwei anderen, daß sie bei der anfänglichen Freilegung nicht zu sehen war und deshalb zuerst die Anzahl der aufgefundenen Leichen auf neun angegeben wurde. Bei vier Toten wurde eine Erkennungsmarke gefunden:

1.) 2./l.Art.Ers.Abt. 173 560

2.) 1./E. 95 685

An dieser Leiche fanden wir noch einen Fingerring mit der Innengravierung A.H. 27.5.39.

3.) 2. Ers.A.R. 46 426.

Diese Leiche trug einen Reißverschluß-Brustbeutel mit drei Mark Inhalt in zwei Scheinen. Brustbeutel und Geld sind bei der Sterilisierung zu Grunde gegangen.

4.) 2. L.Art.Ers.Abt. 114. 466.

Unter dem Kopf der Leiche mit dieser Erkennungsmarke lag ein Soldbuch, welches möglicherweise dem Toten gehört hat. Das Soldbuch war erheblich zerstört, aber folgendes war noch lesbar:

Auf Seite 5 nächste Angehörige: Franz H., Name des Vaters: Josef H., Tschernoschen 163, Seite 20 des Soldbuches: ein Stempel Feldpostnummer .... Auf dieser Seite befand sich noch eine Eintragung: 1. Batt./Art.Ers.Abt. 114. Auf Seite 4 des Soldbuches zeigt die Eintragung A.R. 114 (?) Nr. der Kriegsstammrolle: Kr. 247 (?).

Am 23.8.1940 war der Inhaber dieses Soldbuches in Zebau im Anbau-Urlaub.

Bei einer weiteren Leiche wurde lediglich ein Soldbuch festgestellt, woraus die Personalien einwandfrei hervorgehen:

Name: Gefr. Martin Rudolf F.,

Vater: Martin F., Lauenhaim über Mittweida, Hausnummer 61.

Ersatztruppenteil: Inf.Ers.Batl. 72 Karlsbad-Meierhofen (?)

Feldtruppenteil: 1. Komp. Inf.Rgt. 72,

Kr. Nr. 442.

Die Soldbuchnummer ist 470.

Die Erkennungsmarke laut Soldbucheintragung: 2./Inf.Ers.Batl. 475.

Die Nummer der Erkennungsmarke: 431.

Geburtsdatum des Soldbuchinhabers: 6.12.18 in Mittweida.

Bei einem anderen der Toten wurde nur ein Briefumschlag von grauer Farbe in der oberen Tasche des Tuchrockes gefunden mit einem Geldbetrag von 205 Reichsmark in Reichskreditkassenscheinen (6 Scheine à 20 Mark und 17 à 5 Mark). Die Aufschrift des Briefumschlages, soweit lesbar, lautet: Feldpost Nr. 38421 E (?) Soldat Hans S. Der Brief trägt den Poststempel: Karlsbad 1 20.8.41. Name des Absenders, teilweise lesbar, auch S.

Bei einer weiteren Leiche befand sich lediglich ein graues Leinenbeutelchen mit Perlmut[t]knopf. Inhalt ein Rosenkranz.

Bei den übrigen Toten dieser Grube ist nichts gefunden worden. Irgendwelche weiteren Wertgegenstände, Uhren und dgl., befanden sich bei keiner Leiche.

Die zehn Leichen dieser Grube befanden sich in mehr oder weniger stark verwestem Zustand. Einwandfrei konnten bei einigen Schußwunden an Kopf, Hals und Brust festgestellt werden, die nicht verbunden waren und offenbar den Tod herbeigeführt haben. Bei zwei Toten war der Schädel stark zertrümmert. Bei einer der Leichen fiel beim Umbetten aus einer der Halswunden eine Revolverkugel heraus. Ferner konnte an zwei Leichen einwandfrei ein angelegter Verband, aus Verbandspäckchen stammend, um die Brust bzw. Oberbauch festgestellt werden. Eine dieser Leichen zeigt dazu am Kopf eine unverbundene Schußwunde. Daraus folgt eindeutig, daß Verwundete erschossen worden sind. In der Grube wurde eine gebrauchte Revolverpatrone gefunden. Zwei der Toten waren nur notdürftig bekleidet – der eine mit grauem Pullover, Hemd, Unterhose und Strümpfen, der andere nur mit Pullover und Hemd –. Die andern Leichen trugen sämtlich deutsche Uniformstücke, Hosen, Röcke, teilweise Mäntel. Keine der Leichen hatte eine Fußbekleidung.

In der zweiten Leichenstätte, einem Schützengraben, etwa 1500 m südsüdwestlich von dem ehemaligen russischen Lazarett in Sem Kolosesej wurden insgesamt neun Leichen deutscher Soldaten gefunden. Sie lagen in zwei Gruppen zu vier bzw. fünf Mann. Die eine Gruppe lag etwa 40 m von der andern entfernt, aber in demselben Schützengraben. Die Leichen wurden alle in stark verwestem Zustand vorgefunden. Bei 5 Toten waren an Kopf, Hals und Brust einwandfrei Schußwunden zu sehen; bei weiteren vier war der Schädel stark zertrümmert. Alle Leichen waren mit deutschen Uniformstücken bekleidet. Drei der Leichen trugen ganz oder teilweise Drillich- und Tuchgarnitur, einige noch Mäntel. Einer trug nur eine Drillichhose. Bei sämtlichen Leichen fehlten Stiefel, nur zwei hatten Schnürschuhe an. Irgendwelche Erkennungszeichen oder Wertgegenstände wurden bei diesen Leichen nicht gefunden. Aus den Uniformen ergab sich, daß es teilweise Artilleristen, teilweise Infanteristen waren. Die meisten Taschen waren offen; bei vier Taschen war das Futter nach außen umgekrempelt. Hieraus ergibt sich, daß die Soldaten vor oder nach der Erschießung vollständig ausgeplündert worden waren.

Die neunzehn Leichen sind nach ihrer Untersuchung in Särgen in der Grünanlage des zerschossenen früheren Parteihauses in Sem Kolodesej würdig bestattet worden.

v. g. u. gez. Dr. Müller. Assistenzarzt.
Der Sachverständige und Zeuge wird vorschriftsmäßig vereidigt.
gez. Dr. Wilhelm, Kriegsgerichtsrat. gez. Janssen, Uffz.

Anlage 42

Exhumierte Leichen erschossener deutscher Verwundeter

Anlage 42

Am 11. Januar 1942 waren sie in Sem. Kolodesej erschossen worden

Anlage 50

Oberkommando der Wehrmacht Wehrmacht-Untersuchungsstelle für Verletzungen des Völkerrechts

Salzburg, den 27.6.1942.

Gegenwärtig:
Kriegsgerichtsrat Dr. Schöne als richterlicher Militärjustizbeamter,
San.-Gefr. Bernhard Lerch als Protokollführer, besond. verpfl.

In der völkerrechtlichen Untersuchungssache Rußland wurde der SS-Sturmmann Budil im Reservelazarett III Salzburg aufgesucht.

Er wurde mit dem Gegenstand seiner Zeugenvernehmung bekanntgemacht und über seine Wahrheitspflicht als Zeuge unter Hinweis auf die Bedeutung des Eides besonders belehrt.

Zur Person: Ich heiße Georg Budil, 20 Jahre alt, 4. SS.-T-Kradschtz.Batl.

Zur Sache: Im November 1941 habe ich auf der Rollbahn zwischen Demjansk und Staraja-Russa einen Sankra stehen sehen. Er war von den Russen überfallen worden. Ein Reifen war durchschossen, so daß der Wagen stehen bleiben mußte. Sonst war er unbeschädigt. Der Fahrer und der begleitende Sanitäter lagen tot auf dem Führersitz. Im Innern des Wagens lagen 6–8 verwundete Soldaten, die von den Russen durch Stiche ermordet worden waren. Auch hatten die Russen die Taschen der ermordeten Soldaten durchwühlt.

v. g. u. gez. Georg Budil.

Der Zeuge leistete den Zeugeneid. gez. Dr. Schöne. gez. Lerch.

Anlage 52

Oberkommando der Wehrmacht Wehrmacht-Untersuchungsstelle für Verletzungen des Völkerrechts

Salzburg, den 27.6.1942.

Gegenwärtig:
Kriegsgerichtsrat Dr. Schöne als richterl. Militärjusitzbeamter,
Srhf. Wetti Schaffhaubt als Protokollführer, besond. verpfl.

In der völkerrechtlichen Untersuchungssache Rußland wurde der Feldwebel Otto Schippa im Reservelazarett IV Salzburg aufgesucht.

Er wurde mit dem Gegenstand seiner Zeugenvernehmung bekanntgemacht und über seine Wahrheitspflicht als Zeuge unter Hinweis auf die Bedeutung des Eides besonders belehrt.

Zur Person: Ich heiße Otto Schippa, 24 Jahre, Feldwebel, 3./I.R. 67 (neu).

Zur Sache: Am 14. Oktober 1941 war ich als Hauptfeldwebel-Diensttuer beim Kompanietroß, der in Bogdanowka lag. Vormittags gegen 11 Uhr sollte der Troß zur Kompanie nachgezogen werden. Dabei mußten wir durch ein Waldstück und sind dort von den Russen überfallen worden. Bei dieser Gelegenheit mußten wir acht verwundete Kameraden zurücklassen. Als wir etwa 1 Stunde später im Gegenstoß an dieselbe Stelle zurückkamen, fanden wir die acht Kam[e]raden ermordet auf. Sie waren von den Russen im Gesicht bis zur Unkenntlichkeit verstümmelt worden. Es waren ihnen Augen ausgestochen, Ohren, Nase und Zunge abgeschnitten worden. Einige hatten noch Stiche im Leib. Außerdem hatten die Russen sie völlig ausgeplündert.

Im März 1942 ist etwa 30 km südlich Wjasma bei dem Ort Gorby ein Zug der ersten Kompanie meines Regiments in einem Waldstück von den Russen aufgerieben worden. Es waren insgesamt 21 Mann. Ich habe diese Leute am nächsten Tage gesehen, als sie beerdigt wurden. Wenigstens die Hälfte von ihnen war ebenfalls im Gesicht verstümmelt worden. Auch ihnen waren die Augen ausgestochen, Zunge, Nase und Ohren abgeschnitten worden.

v. g. u. gez. Otto Schippa, Feldw.

Der Zeuge leistete den Zeugeneid. gez. Dr. Schöne. gez. Wetti Schaffhaubt.

Anlage 53

Oberkommando der Wehrmacht Wehrmacht-Untersuchungsstelle für Verletzungen des Völkerrechts

Salzburg, den 27.6.1942.

Gegenwärtig:
Kriegsgerichtsrat Dr. Schöne als richterlicher Militärjustizbeamter,
Srhf Wetti Schaffhaubt als Protokollführer, besond. verpfl.

In der völkerrechtlichen Untersuchungssache Rußland wurde der Wachtmeister Emil Lehmann im Reservelazarett IV Salzburg aufgesucht.

Er wurde mit dem Gegenstand seiner Zeugenvernehmung bekanntgemacht und über seine Wahrheitspflicht als Zeuge unter Hinweis auf die Bedeutung des Eides besonders belehrt.

Z.P.: Ich heiße Emil Lehmann, 43 Jahre alt, Wachtmeister, Pol.Batl. 5

Z.S.: Am 25. Mai 1942 ist auf der Rollbahn zwischen Wogilew und Rosla kurz vor einem Waldstück ein Kraftwagen der SS mit 8 Mann von Partisanen überfallen worden. Wir sind alarmiert worden und kurz darauf an die Stelle des Überfalls gekommen. Einer von den 8 Mann, der neben dem Fahrer gesessen hatte, war entkommen und hatte einen schwer verwundeten Kameraden mitgenommen. Der Fahrer war durch Kopfschuß getötet worden. Die übrigen 5 Mann waren teils durch Schüsse, teils durch Schläge oder Schüsse ermordet worden. Zwei von ihnen waren vollständig ausgezogen worden, die übrigen teilweise. Einem von ihnen war der Schädel völlig eingeschlagen worden. Ein anderer war von oben bis unten aufgeschlitzt. Sie waren sämtlich ausgeplündert.

v. g. u. gez. Emil Lehmann.
Der Zeuge leistete den Zeugeneid. gez. Dr. Schöne. gez. Wetti Schaffhaubt.

Anlage 56

Oberkommando der Wehrmacht Wehrmacht-Untersuchungsstelle für Verletzungen des Völkerrechts **Linz/Donau, den 29.6.1942.**

Gegenwärtig:
Kriegsgerichtsrat Dr. Schöne als richterl. Militärjustizbeamter,
K.H.D.V. Irene Neuer als Protokollführer, besond. verpfl.

In der völkerrechtlichen Untersuchungssache Rußland wurde der Gefreite Wögerbauer, Franz, im Res.Laz. A Linz / Donau aufgesucht.

Er wurde mit dem Gegenstand seiner Zeugenvernehmung bekanntgemacht und über seine Wahrheitspflicht als Zeuge unter Hinweis auf die Bedeutung des Eides besonders belehrt.

Zur Person: Ich heiße Franz Wögerbauer, 29 Jahre alt, Gefreiter, 14. / I.R. 447.

Zur Sache: Ende Juni 1941 haben wir auf dem Vormarsch nach Minsk zu eine deutsche Flakbatterie gesehen, die von den Russen überfallen worden war. Sie bestand aus einem Oberleutnant und 12 Mann. Einer von den 12 Mann war entkommen und hat uns erzählt, daß die Russen die Batterie umzingelt und gefangen genommen hätten. Sie hätten die übrigen Leute erschossen. Ich habe sie auch tot liegen sehen. Dem Oberltn. hatten die Russen den Kopf vollkommen zerstochen.

Im August 1941 habe ich in einem Waldgelände bei Jelnja südöstlich Smolensk einen Feldwebel von den Panzerjägern an einen Baum angebunden gesehen, dem die Russen beide Füße abgehackt oder abgeschnitten haben. Er war tot, als wir hinkamen. Am selben Tage und in demselben Wald haben wir noch einen Leutnant gefunden. Ihm war der rechte Arm zweimal gebrochen, außerdem hatte er in jedem Handgelenk einen Stich, ebenso in der Schläfe. Auch er war tot und war von den Russen ausgeplündert.

v. g. u. gez. Franz Wögerbauer.
Der Zeuge leistete den Zeugeneid. gez. Dr. Schöne. gez. Neuer.

Anlage 57

Oberkommando der Wehrmacht Wehrmacht-Untersuchungsstelle für Verletzungen des Völkerrechts **Linz/Donau, den 29.6.1942.**

Gegenwärtig:
Kriegsgerichtsrat Dr. Schöne als richterlicher Militärjustizbeamter,
K.H.D.V. Irene Neuer als Protokollführer, besond. verpfl.

In der völkerrechtlichen Untersuchungssache Rußland wurde der Leutnant Hoff, Robert, im Reservelazarett A, Linz/Donau, aufgesucht.

Er wurde mit dem Gegenstand seiner Zeugenvernehmung bekanntgemacht und über seine Wahrheitspflicht als Zeuge unter Hinweis auf die Bedeutung des Eides besonders belehrt.

Zur Person: Ich heiße Robert Hoff, 27 Jahre alt, Leutnant, 2. Komp. I.R. 227.

Zur Sache: Im Januar 1942 hatte meine Vorausabteilung, bei der ich Kompanieführer war, Stepanowka besetzt. Wir bekamen dann Ende Januar den Auftrag, Marijewka zu nehmen. Auf dem Marsch dorthin haben wir etwa 10–15 m rechts seitwärts der Straße zwei Pioniere ermordet aufgefunden. Sie hatten beide einem Spähtrupp von 4 Mann angehört und waren von den Russen überfallen worden. Auch die beiden anderen Angehörigen des Spähtrupps waren tot. Ich habe sie aber nicht gesehen. Den beiden Pionieren, die ich mir angesehen habe, hatten die Russen beide Augen ausgestochen. Der eine hatte außerdem einen Brustschuß, der andere wohl einen Oberarmschuß. Außerdem war ihm das Kinn eingeschlagen worden. Kopfverletzungen hatten beide Pioniere sonst nicht.

Am 9. Februar 1942 habe ich südostwärts von Stepanowka einen Spähtrupp von einem Unteroffizier und 5 Mann gegen eine Schweinekolchose vorgeschickt. Dieser Spähtrupp ist in das Feuer der Russen gekommen, wobei 3 Mann schwer und 2 leicht verwundet wurden. Der Uffz. war unverwundet und hat einen schwerverwundeten Kameraden mit zurückgebracht. 3 Mann waren liegengeblieben. Ich habe dann von meiner Stellung aus beobachten können, wie die Russen die beiden schwerverwundeten Soldaten mit den Gewehrkolben erschlagen und ausgeplündert haben. Wir haben dann mit Hilfe eines Panzerfahrzeuges den einen schwerverwundeten und die beiden ermordeten Kameraden bergen können.

v. g. u. gez. Robert Hoff.

Der Zeuge leistete den Zeugeneid. gez. Dr. Schöne. gez. Neuer.

Anlage 59

Oberkommando der Wehrmacht
Wehrmacht-Untersuchungsstelle für Verletzungen des Völkerrechts

Linz/Donau, den 29.6.1942.

Gegenwärtig:
Kriegsgerichtsrat Dr. Schöne als richterl. Militärjustizbeamter,
Soldat Walter Kunisch als Protokollführer, besond. verpfl.

In der völkerrechtlichen Untersuchungssache Rußland wurde der Obergefr. Frick im Reservelazarett B, Linz/Donau, aufgesucht.

Er wurde mit dem Gegenstand seiner Zeugenvernehmung bekanntgemacht und über seine Wahrheitspflicht als Zeuge unter Hinweis auf die Bedeutung des Eides besonders belehrt.

Zur Person: Ich heiße Johann Frick, 27 Jahre alt, Obgefr., 2. A.R. 98.

Zur Sache: Anfang August 1941 hat die Vorausabteilung meiner Division auf dem Vormarsch von Pinsk nach Gomel, und zwar nach Überschreitung des Pripet, einen Oberwachtmeister und 4 Mann als Spähtrupp nach einem kleinen Dorf vorgeschickt, dessen Namen ich nicht weiß. Als der Spähtrupp nicht zurückkam, haben wir noch in der Nacht etwa 4 Stunden später den Ort angegriffen und erobert. Gleich am Eingang der Ortschaft, und zwar links von der Straße, haben wir die 5 Angehörigen des Spähtrupps aufgefunden. Sie waren sämtlich ermordet und lagen in einer Reihe nebeneinander. Der Oberwachtmeister war am übelsten zugerichtet worden. Er war völlig zerstochen, die Uniform war ihm zerrissen. Die Augen waren vor Blut nicht mehr erkennbar und die Ohren abgeschnitten. Das Glied war ihm abgeschnitten und in den Mund gesteckt worden. Die übrigen 4 Mann waren durch Stiche getötet worden. Auch bei ihnen fehlten die Augen und die Ohren. Allen fünf Soldaten waren die Stiefel ausgezogen und die Uniformen zerrissen worden. Auch waren sie völlig ausgeplündert.

v. g. u. gez. Ogefr. Frick.

Der Zeuge leistete den Zeugeneid. gez. Dr. Schöne. gez. Kunisch.

Anlage 60

Oberkommando der Wehrmacht
Wehrmacht-Untersuchungsstelle für Verletzungen des Völkerrechts

Linz/Donau, den 29.6.1942.

Gegenwärtig:
Kriegsgerichtsrat Dr. Schöne als richterl. Militärjustizbeamter,
Soldat Walter Kunisch als Protokollführer, besond. verpfl.

In der völkerrechtlichen Untersuchungssache Rußland wurde der Gefr. Schneider im Reservelazarett B, Linz / Donau, aufgesucht.

Er wurde mit dem Gegenstand seiner Zeugenvernehmung bekanntgemacht und über seine Wahrheitspflicht als Zeuge unter Hinweis auf die Bedeutung des Eides besonders belehrt.

Zur Person: Ich heiße Rudolf Schneider, 23 Jahre alt, Gefr., Stab I. / I.R. 447.

Zur Sache: Am 6. August 1941 haben wir bei der Ortschaft Kosaky auf der Autobahn von Smolensk nach Moskau etwa 70 km östlich Smolensk in einem Waldstück 25 Angehörige der Vorausabteilung der 137. I.D. ermordet aufgefunden. Diese Vorausabteilung ist bis auf 1 Pakgeschütz in russische Gefangenschaft geraten. Unter den 25 Mann befanden sich 4 bis 5 Offiziere. Alle 25 waren etwa 500 m rechts der Rollbahn (nach Moskau zu gesehen) im Umkreis von etwa 15 bis 25 m an Bäumen aufgehängt worden. Alle hingen mit dem Kopf nach unten, die Köpfe etwa in Schulterhöhe. Sämtlichen Offizieren waren beide Augen ausgestochen und beide Hände abgeschnitten oder abgehackt worden. Man konnte deutlich sehen, daß die Augen ausgestochen waren. Die Köpfe waren sonst unverletzt, nur die Augenhöhlen blutverschmiert. Bei den übrigen Leuten waren entweder die Augen ausgestochen oder die Hände oder die Finger abgeschnitten oder abgehackt. Die Russen hatten allen Ermordeten die Stiefel ausgezogen, Abzeichen und Ehrenzeichen abgerissen und die Taschen ausgeplündert. Der Überfall auf diese Vorausabteilung ist in der Nacht zum 6. August erfolgt.

v. g. u. gez. Rudolf Schneider, Gefr.

Der Zeuge leistete den Zeugeneid. gez. Dr. Schöne. gez. Kunisch.

Anlage 62

Oberkommando der Wehrmacht Wehrmacht-Untersuchungsstelle für Verletzungen des Völkerrechts — **Linz, den 30.6.1942.**

Gegenwärtig:
Kriegsgerichtsrat Dr. Schöne als richterl. Militärjustizbeamter,
Schw. Felice Pazelt als Protokollführer, besond. verpfl.

In der völkerrechtlichen Untersuchungssache Rußland wurde der Gefr. Evers im Reservelazarett C Linz/D aufgesucht.

Er wurde mit dem Gegenstand seiner Zeugenvernehmung bekanntgemacht und über seine Wahrheitspflicht als Zeuge unter Hinweis auf die Bedeutung des Eides besonders belehrt.

Zur Person: Ich heiße Evers, Karl, 21 Jahre alt, Gefr., Stab II./I.R. 469.

Zur Sache: Etwa Mitte Februar 1942 bin ich zwischen Wolchow und Leningrad nachmittags auf einem Waldweg auf 2 San.Kra. und einen L.K.W. gestoßen, die deutsche Verwundete transportiert hatten und von den Russen vormittags überfallen worden waren. Ich habe wenigstens 12–15 deutsche Soldaten um die Wagen herumliegen sehen, die von den Russen ermordet worden waren. Sie hatten fast alle offensichtlich Kolbenschläge auf den Kopf bekommen. Außerdem hatten die Russen sie völlig ausgeplündert. Einer war gänzlich nackt. Die Wagen waren umgekippt und kaputt geschossen.

v. g. u. gez. Karl Evers.

Der Zeuge leistete den Zeugeneid. gez. Dr. Schöne. gez. Schw. Pazelt.

Anlage 67

Batl.-Arzt I./S.R. 59 — **O.U., den 10.4.1942.**

Betr.: Leichenbesichtigung.

Bei der Besichtigung der Leiche des Gefr. Sch. stellte ich das Fehlen der Weichteile am Gesäß und am Oberschenkel auf beiden Seiten fest. Die Leichenteile müssen mit einer Säge aus der gefrorenen Leiche herausgeschnitten sein.

gez. Unterschrift. Oberarzt.

Gericht der 20. Pz.-Div. **Im Felde, den 12.5.1942.**

Gegenwärtig:
Leutnant Dr. Glaser als Richter,
Uffz. Krischel als Protokollführer.

Es erscheint der Stabsfeldwebel Behrendt, I./S.R. 59, und erklärt, mit dem Gegenstand seiner Vernehmung bekanntgemacht, zur Wahrheit ermahnt und auf die Bedeutung, Wichtigkeit und Heiligkeit des Eides hingewiesen, folgendes:

Z.P.: Ich heiße Kurt Behrendt, Stabsfeldwebel I./S.R. 59, Stadtassistent in Berlin-Steglitz, wohnhaft in Berlin S W 68, Stallschreiberstraße 8, ich bin 34 Jahre alt, evangelisch, verheiratet.

Z.S.: Ich habe die Gräberbetreuung des I./S.R. 59. Am 11.4.1942 gab mir der Batl.-Adjutant, Oberleutnant Pilster, den Befehl, die in Kosly gefundenen und nach Saworykino zur Bestattung auf dem Ehrenfriedhof gebrachten Leichen des Stoßtrupps Feldwebels B. zu fotografieren und einen kurzen Bericht über die Leichenverstümmelungen an diesen Leichen dem Batl. einzureichen. Ich fand drei Leichen vor, an denen ich Verstümmelungen glaubte feststellen zu können. Von diesen Leichen habe ich insgesamt 8 Aufnahmen gemacht. An der Leiche des Gefr. Sch. stellte ich fest, daß aus dem Gesäß und aus beiden Oberschenkeln Fleischteile herausgeschnitten worden waren. Dem Gefr. F. war der Kopf mit solcher Gewalt eingeschlagen (offenbar mit einem Kolben), daß von dem Hinterkopf kaum mehr etwas festzustellen war. Bei dem Gefr. F. war die Stirne und die rechte Wange eingeschlagen. Das Wangenfleisch an der Leiche des Gefr. F. fehlte. Ob dieses weggeschnitten oder durch Tiere weggefressen war, konnte ich nicht mehr feststellen, da die Leichen bereits über einen Monat alt waren. Soviel ich weiß, ist der Stoßtrupp Feldwebel B. Anfang März 1942 in Kosly gefallen. Ich war verschiedentlich zugegen, als der Batl.-Dolmetscher russische Gefangene aus dem Kessel westlich der Ugra vernahm. Hierbei hörte ich, wie mehrere Gefangene erklärten, die Offiziere und Kommissare hätten eine gute Verpflegung, während die Unterführer und Mannschaften schlecht verpflegt würden und sehen müßten, wie sie sich aus dem Lande Verpflegung besorgten.

v. g. u. gez. Kurt Behrendt, Stfw.

Der Zeuge wurde vorschriftsmäßig beeidigt. gez. Dr. Glaser. gez. Krischel.

Anlage 69

7.VII.42 **Aus dem Russischen**
Oberleutnant Nishelski A.J.
Führer der 2. Komp., 3. Batl., 15. Brigade.

Meldung

Der Kommandeur der 15. Brigade Balabucha gab nur mir allein persönlich den Befehl, deutschen Soldaten die Augen auszustechen und sonst niemandem. Ich selbst erteilte den Befehl an niemanden, weder an Soldaten, noch an Kommandeure. Das ist Schmach und Schande.

Oberleutnant Nishelski

Anlage 69

– 3 –

7/VII-42г. Старший лейтенант
Нижельский А.И. ком. 2й роты
3 батальона 15й бригады.

Сведение.

Командир 15 бригады Балабуха дал приказание самому лично одному мне о выкалывании глаз немецких солдат, и больше никому. Сам я лично приказаний никому не давал ни бойцам ни командиром. Это стыд и позор.

старший лейтенант
Нижельский

И.867.42

Meldung eines russischen Oberleutnants

Anlage 70

Feldlazarett 161 **O.U., den 23.6.42.**

Ärztlicher Befund

Betr.: Leichenteile des Obergefr. Willi W., geb. 1.6.14 gef. 16.6.42 1./Aufkl.Abt. 1

Es handelt sich um die Teile einer menschlichen Leiche und zwar Kopf, 2 Arme und 2 Beine.

1. Kopf

Der Kopf wurde mit einem Messer durch Zirkelschnitt vom Rumpf getrennt. Er weist auf der linken Seite des Hinterkopfes 2 klaffende Stichwunden von 2 bezw. 5 cm Länge auf. Die Schnittfläche ist grauschmierig belegt. Sämtliche Muskelteile sind zum Teil schon in Verwesung übergegangen und mit Fliegenmaden bedeckt. Schädel und Gesicht weisen keinerlei Verletzungen auf.

2. Arme

Der rechte Arm ist im Ellenbogengelenk exartikuliert. Hände und Finger sind unverletzt. 10 cm oberhalb des Handgelenks ist die Haut bis zum Ellenbogengelenk durch Zirkelschnitt entfernt. Die Muskelstränge der Beuge- und Streckseite sind bis auf Ellen- und Speichenknochen glatt abgetrennt. Der linke Arm ist unmittelbar unter dem Femurkopf gebrochen. Die Haut von der Bruchstelle bis 10 cm oberhalb des Handgelenks ist abgezogen und hängt an dünnem Stiel herunter. Die Muskulatur der Beuge- und Streckseite ist scharf und glatt entfernt.

3. Beine

Das linke Bein ist im Hüftgelenk kunstgerecht exartikuliert. Die Haut ist am Oberschenkel völlig, am Unterschenkel nur über dem U. gastrocnemius entfernt. Die gesamte Muskulatur des Oberschenkels und die Gastrocnemiuspartie ist scharf und glatt entfernt. Das rechte Bein ist am Kniegelenk exartikuliert. Die Haut über der Wade ist mit glatter Schnittführung entfernt und die Wadenmuskulatur scharf und glatt herausgetrennt.

Nach dem gegebenen Befund handelt es sich bei den Leichenteilen keineswegs um eine einwandfrei durchgeführte Sektion; vielmehr ist der Verdacht völlig begründet, daß es sich hier um Teile einer Leiche handelt, deren fleischhaltige Partien (Oberschenkel, Wade, Ober- und Unterarmmuskulatur) herausgeschnitten sind, um sie aller Wahrscheinlichkeit nach dem menschlichen Genuß (Kannibalismus) zuzuführen.

Die Photographien werden nachgeliefert.

gez. Unterschrift Oberstabsarzt und Chefarzt

Div.Arzt 61. Inf.Div. **O.U., den 30.6.42**
Az. 50

Betr.: Ärztl. Befund der Leichenteile des O.Gefr. Willi W., 1./A.A. 1

Dem Korpsarzt I. A.K. mit der Bitte um Kenntnisnahme und Weiterleitung.

Der O.Gefr. W. der Aufkl. Abt. 1 fiel bei einem Stoßtruppunternehmen und wurde, da er einwandfrei tot war, von dem zurückgehenden Stoßtrupp liegengelassen. Die Leiche wurde nach 2 Tagen, als das Gelände von der Aufkl.Abt. erobert wurde, völlig zerstückelt aufgefunden und auf Anordnung des Div.Arztes zur Festlegung des Tatbestandes in das Feldlazarett 161 überführt.

Nach eingehender Besichtigung habe ich den Eindruck, daß die Muskelpartien am Körper mit einem Messer abgetrennt wurden, sodaß der Verdacht besteht, daß die Masse der Leiche von den Russen aufgegessen wurde.

2 Anlagen

gez. Unterschrift

Beratender Gerichtsmediziner **Berlin NW 40, d. 26.9.42**
beim Heeressanitätsinspekteur **Scharnhorststr. 35**
Aktz.: Tgb. Nr. 39/42 geh.

Betrifft: Völkerrechtsverletzungen russischer Truppen, hier Kannibalismus an einem deutschen Soldaten, Obgefr. W. 1./Aufkl.Abt. 1
Bezug: S In Wi/G I b 11021/42 geh. vom 19.9.42

An
S In Wi/G I
durch Lehrgruppe C (Forschungsgruppe)
im Hause

Das Bezugsschreiben mit drei Anlagen wird mit folgender Stellungnahme zurückgereicht:

Die vorgelegten Bilder bestätigen vollkommen die vom Divisionsarzt 61. Inf.Div. und vom Chefarzt des Feldlazarettes 161 gegebene Deutung, daß die Abtragung und Entfleischung der Gliedmaßen zu kannibalistischen Zwecken erfolgt ist.

Es sind nach den Lichtbildern und Befundberichten die muskelreichen Partien bevorzugt worden, wobei vorher die Haut abgetrennt worden zu sein scheint.

Daß auch der Kopf abgetragen, aber nicht, wie aus anderen Erfahrungen bekannt, zur Herausnahme des Gehirnes eröffnet ist, wird äußere Gründe haben.

Eine andere Begründung für die festgestellte Leichenverstümmelung als die Entnahme von Fleisch zum Essen läßt sich von ärztlicher Seite nicht finden. Insbesondere kommt, wie schon vom Chefarzt des Feldlazarettes 161 erwähnt, eine Untersuchung im Sinne einer Sektion nach den Befunden überhaupt nicht in Betracht.

Nur der Vollständigkeit halber sei noch bemerkt, daß die durch die Bilder belegte Glattrandigkeit der Hautdurchtrennungen, ebenso wie das Herunterschlagen eines Hautlappens am linken Arm und die Ablösung der Gliedmaßen die Möglichkeit völlig ausschließt, daß es sich um Beschädigungen durch Tierfraß handele.

gez. Panning

Anlage 70

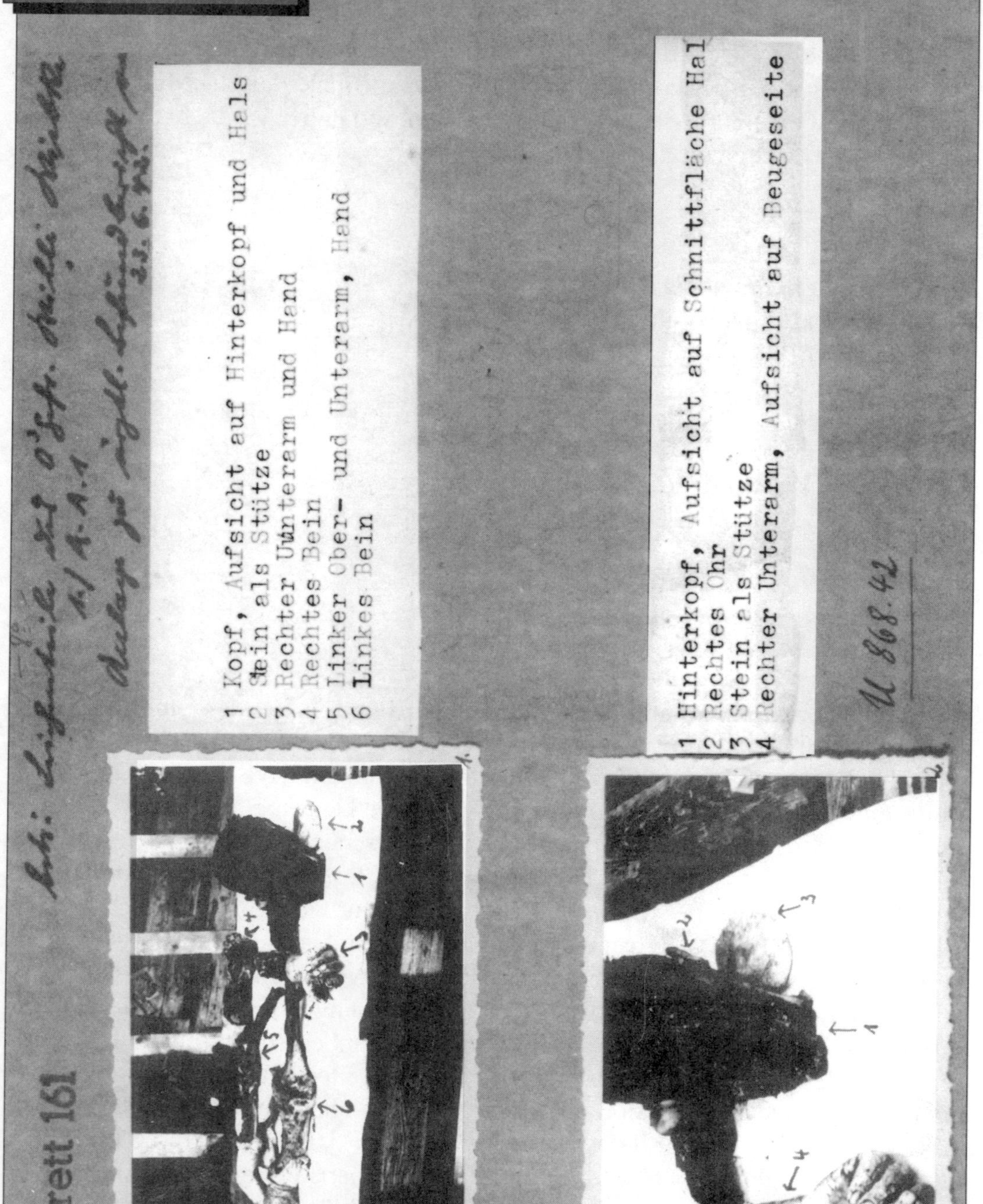

rett 161

1 Kopf, Aufsicht auf Hinterkopf und Hals
2 Stein als Stütze
3 Rechter Unterarm und Hand
4 Rechtes Bein
5 Linker Ober- und Unterarm, Hand
6 Linkes Bein

1 Hinterkopf, Aufsicht auf Schnittfläche Hal
2 Rechtes Ohr
3 Stein als Stütze
4 Rechter Unterarm, Aufsicht auf Beugeseite

U 868.42

Leichenteile eines gefallenen deutschen Obergefreiten

Anlage 70

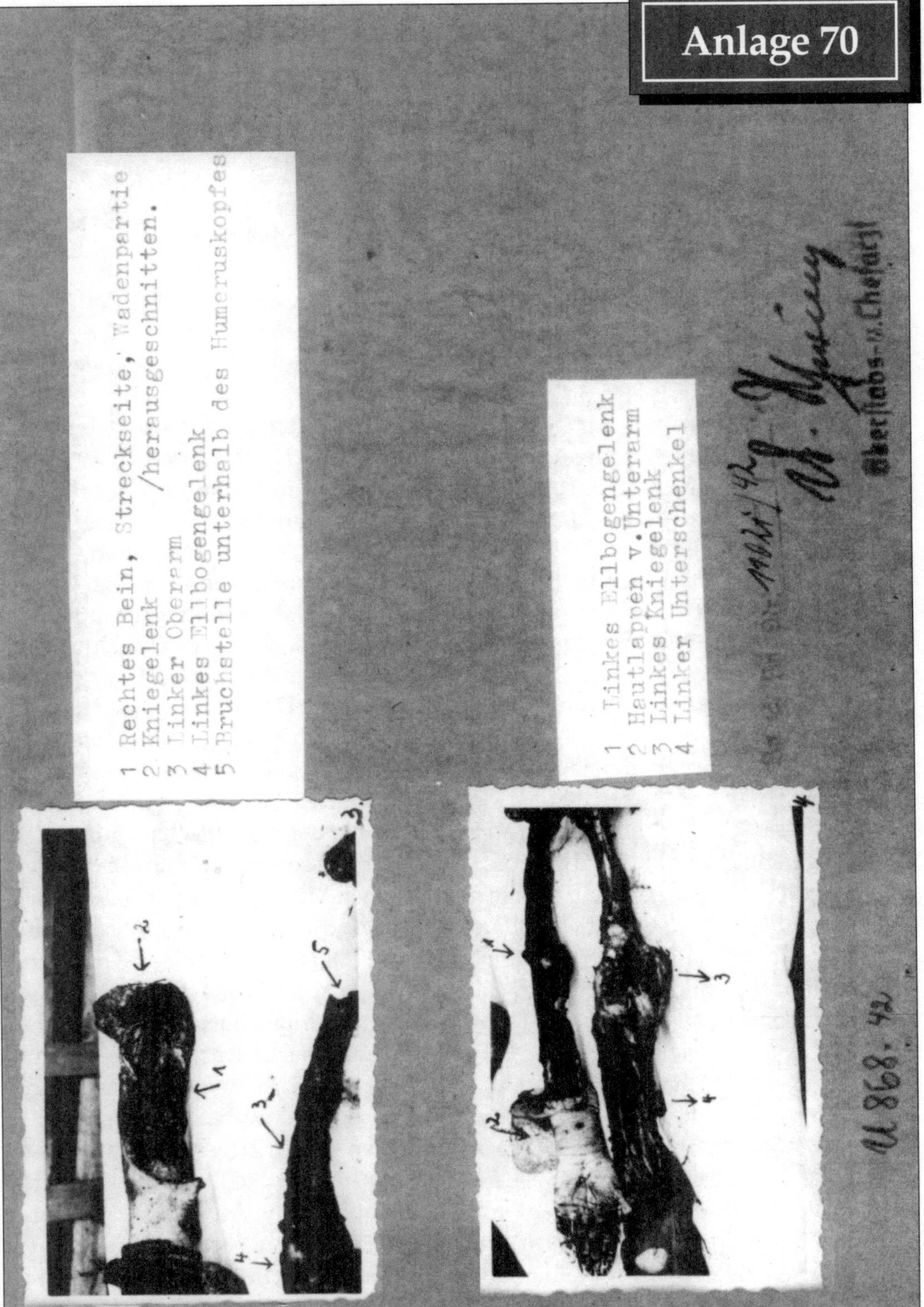

Es besteht der begründete Verdacht, daß die Masse der Leiche von den Russen aufgegessen wurde

Anlage 75

Gericht **Koblenz-E'stein, den 27.8.1942**
der Division Nr. 172
Zweigstelle Koblenz-E'stein.
RHL. III Nr. 168/42

Gegenwärtig:
Kriegsgerichtsrat Dr. Fricke,
Obergefr. Maillinger, als Protokollführer allgemein verpflichtet.

Es erschien gestellt als Zeuge der Gefreite Löbbert, 1. Gen.Kp. Inf.Ers.Batl. 80 Koblenz. Der Erschienene wurde mit dem Gegenstand seiner Vernehmung bekanntgemacht und auf die Bedeutung des von ihm zu leistenden Eides hingewiesen. Er erklärte:

Z.P.: Ich heiße Bernhard Löbbert, bin geboren in Wattenscheid, Königsfeld, von Beruf Maschinensteller, z.Zt. Gefreiter bei der 1./Gen.Kp. Inf.Ers.Batl. 80 in Koblenz und befinde mich im Reserve-Lazarett Marienau in Vallendar.

Z.S.: Seit Beginn des Ostfeldzuges gehöre ich als Gefreiter der Vorausabteilung 1/253 I.R. an und befand mich immer beim Troß. Eines Nachts sammelten wir uns auf einem Kornfeld mit unseren Fahrzeugen vor einem russischen Dorf. Den Namen des Dorfes kenne ich nicht. Ich kann auch keine in der Nähe befindliche Stadt angeben. Es war aber im Mittelabschnitt der Front. Der Zeit nach war es Ende Juli, Mitte August 1941. Des genauen Tages erinnere ich mich nicht mehr. Das Dorf war von unseren Truppen schon genommen. Wir bekamen aus dem Dorf noch etwas Feuer, das jedoch bald verstummte. Beim Morgengrauen ging ich mit meinem Kameraden, Ob.Gefr. Franz B., der aber im Dezember 1941 bei Detnia gefallen ist, in das Dorf, um dasselbe näher zu besichtigen. In die Nähe des Dorfrandes gekommen, hörte ich laute Klagetöne, und als ich hinblickte, sah ich einen Soldaten in deutscher Uniform am Boden liegen und vor ihm stand ein russisches Weib, dessen Alter ich auf etwa 30 Jahre schätzte. Ich sah, wie das Weib mit einem russischen Messer in Gestalt eines Hirschfängers auf der nackten Brust des Soldaten herumschnitt. Mein Kamerad legte sofort mit seinem Gewehr auf das Frauenzimmer an und tötete es durch einen Kopfschuß. Ich hatte ihm noch zugerufen, noch nicht zu schießen, um aus dem Weib noch etwas herauszuholen. Es war aber schon zu spät. Wir gingen darauf näher an den deutschen Soldaten heran und stellten fest, daß es ein Feldwebel war. Er war offenbar verwundet worden, denn er hatte einen Schuß durch die Brust. Er hatte keine Papiere oder Erkennungsmarke mehr, so daß ich den Namen des Feldwebels nicht feststellen konnte. Er stöhnte noch etwas, lag aber bereits in den letzten Zügen und starb als wir noch dastanden. Als ich mir den Verwundeten näher ansah, stellte ich fest, daß ihm beide Augen ausgestochen und der Penis abgeschnitten war. Auf der nackten Brust fand ich Messerschnitte, die in Form eines Hakenkreuzes angebracht waren. Da ich selbst gesehen hatte, daß das Weib mit dem Messer auf der Brust schnitt, können also die Schnitte in Form des Hakenkreuzes nur von dem Weib herrühren. Wir haben dann unseren toten Kameraden gleich an Ort und Stelle begraben.

Ich habe die reine Wahrheit gesagt und kann meine Angaben mit gutem Gewissen beschwören.

Von dem genannten Vorfall habe ich erstmals dienstlich Meldung gemacht, als ich im Frühjahr 1942 im Heeresstandortlazarett Koblenz lag, und als wir von unserem Stationsarzt befragt wurden, ob jemand Angaben über russische Greueltaten machen könne.

Weitere Vorfälle kann ich aus eigener Wissenschaft nicht angeben.

v. g. u. gez. Gefr. Bernhard Löbbert

Der Zeuge wurde hierauf beeidigt. gez. Dr. Fricke gez. Maillinger

Anlage 79

Gefechtsstand des II./I.R. 534 **Am 7.8.1942.**
Dr. Vorwerck, Oberleutnant.

Anlage zum Protokoll vom 3.8.42.

Auf Befehl des Regiments vernahm ich heute auf dem Batl.-Gefechtsstand des II./I.R. 534

1. den Feldwebel (O.A.) Karl Schulz, 4./s.Str.Bau-Batl. 540
2. den Obergefreiten Willy Ahner, 4./s.Str.Bau-Batl. 540.

Die Erschienenen wurden von mir auf die Bedeutung ihrer Aussage hingewiesen, zur Wahrheit ermahnt und über die Bedeutung des Eides belehrt. Sie erklärten:

1.) Zur Person: Ich heiße Karl Schulz, geb. am 14.7.98 in Köln/Mühlheim, im Zivilberuf Maler und Bildhauer, wohnhaft in Pleißa, Bezirk Chemnitz, ledig, Soldat seit 3.8.39, Feldwebel der 4./s.Str.Bau-Batl. 540.

Zur Sache: Am 3.8.1942 lagen wir nordostwärts von Raspopinskaja im Abschnitt des II./I.R. 534 mit unserer Kompanie in Stellung. Die Kompanie war dem II./I.R. 534 unterstellt. Gegen 16.00 Uhr wurde der 1. Zug unserer Kompanie, den ich führte, plötzlich von den Russen überrascht. Ich zog mich mit meinem Zug zurück, konnte mich aber mit meinen Leuten nicht vollzählig vom Russen absetzen. Der Bausoldat Jakob T. und der Obergefreite Ernst L. fielen unverwundet in die Hände der Russen.

Etwa 3/4 Stunden später, gegen 17.00 Uhr, ging ich mit meinem Zug wieder nach vorne, um die verlorengegangene Stellung wieder zu besetzen. Dort, wo uns der Russe überrascht hatte, fand ich den Bausoldaten T. mit einer schweren Schußwunde in der rechten Brust. Ich bemühte mich sofort um ihn. Er war sehr schwach und erzählte mir, daß er von einem Russen ausgeplündert und seines Soldbuches beraubt worden sei. Der Russe habe ihm 100,– RM geraubt und ihn darnach niedergeschossen. Dieser Russe lag leicht verwundet etwa 5 m von T. entfernt. Der Feldwebel Rus der 5./I.R. 534 fand bei dem Russen das Soldbuch des T. in der Tasche.

Etwa 8 m von T. entfernt lag der Obergefreite Ernst L. Er lag mit dem Gesicht zur Erde und war tot. In seinem Rücken steckte ein deutsches Seitengewehr, dessen

Spitze vorne aus der Brust herausragte. Ich nehme mit Bestimmtheit an, daß dieses Seitengewehr L. gehörte, da seine Seitengewehrscheide leer war. Es kann unter diesen Umständen nur so sein, daß L. mit seinem eigenen Seitengewehr von den Russen ermordet worden ist. T. konnte ich über den Fall L. nicht näher befragen, da er inzwischen das Bewußtsein verloren hatte. Soviel ich weiß, ist T. vom Hauptverbandsplatz mit einer Ju. einem Lazarett zugeführt.

Vorgelesen und genehmigt.

2. Zur Person: Ich heiße Willy Ahner, geb. am 17.1.1900 in Gornsdorf, Erzgebirge, im Zivilberuf Strumpfwirker, wohnhaft in Gornsdorf, verheiratet, Soldat seit 3.8.1939, Obergefreiter der 4./s. Str.Bau-Batl. 540.

Zur Sache: Ich war mit mehreren Kameraden des 1. Zuges am 3.8.1942 zur 5./I.R. 534 abgestellt. Auch in unsere Stellung war der Russe eingebrochen. Von meinem Zugführer, dem Feldwebel Schulz, erhielt ich am 4.8.1942 den Auftrag, die noch vorne liegenden Toten des Zuges zu bergen. Ich fand an der Einbruchstelle die Gefreiten Arno W. und Georg Sch. Beide waren tot. Beiden fehlten auch die Seitengewehre. W. hatte an der linken Kopfseite eine etwa 10 cm lange Schnittwunde. Die Wunde verlief vom Ohr bis zur Schulter. Sie ging quer durch den ganzen Hals durch und hatte an der rechten Halsseite eines Länge von etwa 4 cm. Sch. wies mehrere Verletzungen auf. Ich fand eine Stichwunde im Gesicht, die vom unteren Backenknochen zum Auge verlief. Es war eine kurze Stichwunde. Ferner war ihm der Schädel mit einem Gewehrkolben eingeschlagen. Im Rücken stellte ich eine klaffende, übergroße Wunde fest, die durch ein Explosivgeschoß herbeigeführt war. An der Einschußstelle war alles zerfetzt, Körper, Waffenrock und Koppel. Die Größe der Einschußstelle war etwa 4–5 cm im Durchmesser.

Vorgelesen und genehmigt.

Die Zeugen wurden auf ihre Aussagen vorschriftsmäßig vereidigt.
Für die Richtigkeit der Übertragung aus dem Stenogramm:
gez. Hochholzer, Gefreiter

Anlage 82

Oberkommando der Wehrmacht Wehrmachtuntersuchungsstelle für Verletzungen des Völkerrechts

Marienbad, d. 3.9.1942

Gegenwärtig:
Kriegsgerichtsrat Dr. Hofmann als richterlicher Militärjustizbeamter
KHDV Rolanda Herold als Protokollführer, besond. verpflichtet

In der völkerrechtlichen Untersuchungssache Rußland wurde der O.Gefr. Erich Eick im Reservelazarett II Marienbad aufgesucht.

Er wurde mit dem Gegenstand seiner Zeugenvernehmung bekanntgemacht und über seine Wahrheitspflicht als Zeuge unter Hinweis auf die Bedeutung des Eides besonders belehrt. Er erklärte:

Zur Person: Ich heiße Erich Eick, bin 29 Jahre alt, verh., O.Gefr., 5./I.R. 178, z.Zt. im Reservelazarett II Marienbad.

Zur Sache: Ende Oktober oder Anfang November 1941 lag meine Einheit im Donezbecken. Wir befanden uns auf dem Vormarsch nach Kramatorsk. Zwei Angehörige meiner Kompanie, die damals nur kurz bei der Einheit waren, hatten den Befehl erhalten, eine Anzahl russischer Gefangene nach rückwärts zu bringen. Diese beiden Kameraden kamen in den nächsten beiden Tagen nicht zu uns zurück. Nun hatte allerdings meine Einheit inzwischen infolge der Übermacht der Russen den Vormarsch abbrechen und nach links seitwärts ausweichen müssen. Es ist deshalb wahrscheinlich, daß die beiden Kameraden, die in unserer alten Marschrichtung gelaufen waren, uns verfehlt haben und direkt russischen Truppen in die Hände gelaufen sind. Nach etwa zwei Tagen machten wir einen Gegenangriff und stießen hierbei zufällig in einem Kolchos auf die Leichen unserer beiden Kameraden. Diese lagen in einem Schuppen. Beide Kameraden waren durch Brustschuß getötet. Bei dem einen Kameraden waren, wie ich deutlich sah, beide Augen mit einem scharfen Instrument, wahrscheinlich mit einem Seitengewehr, ausgestochen. Beide Augenhöhlen waren leer. Die Russen hatten sämtliche persönlichen und Wertsachen der Kameraden ausgeplündert.

v.g.u. unterschrieben gez. Erich Eick

Der Zeuge wurde beeidigt. gez. Dr. Hofmann gez. R. Herold

Anlage 83

Generalkommando L.A.K. **K.Gef.St., den 11.9.42.**
Abt. Ic Nr. 1047/42 geh.

Betr.: Erschießen deutscher Gefangener.

An Armee-Oberkommando 18.

In einem Lauschergebnis der 2./N. 158 vom 6.9. heißt es:

„Nein, es ist ihnen nicht geglückt. Wir sind nicht rangekommen. Der Teufel mag wissen, was da los war. Der ganze Graben war besetzt. Nicht so früh lachen, Genosse 46. Was nicht heute wird, wird morgen. – Alles in Ordnung. Die 3 Mann werden jetzt gleich erschossen. Die Gewehre und kleinen Sachen schaffen Sie nach 2047, verstanden? Mit 3 Minuten eröffnen alle das Feuer. – Alexejew, höre zu: Den Fritzen F. brauche ich noch einmal. Er soll mir noch einmal genau den Graben und die Stellung zeigen. Also mit ihm noch abwarten. Hast Du gehört, was ich gestern zu 47 gesagt habe? Ja, betreffs der Küche? Schön, dann ist ja alles in Ordnung. Ja, ich komme Dich noch später besuchen. – Hier Solewjejew! Wo sollen wir sie verscharren? Hier oder weiter hinten? Nein, liegen lassen können wir sie nicht."

Hierbei handelt es sich wahrscheinlich um den .... Diese fielen bei einem

Stoßtruppunternehmen am gelben Haus vor Peterhof leicht verwundet in Feindeshand.

Die abgehörten Sprüche deuten darauf hin, daß die beiden Soldaten von den Russen erschossen wurden.

Für das Generalkommando Der Chef des Generalstabes: gez. Unterschrift.

Armeeoberkommando 18 **A.H.Qu., den 16.9.1942.**
Ic/Abw.Offz. Nr. 611/42g.

Betr.: Erschießen deutscher Gefangener.

An Oberko. Heeresgruppe Nord, Ic.

Anliegend legt das Armeeoberkommando eine Meldung des L.A.K. betreffend ein Lauschergebnis der 2./N. 158 vom 6.9. vor, das eine russische Unterhaltung über die bevorstehende Erschießung dreier deutscher Gefangener und über die Frage ihrer „Verscharrung“ wiedergibt.

Für das Armeeoberkommando
Der Chef des Generalstabes J. A. gez. Unterschrift.

Anlage 84

Oberkommando **Marienbad, den 3.9.1942**
der Wehrmacht
Wehrmacht-Untersuchungsstelle
für Verletzungen des Völkerrechts

Gegenwärtig:
Kriegsgerichtsrat Dr. Hofmann als richterlicher Militärjustizbeamter
KHDV Rolanda Herold als Protokollführer, besond. verpflichtet

In der völkerrechtlichen Untersuchungssache Rußland wurde der O.Gefr. Franz Gehring im Reservelazarett II Marienbad aufgesucht.

Er wurde mit dem Gegenstand seiner Zeugenvernehmung bekanntgemacht und über seine Wahrheitspflicht als Zeuge unter Hinweis auf die Bedeutung des Eides besonders belehrt. Er erklärte:

Zur Person: Ich heiße Franz Gehring, bin 39 Jahre alt, verh., O.Gefr., 5./I.R. 524, z.Zt. im Reservelazarett II, Marienbad.

Zur Sache: Am 22.6.42 hatte meine Einheit, die im Mittelabschnitt in Rußland eingesetzt war, bei einem Angriff Verluste, da die Russen mit erheblichen Panzerkräften einen Gegenstoß machten. Wir mußten uns vor der Übermacht zurückziehen und dabei die nicht gehfähigen Verwundeten zurücklassen. Am 23.6.42 gelang es uns, im Gegenstoß das alte Gelände wieder zurückzugewinnen. Auf dem Gefechtsfeld sah ich die Leichen von 4 Kameraden meiner Kompanie. Es handelte sich um die Leichen des Gefr. G., Gefr. S., Gefr. B. Der Name des vierten Gefallenen fällt mir im Augenblick nicht ein. Sämtliche vier Kameraden wiesen außer den im Kampf erlittenen Schußverletzungen zusätzliche, und zwar tödlich wirkende, Verletzungen auf. Bei drei Kameraden, darunter Gefr. G. und Gefr. B., stellte ich Kopfschüsse fest, die die Schädeldecke vollkommen zertrümmert hatten. Das Gehirn lag bloß. Bei dem Gefr. S. stak sein eigenes Seitengewehr in der Herzgegend. Die Feldbluse des Sorgner war in der Herzgegend voller Blut.

Der Gefr. G. war während des Gefechts nur einige Schritte von mir entfernt. Ich habe selbst beobachtet, wie er im Gefecht einen Schuß in den Knöchel erhielt. Sämtliche vier Leichen waren von den Russen restlos ausgeplündert.

v.g.u. unterschrieben Gez. Ogefr. Franz Gehring

Der Zeuge wurde beeidigt. gez. Dr. Hofmann gez. R. Herold

Anlage 85

Oberkommando der Wehrmacht
Wehrmacht-Untersuchungsstelle für Verletzungen des Völkerrechts

Nürnberg, den 5.9.1942

Gegenwärtig:
Kriegsgerichtsrat Dr. Hofmann als richterlicher Militärjustizbeamter
Angest. Betty Prell als Protokollführer, bes. verpfl.

In der völkerrechtlichen Untersuchungssache Rußland wurde der Schütze Walter Staringer im Reservelazarett I, Nürnberg aufgesucht.

Er wurde mit dem Gegenstand seiner Zeugenvernehmung bekanntgemacht und über seine Wahrheitspflicht als Zeuge unter Hinweis auf die Bedeutung des Eides besonders belehrt. Er erklärte:

Zur Person: Ich heiße Walter Staringer, bin 28 Jahre alt, verh., Schütze, 5./I.R. 524, z.Zt. Reservelazarett Nürnberg.

Zur Sache: Ende März oder Anfang April 1942 war meine Einheit etwa 30 km südöstlich von Tschugujew (bei Charkow) eingesetzt. Beim Durchkämmen eines Waldgeländes ist der Gefreite H. (oder P.) durch Kopfschuß gefallen. Der Oberschütze Karl Braun von meiner Kompanie war in nächster Nähe des H., als dieser den tödlichen Kopfschuß erhielt, und hat mir später erzählt, daß die Ein- und Ausschußstelle normale Größe gezeigt haben. Braun erzählte mir weiter, daß sie die Leiche des H. zunächst im Schnee vergraben hätten, weil sie dieselbe nicht hätten mitnehmen können. Etwa 2 Tage später kamen wir wieder an die Stelle, wo die Kameraden die Leiche des H. im Schnee vergraben hatten. Ich selbst habe jetzt ebenfalls die Leiche gesehen. Dieselbe war bis auf Hemd und Unterhose ausgezogen. Der ganze Kopf der Leiche war total zertrümmert und zwar offenbar durch Schläge mit stumpfer Gewalt. Das Gesicht des H. war vollkommen unkenntlich.

Am 22.6.1942 war meine Einheit in der Gegend westlich von Kupjansk in schwere Kämpfe mit russischen Truppen verwickelt. Da die Russen erhebliche Panzerkräfte einsetzten und unsere Pak. nicht vorkam, mußten wir uns unter Zurücklassung unserer nicht gehfähigen Verwundeten und anderer Erschöpften zurückziehen. Wir konnten nur noch die Verwundeten und Erschöpften in die ehemaligen russischen Stellungen und Panzerdeckungslöcher etwas in Sicherheit bringen. Beim Zurücklaufen habe ich mich öfters umgedreht. Ich sah aus einer Entfernung von zirka 200–300 mtr., wie die nachdrängenden russischen Infanteristen mit dem aufgepflanzten Bajonett in die Panzerdeckungslöcher, in denen wir die Verwundeten niedergelegt hatten, einstachen oder mit dem Gewehrkolben auf die wehrlosen Verwundeten einschlugen. Am nächsten Morgen (23.6.1942) haben wir das Gelände des Vortages wieder zurückerobert. Hierbei wurde ich durch ein Explosivgeschoß am Kinn und linken Auge verletzt.

Der Zeuge erklärt nach Vorlesen der Aussage des Obergefreiten Franz Gehring, z.Zt. im Reservelazarett II, Marienbad, vom 3.9.1942: Der Zeuge Gehring hat ebenfalls der 5./I.R. 524 angehört. Ich habe am 22.6.1942 beim Zurückgehen in einer Scheune kurze Zeit mit ihm zusammengestanden.

Bei meiner Verwundung, die ich am 23.6.1942 beim Gegensturm erlitt, handelt es sich einwandfrei um Verletzungen durch Split[t]er eines russischen Explosivgeschosses. Es war ein einzelner Schuß, der kurz vor mir in die Erde einschlug. Dabei detonierte das Geschoß und die Splitter schlugen mir ins Gesicht. In meinem linken Auge ist ein Geschoßsplitter operativ entfernt worden. Das linke Auge ist infolge dieser Verletzung erblindet. Bei den Kämpfen in dieser Gegend haben die Russen sehr oft Explosivgeschosse im Infanteriekampf beim Beschuß aus Infanteriewaffen verwandt.

v.g.u. gez. Staringer, Walter, Schütze unterschrieben
Der Zeuge wurde beeidigt. gez. Dr. Hofmann gez. Betty Prell

Anlage 86

Oberkommando der Wehrmacht Wehrmacht-Untersuchungsstelle für Verletzungen des Völkerrechts **Marienbad, d. 3.9.1942**

Gegenwärtig:
Kriegsgerichtsrat Dr. Hofmann als richterlicher Militärjustizbeamter
KHDV Rolanda Herold als Protokollführer, besonders verpflichtet.

In der völkerrechtlichen Untersuchungssache Rußland wurde der Uffz. Ernst Krupka im Reservelazarett II Marienbad aufgesucht.

Er wurde mit dem Gegenstand seiner Zeugenvernehmung bekanntgemacht und über seine Wahrheitspflicht als Zeuge unter Hinweis auf die Bedeutung des Eides besonders belehrt. Er erklärte:

Zur Person: Ich heiße Ernst Krupka, bin 28 Jahre alt, ledig, Uffz., 3/I.R. 346 z.Zt. im Reservelazarett II Marienbad.

Zur Sache: Am 30.8.41 fuhr ich mit zwei anderen Kameraden auf einem LKW von Reval nach Rapla, um dort mit dem LKW Bier zu holen. Kurz hinter Reval tauchte rechts neben der Straße eine Gruppe von 15–18 Russen auf. Wie sich herausstellte, handelte es sich um versprengte russische Soldaten. Unter ihnen befanden sich aber auch bewaffnete russische Zivilisten. Von dieser Gruppe, die wir zunächst für Esten hielten, bekamen wir plötzlich Gewehrfeuer. Daraufhin brachte der Fahrer den LKW zum Stehen und wir sprangen links und rechts aus dem Wagen. Als ich auf dem Trittbrett stand und gerade in den Graben springen wollte, erhielt ich einen Schuß in den linken Oberschenkel. Bei dem Geschoß, durch das ich getroffen wurde, handelte es sich um ein russisches Explosivgeschoß. Während die Einschußstelle auf der Oberseite des linken Oberschenkels durchaus normale Größe aufwies, war die Ausschußstelle auf der Unterseite des linken Oberschenkels sehr ausgedehnt und ging bis auf den Knochen. Die Ausschußwunde entsprach der Größe einer kleinen geballten Faust.

Ich wurde nach der Verwundung sofort mit unserem LKW nach Reval in das dortige Standortlaz. eingeliefert. Dort lag ich bis zum 15.3.42. Anschließend wurde ich auf 4 Wochen in das Feldlazarett 608 in Riga verlegt. Von Riga kam ich in das Reservelazarett Franzensbad. Dort war ich in der Zeit vom 2.4.42 bis 18.7.42. Seit 18.7.42 befinde ich mich im Reservelazarett II Marienbad.

Sämtliche Militärärzte, die mich in den Lazaretten behandelt haben, können bestätigen, daß sich aus Schwere meiner Verwundung ohne weiteres ergibt, daß ich von einem russischen Explosivgeschoß verwundet wurde. Meine Wunde eitert jetzt noch, da noch einzelne Knochensplitter sich in der Wunde befinden. Wahrscheinlich wird mein linkes Bein infolge der Verwundung etwas kürzer bleiben.

v.g.u. unterschrieben gez. Ernst Krupka

Der Zeuge wurde beeidigt. gez. Dr. Hofmann gez. R. Herold.

Anlage 87

Oberkommando der Wehrmacht Wehrmacht-Untersuchungsstelle für Verletzungen des Völkerrechts

Marienbad, den 3.9.1942

Gegenwärtig:
Kriegsgerichtsrat Dr. Hofmann als richterlicher Militärjustizbeamter
KHDV Rolanda Herold als Protokollführer, besond. verpfl.

In der völkerrechtlichen Untersuchungssache Rußland wurde der Uffz. Johann Pichatzek im Reservelazarett II Marienbad aufgesucht.

Er wurde mit dem Gegenstand seiner Zeugenvernehmung bekanntgemacht und über seine Wahrheitspflicht als Zeuge unter Hinweis auf die Bedeutung des Eides besonders belehrt. Er erklärte:

Zur Person: Ich heiße Johann Pichatzek, bin 23 Jahre alt, ledig, Uffz., 6./I.Jg.R. 56, z.Zt. Res.Laz. II Marienbad.

Zur Sache: Am 8.8.41 war meine damalige Einheit, die 6./I.R. 472, südlich von Minsk in der Nähe der Stadt Sluzk zusammen mit dem 2. Batl. des I.R. 472 zur Vernichtung einer versprengten russ. Abteilung im rückwärtigen Gebiet eingesetzt. Hierbei entwickelte sich im Kuschel-Gelände ein heftiger Kampf, da die Russen an Zahl stark überlegen waren. Gegen Abend des 8.8.41 mußten wir uns vorübergehend etwas zurückziehen. Am 9.8.41 gewannen wir das Gelände des Vortages wieder zurück. Hierbei stieß ich auf die Leiche eines Freundes von mir, des O.Gefr. G. von der 7. I.R. 472. Ich habe mir die Leiche genau betrachtet. G. hatte an einem Oberschenkel eine Verwundung erlitten, die er sich mit einem Stück Hemd selbst notdürftig verbunden hatte. G. hatte sich die Hose aufgeschnitten und von seinem Hemd ein Stück abgerissen, um damit die Wunde verbinden zu können. Außer dieser im Kampf erlittenen Verwundung waren aber G. beide Augen ausgestochen. Beide Augenhöhlen waren leer. Das ganze Gesicht war voll Blut. Außerdem waren sämtliche Taschen des G. offen. Die Wertsachen und persönlichen Sachen waren von den Russen geplündert.

v.g.u. gez. Johann Pichatzek, Uffz. unterschrieben.
Der Zeuge wurde beeidigt. gez. Dr. Hofmann gez. R. Herold

Anlage 90

Das Amtsgericht
Abt. 37
37 A R V 1/42

Düsseldorf, den 13. Okt. 1942

Gegenwärtig:
Amtsgerichtsrat Henke als Richter
Justizangestellter Ullrich als Urkundsbeamter der Geschäftsstelle.

Es erscheint der Soldat Eduard Güttler, 22 Jahre alt, z.Zt. bei der Verfügungskompanie des Ersatzbatl. 39 in Düsseldorf, Hermann Göring-Schule.

Zur Sache sagt derselbe aus: Im Dezember 1941 befand ich mich bei der 6. Komp. des Inf.Rgts. Nr. 39. Am 31. Dezember 1941 hatten wir ein Ortsgefecht in einem Orte, der etwa 4 km. ostwärts Staritza gelegen war. Als meine Kompanie von einer anderen Kompanie abgelöst werden sollte und der Leutnant schon den Befehl gegeben hatte, sich zurückzuziehen und das Gewehr umzuhängen, bekamen wir von einem russischen Pakgeschütz Feuer auf der Dorfstraße. Mit zwei M.G.-Schützen sprang ich in eine Scheune. Wir eröffneten von dort aus das Feuer, wobei ich den M.G.-Schützen half. Vorher hatte der Zugführer befohlen, die 5. Gruppe, zu der wir gehörten, sollte die Sicherung übernehmen. Wir schossen, bis uns die Munition ausging. Die Russen kamen dann heran und umzingelten uns. Sie hatten gemerkt, daß wir in der Scheune steckten. Meine beiden Kameraden versuchten zu fliehen, wurden aber durch Schüsse getötet. Als die Russen in die Scheune eindrangen, wollte ich hinten zum Fenster heraus. Ich wurde aber wieder hereingezogen und gefangen genommen.

Zunächst haben die Russen mich bis auf Unterhose und Hemd ausgezogen; auch die Schuhe haben sie mir abgenommen. Stattdessen haben sie mir zerrissenes Zeug und 4 Decken gegeben. Um die bloßen Füße wickelte ich Lappen, um gehen zu können. Uhr, Ehering und Geld haben die Russen mir auch abgenommen.

Dann wurde ich von drei Russen etwa 4 km weit in das nächste Dorf zurückgebracht und dort in eine Scheune eingesperrt, eine Wache wurde vor die Scheune gestellt. Andere deutsche Gefangene habe ich nicht gesehen. Dies alles geschah gegen 19 Uhr etwa.

Am andern Morgen mußte ich gegen 6 Uhr aufstehen, bekam aber nichts zu essen, sondern wurde gegen 8 Uhr gleich zum Verhör gebracht. Ich wurde gefragt, welche Truppenteile sich vor den Russen befänden, ob Panzer vor ihnen wären und wieviel Divisionen vor ihnen lägen und dergl. Ich habe nichts geantwortet. Bei diesem Verhör wurde ich nicht mißhandelt. Ich habe bei dem Verhör gestanden. Ich bin auch nicht angefaßt worden.

Das erste Essen bekam ich Mittags. Es bestand aus warmem Wasser mit Graupen und Brot. Nach dem Essen wurde ich zum Holzhacken verwendet und in Ruhe gelassen. Ich habe in den beiden folgenden Tagen Holz gehackt oder gesägt. In diesen Tagen bekam ich zweimal dasselbe Essen, jedesmal einen Napf voll.

Am 3. Januar 1942 wurde ich wieder um 8 Uhr zum Verhör geführt und vom Hauptkommissar vernommen. Er hatte 3 Sterne am Rockkragen. Es war derselbe Mann, der mich zuerst verhört hatte. Er stellte wieder dieselben Fragen, wie früher, versprach mir auch die Freiheit, wenn ich aussagte. Ein Ukrainer war als Dolmetscher dabei. Ich verweigerte die Aussage und erklärte, ich wüßte nichts. Da stieß mich der Kommissar mit der Faust ins Gesicht gegen die linke Backe so heftig, daß ein Zahn abbrach. Als ich den Stoß bekam, stand ich und hatte mich etwas nach vorne über den Tisch gebeugt, um meine Worte, die ich auf tschechisch sprach, dem Kommissar besser zu Verständnis zu bringen. Nach dem Stoß taumelte ich zurück und fiel zu Boden. Zwei Russen hoben mich auf und setzten mich auf einen Stuhl, den sie an den Tisch heranschoben. Als ich noch nichts sagte, hielten mich zwei Russen auf dem Stuhl fest, zwei andere faßten meine Hände und drückten sie fest auf den Tisch. Dann steckte der Kommissar zwei Strohhalme unter zwei Fingernägel und zündete die etwa 10 cm langen Strohhalme vorn an. Die Halme brannten bis zu den Fingernägeln und verursachten mir dort große Schmerzen. Verbrennungen an den beiden Fingern – es waren dies der Goldfinger und der Mittelfinger der rechten Hand – fanden nicht statt. Als ich immer noch nichts sagte, haben sie mich aus dem Zimmer herausgeworfen und in die Scheune gebracht. Dort blieb ich bis zum 6. Januar 1942 morgens 6 Uhr. Meine Füße waren inzwischen erfroren, sodaß ich nicht arbeiten konnte. Ich habe sie jedoch immer mit Schnee eingerieben, sodaß sie nicht abstarben.

An diesem Tage hörte ich gegen 8 Uhr deutsches Fliegergeräusch und Heulen der Stuka-Sirenen. Da faßte ich den Entschluß, zu fliehen, packte einen Holzscheit und schlug mit diesem den ersten Posten nieder. Der zweite floh. Die Posten standen vor der Türe, die Scheune war nicht dicht verschlossen, sodaß ich herausschlüpfen konnte. Ich richtete dann mein Augenmerk auf einen nahen Wald und lief dort hin. Ich habe nicht gemerkt, daß hinter mir hergeschossen wurde. Offenbar waren die Russen von dem Angriff der Flieger auf das Dorf und durch das Herabsausen der Bomben abgelenkt. Ich schleppte mich durch den Wald in Richtung auf unsere Front und traf gegen 16 Uhr – ich konnte mit meinen erfrorenen Füßen kaum gehen – einen Spähtrupp der SS, der mich festnahm, da er annahm, daß ich, da ich keine Uniform trug, ein Überläufer sei. Nach Aufklärung der Sachlage nahm der Trupp mich mit und lieferte mich in der Krankensammelstelle in Rschew ab. Ich blieb in Krankenbehandlung wegen meiner Füße. In Wien bekam ich Fleckfieber dazu.

Durch das Einstecken der Strohhalme unter die Fingernägel seitens des Kommissars hatte ich etwa 6 Tage noch Schmerzen, die aber nicht sehr groß waren.

v. g. u. gez. Güttler, Soldat

Der Zeuge wurde beeidet. gez. Henke gez. Ullrich

Anlage 91

Oberkommando der Wehrmacht Wehrmacht-Untersuchungsstelle für Verletzungen des Völkerrechts

Würzburg, den 11.9.1942

Gegenwärtig:
Kriegsgerichtsrat Dr. Hofmann als richterlicher Militärjustizbeamter
D.R.K. Sch.Helf. Charlotte Seyffarth als Protokollführer, besond. verpfl.

In der völkerrechtlichen Untersuchungssache Rußland wurde der Gefr. Hermann Joekel im Reservelazarett V, Würzburg, Realgymnasium aufgesucht.

Er wurde mit dem Gegenstand seiner Zeugenvernehmung bekanntgemacht und über seine Wahrheitspflicht als Zeuge unter Hinweis auf die Bedeutung des Eides besonders belehrt. Er erklärte:

Zur Person: Ich heiße Hermann Joekel, bin 35 Jahre alt, verheiratet, Gefr., 4./Pz.Jäg.Abt. 291, z.Zt. Res.Laz. IV, Würzburg, Bertholdschule, zur Vernehmung zum Reservelazarett V, Würzburg, Realgymnasium, sistiert.

Zur Sache: Im September 1941 war meine Einheit an der Einschließungsfront vor Leningrad eingesetzt. Eines Nachts eroberten wir die Ortschaft Schaboni. Wir wurden jedoch von den Russen im Gegenstoß wieder herausgeworfen. Bei diesen Kämpfen gerieten 2 Leute von meiner Kompanie in russische Hände und zwar der Gefr. W. sowie ein Kamerad, dessen Namen ich nicht weiß, weil dieser erst kurz zuvor als Ersatz zu uns gekommen war. Am nächsten Morgen machten wir einen Gegenangriff und eroberten die Ortschaft Schaboni wieder zurück. Wir fanden in der Ortschaft die Leiche des Gefr. W. an einem Hause liegend. Wie ich selbst festgestellt habe, hatte W. während der Kampfhandlungen einen Beinschuß erhalten. Die Leiche des W. wies nun 2 Stichverletzungen auf, die mitten durch das Gesicht gingen. Die Einstiche waren in den Augen und die Ausstiche unterhalb des Kinns. Sowohl die Leiche des W. als auch die Leiche des anderen Kameraden von meiner Kompanie war der Stiefeln, der Socken und der Feldbluse beraubt. Außerdem fehlten bei beiden Leichen die Wertsachen.

V.g.u. gez. Joekel, Gefr. unterschrieben

Der Zeuge wurde beeidigt. gez. Dr. Hofmann gez. Charlotte Seyffarth

Anlage 92

Oberkommando der Wehrmacht
Wehrmacht-Untersuchungsstelle für Verletzungen des Völkerrechts

Würzburg, den 11.9.1942

Gegenwärtig:
Kriegsgerichtsrat Dr. Hofmann als richterlicher Militärjustizbeamter
D.R.K. Schwesternhelferin Charlotte Seyffarth als Protokollführer, besonders verpflichtet.

In der völkerrechtlichen Untersuchungssache Rußland wurde der Hauptwachtmeister Josef Schäfer im Reservelazarett V, Würzburg, Realgymnasium, aufgesucht.

Er wurde mit dem Gegenstand seiner Zeugenvernehmung bekannt gemacht und über seine Wahrheitspflicht als Zeuge unter Hinweis auf die Bedeutung des Eides besonders belehrt. Er erklärte:

Zur Person: Ich heiße Josef Schäfer, bin 29 Jahre alt, verheiratet, Hauptwachmeister, 2./Pol.Btl. 311, z.Zt. Reservelazarett V, Realgymnasium, Würzburg.

Zur Sache: Anfang Juli 1941 war unser Polizei Btl. in der Ukraine eingesetzt. Als wir eines Tages in der Ortschaft Dobrohostow (etwa 20 km südwestlich von Dobrohowitsch) lagen, machte uns die ukrainische Bevölkerung, die sehr deutschfreundlich war, darauf aufmerksam, daß um die Mittagszeit ein deutsches Flugzeug etwa 1 km östlich des Dorfes abgestürzt sei. Von meiner Einheit wurde ein Zug abgestellt, um festzustellen, ob es sich um ein deutsches Flugzeug handelte, und um etwa notwendige Hilfe zu leisten. Ich bin ebenfalls mit an die Absturzstelle gegangen. Wir sahen dort, daß die abgestürzte Maschine eine deutsche Jagdmaschine war, die rechte Tragfläche war abgebrochen, der Motor hatte sich in die Erde gebohrt, die Kabine war aufgerissen. Unmittelbar bei der abgestürzten Maschine lag die Leiche eines deutschen Fliegers. Die Kombination war teilweise aufgerissen. Den Fallschirm hatten die Russen geraubt, ebenso sämtliche Wertsachen und Papiere. Der Flieger trug unter der Kombination helles Drillichzeug. Irgendwelche Rangabzeichen konnten wir nicht feststellen. Die Leiche wies auf der Brust mehrere Stichverletzungen auf, der linke Ringfinger war abgehackt. An der Absturzstelle waren Fahrspuren eines leichten russischen Panzerwagens festzustellen.

Die Leiche des Fliegers wurde am nächsten Tage an der Absturzstelle von Oberwachtmeister Prahn und verschiedenen Leuten seiner Gruppe beigesetzt. Da wir bei der Leiche weder Soldbuch noch die Erkennungsmarke vorfanden, konnten wir die Persönlichkeit des toten Fliegers nicht identifizieren.

v.g.u. gez. Josef Schäfer unterschrieben
Der Zeuge wurde beeidigt. gez. Dr. Hofmann gez. Charlotte Seyffarth

Anlage 94

Oberkommando der Wehrmacht
Wehrmacht-Untersuchungsstelle für Verletzungen des Völkerrechts

Würzburg, den 11.9.1942

Gegenwärtig:
Kriegsgerichtsrat Dr. Hofmann als richterlicher Militärjustizbeamter
D.R.K. Schw.Helf. Anny Schnell als Protokollführer, besond. verpfl.

In der völkerrechtlichen Untersuchungssache Rußland wurde der Uffz. Hans Winkler im Reservelazarett III Würzburg, Augustinerkloster, Chir. 1., aufgesucht.

Er wurde mit dem Gegenstand seiner Zeugenvernehmung bekanntgemacht und über seine Wahrheitspflicht als Zeuge unter Hinweis auf die Bedeutung des Eides besonders belehrt.

Zur Person: Ich heiße Hans Winkler, bin 23 Jahre alt, ledig, Uffz., 3./Fahr.Kol. 246, z.Zt. Reservelazarett III Würzburg, Augustinerkloster.

Zur Sache: Am 20.3.42 kam ich in Okulitza, das etwa 70 km nördlich von Janzewo liegt, zu meiner Einheit, die dort im Quartier lag. Ich hatte nämlich mit einer Schlittenkolonne den Auftrag, ein M.G. aus der Ortschaft Bor abzuholen und nachzubringen. Nachdem ich mich bei meinem Kom.Chef zurückgemeldet hatte, führte mich der Uffz. Vogel von meiner Einheit in eine Scheune des Ortes Okulitza und zeigte mir dort die Leichen von 14 Kameraden, die einer Inf.- und Pioniereinheit angehörten. Die Leichen lagen zugedeckt. Bei der einen Leiche stellte ich fest, daß diesem Kameraden beide Augen ausgestochen waren. Beide Augenhöhlen waren leer. Die Augenpartien waren voller Blut.

Wie ich von einem anderen Kameraden gehört habe, sind die 14 Kameraden in einem Waldgelände zwischen Okulitza und Swity von Russen überfallen und ermordet worden.

Am 29.3.42 wurde ein Entstörungstrupp von einer Armee-Nachrichten-Einheit, der unter Führung eines Uffz. stand und 4–5 Mann stark war, im Waldgelände zwischen Okulitza und Swity von Russen überfallen und bis auf einen Mann getötet. Die Leichen dieser Kameraden wurden zunächst von einem Entstörungstrupp der Div.Nachr.-Abt. auf dem Dienstgang entdeckt. Diese meldeten ihre Feststellungen bei meinem Kompanie-Chef in Okulitza. Daraufhin wurde von meiner Einheit ein Spähtrupp etwa in Zugstärke in den Wald entsandt. Wir fanden nach einiger Zeit auch 4 Leichen auf und transportierten sie nach Okulitza zurück. Auf dem Transport hörten wir plötzlich, nachdem wir kaum den Rückweg angetreten hatten, eine Stimme „Hallo" rufen. Aus dem Kuschelgelände kam dann ein deutscher Soldat auf uns zugerutscht, der völlig erschöpft war. Dieser Kamerad war zunächst nicht fähig, uns eine klare Schilderung von den Vorfällen zu geben. Erst im Laufe der nächsten Tage konnte er angeben, daß der Entstörungstrupp von einer Gruppe von 16 russischen Soldaten, die auf Skiern angekommen seien, im Wald überfallen worden sei. Nur ihm sei es gelungen, sich unversehrt in das Kuschelgelände zu retten und sich zu verstecken. Von seinen übrigen Kameraden seien alle bis auf einen tödlich verwundet worden. Der eine Kamerad sei schwer verwundet worden und habe noch gelebt. Von seinem Versteck aus habe er beobachtet, wie die Russen die Leichen seiner Kameraden bis auf die Unterwäsche ausgezogen hätten. Hierbei hatten die Russen dann festgestellt, daß der eine Kamerad noch lebte. Daraufhin hätten die Russen diesem mit dem Gewehrkolben über den Kopf geschlagen. Er habe auch noch den Aufschrei dieses Kameraden gehört. Beim Aufladen der Leichen stellten wir dann bei einer Leiche tatsächlich in der Schläfengegend eine starke Schlagwunde fest.

Die Leichen waren restlos bis auf die Unterwäsche ausgeplündert. Die Russen hatten nicht nur die Wertgegenstände, sondern auch die Uniformstücke, Stiefel, Erkennungsmarken und Soldbücher mitgenommen.

Der Name des überlebenden Kameraden des Entstörungstruppes ist mir nicht bekannt.

v.g.u. gez. Hans Winkler, Uffz. unterschrieben.
Der Zeuge wurde beeidigt. gez. Dr. Hofmann gez. Anny Schnell

Anlage 95

Oberkommando
der Wehrmacht
Wehrmacht-Untersuchungsstelle
für Verletzungen des Völkerrechts

Dresden, den 23.9.1942

Gegenwärtig:
Kriegsgerichtsrat Dr. Huvendick als richterlicher Militärjustizbeamter
Dora Zieger, Angestellte als Protokollführerin, besond. verpfl.

In der völkerrechtlichen Untersuchungssache Rußland wurde der Gefr. Alfred Stöhr im Reservelazarett Dresden I aufgesucht.

Er wurde mit dem Gegenstand seiner Zeugenvernehmung bekanntgemacht und über seine Wahrheitspflicht als Zeuge unter Hinweis auf die Bedeutung des Eides besonders belehrt. Er erklärte:

Zur Person: Ich heiße Alfred Stöhr, Gefr., bei dem Stab II/I.R. 274, 22 Jahre alt, z.Zt. Res.Laz. Dresden I.

Zur Sache: Mitte August 1942 war meine Einheit dicht südlich von Stalingrad eingesetzt. Das Bataillon, dem ich angehörte, hatte den Auftrag, den Abschnitt eines Nachbarbataillons mitzuübernehmen. Mein Trupp hatte den Auftrag, eine Fernsprechleitung von dem Gefechtsstand des alten Bataillons zu dem Gefechtsstand der ablösenden Kompanie zu bauen. Meine Kameraden bauten die Fernsprechleitung mit der vorgehenden Kompanie. Ich blieb zurück, weil ich die neue Fernsprechleitung an dem Klappenschrank des Bataillonsgefechtsstandes anschließen mußte. Ich folgte dann dem Trupp nach. Als ich etwa 300 m gegangen war, sah ich plötzlich vor mir mehrere Männer, von denen ich annahm, daß es sich um deutsche Soldaten handelte. Als ich etwa 2 m heran war, sah ich, daß es Russen waren. Es war finstere Nacht. Ich wurde nun von den Russen umzingelt und gefangengenommen. Die Russen schleppten mich eine Weile mit, bis mich einer der Russen auf deutsch ansprach. Er wollte vor allem wissen, wo die schwächste Stelle in unserer Front war. Als ich erklärte, daß ich das nicht wüßte, teilte er das einem Offizier oder Kommissar mit, der auf russisch ein Kommandowort rief. Ich bekam einen schweren Schlag auf den Hinterkopf, sodaß mir das Blut aus Mund und Nase spritzte. Ich wurde bewußtlos. Als ich wieder zu mir kam, holte man mich wieder heran, um mich nochmals zu verhören. Ich habe wiederum die Aussage verweigert. Daraufhin bekam ich einen Schlag mit einem Feldspaten ins Gesicht, ich verlor einen Zahn und wurde ohnmächtig. Als ich jetzt wieder zum Bewußtsein kam, fand ich mich auf einem deutschen Hauptverbandsplatz wieder. Wie ich dort hingekommen bin, weiß ich nicht.

Ich will noch hinzufügen, daß ich durch den Schlag auf den Hinterkopf einen Schädelbruch bekommen habe.

v. g. u. gez. Alfred Stöhr
Der Zeuge wurde beeidigt. gez. Dr. Huvendick gez. D. Zieger

Anlage 108

Oberkommando der Wehrmacht Wehrmacht-Untersuchungsstelle für Verletzungen des Völkerrechts **Dresden, den 24.9.1942**

Gegenwärtig:
Kriegsgerichtsrat Dr. Huvendick als richterlicher Militärjustizbeamter
Gefr. Kratzer als Protokollführer, besond. verpfl.

In der völkerrechtlichen Untersuchungssache Rußland wurde der Gefr. Ottokar Kernstock im Reservelazarett II Dresden aufgesucht.

Er wurde mit dem Gegenstand seiner Zeugenvernehmung bekanntgemacht und über seine Wahrheitspflicht als Zeuge unter Hinweis auf die Bedeutung des Eides besonders belehrt. Er erklärte:

Zur Person: Ich heiße Ottokar Kernstock, 29 Jahre alt, Gefr. bei der 4./I.R. 248 z.Zt. Res. Lazarett II Dresden.

Zur Sache: Im Februar 1942 war unser Batl. bei Bjelgorod, einem Orte zwischen Charkow und Kursk, eingesetzt. An einem Abend war unser Batl. zu einem Angriff auf eine Zuckerfabrik angesetzt, die tags zuvor von den Russen erobert worden war. Wir mußten uns jedoch wieder zurückziehen und konnten etwa 10 Mann nicht mehr mit zurückbekommen. 4 Stunden später etwa haben wir die Zuckerfabrik wiedergenommen. Wir fanden dann die zurückgebliebenen 10 Mann tot vor. Ich selbst habe 3 Mann gesehen, deren Körper zahlreiche Bajonettstiche aufwiesen. Im Gesicht sah man Abdrücke von Stiefelabsätzen oder Gewehrkolben. Jedenfalls hatte ich den Eindruck, daß sie mit harten stumpfen Gegenständen ins Gesicht geschlagen oder getreten worden sind. Bei den Leichen fehlten die Feldblusen und die Stiefel. Unter den 3 Toten, die ich gesehen habe, war auch ein Feldwebel. Sanitäter sagten mir, daß dieser Feldwebel keine tödliche Verwundung gehabt habe. Er ist offenbar von den Russen zu Tode gebracht worden. Etwa 3 Wochen später geriet der Uffz. S. von meiner Komp. in russische Gefangenschaft. S. war nachts, als er bei einer S.M.G.-Sicherung Schießerei hörte, nach vorn gelaufen und nicht mehr bis in unsere Hauptstellung zurückgekommen. Wir fanden ihn dann 3 Tage später vollkommen nackt ausgezogen mit einer Maschinenpistolenschußgarbe in der Brust vor dem Drahtverhau der SMG.-Sicherung. Es ist offenbar so gewesen, daß die Russen den S. erst ein Stück mit zurückgenommen und dann niedergeschossen haben, weil das Zurückschaffen des Verwundeten zu beschwerlich war und sich die Russen rasch zurückziehen mußten. Ich schließe das auch daraus, weil wir zwischen unserer Hauptkampfstellung und der SMG.-Sicherung die blutdurchtränkte Brieftasche des S. gefunden haben.

Im Mai 1942 hatten wir nachts südlich Charkow eine Ortschaft im Sturm genommen. Am nächsten Tag in der Frühe gingen wir weiter vor und bekamen plötzlich von rückwärts aus der Ortschaft Feuer. Wir haben dann später festgestellt, daß es Zivilisten waren, die von rückwärts auf uns geschossen haben. Bei der Säuberung des Ortes wurde z.B. festgestellt, daß auch ein russisches Flintenweib in einem deutschen Unteroffiziersrock an dem Kampf beteiligt war. Sie wurde hinter einem Maschinengewehr tot aufgefunden.

Einige Tage später, als wir in einer anderen russischen Ortschaft lagen, hat ein Unteroffizier festgestellt, daß ein russischer Zivilist mit 2 roten Fähnchen Zeichen zu den Russen hinübergab.

v. g. u. gez. Kernstock

Der Zeuge wurde beeidigt gez. Dr. Huvendick gez. Gefr. Wolfgang Kratzer

Anlage 109

Übersetzung.

Begleitschreiben des Leiters der Aufkl.-Abt.
an die 62. Armee zu den übersandten Papieren.

Es werden die Papiere des Gefreiten K. des I.R. 546, welcher am 7.8.1942 vom Kriegsschüler-Rgt. im Abschnitt Beresowy gefangen genommen wurde, übersandt.

1.) Soldbuch

2.) Briefe, Fotografien.

Ferner wurden vom genannten Rgt. Karten und Tagebücher aufgefunden, welche übersandt werden.

Anmerkung: Der Gefr. K. ist schwerverwundet in die Gefangenschaft geraten. Es war sehr schwer, die Vernehmung durchzuführen. Infolge seiner schweren Verwundung wurde er erschossen (Abtransport zur Armee war nicht möglich).

Der Leiter der Aufkl.Abt. d. Stbs. d. 33 Garde-S.D. Major der Garde Kirkin
Dolmetscherin der Aufkl.Abt. d. Stbs. d. 33. Garde-S.D.
Techniker-Intendant II. Ranges Gubkina
F.d.R.d. Übersetzung: gez.: Timm, Sdf. (K)
F.d.R.d.A. gez. Unterschrift Hauptmann

Übersetzung

Vernehmungsergebnis

Der Gefangene Alfred K. sagte bei seiner Vernehmung folgendes aus:

Er gehöre der 5. Kp. des II. Btl. des I.R. 546 an. Das I.R. 546 gehört zur Division Rheingold. Zu dieser Division gehören außer dem I.R. 546 noch die I.R. 545 und 544. Die Division ist im Mai aus der Tschechoslowakei nach Rußland gekommen. Das I.R. 546 hat infolge der Kämpfe schwere Verluste gehabt. Die einzelnen Btlne. sind 1 1/2–2 Kp. stark. Das Rgt. hat keine Panzer (es sind keine zugeteilt worden). Weitere Angaben hat der Gefangene nicht gemacht (er ist schwer verwundet, es fällt ihm schwer zu sprechen).

Der Leiter der Aufkl.-Abt. d. Stbs. der 33. Gde.S.D. Major der Garde Kirkin
Dolmetscherin der Aufkl.-Abt. d. Stbs. der 33. Garde-S.D.
Techniker-Intendant II. Ranges Gubkinn
F.d.R.d. Übersetzung: Gez.: Timm (Sdf.K)
F.d.R.d.A. gez. Unterschrift Hauptmann

Anlage 109

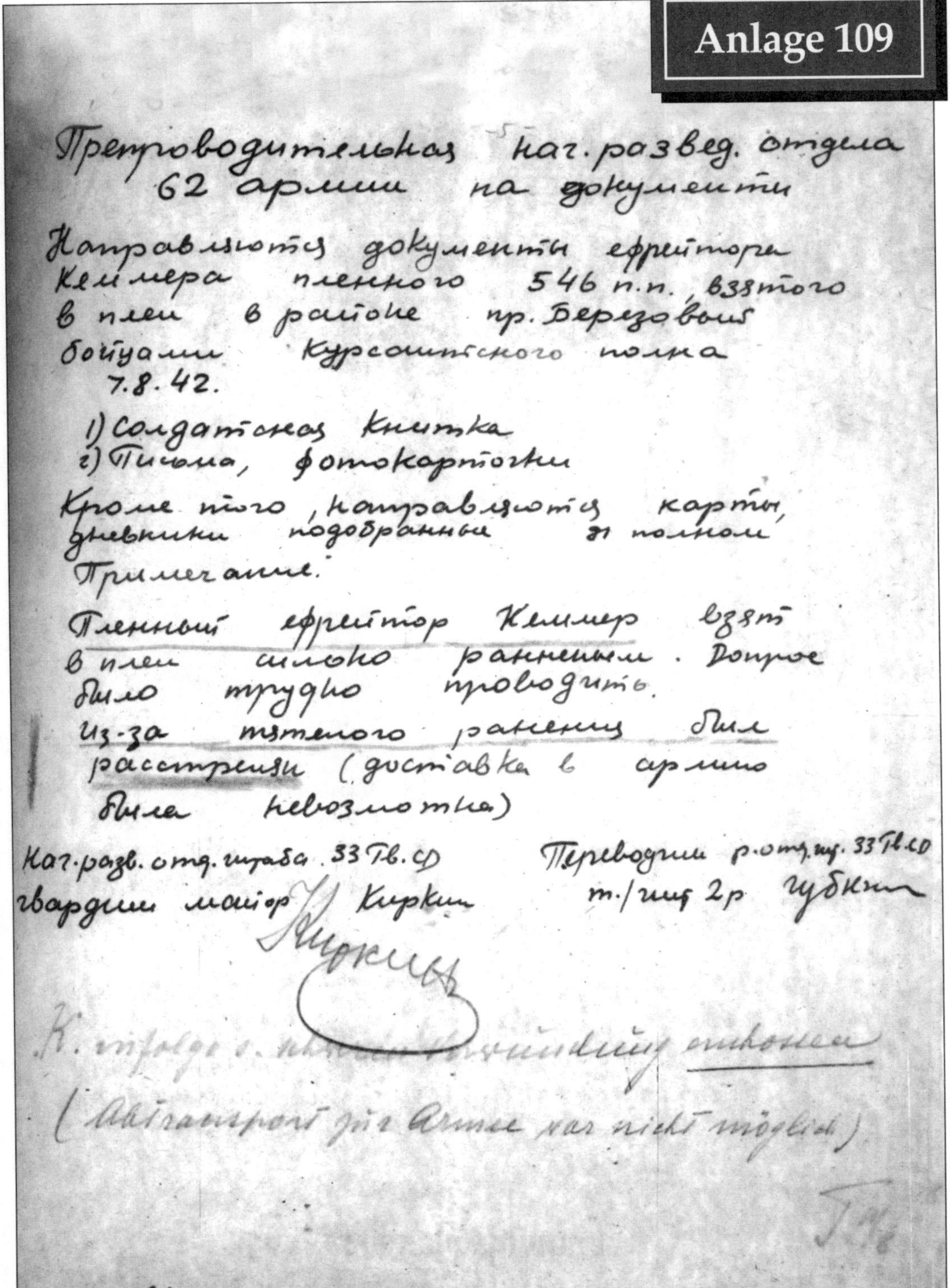
Препроводительная нач. развед. отдела 62 армии на документы

Направляются документы ефрейтора Кеммера пленного 546 п.п., взятого в плен в районе пр. Березовой бойцами Курсантского полка 7.8.42.

1) Солдатская книжка
2) Письма, фотокарточки

Кроме того, направляются карты, дневники подобранные эт полком

Примечание.

Пленный ефрейтор Кеммер взят в плен сильно раненным. Допрос было трудно проводить.
Из-за тяжелого ранения был расстрелян (доставка в армию была невозможна)

Нач. разв. отд. штаба 33 Гв. СД
гвардии майор /Киркин/

Переводчик р. отд. шт. 33 Гв. СД
т./инт. 2р Губкин

K. infolge s. schweren Verwundung erschossen
(Abtransport zur Armee war nicht möglich)

U 1052.42

Russisches Dokument, aus dem die Erschießung eines deutschen Schwerverwundeten hervorgeht

Anlage 109

Опросный лист -2-

Пленный Альфред Кеммер при допросе показал следующее; Принадлежит 2 бат. 5 роте 546 п.п. 546 пп. входит в состав дивизии Райнгольда, кроме 546 пп. в эту дивизию входит 545, пп, 544 пп. В Россию дивизия прибыла в мае м-це из Чехословакии. 546 пп. сильно пострадал в результате боев. От батальонов остались 1,5-2 роты. Танков в полку нет (не придано) Больше пленный никаких показаний не дал.
(сильно ранен, говорил с трудом)

Нач. разв. отд. штаба 33 Гв. СД
гвардии майор (Куркин)

Переводчик разв. отд. штаба 33 Г.
т/щ 2 р Губкина

Vernehmungs-Protokoll d. verwundet in Gefangenschaft geratenen Ogfr. Alfred Kemmer 5./II./546 I.R.
[illegible] 6. Stab 33 [illegible]

U 1052. 42

Russisches Vernehmungsergebnis

Oberkommando der Wehrmacht Wehrmacht-Untersuchungsstelle für Verletzungen des Völkerrechts

Leipzig N 21, den 28.9.1942

Anlage 112

Gegenwärtig:
Kriegsgerichtsrat Dr. Huvendick als richterlicher Militärjustizbeamter
Erika Vogelbein als Protokollführerin, besond. verpfl.

In der völkerrechtlichen Untersuchungssache Rußland wurde der Obschtz. Kurt Frank im Reservelazarett IV (St. Georg) Leipzig aufgesucht.

Er wurde mit dem Gegenstand seiner Zeugenvernehmung bekanntgemacht und über seine Wahrheitspflicht als Zeuge unter Hinweis auf die Bedeutung des Eides besonders belehrt. Er erklärte:

Zur Person: Ich heiße Kurt Frank, 22 Jahre alt, Obschtz. bei 7./I.R. 576, z.Zt. Res.-Laz. IV (St. Georg) Leipzig.

Zur Sache: Ich hatte im Oktober 41 wegen einer Drüsenerkrankung in einem Lazarett bei Roslawl gelegen. Als ich aus dem Lazarett entlassen wurde und auf dem Weg zur Front, zu meinem damaligen Truppenteil 9./I.R. 470 war, wurde ich von einem LKW mitgenommen. Etwa 80 km vor Kaluga an einem Dorfeingang lagen rechts am Straßenrand ungefähr 7 tote Feldpolizisten. Wir machten mit unserem LKW halt und stiegen ab. Gefangene Russen waren dabei, die Gräber zu schaufeln. Einige Feldpolizisten, die auch dort standen, erzählten uns, daß sie am Morgen desselben Tages von einer russischen Bande überfallen worden seien. Sie seien von einem LKW abgestiegen gewesen und hätten plötzlich Feuer bekommen, sie hätten sich nicht mehr alle auf den Lastwagen retten können, einige ihrer Kameraden seien zurückgeblieben. Diese zurückgebliebenen Kameraden hätten sie nachher tot aufgefunden. Das waren die, die jetzt am Straßenrand lagen und die auch ich mir angesehen habe. Die Polizisten waren fast alle in der gleichen Weise im Gesicht verstümmelt. Die Gesichter wiesen schwere Wunden durch Schläge mit einem stumpfen Gegenstand auf. Bei einem toten Polizisten habe ich gesehen, daß ihm der Ringfinger abgeschnitten war. Bei einem anderen, dem auch das Gesicht eingeschlagen war, hing die Nase ganz nach rechts heraus. Bei einem dritten fehlten die Augen, die vielleicht durch die schweren Schläge ins Gesicht ausgelaufen waren.

v. g. u. gez. Kurz Frank

Der Zeuge wurde beeidigt. gez. Dr. Huvendick gez. Erika Vogelbein

Oberkommando der Wehrmacht Wehrmacht-Untersuchungsstelle für Verletzungen des Völkerrechts

Leipzig N 21, den 28.9.1942

Anlage 115

Gegenwärtig:
Kriegsgerichtsrat Dr. Huvendick als richterlicher Militärjustizbeamter
Erika Vogelbein als Protokollführerin, besond. verpfl.

In der völkerrechtlichen Untersuchungssache Rußland wurde der OGfr. Hans-Horst Schwender im Reservelazarett IV (St. Georg) Leipzig aufgesucht.

Er wurde mit dem Gegenstand seiner Zeugenvernehmung bekanntgemacht und über seine Wahrheitspflicht als Zeuge unter Hinweis auf die Bedeutung des Eides besonders belehrt. Er erklärte:

Zur Person: Ich heiße Hans-Horst Schwender, 20 Jahre alt, Gefr. bei der 11./I.R. 522, z.Zt. Res.-Laz. IV (St. Georg) Leipzig.

Zur Sache: Meine Einheit war im Mittelabschnitt der Ostfront eingesetzt. Am 11. Juli 1941 gehörte ich einem Spähtrupp an, der aus einem Oberfeldw. und 12 Mann bestand. Unser Auftrag lautete dahin, in einem vor uns gelegenen Dorf zu erkunden, ob das Dorf vom Feinde frei oder besetzt war. Als wir vorgingen, bekamen wir so heftiges Feuer aus dem Dorf und der Widerstand der Russen war so stark, daß der Obfeldw. den Befehl gab, sich einzeln kämpfend zurückzuziehen. Ich wurde hierbei verwundet; ich bekam einen Schuß durch beide Unterschenkel. Als ich kurze Zeit gelegen hatte, kamen 2 Russen, die mir meinen Fotoapparat und meine Uhr, überhaupt mein persönliches Eigentum fortnahmen. Die beiden Russen entfernten sich dann wieder. Kurz darauf kam jedoch ein einzelner Russe, der mir mein Seitengewehr aus der Scheide zog und mir 6 Stiche versetzte, während ich am Boden lag. Der eine Stich ging durch die Luftröhre, die anderen trafen Rücken, Hinterkopf und eine Stelle unterhalb des Halses. Am Hinterkopf trafen mich 2 Stiche. Der letzte Stich streifte mein Auge und die rechte Hand. Als unsere Pak anfing, zu schießen, ließ der Russe von mir ab. Nach 1/4 Std. etwa kam unser Oberfeldw. mit einigen Kameraden. Auf mein Rufen hin wurde ich von meinen Kameraden geholt und auf einer Zeltbahn weggeschafft.

v. g. u. gez. Hans Horst Schwender

Der Zeuge wurde beeidigt. gez. Dr. Huvendick gez. Erika Vogelbein

Anlage 124

Gericht
der 16. Panzer Division
A.L. Nr. 230/42.

Btl.Gef.Std., den 17.9.42

Gegenwärtig:
Kriegsgerichtsrat Schulze-Krantz als Richter
Gefreiter Kränzlein als Protokollführer.

Auf Befehl erscheinen als Zeugen und erklären, mit dem Gegenstand der Vernehmung vertraut gemacht, zur Wahrheit ermahnt und auf die Bedeutung des Eides hingewiesen, einzeln vernommen,

1. Zeuge: Gefr. Fligge,

Zur Person: Ich heiße Heinz Fligge, bin 20 Jahre alt, ev., von Beruf Verkäufer, Soldat seit dem 17.4.1942 (vom RAD übernommen), seit Anfang Juli 1942 beim Stab/Pz.Grend.Btl. 16,

Zur Sache: Ich war auf dem großen SPW, der am 15.8. früh die sechs Verwundeten vom Gefechtsfeld zurückbringen sollte. Nach etwa 2 bis 3 km kamen wir an die Stellungen, die das Btl. vorher gesäubert hatte. Als wir 20 bis 25 m von den Stellungen entfernt waren, erkannten wir, daß die Stellungen von gut getarnten Russen besetzt waren. Der Fahrer hielt sofort an. Einen Augenblick später hatte der Wagen auch schon einen Panzerbüchsentreffer, der den Fahrer und den Ass. Arzt Meschede beide an den Händen verletzte. Unser MG-Schütze 1, Gefr. Fleig, versuchte noch den Kampf aufzunehmen. Es trat aber bald eine MG-Hemmung auf. Wir mußten deshalb den Wagen verlassen. Der Ass. Arzt und der MG-Schütze erreichten ein Krad, das ein Stück hinter uns hielt, und fuhren damit zurück. Ich sprang mit zwei verwundeten Infanteristen vom Wagen. Beim Abspringen sah ich noch, wie Ltn. Z. einen Treffer am Hinterkopf erhielt. Der Fahrer war schon vorher abgesprungen. Von ihm sah ich nichts mehr. Nach mir blieben noch auf dem Wagen des Schtz. P. von unserem Btl., der am Unterarm und an der Nase verletzt war, und zwei Verwundete von der Infanterie, von denen der eine schwerer, der andere leichter verwundet war. Ich schlug mich mit den beiden anderen Infanteristen über die Höhe etwa einen Kilometer zurück durch und blieb dort in einem Loch, bis nach etwa einer Stunde unser Btl. zurückkam. Auf den ersten SPW, der vorbeikam, stieg ich auf. Als wir an die Stelle kamen, wo der San.-SPW stand, stieg ich wieder ab. Der SPW war gewendet worden. Er stand jetzt in Richtung Front. Ich ging zuerst zu den Toten, die hinten am Wagen lagen. Es waren dies der Ltn. Z. und, am Wagen festgebunden, zwei von den Infanteristen. Ltn. Z. lag einige Meter hinter dem Wagen. Außer der Handverletzung und einem großen Loch im Hinterkopf, das von dem Panzerbüchsentreffer herrührte, war ein Bein vollkommen verdreht und die Partie um das Knie vollkommen zerquetscht, als wenn der SPW darübergefahren wäre. Darum, ob die Toten ausgeplündert waren, kümmerte ich mich zunächst nicht. Ich ging zu den beiden toten Infanteristen. Sie waren mit einem langen grauen Rucksackriemen, der bei dem einen am Koppel, bei dem anderen am doppelteiligen Schulterriemen festgemacht worden war, an das rechte innere hintere Laufrad festgebunden. Der Riemen war schon etwas angespannt, die Körper der beiden Toten waren dadurch leicht gegen die Unterseite der Bodenwanne gepreßt. Der Rock des einen klemmte bereits zwischen Laufrad und Gleiskette. Alles deutete darauf hin, daß die beiden schon ein Stück von dem SPW mitgeschleift waren. Ich schnitt den Riemen durch und fuhr den Wagen etwas vor, damit man an die beiden Toten, die bis zum Unterleib unter dem Wagen lagen, herankommen konnte. Als wir sie aufheben und auf einen unserer SPW laden wollten, stellte sich heraus, daß bei dem einen die ganze Bauchpartie bis zu den Rippen zerquetscht war, sodaß die Gedärme frei herausfielen. Dies war offenbar eine Folge des Anbindens. Bei dem anderen konnte man durch die Feldbluse, die noch alles zusammenhielt, sehen, daß auch seine Bauchpartie zerquetscht war. Nur waren die Quetschungen nicht so stark bei ihm wie bei dem anderen, sodaß wir ihn so, wie er dort lag, aufladen konnten. Inzwischen hatten wir auch den Fahrer wiedergefunden. Er lag mit vielen schweren Verletzungen neben dem SPW. Er hatte sich totgestellt. Er war sehr schwach und konnte uns nur noch erzählen, daß die Russen ihn völlig ausgeplündert hätten. San. Uffz. Überfeld, der die Wertsachen der Toten an sich nahm, hat bei einem toten Russen, der neben dem SPW lag, den Trauring und die Uhr des Fahrers gefunden. Ich selbst habe einem anderen Russen, der in der russischen Panzerbüchsenstellung lag, Sanitätsgerät vom Assistenzarzt, und dem Russen, der neben dem San-SPW lag, Zigaretten, Zigarren und ein Portemon[n]ai[e] des Schtz. P. mit R.Mk. 20,– und einigen Bildern abgenommen. P. selbst lag mit einer schweren Bauchverletzung etwa 50 m vom Wagen weg. Er starb bald darauf. Die Verletzung war eine Schußwunde. Zuletzt ging ich auf den SPW. Dort lag alles durcheinander. Die Russen hatten unsere sämtlichen Wäschebeutel und Kartentaschen ausgeleert. Rauchwaren und Wertsachen hatten sie mitgenommen, die Wäsche zurückgelassen. Unsere Verpflegung, die in einer Munitionskiste aufbewahrt wurde, hatten sie anscheinend nicht entdeckt.

vorgelesen, genehmigt, unterschrieben:
gez. Heinz Fligge Gefreiter

2. Zeuge San. Feldwebel Sauerland

Zur Person: Ich heiße Walter Sauerland, bin 27 Jahre alt, ev., aktiver Sanitätsfeldwebel in der San.Kp. 1/16, z. Z. kommandiert zum Stab/Pz. Grend. Btl. 16,

Zur Sache: Ich kam zu dem SPW, als der Gefr. Fligge die beiden Infanteristen, die an dem Wagen festgebunden waren, bereits abgeschnitten hatte. Die beiden Toten lagen mit dem Gesicht zur Erde dicht nebeneinander. Ich drehte die beiden um, um nach ihren Verletzungen zu sehen. Dabei stellte ich fest, daß bei dem einen die Muskulatur vom Brustkorb und der Leib durch starkes Zerren heruntergerissen war. Der Leib war so weit weg, daß man bis zur Wirbelsäule sehen konnte; die Rippen waren eingedrückt und lagen frei. Der andere zeigte diese starken Schleifspuren nicht. Nur an der Uniform sah man, daß der Körper über den Boden geschleift worden war. Ich hatte keine Zeit, mir diesen Toten näher zu betrachten, weil ich einem Schwerverwundeten Hilfe leisten mußte. Ltn. Z., den ich mir auch angesehen habe, zeigte starke, unbedingt tödlich wirkende Verletzungen am Hinterkopf, außerdem eine starke Quetschung am linken Unterschenkel. Man sah deutlich, daß der SPW über das Fußgelenk gefahren war. Splitterverletzungen am Unterarm hatte er schon vorher gehabt; ihretwegen war er mit zurückgefahren.

Der schwerverwundete Fahrer des SPW, Gefr. Buscher, erzählte mir, während ich ihn verband, er sei von den Russen vollkommen ausgeplündert worden; seine Uhr hätten sie ihm auch fortgenommen. Um die Wertsachen der Gefallenen und Verwundeten kümmerte sich damals San.Uffz. Überfeld; er ist inzwischen selbst verwundet worden.

Ich hatte meine ganzen Sachen auf dem San-SPW. Es fehlten mir jetzt: Eine Packtasche mit zwei Garnituren Wäsche, einer grauen Tuchhose, 500 Zigaretten und Vorratsgegenständen wie Zahnpaste, Feuerzeug, Filme u.ä.; außerdem hatten die Russen meine zweite Packtasche, meine Kartentasche und eine Aktentasche von mir ausgeleert. Von diesen Sachen fehlten: ein Foto-Apparat, ein wertvoller Siegelring, Schreibzeug, Taschentücher und einige Bilder etc. Auch meine zwei Wolldecken hatten die Russen vom Wagen mitgenommen. Unten im Wagen fanden sich später mein leeres Portemon[n]ai[e], mein Trauring und ein Etui mit Führerschein und Postsparausweis. Auf dem Boden des SPW und um den Wagen herum lagen zerrissene Bilder von mir.

v. g. u. gez. Walter Sauerland Sanitätsfeldwebel
Die Zeugen wurden vorschriftsmäßig vereidigt.
gez. Schulze-Krantz Kriegsgerichtsrat gez. Kränzlein Gefreiter

Gruppe G.F.P. 570
Außenkommando bei Korück
Tgb.Nr. 461 / 42

O.U., den 9.9.1942

Anlage 125

Verhandelt!

Vorgeführt erscheint der Russe Wolodenkow, Stepan geb. 10.6.1920 in Staroe Schtecherbino, Rayon Jelnja zuletzt wohnhaft dortselbst und sagt aus:

Ende Februar 1942 ging ich freiwillig zu den Partisanen über. Ich fand beim 5. Batl. des Rgt. Laso als Gruppenführer Verwendung. Als solcher nahm ich auch an dem Angriff auf Baltutino, der Anfang März vorgetragen wurde, teil. Wir drangen in die Ortschaft ein und machten dabei meines Wissens 21 Gefangene. 14 von ihnen wurden dem Rgt.-Stab zugeführt, die restlichen 7 wurden mir von dem Batl. Kdr. Majorow mit dem Befehl übergeben, diese auszuziehen und in ein brennendes Haus hinein zu treiben. Ich befahl den Gefangenen ihre Kleidung abzulegen. Wir halfen dabei mit Schlägen von Seitengewehren und Gewehrkolben nach. Ich selbst habe mit dem Gewehrkolben geschlagen. Der Führer der Stabs-Kp. Kolaschnikow hat einem Gefangenen die Augen mit seinem Seitengewehr ausgestochen. Alle Gefangenen wurden dann von uns unter weiteren Schlägen mit dem Gewehrkolben, mit Fußtritten und durch Stechen mit dem Bajonett in ein brennendes Haus getrieben. Gleich darauf wurden sie von mir und einem anderen Partisanen mit Namen Wassili Masejewitsch (den Familiennamen kenne ich nicht) mit dem Karabiner erschossen. Kolaschnikow hat dann noch einem toten deutschen Soldaten einen Finger mit dem Seitengewehr abgeschlagen und den Ring desselben an sich genommen.

Weitere Fälle von Mißhandlungen deutscher Soldaten sind mir nicht bekannt.

v. g. u. gez. Wolodenkow
gez. Czinozel Feldpolizeisekretär gez. Schuh Otto Sdf.G.

Anlage 128

Oberkommando der Wehrmacht Wehrmacht-Untersuchungsstelle für Verletzungen des Völkerrechts **Kbg.Pr., den 6.10.1942**

Gegenwärtig:
Kriegsgerichtsrat Dr. Schöne als richterlicher Militärjustizbeamter
Lucie Schroeder als Protokollführerin, besond. verpfl.

In der völkerrechtlichen Untersuchungssache Rußland wurde der Ob.Gefr. Helmut Stengel im Reservelazarett III Kbg.Pr. – Hindenburghaus – aufgesucht.

Er wurde mit dem Gegenstand seiner Zeugenvernehmung bekanntgemacht und über seine Wahrheitspflicht als Zeuge unter Hinweis auf die Bedeutung des Eides besonders belehrt. Er erklärte:

Zur Person: Ich heiße Helmut Stengel, 34 Jahre alt, Ob.Gefr. 10/Jäg.Rgt. 56

Zur Sache: Am 27. März 1942 war mein Bataillon in der Nähe von Staraja Russa im Angriff. Wir mußten in den frühen Morgenstunden vor russischen Panzern zurückweichen. Dabei blieb der Ob.Gefr. R. meiner Kompanie verwundet zurück. Bei ihm blieb ein San. Gefreiter meiner Kompanie, dessen Namen ich nicht mehr weiß. Als wir am Abend desselben Tages zu der Stelle zurückkamen, fanden wir beide von den Russen ermordet auf. Dem Ob.Gefr. fehlte beide Augen, auch waren ihm die Ohren und die Brust zerstochen. Er hatte nur noch Hemd, Unterhose und Pullover an, die zerschnittenen Schuhe lagen neben ihm. Der San.Gefr. hatte ebenfalls keine Augen mehr. Seinen Sanitätsausweis hatten sie ihm auf die Brust gelegt. Er hatte noch seine Uniform an. Beiden Kameraden hatten die Russen außerdem die Ringe abgezogen. Waffen und Koppelzeug fehlten ebenfalls.

v. g. u. gez. Helmut Stengel

Der Zeuge leistete den Zeugeneid. gez. Dr. Schöne gez. Lucie Schroeder

Anlage 129

Oberkommando der Wehrmacht Wehrmacht-Untersuchungsstelle für Verletzungen des Völkerrechts **Kbg.Pr., den 6.10.1942**

Gegenwärtig:
Kriegsgerichtsrat Dr. Schöne als richterlicher Militärjustizbeamter
San.-OGfr. Heinz Goslar als Protokollführer, besond. verpfl.

In der völkerrechtlichen Untersuchungssache Rußland wurde der Gefreite Martin Stark im Reservelazarett III Königsberg Pr., Abt. I, aufgesucht.

Er wurde mit dem Gegenstand seiner Zeugenvernehmung bekanntgemacht und über seine Wahrheitspflicht als Zeuge unter Hinweis auf die Bedeutung des Eides besonders belehrt. Er erklärte:

Zur Person: Ich heiße Stark, Martin, 30 Jahre alt, Gefr. Lw.Bau-Batl. XI.

Zur Sache: Es kann etwa Anfang Juli 1942 gewesen sein, als ich bei Polozk, nordwestlich von Witebsk, 7–8 Flaksoldaten gesehen habe. Sie lagen 30–50 m von der Straße entfernt, auf der ihr LKW. stand. Dieser Wagen war von Schüssen durchlöchert. Die Flaksoldaten waren völlig ausgezogen und ihrer sämtlichen Sachen beraubt. Einer von ihnen wurde mir von einem Flaksoldaten als Feldgeistlicher bezeichnet. Ihm war ein großes Kreuz über die Brust eingeschnitten worden. Außerdem hatten sie ihm den Geschlechtsteil abgeschnitten und auf die Brust gelegt. Den anderen Soldaten waren z.T. die Augen ausgestochen oder die Nase abgeschnitten worden. Auch im Körper hatten sie eine Menge Stiche. Einigen von ihnen waren die Hände abgehackt oder abgeschnitten worden. Da damals die Front schon bei Welish verlief, können die Soldaten nur von russischen Banden überfallen worden sein.

Etwa 3–4 Wochen später war meine Einheit bei Witebsk zum Flugplatzbau eingesetzt. Wir holten aus einem Walde Baumstämme. Als wir einmal mit den Stämmen zum Flugplatz gefahren waren, hatten wir 4 Mann im Walde zurückgelassen. Nach etwa 2 Stunden kamen wir an dieselbe Stelle zurück und fanden alle 4 Kameraden von russischen Banden ermordet vor. Sie waren alle 4 nackt und ihrer sämtlichen Sachen beraubt. Einem von ihnen hatten sie den Geschlechtsteil abgeschnitten, dem zweiten beide Augen ausgestochen, dem dritten sowohl die Augen ausgestochen wie die Nase abgeschnitten. Der vierte war am Körper völlig zerstochen. Auch die anderen drei hatten im Körper Stiche.

v. g. u. gez. Martin Stark
Der Zeuge leistete den Zeugeneid.
gez. Dr. Schöne gez. Heinz Goslar San. Ob-Gefr.

Oberkommando der Wehrmacht Wehrmacht-Untersuchungsstelle für Verletzungen des Völkerrechts **Insterburg, den 8. Oktober 1942**

Anlage 130

Gegenwärtig:
Kriegsgerichtsrat Dr. Schöne als richterlicher Militärjustizbeamter
Soldat Walter Röhsing als Protokollführer, besond. verpfl.

In der völkerrechtlichen Untersuchungssache Rußland wurde Schütze Fritz im Reservelazarett Insterburg aufgesucht.

Er wurde mit dem Gegenstand seiner Zeugenvernehmung bekanntgemacht und über seine Wahrheitspflicht als Zeuge unter Hinweis auf die Bedeutung des Eides besonders belehrt. Er erklärte:

Zur Person: Ich heiße Ferdinand Fritz, 19 Jahre alt, Schütze 1./I.R. 4

Zur Sache: Ende April oder Anfang Mai 1942 wurde mein Bataillon in den Wäldern bei Staraja Russa an der Lowa zum Kampf gegen die Russen eingesetzt. Das war an einem Vormittag. Das Gefecht zog sich etwa 3 Stunden hin, dann mußten wir vor der russischen Übermacht in unsere Ausgangsstellung zurückweichen. Dabei blieben ein Leutnant, der Zugführer in meiner Kompanie war, und etwa 5 Mann verwundet zurück. Mit Verstärkung haben wir dann am Nachmittag desselben Tages den Russen geworfen und kamen wieder an die Stelle, wo unsere Verwundeten geblieben waren. Alle Kameraden waren durch die Russen ermordet und verstümmelt worden. Den Leutnant hatten sie völlig nackt ausgezogen und die obere Schädelhälfte völlig zertrümmert. Einem O.Gefr. hatten sie beide Augen ausgestochen. Man konnte richtig den Stichkanal sehen. Den übrigen Kameraden hatten die Russen ebenfalls die Schädel zertrümmert. Auch die übrigen 5 Mann waren gänzlich ausgeraubt worden, hatten aber ihre Uniformen noch an.

v. g. u. gez. Ferdinand Fritz

Der Zeuge leistete den Zeugeneid. gez. Dr. Schöne

Anlage 131

Oberkommando der Wehrmacht
Wehrmacht-Untersuchungsstelle
für Verletzungen des Völkerrechts

Insterburg, den 8. Oktober 1942

Gegenwärtig:
Kriegsgerichtsrat Dr. Schöne als richterlicher Militärjustizbeamter
Soldat Walter Röhsing als Protokollführer, besond. verpfl.

In der völkerrechtlichen Untersuchungssache Rußland wurde der San.Uffz. Bock im Reservelazarett Insterburg aufgesucht.

Er wurde mit dem Gegenstand seiner Zeugenvernehmung bekanntgemacht und über seine Wahrheitspflicht als Zeuge unter Hinweis auf die Bedeutung des Eides besonders belehrt. Er erklärte:

Zur Person: Ich heiße Hans Bock, 28 Jahre alt, San.-Uffz., Regt.Stab, I.R. 41 mot.

Zur Sache: In den frühen Morgenstunden des 7. Juli 1941 ist die 11. Komp. meines Regiments in der Nähe von Shlobin kurz vor dem Dnjepr von schweren russischen Panzern eingeschlossen worden. Schon 2 bis 3 Stunden später haben deutsche Panzer diesen Ring gesprengt. Ich bin dann selbst an der Stelle gewesen, wo die 11. Komp. eingeschlossen war. Einige Angehörige der Komp. waren entkommen und hatten berichtet, daß der Rest der Kompanie die Waffen abgelegt und sich ergeben hätte. Wir fanden nun etwa 70 Mann von den Russen ermordet auf. Daß sie nicht im Kampfe gefallen sein konnten, ergab sich schon daraus, daß einmal die Waffen in einiger Entfernung lagen, und daß die Leute selber offensichtlich in mehreren Gruppen zusammen ermordet worden waren. Sie lagen in mehreren Haufen.

Fast allen waren die Schädel vom Gesicht aus zertrümmert worden. Bei einigen waren die Ohren oder die Nasen abgeschnitten worden. Auch fehlten bei anderen die Zungenspitzen. Wieder anderen, deren Gesicht sonst unverletzt war, fehlten die Augen. Die Augenhöhlen waren blutverschmiert, so daß anzunehmen ist, daß sie ausgestochen waren. Bei zwei oder drei Soldaten war die Brust aufgeschlitzt. Alle waren auch ausgeplündert worden.

Im Frühjahr 1942 war aus Resten des I.R. 41 und aus anderen Truppeneinheiten die Kampftruppe Traut gebildet worden. Die Hauptaufgabe dieser Kampfgruppe war die Sicherung der Rollbahn von Kaluga nach Roslawl. Eines Tages wurde unter Führung des O.Ltn. A. in der Nähe von Mosalsk, und zwar auf der Höhe von Fomino, ein Stoßtruppunternehmen durchgeführt. Außer den zum Schutze beigegebenen Sturmgeschützen ist niemand von dem Stoßtrupp zurückgekommen. Am nächsten Tage haben wir bei einem Gegenstoß die Angehörigen des Stoßtrupps ermordet aufgefunden. Sie lagen alle in einer Reihe ausgerichtet und zwar 19 Mann. Die Russen hatten sie genau nach dem Dienstgrad hingelegt. Zunächst kam der O.Ltn. A., dann ein Leutnant, dann einige Unteroffiziere und schließlich die Mannschaften. Die Russen hatten allen 19 Mann die Schädel eingeschlagen. Bei einigen von ihnen – es waren wohl diejenigen, die Ringe gehabt haben – waren die Finger abgeschlagen oder abgehackt worden. Auch diese 19 Mann waren ausgeplündert.

v. g. u. gez. Bock Hans

Der Zeuge leistete den Zeugeneid. gez. Dr. Schöne gez. Röhsing

Anlage 133

Gericht
der Feldkommandantur 503
A.L. 30/42

Webritzki, den 18.8.1942

Gegenwärtig:
Kriegsgerichtsrat Dr. Wührer
Uffz. Dr. Saltzwedel als Schreiber
Dolmetscher: Sdf. Hauser

Zeugenvernehmung

Vernommen wird Maria Sabirnik, 42 Jahre alt, orth., verh., wohnhaft in Webritzki, Hutor Straße Komintern 117.

Zur Sache: Während Anfang Jänner 1942 die deutsche Front in Kamenka war, war in meinem Haus ein russischer Stab im Quartier. Als die Russen Anfang Jänner einen Angriff auf die deutschen Stellungen bei Kamenka machten, wurde am Vormittag gegen 9.00 Uhr ein deutscher Leutnant von russischen Soldaten in mein Haus geführt. Er war mit einem Mantel bekleidet, Kopfbedeckung hatte er keine, er hatte auch keine Stiefel an und lief in Strümpfen. Die linke Hand war verbunden, auch in der Bauchgegend dürfte er eine Verletzung gehabt haben, denn der Mantel war in dieser Gegend stark verblutet. Er war ungefähr 1.80 m groß, trug schwarzes Haar, bartlos und war m.E. ungefähr 26 Jahre alt. Die Augen dürften blau gewesen sein. Er war ein sehr gut aussehender Mann. Er wurde gleich in das Haus geführt, wo er von zwei russischen Uniformierten vernommen wurde. Es waren keine einfachen Soldaten, es dürften Offiziere gewesen sein. Juden waren es offenbar keine. Diese waren in einem Nebenhaus im Quartier. Ich durfte mein Zimmer nicht verlassen und hörte nur durch verschlossene Türen, wie er mehrmals auf russisch gefragt wurde, wo sein Truppenteil stehe. Er gab aber keine Antwort. Nach einer halben Stunde wurde er aus dem Hause heraus in einen Schuppen, ungefähr 10 Schritte hinter dem Haus, geführt. Nach kurzer Zeit haben sie ihn wieder hereingeholt und neuerlich gefragt, er hat aber keine Antwort gegeben. In der Zwischenzeit hat er im Schuppen gestanden und wollte mit mir sprechen. Ich habe ihn aber nicht verstanden. Als er das zweite Mal hinausgeführt wurde, fiel er im Schuppen hin. Er hatte dann auch keine Strümpfe mehr an. Wo sie ihm ausgezogen wurden, weiß ich nicht, ich habe nur gesehen, daß die Füße schon ganz blau gefroren waren. Es war damals sehr kalt, meiner Schätzung nach circa -40 Grad. Es war auch sehr viel Schnee gelegen. Ob er noch ein drittes Mal in das Haus geführt wurde, kann ich mit Bestimmtheit nicht angeben. Am Nachmittag sind dann die zwei Soldaten, die ihn vernommen haben, abgerückt. Es gingen sehr viel russische Soldaten vorbei und sahen sich den Gefangenen an. Ich wollte den deutschen Offizier ins Haus hereinnehmen, jedoch getraute ich mich wegen der vielen anwesenden Russen nicht. Gegen 3.00 nachm. ging ein russ. Offizier in den Schuppen. Zu dieser Zeit war ich gerade nicht in der Nähe, aber die anwesenden Leute sagten dann, daß ihn der Offizier erschossen hat. Als ich vom Wasserholen zurückkam, war der deutsche Offizier schon tot, er war aber noch warm und blutete stark aus einer Wunde an der Brust. Der Tote blieb dann noch drei Tage im Schuppen liegen und wurde dann mit 15 russischen Soldaten ungefähr 200 m von meinem Hause entfernt begraben.

An diesem Tag haben viele Frauen Schneeschippen müssen, und weiß ich vom Hörensagen, daß die Frau Rebalko und die Frau Kisilowa auch an meinem Haus vorübergegangen sind. Ob diese auch in den Schuppen gekommen sind und den deutschen Offizier gesehen haben, weiß ich nicht, es kamen sehr viel mir unbekannte Leute an mein Haus.

Ins Russische übersetzt, genehmigt, unterschrieben.
Die Zeugin wird vorschriftsmäßig vereidigt. gez. Maria Sabirnik
gez. Hauser Sdf. gez. Dr. Wührer gez. Dr. Saltzwedel

Gericht der Feldkommandantur 503 **Isjum, den 10.8.1942**
A.L. 30/42

Gegenwärtig:
Kriegsgerichtsrat Dr. Wührer
Uffz. Dr. Saltzwedel als Schreiber
Dolmetscher Sdf. Hauser

Zeugenvernehmung

zur Ermittlung der Stelle, wo der angebliche deutsche Oberleutnant, der im Jänner 1942 in russische Gefangenschaft geriet, begraben sein soll.

Es erscheint Rebalka, Iwan und gibt nach W.E. an:

Zur Person: Ich heiße Iwan Rebalka, Milizmann in Isjum, wohnhaft in Webritzki, Hutor Nr. 20, 36 Jahre alt, griechisch orthodox, verh.

Zur Sache: Ich selbst weiß von der Ermordung des deutschen Offizier[s] nichts, jedoch meine Frau. Ich war damals nicht in Isjum, sondern im Dienste der deutschen Wehrmacht bei Krasnograd als Panjefahrer. Ich kenne eine gewissen Gisilowa Njura (oder Anna), diese ist meine Nachbarin und wohnt auch in Webritzki, ungefähr 200 m von meinem Haus. Diese weiß auch die Stelle, wo sich das Grab befindet. Ich war selbst noch nicht an Ort und Stelle. Ich kenne auch die Frau Maria Sabirnik, diese wohnt im gleichen Ort, ungefähr 300 m von mir.

Wo die deutschen Soldaten liegen, welchen die Gebrüder Warapei die Beine abgeschnitten haben, um zu den Stiefeln zu gelangen, weiß ich nicht. In Webritzki war das jedoch nicht, sondern weiter weg.

Laut diktiert, genehmigt, unterschrieben gez. Rebalka

Ferner erscheint Rebalka, Palageja Iwanowna und gibt nach W.E. an:

Zur Person: Ich heiße Rebalka, Palageja, 29 Jahre alt, griech. orth., verh., wohnhaft bei ihrem Mann.

Zur Sache: Auch als die Russen in Isjum waren, habe ich in meiner jetzigen Wohnung gewohnt. Kurz vor Neujahr habe ich in einem Schuppen bei der Frau Sabirnik Maria einen toten deutschen Offizier liegen gesehen. Aus den Reden der Roten habe ich entnommen, daß es sich um einen Offizier handelt. Ich habe selbst gesehen, daß er am Bauch mehrere Verletzungen hatte. Eine Hand hatte keine Finger mehr, war aber verbunden. Die andere Hand lag hinter dem Körper, sodaß ich sie nicht gesehen habe. Die Füße waren barfuß, jedoch wiesen sie keine Verletzungen auf. Er war mit Hose und Rock bekleidet, Achselstücke habe ich keine gesehen. Der Kopf wies keine Verletzungen auf. Er trug einen kleinen schwarzen Schnurrbart. Die Haare und auch der Bart waren noch gepflegt. Als ich bei der Leiche war, dürfte diese noch ganz frisch gewesen sein, denn die Haut war noch nicht verfärbt. Als ich bei der Leiche war, war auch noch die Frau Gisilowa Njura dabei und eine Partisanin Tschigernzowa Frosja. Die letztere Frau hat dann eine Äußerung gemacht, daß man ihm auch den Bart ausreißen sollte. Wer erzählt hat, wie der Offizier erschossen wurde, weiß ich heute nicht mehr. Es war jedenfalls ebenfalls eine der Frauen, die von den Russen zum Schneeschaufeln geholt wurde. Wo die Leiche dann beerdigt wurde, weiß ich nicht, jedoch soll hierüber die Gisilowa Auskunft geben können. Die deutschen Truppen waren damals ungefähr 6–7 km entfernt. Sonst habe ich während dieser Zeit keine deutschen Gefangenen gesehen. Es ist auch nie davon gesprochen worden.

Ungefähr einen Monat später nach Abzug der deutschen Truppen aus Kamenka habe ich in der dortigen Gegend auf dem Felde drei tote deutsche Soldaten liegen gesehen; einem davon waren die Füße abgeschnitten bis zum Knie. Diese Leichen sind noch lange dort auf dem Feld gelegen und wahrscheinlich erst im Frühjahr beerdigt worden, wo und von wem, ist mir unbekannt.

Laut diktiert, genehmigt, unterschrieben gez. Rebalka
gez. Hauser Sonderführer gez. Dr. Wührer gez. Dr. Saltzwedel

Gericht der Feldkommandantur 503 **O.U., den 18.8.1942**
A.L. 30/42 **FeldpostNr. 06700**

Protokoll über die Exhumierung und Besichtigung der Leiche in Webritzki.

Anwesend:
Kriegsgerichtsrat Dr. Wührer,
Stabsarzt Dr. von den Steinen,
Sonderführer Hauser als Dolmetscher,
Uffz. Dr. Saltzwedel als Schriftführer,
Uffz. Goos der Feldgendarmerie der Einheit Feldpost Nr. 06700,
Obergefr. Springborn als Lichtbildner,
sowie 6 ukrainische Arbeiter.

Das Dorf Webritzki liegt ungefähr 4 km südlich von Isjum, etwas abseits der Straße Isjum – Sslawiansk. Am Ostrande des Dorfes gegen den Donez zu, ungefähr 200 m nördlich des Hauses 117 und 50 m östlich der Dorfstraße befindet sich ein Massengrab. Dieses ist gekennzeichnet durch einen Pfahl mit aufgenagelter Holztafel, auf der sich eine teilweise schon verwitterte russische Schrift befindet. Dieselbe lautete: „Den Gefallenen im Kampfe für die Mutter Heimat gegen – – Brüder – – 13. (oder 18. oder 19.) Jan. 42 – –“. Die Oberfläche ist in einem Rechteck von ungefähr 2 1/2 m etwas eingesunken und bereits stark mit Unkraut verwachsen. Ungefähr 1 m unter der Oberfläche kommen mehrere bekleidete Leichen russischer Soldaten zum Vorschein. Nach dem Abheben von vier derartigen Leichen wurde die Leiche eines deutschen Leutnants freigelegt. Diese befand sich am Fußende des Grabes unter zwei russischen Leichen.

Die vom ärztlichen Sachverständigen an der Leiche vorgenommenen Feststellungen sind von diesem auf einem besonderen Bogen niedergelegt worden.

Eine Erkennungsmarke wurde bei der Leiche nicht vorgefunden. Die Taschen waren alle leer. Lediglich in dem linken Mantelärmelaufschlag fanden sich zusammengelegte Papierstücke, welche mit Leichensaft durchtränkt und dunkelgrau verfärbt waren. Die Papierstücke wiesen zum Teil Schriftzüge auf, aus welchen aber mit freiem Auge nur einzelne Worte leserlich waren, wie z.B. – – Vollzugsmeldung – – Lt. Romling oder Remling – – 19.1. 12.00 beim Batl. – – Ortsfremde sind bei dem – –. Diese Papierstücke befinden sich besonders verpackt in einem verschlossenen Briefumschlag, ebenso auch ein Rollfilm 6 x 9 mit drei Aufnahmen der Leiche.

Nach den Achselstücken und den Spiegeln, die der Tote trug, handelt es sich um einen Leutnant der Pioniertruppe. Nachdem aber durch Leichensaft und Erde die Stoffunterlage der Achselstücke und die Stoffschnur der Spiegel stark durchtränkt war, ist es nicht ausgeschlossen, daß diese früher weiß waren, und es sich daher auch um einen Leutnant der Infanterie gehandelt haben kann.

Nach beendeter Leichenschau wurde der Tote in einen Holzsarg gelegt und an demselben Tage noch auf dem Soldatenfriedhof in Isjum beerdigt. Das Grab trägt die Nummer 19.

gez. Dr. Wührer gez. Dr. Saltzwedel

Anlage 136

Gericht der 62. Inf.Div. **Im Felde, den 26. Juli 1942**
A.Z. 73/42 **Feldpostnr. 06030**

Gegenwärtig:
Kriegsgerichtsrat Dr. Nagel als Richter
Obgefr. Vogel, als Protokollführer allg. verpflichtet.

In der Angelegenheit betr. die bei Werchnij-Bischkin Ende Mai 1942 (südl. Charkow) festgestellten Greueltaten Roter Truppen erscheinen auf Gestellung als Zeugen:
1.) Oberfeldwebel Haiduczek,
2.) Unteroffizier Maier,
3.) San. Uffz. Richterstetter,
4.) Schütze Machel,
sämtliche 7./Inf.-Regt. 179.

Die Erschienenen wurden mit dem Gegenstand der Vernehmung vertraut gemacht und auf die Bedeutung des zu leistenden Eides hingewiesen. Alsdann wurden sie einzeln, wie folgt vernommen:

1.) Zeuge: Oberfeldwebel Haiduczek.

Z.P.: Ich heiße Georg Haiduczek, bin 28 Jahre alt, kath. verheiratet, Oberfeldwebel (aktiv). Seit dem 1.4.1934 gehöre ich der Wehrmacht an und befinde mich bei der 7./I.R. 179 seit dem 30.9.1941.

Z.S.: Ende Mai 1942 führte ich infolge Erkrankung des Komp.-führers vertretungsweise die Komp. Als wir nach Beendigung der Kesselschlacht südl. Charkow am 28.5.1942 von Belikow in Werchnij-Bischkin wieder einrückten, stellte ich sofort zusammen mit Uffz. Blida und San.-Uffz. Richterstetter Nachforschungen nach den Angehörigen des I. Zuges an, der bei Beginn der Kämpfe den Stützpunkt Südwest zu verteidigen hatte und von dem nur ganz Vereinzelte zurückgekommen waren. Wir gingen zunächst in die Schlucht hinter dem Zug-Gefechtsstand und sahen von oben frisch aufgeworfene Erde. Auch war ein leichter Verwesungsgeruch festzustellen. Da ich zunächst summarisch feststellen wollte, wo die Toten liegen, und dann erst Bergungskommandos hinausschicken wollte, gingen wir weiter in die andere Schlucht, wo sich der Zug-Gefechtsstand befand. Das Bild war hier das gleiche. Es war frisch aufgeworfene Erde festzustellen. Ein Toter war nicht völlig zugedeckt. Die Haare waren zu sehen. Wir legten den ersten Toten frei und stellten diesen als den Uffz. K. fest, der damals den Zug führte. Ich stellte fest, daß ein Auge direkt ausgehöhlt und das andere wohl ausgestochen war. Der Kopf war völlig zertrümmert, formlos und mit Blut verkrustet. Er muß entweder mit Kolben zerschlagen oder zertreten worden sein. Ich sah auch an der Feldbluse über der rechten Brusttasche einen etwa 2 cm langen Schnitt. Uffz. Blida faßte mit dem Finger hinein und sagte, das sei ein tieferer Stich. Soldbuch und Erkennungsmarke waren nicht bei dem Toten. Sämtliche Taschen waren offen und ausgeraubt. Wir gingen dann zur HKL. An einer zum Teil zugeschütteten MG.-Stellung sahen wir einen Arm herausragen. Wir legten den Toten frei und erkannten in ihm den Schützen E., der dieses MG. bedient hatte. Auf ihm lag ein Reserve-Lauf. Der Schädel wies eine tiefe Rille auf. Ich nehme an, daß er ihm mit dem MG.-Lauf eingeschlagen worden ist. Bei dem Toten fehlten auch noch die Stiefel, ebenso das Soldbuch und die Erkennungsmarke.

Ich ging in den Ort zurück, setzte Bergungskommandos ein und ließ die Toten zusammentragen. Es waren insgesamt 2 Unteroffiziere und 24 Mann. 11 konnten durch die Erkennungsmarken identifiziert werden. Die übrigen waren so entstellt, daß wir sie nicht erkennen konnten.

Ich kann im einzelnen Angaben nicht machen, weil ich die Toten erst dann gesehen habe, als sie zusammengetragen waren. Ich kann mich nur allgemein erinnern, daß sie wohl sämtlich Verstümmelungen aufwiesen.

Die noch anwesenden Zeugen, die zum Bergungskommando gehörten, müssen nähere Angaben machen können.

v. g. u. gez. Georg Haiduczek, Oberfeldwebel
Der Zeuge wurde beeidigt.

2.) Zeuge: San.-Uffz. Richterstetter.

Z.P.: Ich heiße Josef Richterstetter, bin 29 Jahre alt, kath. ledig, San.-Uffz., im Zivilberuf Fabrikarbeiter, 7./I.R. 179.

Ich bin seit dem 27.8.1939 Soldat und gehöre von Anfang an der 7./I.R. 179 an.

Z.S.: Nach Rückkehr nach Werchij-Bischkin ging ich am 28. Mai 1942 zusammen mit dem Oberfeldwebel Haiduczek und Uffz. Blida die alten Stellungen des Stützpunktes Südwest ab. Wir fanden als ersten einen Toten, in dem wir den Uffz. K. wiedererkannten. Die Augenhöhlen waren leer, der Schädel war zertrümmert. Außerdem war an der rechten Brustseite über der Tasche ein Stich festzustellen. Wir erkannten Uffz. K. lediglich an den Haaren und an seiner Tarnlitze. Sämtliche Taschen waren offen und aus[ge]raubt.

Wir gingen dann weiter und fanden in der MG.-Stellung einen Toten, von dem lediglich ein Arm zu sehen war. Nach Freilegung stellten wir fest, daß es der Schütze E. war. Bei ihm lag ein Reserve-MG.-Lauf. Er wies am Schädel eine tiefe Rille auf, so daß ich annehme, daß er mit dem MG.-Lauf erschlagen worden ist.

Ich ging dann mit einem Bergungskommando los und fand noch weitere 10 Tote. Ich ließ sie nach oben am Ort zusammentragen. Der größte Teil wies Verstümmelungen auf. Bei vielen war der Unterkiefer zerschmettert, bei manchen der Schädel zertrümmert. Ein Toter war verwundet und bereits verbunden. Dieser hatte außerdem Verletzungen am Schädel, die auf Schläge oder Tritte zurückzuführen sein mußten. Ein anderer war völlig nackend. Diesem war das ganze Glied abgeschnitten worden. Ich weiß, daß einem außerdem die Füße zusammengebunden waren. Ich glaube, daß es der am Glied Verstümmelte war.

Es war jedenfalls ein grauenhaftes Bild.

v. g. u. gez. Josef Richterstetter, San. Uffz.
Der Zeuge leistete den Zeugeneid.

3.) Zeuge: Uffz. Maier.

Z.P.: Ich heiße Johann Maier, bin 23 Jahre alt, kath. ledig, Uffz., im Zivilberuf landw. Arbeiter.

Ich bin seit dem 31.8.1939 Soldat und gehöre seit Januar 1940 zur 7./I.R. 179.

Z.S.: Ich wurde am 28.5.1942 von Obfeldw. Haiduczek als Bergungskommando eingesetzt. Wir legten in der Stellung des Stützpunktes Südwest insgesamt 7 Tote in meiner Gegenwart frei. Die meisten wiesen Verletzungen am Kopf auf, die offensichtlich Verstümmelungen waren. Bei manchen muß mit stumpfer Gewalt der Schädel zertrümmert worden sein. Die Gesichter waren mit Blut und Schmutz verklebt. Bei einem Toten fehlte ein Arm und bei einem anderen ein Bein. 2 Leichen waren an Händen und Füßen mit Draht zusammengebunden. Ein Toter hatte einen Stich in der rechten Hüfte. Bei allen waren die Taschen offen, der Inhalt war ausgeraubt.

Die weitere Bergung der Toten übernahm dann der Gefreite Penker. Dieser ist am 5.6.1942 verwundet worden. Sein Aufenthalt ist unbekannt.

Zusammenfassend kann ich sagen, daß, als wir die Toten zusammengetragen hatten, dieses ein Bild des Grauens war. Ich fragte die bei der Bergung beschäftigten Gefangenen durch Gesten, wer denn solche Grausamkeiten begehe. Darauf erhielt ich die Antwort: „Soldat russkie nie." Er zeigte auf einen mit Draht gefesselten Toten und sagte: „Kommandeur".

v. g. u. gez. Maier Johann, Uffz.
Der Zeuge wurde beeidigt.

4.) Zeuge: Schütze Machel.

Z.P.: Ich heiße Leonhard Machel, bin 19 Jahre alt, evang., ledig, Schütze, im Zivilberuf Landwirt.

Ich bin seit dem 1.10.1941 Soldat und gehöre seit dem 10.4.1942 zur 7./I.R. 179.

Z.S.: Ich wurde am 28.5.1942 von Obfeldw. Haiduczek mit 2 Gefangenen als Bergungskommando eingesetzt. Wir suchten die Stellungen ab und fanden in einer Schlucht frisch aufgeworfene Erde. Ich sah den Uffz. K. und ließ auch die übrigen Toten freilegen. Insgesamt waren es 14. Mann.

Bei Uffz. K. stellte ich fest, daß ihm der linke Arm gebrochen und der Schädel vollständig zertrümmert war. Er war überhaupt nicht wiederzuerkennen, ich habe ihn nur an den Haaren und Tressen wiedererkannt.

Den übrigen Toten waren die Schädel eingeschlagen, offenbar mit stumpfer Gewalt. Man konnte sie nicht wiedererkennen.

Bei allen waren die Taschen offen, der Inhalt ausgeraubt. Bei 2 oder 3 Toten war lediglich die Erkennungsmarke da.

Der Anblick war ein schrecklicher.

v. g. u. gez. Leonhard Machel, Schtz.
Der Zeuge wurde beeidigt. gez. Dr. Nagel gez. Vogel, Obgefr.

Gericht der 62. Inf.-Div. **Im Felde, den 13. August 1942**
A.Z. 73/42

Gegenwärtig:
Kriegsgerichtsrat Dr. Schuppenies als Richter
Obgefr. Vogel als Protokollführer allgemein verpflichtet.

Vernehmung.

Es erscheint der Uffz. Wiethaler und sagt, nachdem er eingehend mit dem Gegenstand der Vernehmung vertraut gemacht und auf die Bedeutung des zu leistenden Eides hingewiesen worden ist, aus:

a) Zur Person: Ich heiße Johann, geboren 17.1.1921 in Landshut, ledig, kath. Diensteintritt 7.2.1941, Uffz. seit 1.8.1942, Angehöriger der 7./Inf.-Rgt. 179.

b) Zur Sache: Ich habe etwa vom 9. oder 10.5. bis zum 14.5.42 im vorgeschobenen Stützpunkt Südwest gelegen. Ich war damals Gefreiter und Zugmelder der 7./I.R. 179. Wir waren in dem Stützpunkt etwa 30 Mann. Am Vormittag des 14.5.42 brach der Russe mit etwa 8–9 Panzern durch unsere vor dem Stützpunkt verlaufende Stacheldrahtsicherung durch. Wir mußten uns in die etwa 150 m hinter uns liegende Mulde, in der sich der Zug-Gefechtsstand befand, zurückziehen. Wir waren kaum in der Mulde angelangt, da erschienen auch schon die russischen Panzer dort. Uffz. K. und ich leiteten das Artilleriefeuer. Wir hatten etwa noch 1/4 Stunde Telefonverbindung mit der Artillerie. Dann riß die Verbindung ab. Als das Art.-Feuer aufhörte, schossen die Panzer in die Mulde hinein. Uffz. K. gab den Befehl, die feindl. Infanterie durch MG.- und Karabinerfeuer niederzuhalten und die Stellung bis zu[m] letzten Mann zu verteidigen. Wir wurden eingeschlossen. Wir versuchten in Richtung auf eine zweite Mulde auszubrechen. Dabei wurden fast alle Kameraden verwundet oder getötet. Mir gelang es mit Uffz. Schuck und dem Schtz. Resch durchzukommen. Ich sah dann noch, wie unsere verwundeten Kameraden, die nicht mehr laufen konnten, ihre Taschentücher erhoben, um sich der den Hang herunterkommenden russischen Infanterie zu ergeben. Mehr habe ich nicht gesehen. Insbesondere kann ich über irgendwelche Verstümmelungen nichts aussagen, da ich auch bei der Bergung unserer Toten am 26.5.42 nicht dabei war.

v. g. u. gez. Johann Wiethaler, Unteroffizier.
Vermerk: Der Zeuge leistete den Zeugeneid.
gez. Schuppenies Kriegsgerichtsrat gez. Vogel Obergefreiter

292. Division **Div.Gef.Std., den 23.8.1942**
– Abt. I c –

Anlage 137

Betr.: Erschießung deutscher Kriegsgefangener
durch die Sowjets.

Vernehmungsprotokoll.

Vorgeführt erscheint der am 21.8.42 bei Nasarjewo übergelaufene Sergeant Anatoli Koloskow und sagt, zur Wahrheit ermahnt, aus:

Zur Person: Ich heiße Anatoli Koloskow, bin am 22.4.21 in Moskau geboren, von Beruf Elektrotechniker und befand mich als Sergeant des Rgts.-Funktrupps ständig beim Kommandeur des S.R. 1292.

Zur Sache: Am 13.8.42 war ich Augenzeuge folgenden Vorganges: Der Rgts.-Stab 1292 stand im Walde vor Matrenino. Gegen Mittag wurden 3 deutsche Gefangene – 1 Korporal, 1 älterer und 1 jüngerer Soldat – eingeliefert und vom Chef der bes. Abteilung, Oblt. Gorodnjuk verhört. Was die Deutschen aussagten, ist mir unbekannt. Nach dem Verhör ließ der Rgts.-Kommissar, (dem Namen nach mir unbekannt), die anwesenden russ. Soldaten, ca. 150 Mann, antreten und hielt eine Ansprache folgenden Inhalts:

„Denkt daran, daß ihr erschossen werdet, wenn ihr in deutsche Gefangenschaft kommt. Die Deutschen sind Menschen niedrigster Klasse. Sie kämpfen gegen Stalin." Hierauf zog der Rgts.-Kommissar seine Pistole (Nagan) und erschoß den deutschen Korporal und den älteren Soldaten. Der jüngere Soldat wurde an die Division weitergeleitet, da er angeblich übergelaufen wäre. Nach der Erschießung der beiden Deutschen wurde ein russischer Soldat, bei dem deutsche Flugblätter gefunden worden waren, herbeigeführt und vor der versammelten Mannschaft als Verräter erschossen.

Die Erschießung der beiden Deutschen erfolgte zwischen 13–14 Uhr.

v. g. u. gez. Unterschrift.

Der Text obiger Vernehmung wurde dem Sergeanten Anatoli Koloskow in russischer Sprache vorgelesen, von ihm als richtig anerkannt und eigenhändig unterschrieben.

Der Dolmetscher: gez. Unterschrift Sonderführer (K)
Geschlossen: gez. Unterschrift Leutnant.

Oberkommando **Franzensbad, den 1.9.1942**
der Wehrmacht
Wehrmacht-Untersuchungsstelle
für Verletzungen des Völkerrechts

Anlage 138

Gegenwärtig:

Kriegsgerichtsrat Dr. Hofmann als richterlicher Militärjustizbeamter
Schütze J. Cremer, als Protokollführer, besond. verpfl.

In der völkerrechtlichen Untersuchungssache Rußland wurde der Gefreite Nikolaus Groß, im Reservelazarett Franzensbad aufgesucht.

Er wurde mit dem Gegenstand seiner Zeugenvernehmung bekanntgemacht und über seine Wahrheitspflicht als Zeuge unter Hinweis auf die Bedeutung des Eides besonders belehrt. Er erklärte:

Zur Person: Ich heiße Nikolaus Groß, bin 20 Jahre alt, ledig, Gefreiter, Stab /I. Pz.Gren.Rgt. 59, z. Zeit Res.Laz. Franzensbad, Teillazarett Bristol.

Zur Sache: Etwa Mitte März 1942 wurde, wie ich von Kameraden hörte, ein Spähtrupp von unserer dritten Komp. unter Führung des Feldwebels B. in Stärke von 1 : 8 ausgeschickt, um das vor der Stellung der dritten Kompanie liegende russ. Dorf in der Nähe von Tempkino (zwischen Gschazk und Juchnow) zu erkunden. Wie ich ebenfalls später von Kameraden hörte, ist von diesem Spähtrupp nur 1 Mann, und zwar schwerverwundet, zurückgekommen.

Am 6. oder 7. April 1942 gelangten wir bei der Sprengung des Kessels, in dem sich die eingeschlossenen russ. Truppen befanden, auch an die Stelle, an der der Spähtrupp unserer 3. Kompanie in den Hinterhalt der Russen geraten war. Wir fanden die Leichen der 8 Mann des Spähtrupps in einem Umkreis von etwa 100 m verstreut herumliegen. Ich stellte selbst fest, daß bei mehreren Leichen an den Oberschenkeln und am Gesäß das Fleisch kunstgerecht herausgeschnitten war. Wenn auch damals schon etwas Tauwetter herrschte, so waren die Leichen infolge der vorhergehenden strengen Kälte noch gefroren und gut erhalten. Der Befund an den Leichen sprach eindeutig dafür, daß das Fleisch von Menschenhand abgeschnitten war. Tierfraß scheidet vollkommen aus.Die Leichen waren sämtlich bis aufs Hemd ausgezogen. Uniformstücke befanden sich nicht mehr bei den Leichen, sodaß anzunehmen ist, daß die Russen die Uniformstücke mitgenommen haben.

Vorgelesen, genehmigt und unterschrieben gez. Nikolaus Groß
Der Zeuge wurde beeidigt. gez. Dr. Hofmann gez. J. Cremer, Schtz.

Anlage 147

Oberkommando der Wehrmacht
Wehrmacht-Untersuchungsstelle für Verletzungen des Völkerrechts

Nürnberg, den 5.9.1942

Gegenwärtig:
Kriegsgerichtsrat Dr. Hofmann als richterlicher Militärjustizbeamter
Angest. Prell, Betty als Protokollführer, besond. verpfl.

In der völkerrechtlichen Untersuchungssache Rußland wurde der Gefr. Georg Duschl, im Reservelazarett I Nürnberg aufgesucht.

Er wurde mit dem Gegenstand seiner Zeugenvernehmung bekanntgemacht und über seine Wahrheitspflicht als Zeuge unter Hinweis auf die Bedeutung des Eides besonders belehrt. Er erklärte:

Zur Person: Ich heiße Georg Duschl, bin 21 Jahre alt, ledig, Gefreiter, 8./Luftnachr.Regt. 10, z.Zt. im Reserve-Lazarett I Nürnberg.

Zur Sache: In der Zeit von Januar 42 bis Mai 1942 war meine Kompanie truppweise auf der Strecke Dünaburg – Molodetschna als Entstörungstrupp eingesetzt. Mit drei Kameraden war ich in einem Gehöft bei dem Dorf Späwakiski, das etwa 15 km von Dünaburg entfernt liegt, untergebracht. In der Nacht vom 2. auf 3. Mai 1942 hatte ich in unserer Unterkunft Telefonwache. Meine anderen Kameraden waren unterwegs, um Leitungsstörungen zu beseitigen. Gegen 22 Uhr wurde ich, als ich Austreten ging, unmittelbar vor der Haustür plötzlich von hinten zusammengeschlagen. Es gelang mir noch, mich in den Hausflur zu schleppen. Dort brach ich zusammen. Die in dem Gehöft wohnhaften Letten, die uns freundlich gesinnt waren, schleppten mich in die Stube, wuschen meine Wunde ab und verbanden mich. Meine Kameraden kamen erst in der Nacht um 1 Uhr von ihrer Streife zurück. Die Person, die mich von rückwärts offenbar mit einem Prügel zusammengeschlagen hat, habe ich nicht gesehen. Ich vermute aber, daß es sich um einen russischen Zivilisten gehandelt hat. In der dortigen Gegend befanden sich noch sehr viel russische Zivilisten, die durchaus kommunistisch eingestellt waren. Auch liefen noch sehr viele Juden herum.

Durch den Schlag auf den Kopf erlitt ich eine 4–5 cm lange Platzwunde. Infolge dieses Schlages habe ich noch längere Zeit Kopfschmerzen und Schwindelanfälle bekommen.

v.g.u. gez. Duschl Georg unterschrieben.
Der Zeuge wurde beeidigt. gez. Dr. Hofmann gez. Betty Prell

Anlage 152

Oberkommando der Wehrmacht
Wehrmacht-Untersuchungsstelle für Verletzungen des Völkerrechts

Nürnberg, den 7.9.1942

Gegenwärtig:
Kriegsgerichtsrat Dr. Hofmann als richterlicher Militärjustizbeamter
Angest. Betty Prell als Protokollführer, bes. verpfl.

In der völkerrechtlichen Untersuchungssache Rußland wurde der Gefreite Albert Möller im Reservelazarett I, Nürnberg, aufgesucht.

Er wurde mit dem Gegenstand seiner Zeugenvernehmung bekanntgemacht und über seine Wahrheitspflicht als Zeuge unter Hinweis auf die Bedeutung des Eides besonders belehrt. Er erklärte:

Zur Person: Ich heiße Albert Möller, bin 21 Jahre alt, ledig, Gefreiter, 1./Aufkl.Abt. 131, z.Zt. Reservelazarett VI, Nürnberg, zur Vernehmung zum Res.Laz. I., Nürnberg, sistiert.

Zur Sache: Im August 1941 waren wir in der Gegend von Gomel im Vormarsch. Unmittelbar hinter einer russischen Ortschaft bei Gomel haben versprengte russische Truppen, die noch einen Panzer mit sich führten, den Troß einer links von uns eingesetzten Kav.-Div. überfallen und eingeschlossen. Bis auf einzelne Angehörige ist der Troß dort restlos vernichtet worden. Es handelt sich etwa um 40–50 Mann, die in russische Hände geraten sind. Wir kamen etwa eine Stunde nach dem Überfall durch den Ort und sahen die Leichen unserer Kameraden dort liegen. Der größte Teil der Leichen wies Schußverletzungen und zugleich Stichverletzungen in der Brust oder im Gesicht auf. Bei einigen Leichen waren einzelne Finger, Ringfinger oder Zeigefinger abgeschnitten.

Die Leichen, etwa 40–50 an der Zahl, lagen in einer langen Reihe unmittelbar vor einer Scheunenwand. In Brusthöhe vom Erdboden entfernt stellte ich in der Scheunenwand viele Einschüsse fest, die über die ganze Wand verliefen. Das Bild, das sich hier an der Scheune bot, war so eindeutig, daß wir alle der Überzeugung waren, daß unsere Kameraden von der Kv.-Div. von den Russen an die Wand gestellt und dort erschossen worden sind.

v.g.u. gez. Albert Möller unterschrieben

Der Zeuge wurde beeidigt. gez. Dr. Hofmann gez. Betty Prell

Anlage 155

Oberkommando der Wehrmacht Wehrmacht-Untersuchungsstelle für Verletzungen des Völkerrechts

Nürnberg, den 7.9.1942

Gegenwärtig:
Kriegsgerichtsrat Dr. Hofmann als richterlicher Militärjustizbeamter
Angest. Betty Prell als Protokollführer, besonders verpfl.

In der völkerrechtlichen Untersuchungssache Rußland wurde der Uffz. Josef Rötzer im Reservelazarett I Nürnberg aufgesucht.

Er wurde mit dem Gegenstand seiner Zeugenvernehmung bekanntgemacht und über seine Wahrheitspflicht als Zeuge unter Hinweis auf die Bedeutung des Eides besonders belehrt. Er erklärte:

Zur Person: Ich heiße Josef Rötzer, bin 25 Jahre alt, ledig, Uffz., 1. Pi.Batl. 246, z.Zt. Reserve-Lazarett I, Nürnberg.

Zur Sache: Am 1. April 1942 haben 2 Gruppen von meiner Kp. unter Führung eines Leutnants einen Stützpunkt in der Ortschaft Ostrov bei Bjelyj besetzt. Diese Abteilung bestand aus einem Feldwebel, 2 Unteroffizieren und 20 Mann. In den beiden nächsten Tagen hatte diese Abteilung heftige russische Angriffe abzuwehren. Am 3.4.1942 schlossen jedoch stark überlegene russische Kräfte den Stützpunkt Ostrov ein. Etwa am 6. oder 7. April 1942 nahmen wir mit Panzerunterstützung das vorher verloren gegangene Gelände wieder ein. Als wir in Ostrov wieder eingedrungen waren, fanden wir die Leichen von 21 Mann unserer Kompanie. Drei Mann sind seit diesem Einsatz vermißt. Die Namen dieser Leute kann ich nicht angeben. Ich bin erst an Weihnachten 1941 zu dem Pi./Batl. 246 gekommen. Ich bin vorher in Frankreich gewesen und habe mich freiwillig zum Osteinsatz gemeldet.

Die 21 Leichen unserer Kameraden waren durchweg verstümmelt. Etwa 6 Mann trugen Verbände, also ein Zeichen dafür, daß diese Kameraden verwundet den Russen in die Hände gefallen sind. Ich habe mir die einzelnen Leichen näher betrachtet. Mir ist insbesondere noch der Zustand des Gefreiten A. in Erinnerung. Diesem waren die beiden Hände direkt am Handgelenk mit aller Wucht abgeschlagen. Bei den meisten Leichen waren die Gesichtspartien vollständig zerschlagen, außerdem waren meistens die Ringfinger abgeschlagen. Bajonettstichverletzungen wiesen die Leichen durchweg auf, der eine hatte mehr, der andere weniger Stiche. Ferner stellte ich starke blaue Flecken an den Oberschenkeln und an den anderen Körperteilen der Leichen fest. Da es damals noch kalt war und die Leichen keine Anzeichen von Verwesung zeigten, besteht kein Zweifel daran, daß die Russen unsere Kameraden mit dem Gewehrkolben auf den ganzen Körper geschlagen haben. Die Leichen waren fast ausschließlich bis auf das Hemd ausgezogen. Die Russen hatten sämtliche Uniformstücke und die Wertsachen mitgenommen.

Am 15. August 1942 wurde ich bei Bjelyj durch ein russisches Explosivgeschoß am rechten Auge verletzt. Das Geschoß traf zunächst den Stahlhelm und explodierte dort.

v. g. u. gez. Rötzer unterschrieben.
Der Zeuge wurde beeidigt. gez. Dr. Hofmann gez. Betty Prell

Oberkommando
der Wehrmacht
Wehrmacht-Untersuchungsstelle
für Verletzungen des Völkerrechts

Fürth, den 8.9.1942

Anlage 156

Gegenwärtig:
Kriegsgerichtsrat Dr. Hofmann als richterlicher Militärjustizbeamter
Angest. Irma Schmidt als Protokollführer, besond. verpfl.

In der völkerrechtlichen Untersuchungssache Rußland wurde der Uffz. Franz Lörner im Reservelazarett Fürth i.B. aufgesucht.

Er wurde mit dem Gegenstand seiner Zeugenvernehmung bekanntgemacht und über seine Wahrheitspflicht als Zeuge unter Hinweis auf die Bedeutung des Eides besonders belehrt. Er erklärte:

Zur Person: Ich heiße Franz Lörner, bin 24 Jahre alt, ledig, Uffz., 10./I.R. 21, z.Zt. Res.Laz. Fürth.

Zur Sache: Am 10. August 1941 führte ein verstärkter Zug des III. Batl. I.R. 21 eine gewaltsame Erkundung des Vorgeländes bei dem Ort Rekta (in der Nähe von Rogatschew) durch. Dieser Stoßtrupp wurde von den Russen abgeschnitten und hatte große Verluste. Es gelang nur drei Mann, sich wieder zu den deutschen Linien durchzuschlagen. Die anderen Kameraden sind entweder im Kampf gefallen oder gerieten verwundet in russische Gefangenschaft. Am Morgen des 12. August 1941 haben wir die Ortschaft Rekta erobert und fanden dort vor dem Dorf die Leichen von etwa 25 Angehörigen unseres Batl. Die Toten gehörten fast durchweg unserer 11. Komp. an. Bei den meisten Leichen war der Bauch aufgeschlitzt. Etwa 7 bis 8 Kameraden war der Hals durchschnitten. Die Leiche des Uffz. H. von der 11. habe ich mir besonders genau betrachtet, da dieser ein guter Freund von mir war. Die Leiche des H. wies keine Schußverletzung auf. Dagegen hatte er eine klaffende Stichverletzung am Bauch. In der Gegend der Wunde waren die Kleidungs- und Uniformstücke stark durchblutet. Bei den anderen Gefallenen stellte ich z. Teil neben den Stichverletzungen und Schnittverletzungen Schußwunden fest.

Am 10. Oktober 1941 wurde ich am li. Unterarm verwundet und kam am 19. Oktober 1941 in das Kriegslazarett in Kaluga. Am 2. Nov. 1941 wurde eine größere Anzahl Verwundeter (ca. 120 Mann), die in diesem Lazarett untergebracht waren, auf zwei Omnibusse und auf einem LKW verladen, um weiter nach rückwärts geschafft zu werden. In die Omnibusse wurden die leichter Verwundeten, die sitzen konnten, verladen, während die Verwundeten, die auf Tragbahren transportiert werden mußten, auf den LKW gestellt wurden. In den beiden Omnibussen waren nach meiner Schätzung rund 100 Verwundete untergebracht. Die Omnibusse fuhren etwa 1/2 Stunde vor dem LKW ab. Ich war auf einer Tragbahre auf dem LKW untergebracht. Als wir auf die Rollbahn kamen, stießen wir etwa 15 km hinter Kaluga auf unsere beiden Omnibusse. Diese waren umgeworfen und lagen noch glimmend im Straßengraben. Die Omnibusse sind offensichtlich von versprengten russischen Truppenteilen auf der Rollbahn überfallen, umgeworfen und dann angesteckt worden. Sämtliche Verwundeten sowie die Fahrer und die begleitenden Sanitäter sind von den Russen umgebracht worden. Das Bild, das sich uns bot, war so, daß ein Teil der Verwundeten offenbar versuchte, nach dem Überfall zu fliehen. Diese Kameraden wurden aber ebenso von den Russen niedergemacht, wie die Verwundeten, die nicht mehr aus den Omnibussen herauskamen. Die letzteren sind in den Omnibussen mitverbrannt. Viele Leichen wiesen starke Brandwunden auf. Die beiden Omnibusse waren durch große Rote-Kreuz-Zeichen zu beiden Seiten deutlich als Sanitätsfahrzeuge gekennzeichnet. Als wir gesehen hatten, welches Schicksal die beiden Omnibusse ereilt hatte, fuhr unser LKW wieder nach Kaluga zurück.

v. g. u. gez. Franz Lörner, Uffz. unterschrieben.
Der Zeuge wurde beeidigt. gez. Dr. Hofmann gez. Irma Schmidt.

Oberkommando der Wehrmacht
Wehrmacht-Untersuchungsstelle für Verletzungen des Völkerrechts

Würzburg, den 10.9.1942

Anlage 161

Gegenwärtig:
Kriegsgerichtsrat Dr. Hofmann als richterlicher Militärjustizbeamter
San.Uffz. Arno Geyer als Protokollführer, besond. verpfl.

In der völkerrechtlichen Untersuchungssache Rußland wurde der Obergefr. Josef Heck im Reservelazarett I Würzburg aufgesucht.

Er wurde mit dem Gegenstand seiner Zeugenvernehmung bekanntgemacht und über seine Wahrheitspflicht als Zeuge unter Hinweis auf die Bedeutung des Eides besonders belehrt. Er erklärte:

Zur Person: Ich heiße Josef Heck, bin 23 Jahre alt, ledig, Obergefr., 5./I.R. 55, z.Zt. Res. Lazarett I Würzburg.

Zur Sache: Im Dezember 1941 befand ich mich mit noch anderen Kameraden in der Gegend von Kaluga auf dem Marsch zur 5./I.R. 55, der wir zugeteilt worden waren. Im Waldgelände stießen der Obergefr. Albert und ich zufällig und abseits vom Waldweg beim Austreten auf einen russischen Panjeschlitten. Auf demselben war die Leiche eines deutschen Soldaten, die auf dem Rücken lag, durch die Hände und durch die Füße angenagelt. An den Stellen, durch die die Nägel getrieben waren, haben wir Blut festgestellt. Die Leiche war nur noch mit einem deutschen Militärpullover und einer deutschen Uniformhose bekleidet. Der Uniformrock und die Stiefel fehlten. Diese Gegenstände haben die Russen offenbar mitgenommen.

v. g. u. gez. Josef Heck unterschrieben.

Der Zeuge wurde beeidigt. gez. Dr. Hofmann gez. Arno Geyer

Oberkommando der Wehrmacht
Wehrmacht-Untersuchungsstelle für Verletzungen des Völkerrechts

Würzburg, den 10.9.1942

Anlage 164

Gegenwärtig:
Kriegsgerichtsrat Dr. Hofmann als richterlicher Militärjustizbeamter
DRK SHN Gerda Boegler als Protokollführer, besond. verpfl.

In der völkerrechtlichen Untersuchungssache Rußland wurde der Gefr. Lorenz Kemper im Reservelazarett II Würzburg aufgesucht.

Er wurde mit dem Gegenstand seiner Zeugenvernehmung bekannt gemacht und über seine Wahrheitspflicht als Zeuge unter Hinweis auf die Bedeutung des Eides besonders belehrt. Er erklärte:

Zur Person: Ich heiße Lorenz Kemper, bin 23 Jahre alt, ledig, Gefr., 1./Pz.Regt. 27/z.Zt. Res.Laz. II Würzburg.

Zur Sache: In der Zeit vom 4.–7. März 1942 wurde eine Abteilung der O.T., die in dem Südteil der Ortschaft Baldedino (zwischen Smolensk und Jelnja) untergebracht war, von russischen Partisanen, die durch russische Fallschirmtruppen verstärkt waren, überfallen und zum größten Teil niedergemacht. Meine Einheit wurde daraufhin alarmiert, um die dortige Gegend von den Partisanen zu säubern. Am 7. März 1942 kamen wir in das Dorf Baldedino hinein, das die Russen inzwischen geräumt hatten. Wie später festgestellt wurde, sind etwa 74 Leichen von Angehörigen der O.T. geborgen worden. Die meisten Leichen waren verstümmelt. Bei mehreren Leichen waren beide Augen ausgestochen. Bei anderen Leichen war der Geschlechtsteil abgeschnitten, bei etwa 3 Mann war der Kopf anscheinend durch Schläge mit stumpfer Gewalt eingeschlagen. Bei den meisten Leichen waren auch einzelne Finger, insbesondere die Ringfinger abgeschlagen. Eine Leiche haben wir vollkommen ausgezogen, um festzustellen, ob die zu Tode gekommenen Angehörigen der O.T. auch Schußverletzungen erlitten hatten. Wir stellten in diesem Falle einwandfrei fest, daß diese Leiche keine Schußverletzung, sondern nur Schlagverletzungen aufwies.

v. g. u. gez. Gefr. Kemper unterschrieben.
Der Zeuge wurde beeidigt. gez. Dr. Hofmann gez. G. Boegler

Anlage 167

Oberkommando der Wehrmacht
Wehrmacht-Untersuchungsstelle für Verletzungen des Völkerrechts

Würzburg, den 10.9.1942

Gegenwärtig:
Kriegsgerichtsrat Dr. Hofmann als richterlicher Militärjustizbeamter
DRK SHN Gerda Boegler als Protokollführer, besond. verpfl.

In der völkerrechtlichen Untersuchungssache Rußland wurde der Uffz. Gerhard Stolz im Reservelazarett II, Würzburg, aufgesucht.

Er wurde mit dem Gegenstand seiner Zeugenvernehmung bekanntgemacht und über seine Wahrheitspflicht als Zeuge unter Hinweis auf die Bedeutung des Eides besonders belehrt. Er erklärte:

Zur Person: Ich heiße Gerhard Stolz, bin 26 Jahre alt, ledig, Uffz., Stab I. Abt./A.R. 87, z.Zt. Reservelazarett II, Würzburg.

Zur Sache: Am 13. Mai 1942 wurde ich gegen 7 Uhr 30 in unserer Feuerstellung, die vor dem Dorf Dmitrowka eingerichtet war, durch Granatsplitter am linken Schulterblatt verwundet. Zusammen mit dem Uffz. Fritz H. von der Stabsk./I.R. 260 (Radfahrzug) und einem weiteren Obergefreiten, die beide ebenfalls kurz zuvor verwundet worden waren, wurde ich auf einem Kübelwagen meiner Abteilung in Richtung H.V.Platz Tschapajewka zurückgebracht. Der verwundete Obergefreite, der nur eine Granatsplitterverletzung am Fuß hatte, saß im Führersitz neben dem Fahrer des Kübelwagens, dem Gefr. Tom D. von unserem Stab. Der Uffz. und ich lagen auf dem Boden des Kübels zusammengekauert. Nach etwa 20 Minuten Fahrzeit wurde der Kübelwagen, als wir gerade durch eine Kolchose fuhren, die unmittelbar an der Straße stand, aus den Gebäuden dieser Kolchose heraus beschossen. Beim Versuch, das Fahrzeug zu drehen, erhielten wir eine M.G. Garbe in den Motor und der Wagen blieb stehen. Der Fahrer D. und ich stiegen aus und hoben die Hände hoch, als ca. 15–20 russische Soldaten auf uns zu rannten. Es handelte sich um russische Kavalleristen. Diese kamen in zwei Gruppen an. Ich ging auf die rechte Gruppe zu und Dieck auf die linke. Zunächst erreichten mich 4 Russen, die mich umringten. Diese nahmen mir meine sämtlichen persönlichen Sachen wie Armbanduhr, Taschenmesser und Geldbörse ab. Als ich meine Arme etwas gesenkt hatte, erhielt ich einen Stoß mit dem Gewehrkolben in den Rücken. Kurz darauf kam ein russischer Uffz. oder Feldwebel hinzu und wollte mir auch noch etwas von meinen Privatsachen wegnehmen. Daraufhin zeigten die russischen Mannschaften die Gegenstände, die sie mir bereits abgenommen hatten. Der russische Korporal rief dann zwei andere russische Soldaten herbei. Ich mußte mich an eine Hauswand stellen. Etwa 3–4 m links und rechts von mir hatten sich 2 Russen postiert, die anscheinend aufpassen sollten, daß ich nicht weglief. In einer Entfernung von etwa 7 m hatte sich ein russischer Soldat mit einem Karabiner vor mir postiert, und zwar auf Befehl des russischen Korporals. Dieser schoß auf mich und traf mich direkt unterhalb der linken Schulter. Es handelt sich um einen Durchschuß, der die Lunge gestreift hat. Ich sank zunächst zusammen. Daraufhin traten mehrere Russen mit ihren Stiefeln gegen mich und stellten mich wieder auf die Beine. Dann mußte ich mit etwa 6–8 Russen zu der Stelle laufen, wo unser Kübelwagen stand. An einer Hauswand in unmittelbarer Nähe des Kübelwagens lagen der Uffz. H. und der mir dem Namen nach nicht bekannte Obergefreite. Ich sah gerade, wie dem Uffz. H. die Russen die Papiere abnahmen. Etwa 10 Minuten später kam eine Gruppe Russen mit dem Gefr. D. an. Anscheinend war es D. gelungen, zunächst zu entfliehen. Wir waren nun wieder zu viert. Wir wurden dann durch einen russischen Kommissar kurz vernommen. Da weder der Kommissar deutsch konnte noch ein Dolmetscher zur Stelle war, war das Verhör bald beendet. Nach dem Verhör wurde der Gefr. D. von uns weggebracht. Einige Zeit später kam jedoch der russische Kommissar, der inzwischen weggeritten war, mit einem Obergefr. von meiner Abteilung an, den ich nur vom Ansehen kenne. Dieser Obergefreite und der Gefr. D. wurden dann von einigen Russen endgültig wegtransportiert. Seit der Zeit habe ich Dieck und den Obergefreiten nicht mehr zu Gesicht bekommen. Eine Viertelstunde später wurde ich infolge des starken Blutverlustes bewußtlos. Wir lagen etwa 3–4 Stunden zu dritt dort. Ich wachte schließlich wieder auf. Nachmittags gegen 16 Uhr setzte ein deutscher Gegenangriff ein, die Russen zogen sich bis auf vier Mann aus der Kolchose zurück. Dann kamen zwei russische Kavalleristen auf uns zu und stießen uns mit dem Fuß an, um festzustellen, ob wir noch am Leben waren. Ich konnte gerade noch vorher den beiden Kameraden zurufen: „Totstellen!“ Da sich der Obergefreite mit dem Kopf etwas aufrichtete, merkten die Russen, daß er noch lebte. Ich hörte kurz darauf einen Schuß fallen und sah auch, daß der eine Russe aus einer Entfernung von etwa 3–4 m dem Obergefreiten einen Bauchschuß beibrachte. Da unsere Liegestätte unter deutsches Artilleriefeuer geriet, krochen der Uffz. H. und ich in das Haus. Schließlich erreichten uns deutsche Infanteristen, die den Obergefreiten verbanden. Da diese Infanteristen uns nicht wegschaffen konnten, blieben wir die Nacht über liegen und wurden am nächsten Morgen von anderen Kameraden auf einem Panjewagen abgeholt und nach einem Truppenverbandplatz gebracht, der sich in Lossowaja befunden haben soll. Dort wurde ich alsbald auf einen anderen Panjewagen umgeladen und weiter nach rückwärts gebracht. Auf dem Weitertransport stellte es sich dann heraus, daß in nächster Nähe russische Panzer durchgebrochen waren und auch den Truppenverbandplatz in Lossowaja nach Angaben von einzelnen deutschen Reitern, die uns unterwegs überholt haben, eingenommen haben. Der Uffz. H. und der mir dem Namen nach nicht bekannte Obergefreite sind also wahrscheinlich bei der Einnahme des Truppenverbandplatzes mit in russische Gefangenschaft geraten.

v.g.u. gez. Stolz, Uffz. unterschrieben

Der Zeuge wurde beeidigt. gez. Dr. Hofmann gez. G. Boegler

Anlage 169

Oberkommando der Wehrmacht Wehrmacht-Untersuchungsstelle für Verletzungen des Völkerrechts

Lötzen, den 10.10.1942

Gegenwärtig:
Kriegsgerichtsrat Dr. Schöne als richterlicher Militärjustizbeamter
Gertrud Mertins als Protokollführerin, besond. verpfl.

In der völkerrechtlichen Untersuchungssache Rußland wurde der O.Wachtm. Ludwig im Reservelazarett Lötzen, Kranken-Abt. IIa Boyen, aufgesucht.

Er wurde mit dem Gegenstand seiner Zeugenvernehmung bekanntgemacht und über seine Wahrheitspflicht als Zeuge unter Hinweis auf die Bedeutung des Eides besonders belehrt. Er erklärte:

Zur Person: Ich heiße Ludwig, Arthur, 27 Jahre alt, O.Wachtm. 7./A.R. 121

Zur Sache: Am 8. März 1942 war ich als V.B. im Kompaniegefechtsstand einer Kompanie des I.R. 506 oder 507. Die Stellung verlief an der Bahnlinie Glubowska-Gorki. Gegen 3.30 Uhr kamen plötzlich die Russen in unseren Rücken. Ich lag in einem Bunker mit dem Kompanieführer, einem Leutnant und dem Kompanietrupp. Ein Russe warf eine Handgranate in den Bunker, die zwischen meine Beine fiel und mich an beiden Unterschenkeln verwundete. Außerdem haben die Russen mit einem M.G. hereingeschossen. Die Infanteristen hatten sich dann einen Notausgang geschaffen, durch den einer nach dem anderen den Bunker verließ. Als der Leutnant als letzter herausspringen wollte, bekam er einen Kopfschuß und starb kurz darauf. Ich hatte meine Beine mit Draht abgebunden und hatte noch Zeit, die Papiere zu verbrennen. Dann kamen mehrere russische Soldaten in den Bunker. 4 oder 5 stürzten sich sogleich auf mich und durchsuchten meine Taschen. Sie nahmen mir alles weg. Sie haben auf meine verwundeten Unterschenkel getreten und sich daraufgesetzt, obwohl ich schrie und sie wegdrängen wollte. Als es heller wurde, entdeckten sie meine Ringe und schlugen auf mich ein, als ich sie ihnen nicht freiwillig geben wollte. Sie sind dann etwa 10 Stunden mit mir im Bunker geblieben und warteten wohl auf den Kommissar, der aber inzwischen von den Deutschen gefangengenommen worden war. Nach 10 Stunden etwa haben die Deutschen mit Panzerunterstützung die Stellung zurückerobert. Die Russen waren so überrascht, daß sie herausgelaufen sind, ohne mir noch etwas zu tun.

v. g. u. gez. Arthur Ludwig

Der Zeuge leistete den Zeugeneid.gez. Dr. Schöne gez. Gertrud Mertins

Anlage 171

Übersetzung. **Geheim!**

Den Kommandeuren der 87., 196., 131., 399.,
112. S.D., 33. G.S.D., 31. S.D. und 20. mot.Sch.Brig.

Zurzeit wissen die Divisionskommandeure nicht, in welcher Gruppierung und in welcher Stärke der Gegner an ihrer Front kämpft. Gefangene wurden zum Teil, ohne vorangegangenes Verhör erschossen (33. G.S.D.) Aus diesem Grund kannten die Stäbe der Divisionen bis jetzt nicht die Nummerierung [sic] der gegnerischen Truppenteile.

Deshalb befiehlt der O.B. der Armee:

1.) Die Divisionskommandeure achten persönlich auf die Zuführung von Gefangenen zum Armeestab zur Vernehmung.

2.) Eine Erschießung, ganz gleich welcher Anzahl von Gefangenen auf dem Kampffeld darf nicht zugelassen werden. Einzelne Gefangene und 2–3 Mann aus jeder Gruppe sind dem Stab der Armee zuzuführen.

3.) Jedem Gefangenen sind sein Soldbuch, seine Personalpapiere und seine Erkennungsmarke verschlossen mitzugeben, mit einer Aufschrift, wem sie gehören.

Bei Nichtausführung des obenangeführten Befehls werden die schuldigen Divisionskommandeure und die Mitschuldigen zur strengen Verantwortung gezogen.

Der Chef des Armeestabes Generalmajor Moskwin
Kriegskommissar des Stabes Sajzew
Chef der Aufklärungsabteilung Oberst German

Verteiler.
Die Namen beziehen sich auf die 62. Armee! Der Befehl ist sehr schlecht lesbar!
Für die Richtigkeit der Übersetzung

gez. Dr. Brauner Sonderführer

Anlage 171

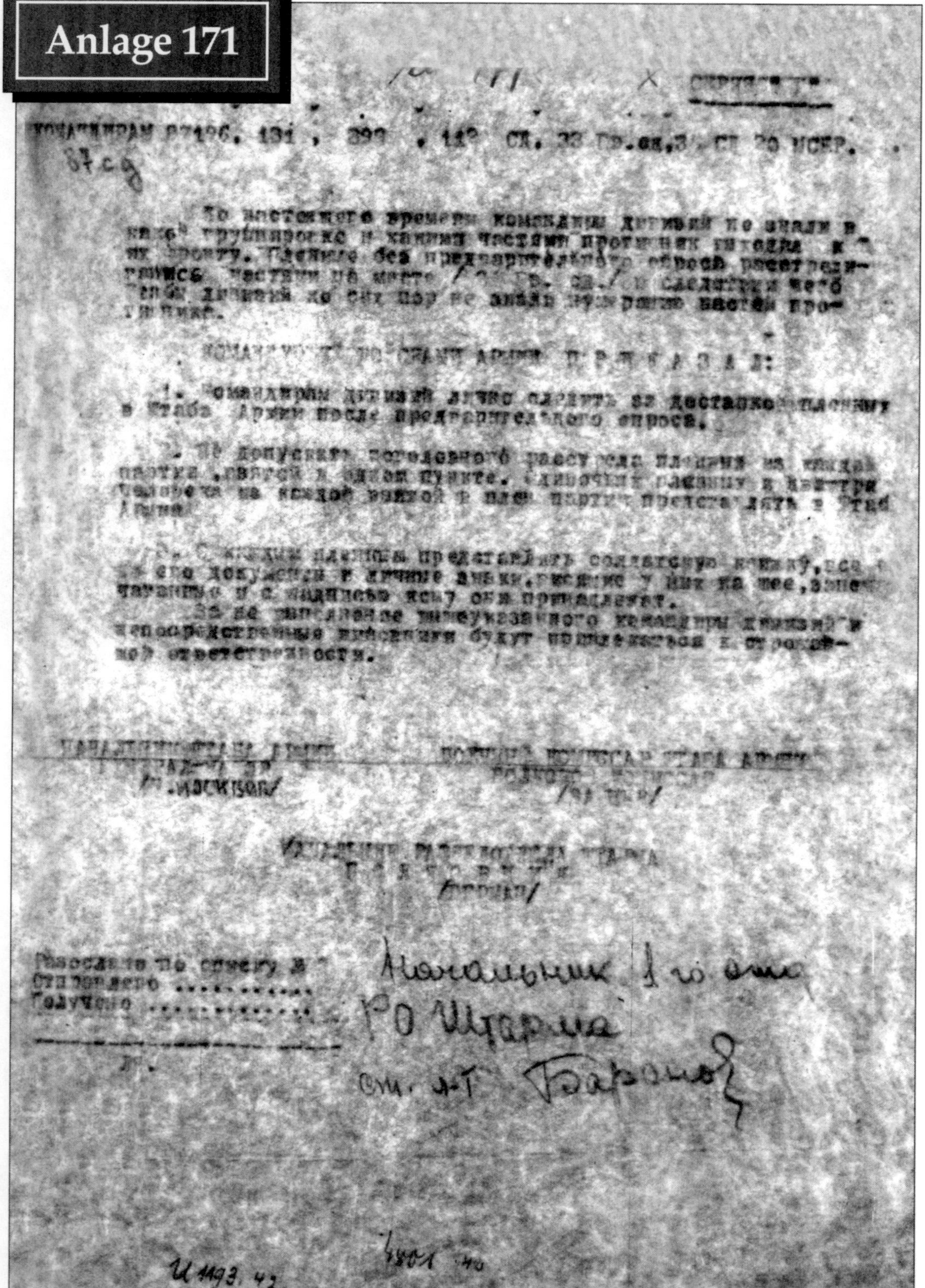

Russischer Befehl, der Gefangenenerschießungen verbietet

Abschrift

Dienststelle 12 798 **Im Felde, den 2. Juli 41**

Anlage 183

An die Wehrmachtauskunftsstelle
für Kriegerverluste Berlin

Am 29. Juni 1941 vormittags gegen 11 Uhr fanden Angehörige der Batterie nach Einfahren in eine Protzenstellung und bei der Durchsuchung eines dort befindlichen Waldes einen unbekannten toten Kameraden. Der Tote lag: (Angabe in Koordinaten) Karte L: 100 000 Blatt 44 S W – Lettland = Estland Jekabpils (Lettland) Rechtswert 47 880, Hochwert 46 150. Der unbekannte Soldat war an einen Baumstumpf gefesselt, er hatte eine Kopfverwundung, die verbunden war. An dem Körper des Toten, der nur mit Hose, Hemd und Stiefeln bekleidet war, wurden ca. 17 Messerstiche festgestellt. Personalpapiere und Erkennungsmarke sowie irgendwelche Wertsachen, außer einem Trauring ohne Gravierung, wurden nicht vorgefunden.

Der Tote wurde einige Meter neben der Fundstelle, bei einem dort befindlichen Gehöft, beigesetzt.

Verlustmeldung sowie Trauring wird in der Anlage beigefügt.

gez. Unterschrift Oberleutnant und Batteriechef

Gericht der 6. Panzer-Division **Saroi, den 10.7.1941**
R.H.L. 96/41

Gegenwärtig:
Kriegsgerichtsrat Eßer
Gefr. Lenke als Protokollführer.

Es erschien bestellt der Nachgenannte. Nachdem der Erschienene mit dem Gegenstand seiner Vernehmung bekanntgemacht und auf die Bedeutung eines zu leistenden Eides hingewiesen worden war, wurde er wie folgt vernommen:

Zur Person: Ich heiße Heinrich Hermann Krause, 19 Jahre alt, ev. Religion, San.Uffz. bei der 4./A.R. 76.

Zur Sache: Am 29. Juni 1941 ging die 4./A.R. 76 mittags gegen 11 Uhr bei Livani auf der linken Seite der Düna in Feuerstellung. Bei Livani waren Truppenteile der Division schon in einer Notfähre über die Düna gesetzt worden. Die von den Pionieren zu bauende Brücke war noch nicht in Angriff genommen worden. In unsere Protzenstellung kamen Zivilisten, die uns in gebrochenem Deutsch darauf aufmerksam machten, daß nicht weit von der Protzenstellung entfernt in einem Graben in einem Waldstück ein toter deutscher Soldat läge. Ich ließ mich von den Zivilisten zu der Stelle führen. Sofort hinter mir kam der Oberschirrmeister Zingel von der 4./A.R. 76. Bald darauf erschien auch Hauptwachtmeister Zeißbrich von der 4./A.R. 76 an der betreffenden Stelle.

In dem Waldstück in einem Graben lag ein toter deutscher Soldat, der nur mit den Stiefeln, der feldgrauen Hose, der Unterhose, 1 Hemd und einer grauen Strickjacke bekleidet war. Um die Stirne war ein Verband angelegt. Die Hände waren auf dem Rücken mit einem dicken Strick zusammengebunden. Zwischen Strick und Händen steckte ein etwa 120 cm langer und 12 cm starker Knüppel. Der Hals des Soldaten wies 4–5 Stiche auf. Auch Brust und Bauch hatten Stichverletzungen erhalten. Es können 8–12 Stiche gewesen sein, gezählt habe ich sie nicht. Die Leiche lag auf dem Rücken. Die Beine waren angezogen. Es lag totale Leichenstarre vor. Die Zivilisten erzählten uns, daß die Leiche schon etwa 24 Stunden in dem Graben liege. Bei der Leiche fanden wir nichts, um die Persönlichkeit des toten Soldaten feststellen zu können. Eine Erkennungsmarke war nicht vorhanden. In den Taschen befanden sich nur einige Streichhölzer. Wir suchten nunmehr die nähere Umgebung der betreffenden Stelle ab, um vielleicht die anderen Bekleidungsstücke zu finden. Unsere Bemühungen waren jedoch erfolglos. Ich band dann den Strick, mit dem die Hände gefesselt waren, los. Von 2 Kameraden meiner Einheit wurde die Leiche fotografiert, um später vielleicht einmal die Persönlichkeit des toten Soldaten feststellen zu können. Ich muß noch erwähnen, daß der tote Soldat an der rechten Hand einen Trauring trug. Ich habe den Ring von dem Finger genommen. Der Ring enthielt aber keine Inschrift.

Die Leiche haben wir etwa 100 mtr. von der Straße entfernt begraben. Soviel mir bekannt ist, ist der Wehrmachtauskunftstelle für Kriegerverluste und Kriegsgefangene Meldung gemacht worden.

v.g.u. gez. Hermann Krause, San.-Uffz.

Der Zeuge leistete nunmehr den Zeugeneid. gez. Eßer gez. Lenke

Gericht der 6. Panzer-Division **Saroi, den 10.7.1941**
R.H.L. 96/41

Gegenwärtig:
Kriegsgerichtsrat Eßer
Gefr. Lenke als Protokollführer.

Es erschien gestellt der Nachbenannte. Der Erschienene wurde mit dem Gegenstand der Vernehmung bekannt gemacht und auf die Bedeutung eines zu leistenden Eides hingewiesen. Hierauf wurde er wie folgt vernommen:

Zur Person: Ich heiße Fritz Willi Gerhard Zingel, 28 Jahre alt, ev. Religion, Oberschirrmeister bei der 4./A.R. 76.

Zur Sache: Am 29. Juni 1941 ging die 4./A.R. 76 bei Livani morgens gegen 11 Uhr in Feuerstellung. Unmittelbar darauf erschienen in unserer Protzenstellung mehrere Zivilisten, die uns in gebrochenem Deutsch erklärten, daß in der Nähe ein toter deutscher Soldat läge. Von unserer Batterie folgten mehrere Kameraden den Zivilisten zu der Stelle. Ich schloß mich an. In einem Waldstück lag an einem Grabenrand ein toter deutscher Soldat. Er war nur mit Stiefeln, Hose, Unterhose, Hemd und einer grauen Militärstrickjacke bekleidet. Der Kopf war verbunden. Die Hände des Soldaten waren auf dem Rücken mit einem Strick zusammengebunden. Zwischen Strick und Händen steckte ein etwa 100 bis 120 cm langer und etwa 10 bis 15 cm dicker Pfahl. Im Hals, in der Brust und im Bauch wies die Leiche etwa 10 bis 15 Stichverletzungen auf. Die Leiche lag auf dem Rücken. Die Beine waren angezogen. Die Zivilisten erzählten uns, daß der Tote schon etwa 24 Stunden in dem Graben liege. Eine Erkennungsmarke befand sich nicht bei der Leiche. In den Taschen fanden wir nichts, was auf die Persönlichkeit des Toten wies. An der rechten Hand hatte er einen Trauring. Der Trauring enthielt keine Inschrift. Ich gab dem Obergefreiten Zombeck den Befehl, die Leiche zu fotografieren. Später erfuhr ich, daß die Leiche von 2 Kameraden fotografiert worden ist. Um die Beerdigung habe ich mich nicht gekümmert, da ich andere Aufgaben zu erfüllen hatte.

v.g.u. gez. Gerhard Zingel Oberschirrmeister gez. Eßer gez. Lenke

Der Zeuge leistete den Zeigeneid.

Gericht der 6. Panzer-Division **Saroi, den 10.7.1941**
R.H.L. 96/41

Gegenwärtig:
Kriegsgerichtsrat Eßer
Gefr. Lenke als Protokollführer.

Es erschien gestellt der Nachbenannte. Der Erschienene wurde mit dem Gegenstand der Vernehmung bekannt gemacht und auf die Bedeutung eines zu leistenden Eides hingewiesen. Hierauf wurde er wie folgt vernommen:

Zur Person: Ich heiße Erich Paul Karl Zeisbrich, 27 Jahre alt, evg. Glaubens, Hauptwachtmeister bei der 4./A.R. 76.

Zur Sache: Am 29. Juni 1941 ging die 4./A.R. 76 vormittags gegen 11 Uhr etwa 3 km südwestlich von Livani in Feuerstellung. Tags zuvor hatten an dieser Stelle heftige Kämpfe um die Bildung eines Brückenkopfes stattgefunden. Als ich noch die Fahrzeuge in die Protzenstellung einwies, wurde ich zu dem Wald gerufen, weil dort eine zerstochene Leiche eines deutschen Soldaten liege. Ich begab mich sofort zu der betreffenden Stelle hin. Die Leiche war nur mit Stiefeln, Hose, Unterhose, Hemd und einer grauen Militärstrickjacke bekleidet. Um den Kopf war ein Notverband gelegt. Die Hände des Soldaten waren auf dem Rücken mit einem dicken Strick zusammengebunden. Zwischen Strick und Händen steckte ein etwa 100–120 cm langer und etwa 10–15 cm dicker Pfahl. Hals, Brust und Bauch wiesen etwa 10–15 Stichverletzungen auf. Die Leiche lag auf dem Rücken. Die Beine waren angezogen. Die Zivilisten erzählten uns, daß die Leiche schon etwa 1 Tag in dem Graben liege. Eine Erkennungsmarke befand sich nicht bei der Leiche. In den Taschen der Hose fanden wir nichts, was auf die Persönlichkeit des Toten hinwies. In keinem der Bekleidungsstücke war der Name verzeichnet. Der Trauring, den der Tote an der rechten Hand hatte, enthielt keine Inschrift.

San.-Uffz. Krause band den Strick los. Dann fotografierten O.Gefr. Zombeck und O.Gefr. Nilgen die Leiche. Wir wollten noch einen Arzt herbeirufen. Da dieser nicht sofort erreicht werden konnte, und wir nicht wußten, wie lange wir in Stellung blieben, haben wir die Leiche beerdigt.

Den Ring haben wir mit der Verlustmeldung an die Wehrmachtauskunftstelle in Berlin geschickt.

Die Fotos sind noch nicht entwickelt. Sobald dies geschehen ist, werden Abzüge von der Batterie der Wehrmachtauskunftstelle in Berlin zugesandt werden.

v. g. u. gez. Erich Zeisbrich

Der Zeuge leistete nunmehr den Zeugeneid. gez. Eßer gez. Lenke

Anlage 183

Zerstochene Leiche eines unbekannten deutschen Soldaten bei Livani, gefunden am 29. Juni 1941

Anlage 186

Gericht
der 3. Inf.Div. (mot)
A.L. Nr. 150/42

Im Felde, am 6.6.1942.

Gegenwärtig:
Kriegsgerichtsrat Dr. Riebow als Richter
Feldwebel Dietrich als Protokollführer.

In der Angelegenheit der Feststellung russischer Völkerrechtsverletzungen erscheinen vorgeladen
1. der Hauptfeldwebel Bernhard Böhm,
2. der Unteroffizier Arndt Schröder,
beide 9./Inf.Regt. (mot) 29,
und erklären nach Ermahnung zur Wahrheit und Eidesbelehrung:
1. Zeuge Böhm:
Ich heiße Bernhard Böhm, bin 23 Jahre alt, aktiver Hauptfeldwebel bei der 9./I.R. (mot) 29.

Am 8. und 9. Juli 1941 befand sich der Kompaniegefechtsstand in Schestiperowo zwischen Ostrow und Porchow. Gegen 19 Uhr kam ein Leutnant der Pz.Jäg.Abt. 3 zu mir und sagte mir, daß etwa 1500 m vom Dorf in der Nähe der Straße ein toter deutscher Soldat läge. Ich ging mit Unteroffizier Schröder an die bezeichnete Stelle, wir fanden etwa 10–15 m von der Straße entfernt und etwa 7 m auseinanderliegend zwei deutsche Soldaten vor, die offensichtlich ermordet worden waren, da sie keine Schußverletzungen aufwiesen. Der eine konnte als der Obergefr. K. festgestellt werden, der andere wurde später als der Soldat H., beide 4./I.R. (mot) 8 ermittelt.

Beide trugen die Uniform, aber keine Stiefel, H. hatte auch keine Strümpfe an. Sämtliche Taschen waren offen, die Hosentaschen umgekrempelt, in ihnen befand sich nichts mehr. Unter der aufgeknöpften Feldbluse von K. lag dessen Soldbuch, daneben die Erkennungsmarke. Neben der Leiche von H. lag seine Erkennungsmarke.

Beide Leichen lagen auf dem Rücken mit nach oben erhobenen Armen. Schußverletzungen, nach denen wir suchten, haben sich nicht gefunden, dagegen wiesen beide Leichen schwere Verletzungen auf, die darauf schließen lassen, daß K. und H. von den Russen ermordet worden sind. Die Gesichter beider Leichen waren entstellt, offensichtlich waren die Soldaten durch Kolbenschläge auf den Kopf und ins Gesicht getötet worden, der Unterkiefer von H. war völlig zertrümmert.

K. hatte durchschnittene Handgelenke, bei H. war an beiden Füßen der Spann durchstochen, offensichtlich mit einem Bajonett. An sonstige wesentliche Verletzungen kann ich mich nicht mehr erinnern.

Die beiden Leichen wurden von der Kompanie beerdigt und Meldung erstattet.

v. g. u. gez. Bernhard Böhm, Hauptfeldwebel.

Der Zeuge wurde beeidigt.

2. Zeuge Schröder.

Ich heiße Arndt Schröder, bin 26 Jahre alt, im Zivilberuf Ingenieur in Berlin, z.Zt. Unteroffizier bei der 9./I.R. (mot) 29.

Der Zeuge machte dieselben Angaben wie der Zeuge Böhm. Dessen Aussage wurde ihm daraufhin vorgelesen, worauf er erklärte:

Diese Aussage ist richtig, ich mache sie zum Gegenstand meiner heutigen Aussage.

v. g. u. gez. Arndt Schröder. Unteroffizier.

Der Zeuge wurde beeidigt.

Geschlossen: gez. Dr. Riebow Kriegsgerichtsrat. gez. Dietrich Feldwebel.

Anlage 187

Am 20. April 1942 wurde bei Staraja-Russa sowie zwischen Ilmensee und Demjansk ...

Anlage 187

... je ein Luftwaffenangehöriger mit ausgestochenen Augen aufgefunden

Anlage 187

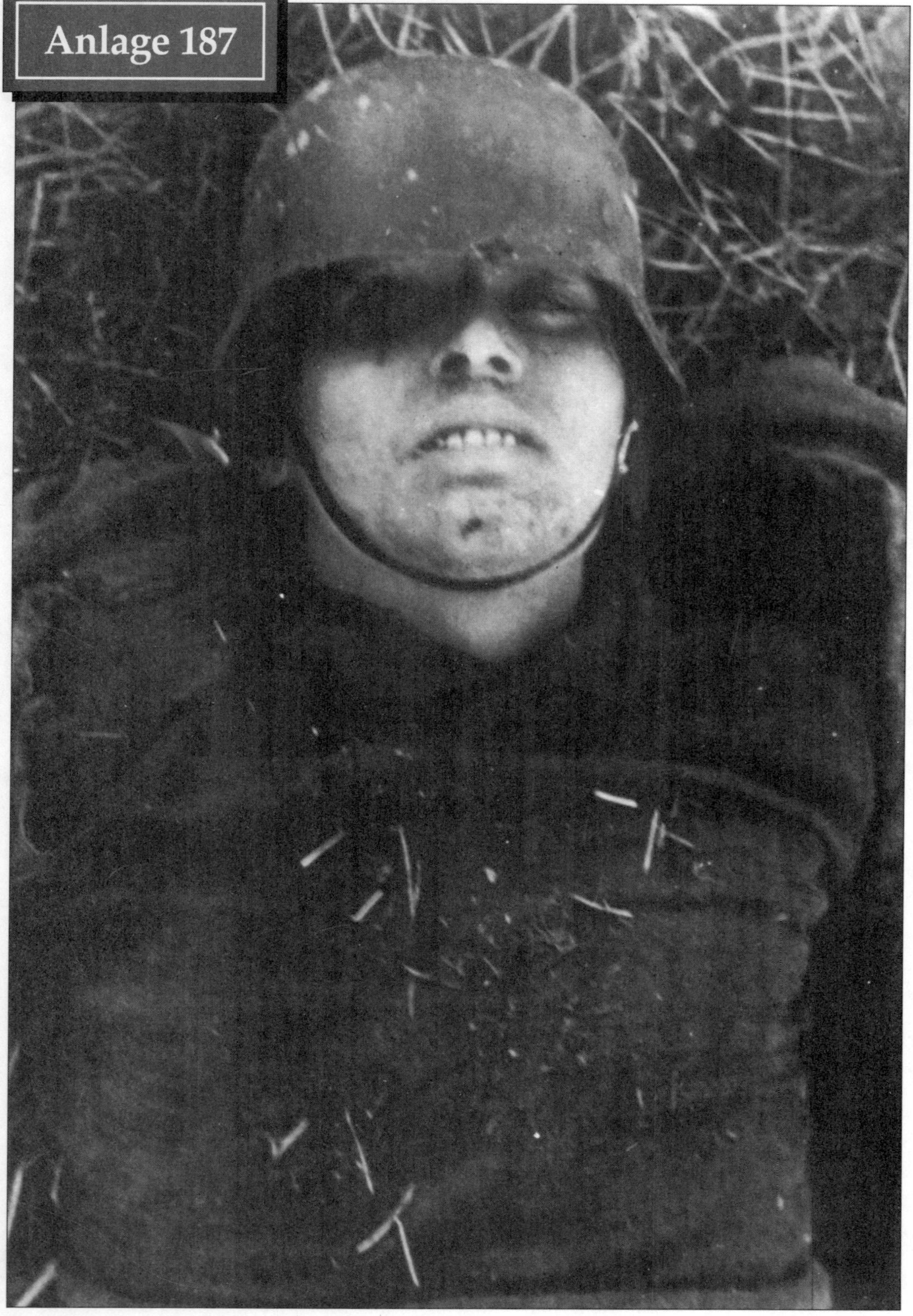

Anlage 187

Anlage 187

Abkürzungsverzeichnis

Abt., Abtlg.	Abteilung
Abw.Offz.	Abwehroffizier
A.H.Qu.	Armee-Hauptquartier
A.K.	Armeekorps
AL	Allgemeine Liste
A.O.K.	Armee-Oberkommando
A.R.	Artillerieregiment
Art.	Artillerie
Aufkl.Abt.	Aufklärungsabteilung
Az.	Aktenzeichen
Batl., Btl.	Bataillon
Battr.	Batterie
Brig.	Brigade
Div.	Division
d. Res.	der Reserve
DRK	Deutsches Rotes Kreuz
E.K.	Eisernes Kreuz
Ers. Btl.	Ersatzbataillon
F.d.R.	Für die Richtigkeit
F.P.Nr.	Feldpostnummer
Geb.	Gebirgs-
Gefr.	Gefreiter
Gef. Std.	Gefechtsstand
geh.	geheim
Gen.Kp.	Genesungskompanie
gez.	gezeichnet
GFP	Geheime Feldpolizei

ggl., gttgl.	gottgläubig
G.J.R.	Gebirgsjägerregiment
HKL	Hauptkampflinie
H.V.Platz	Hauptverbandsplatz
I.D.	Infanteriedivision
I.E.B.	Infanterie-Ersatzbataillon
Inf.	Infanterie
I.R.	Infanterieregiment
Jg., Jgr.	Jäger
J.G.	Jagdgeschwader
Kan.	Kanonier
Kas.	Kaserne
Kav.	Kavallerie
Kdr.	Kommandeur
KGR	Kriegsgerichtsrat
K.H.D.V.	Kriegshilfsdienstverpflichtete
Kp., Komp.	Kompanie
Kp.-Chef	Kompaniechef
kr.A.	kraft Amtes
Krkw.	Krankenkraftwagen
Kssr.	Kommissar
l.Art.Ers.Abt.	leichte Artillerie-Ersatzabteilung
Lt., Ltn.	Leutnant
Lw.	Luftwaffe
M.G.	Maschinengewehr
mot.	motorisiert
MStGO	Militärstrafgerichtsordnung
NKWD	Volkskommissariat für Innere Angelegenheiten der UdSSR
Obergefr., Obgf., ObGefr.	Obergefreiter
Obschtz.	Oberschütze
Offz.	Offizier
O.Lt., Oblt.	Oberleutnant
Ostuf.	Obersturmführer
O.U.	Ortsunterkunft
Pak	Panzerabwehrkanone
Pi.	Pionier
Pol.Batl.	Polizeibataillon
Pz.	Panzer
Qu.	Quartier
RAD	Reichsarbeitsdienst
Res. Laz.	Reservelazarett
Rgt., Regt.	Regiment

RHL	Rechtshilfeliste
RLM	Reichsluftfahrtministerium
RM	Reichsmark
San.	Sanitäts-
Schtz.	Schütze, Schützen-
Schtz. Div., Schütz. Div.	Schützendivision
Schtz. Reg.	Schützenregiment
Schw.Helf.	Schwesternhelferin
S.D.	Schützendivision
Sdf.	Sonderführer
Sich.	Sicherungs-
SMG	schweres Maschinengewehr
SPW	Schützenpanzerwagen
S.R.	Schützenregiment
SS	Schutzstaffel
SS-T-Div	3. SS-Panzer-Division „Totenkopf“
St.	Stab
Stfw.	Stabsfeldwebel
Str.BauBtl.	Straßenbaubataillon
Stubaf	Sturmbannführer
Tgb.	Tagebuch
UdSSR	Union der Sozialistischen Sowjetrepubliken
Uffz., Unteroffz.	Unteroffizier
V.B.	Vorgeschobener Beobachter
v. g. g.	vorgelesen, genehmigt und gezeichnet
v. g. u.	vorgelesen, genehmigt und unterschrieben
WR	Wehrmachtrechtsabteilung
Z.P.	Zur Person
Z.S.	Zur Sache
Ia	Chef des Stabes
Ic	Dritter Generalstabsoffizier (Feindbild und Abwehr)

Ortsverzeichnis

Dok. = Dokument
Anl. = Anlage
(Die mit einem Sternchen versehenen Anlagen sind nicht in diesem Band enthalten; die jeweiligen Fallschilderungen befinden sich auf den Seiten 195–216 dieses Buches)

Inhaltsverzeichnis

Pour le Mérite

Nicolaus von Below

Als Hitlers Adjutant

1937–1945. – Als knapp dreißigjähriger Hauptmann wurde der Autor 1937 als Adjutant der Luftwaffe in den Dienst der Reichskanzlei gestellt. Als einer der vertrautesten und verschwiegensten Gesprächspartner Hitlers war er in den verschiedenen Führerhauptquartieren, auf dem Berghof, beim 20. Juli 1944 direkt am Kartentisch und später in den letzten Stunden im Führerbunker der Reichskanzlei stets dabei. Das in acht Jahren wechselseitig gewachsene Vertrauensverhältnis verschaffte von Below tiefe Einblicke, an denen er uns jetzt teilhaben läßt. Die Erinnerungen dieses tadellosen Soldaten sind von hoher charakterlicher Noblesse gegenüber seinen Mitarbeitern und Vorgesetzten von einst. Ein spektakulärer, 32 Seiten starker Farbbildteil illustriert das packende Werk.

448 Seiten, 32 überwiegend farbige Bildseiten, gebunden im Großformat, DM 49,80

Der Krieg 1939/40 in Karten

Im September 1940, als das Deutsche Reich sich nach den erfolgreichen Blitzkriegen gegen Polen und Frankreich auf dem Höhepunkt seiner Macht befand, erschien dieses Kartenwerk erstmals. In insgesamt 33 farbigen und vier s/w.-Karten dokumentiert es Deutschlands Einkreisung im 1. Weltkrieg, verschiedene Teilungspläne der Gegner Deutschlands sowie den Verlauf der militärischen Operationen, die zur Besetzung Norwegens, Dänemarks, Hollands, Belgiens, Frankreichs und Polens führten. Außerdem stellt es Englands Weltmachtstellung und seine Eroberungen in drei Jahrhunderten dar und zeigt schließlich die Situation in Nordafrika und im Pazifik. Mit diesem Nachdruck kommt der Kenner historischer, militärischer und politischer Karten voll auf seine Kosten.

64 Seiten, 33 farbige Karten, gebunden im Atlas-Großformat, DM 34,–

Karl Radl

Die Blitzbefreiung Mussolinis

Mit Skorzeny am Gran Sasso. – Die Kommandounternehmen des Sturmbannführers Otto Skorzeny sind bereits Legende. Sein Bravourstück war nach dem Abfall Italiens im September 1943 die Blitzbefreiung Mussolinis, der vom italienischen König auf dem unzugänglichen Bergmassiv des Gran Sasso festgesetzt war. Mit Skorzenys Adjutanten Karl Radl ergreift eine der Schlüsselfiguren des Unternehmens das Wort. Erstmals wird dieses spektakuläre Himmelfahrtskommando in sämtlichen Einzelheiten von Planung, Vorbereitung und Blitzschlag geschildert. Ein zeitgeschichtlicher Thriller! Die faszinierende Bebilderung hält das Geschehen in allen Einzelheiten mit teils atemberaubenden Farbfotos des Kriegsbildberichterstatters Walter Frentz fest.

288 Seiten, 32 überwiegend farbige Bildseiten, gebunden im Großformat, DM 49,80

Verlag für Militärgeschichte

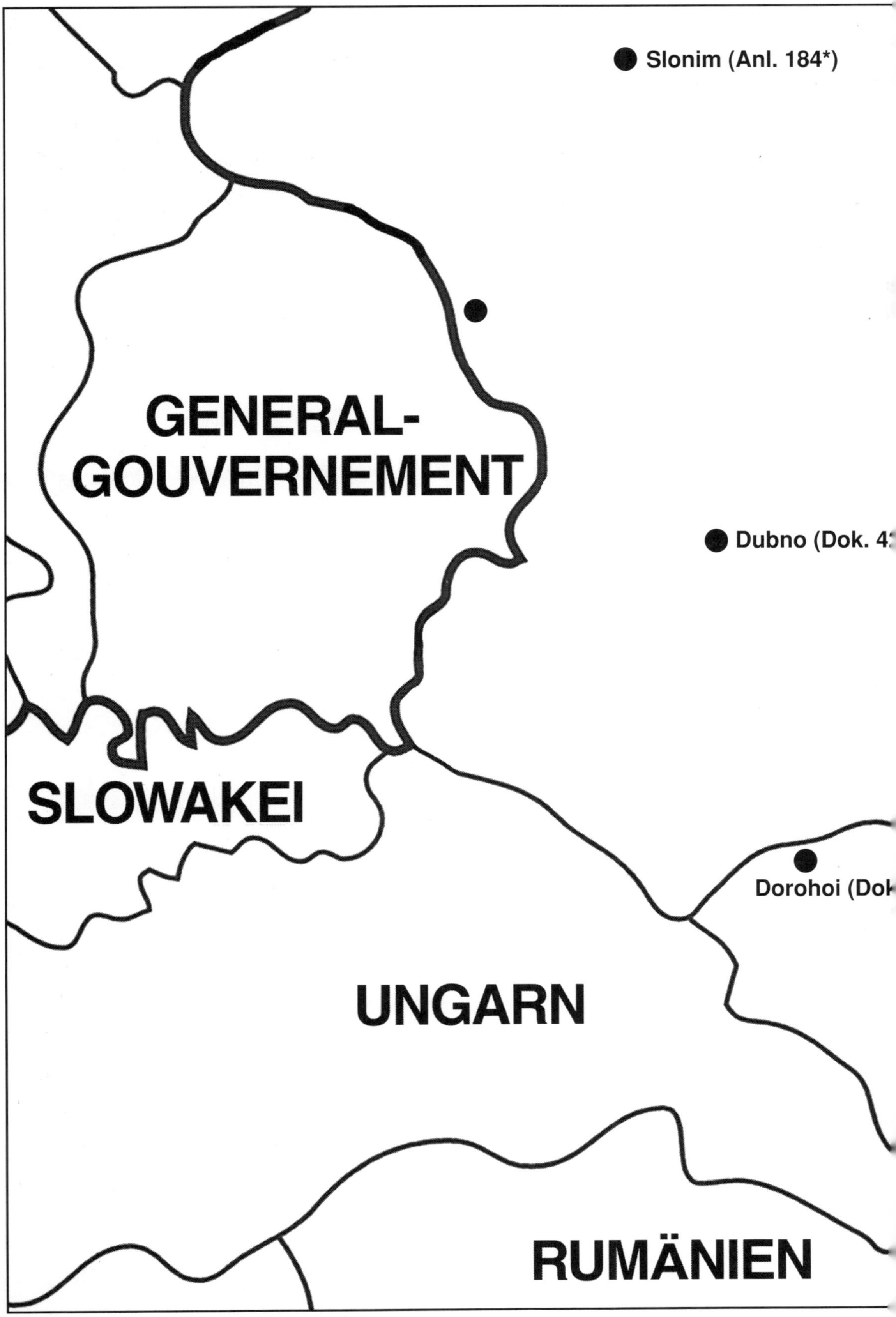
Slonim (Anl. 184*)
GENERAL-
GOUVERNEMENT
Dubno (Dok. 4
SLOWAKEI
Dorohoi (Dok
UNGARN
RUMÄNIEN